中华人民共和国地方志

福建省志

审计志（1996—2005）

福建省地方志编纂委员会 编

社会科学文献出版社

图书在版编目（CIP）数据

福建省志. 审计志：1996～2005/福建省地方志编纂委员会编.
—北京：社会科学文献出版社，2015.10
　ISBN 978-7-5097-6841-9

　Ⅰ. ①福…　　Ⅱ. ①福…　　Ⅲ. ①福建省－地方志 ②审计－
概况－福建省－1996～2005　　Ⅳ. ①K295.7

中国版本图书馆 CIP 数据核字（2014）第 279889 号

福建省志·审计志（1996—2005）

编　　者/福建省地方志编纂委员会

出 版 人/谢寿光
项目统筹/王　菲　陈　颖
责任编辑/郑庆寰　陈　颖

出　　版/社会科学文献出版社·皮书出版分社（010）59367127
　　　　　地址：北京市北三环中路甲 29 号院华龙大厦　邮编：100029
　　　　　网址：www.ssap.com.cn
发　　行/市场营销中心（010）59367081　59367090
　　　　　读者服务中心（010）59367028
印　　装/福州力人彩印有限公司

规　　格/开本：889mm× 1194mm　1/16
　　　　　印张：18　插页：0.5　字数：387 千字
版　　次/2015 年 9 月第 1 版　2015 年 9 月第 1 次印刷
书　　号/ISBN 978-7-5097-6841-9
定　　价/210.00 元

2005 年1月，审计署审计长李金华（左二）、副省长汪毅夫（右二）到福建省审计厅调研

2005 年3月，时任审计署副审计长刘家义（右）在福建考察

2003 年元月，审计署党组副书记、副审计长令狐安（左二）来闽调研

1999年3月，审计厅厅长陈丽群在省厅业务会上

2001年，审计厅厅长冯声康（左二）在莆田某鞋厂听取被审计单位意见

2003年，副省长黄小晶（中）、审计厅厅长俞传尧（右）出席全省审计工作会议

省审计厅审计组在
基建审计现场

省审计厅审计组在
审计现场

审计现场

1996年5月，省审计厅在福州召开全省审计系统、党风廉政建设工作座谈会

2003年，省审计厅举办全省审计机关队伍建设研讨班

2005年9月，全省审计机关贯彻实施廉政工作体系研讨会在东山召开

2003年2月，全省审计工作会议暨庆祝福建审计成立20周年纪念大会在福州召开

1999年8月，省人大常委会、省审计厅联合举办《审计法》颁布5周年座谈会

2002年，省审计厅举行行政执法资格考试

2005年，省审计厅召开全省经济责任审计工作会议

2005年4月，全省经济责任审计联席会议在莆田召开，联席会议成员参观莆田市行政服务窗口"一办三中心"

2002年9月，省审计厅召开省属部分企业座谈会

《福建省志·审计志（1996—2005）》
编 写 人 员

主　编：姜榕兴

副主编：叶晓钢

编　辑：蔡晓帆　黄圣荣　陈大祺

《福建省志·审计志（1996—2005）》
审 稿 人 员

俞　杰　梁亦秋　吕秋心　常德深　林位芳

《福建省志·审计志（1996—2005）》
验 收 小 组

冯志农　方　清　俞　杰

序

审计监督是国家监督体系的重要组成部分，为保障经济社会的健康发展发挥了重要的作用。通过编写第二轮审计专业分志，记述了改革开放和社会主义经济建设历史阶段的福建审计事业，并与 20 世纪 90 年代的首部审计志相衔接，承上启下，继往开来。这是福建审计文化、审计历史和审计发展模式研究与建设的一项意义深远的工作。

《福建省志·审计志（1996—2005）》突出记述国家审计实务，涵盖内部审计与社会审计。本志记载世纪交替之际，福建审计工作的主要活动及取得成效的史实。这期间，审计部门在省委、省政府和审计署的领导下，始终以经济建设为中心，把保障和改善民生放在突出位置，认真履行审计监督职责，为维护国家经济安全、促进反腐倡廉、构建和谐社会、全面推进小康社会建设服务。十年来，福建审计努力加强自身内部建设，坚持依法审计，健全规章制度，改进和完善审计工作，践行科学的审计理念，提高审计工作的质量和能力，卓有成效地开展工作，交出了合格的答卷。十年，在历史的长河中只是一瞬间，但对福建审计事业而言，是经历了一段不平凡的发展岁月，留下了不懈探索、改革、创新的足迹，如今用志的形式，将这一时期福建审计珍贵的历史资料全面、系统、真实地记录下来，不仅具有存史价值，还能够起到宣传审计和传承审计文化的作用，而且也是审计系统进行爱岗敬业和职业道德教育的一部生动翔实的教材。

当前，我省正处在深化改革、加快海峡西岸经济区建设的关键时期，经济社会发展的各个方面都与审计工作密切相关，党和人民向审计提出了新的更高的要求，审计工作任重道远。本志书的出版，让我们可以系统地重温审计发展壮大、开拓创新的历程，感受福建审计精神，进一步增强审计工作者的责任感和使命感；为今后不断创新审计工作，完善审计监督制度，全面提升审计工作质量和水平，推动审计工作上新台阶，提供历史的借鉴和科学的依据，确有服务当代、有益后世的意义。

以史为鉴，鉴往知来。在新的历史起点上，福建审计努力实现"推进法治、维护民生、推动改革、促进发展"四大目标，继续弘扬"以审立业、以德立身、以能立人、以行立信"的福建审计精神，传承科学审计理念，谋划新时期福建审计事业的创新发展，更好地服务于政府的宏观管理和决策，进一步推进和完善国家治理，为实现福建经济社会科学的跨越式发展做出新的贡献，谱写新的篇章。

2013 年 8 月

《福建省志》凡例

本志按国务院颁布的《地方志工作条例》和中国地方志指导小组制定的《地方志书质量规定》要求进行编纂。

一、以马克思列宁主义、毛泽东思想、邓小平理论、"三个代表"重要思想和科学发展观为指导，坚持辩证唯物主义和历史唯物主义的立场、观点和方法。

二、以福建省现行行政区划为记述的区域范围（未含金门、马祖）。

三、使用规范的现代语体文记述，行文除引文外，用第三人称记述。

四、1949 年 10 月 1 日以前的纪年，标示朝代、年号、年份，括注公元纪年；1949 年 10 月 1 日起，用公元纪年。

五、各个时期的政权机构、职务、党派、地名，均以当时名称或通用之简称记述。古地名均括注今地名，乡（镇）、村地名前冠以市、县（市、区）名。

六、除引文外的人名，直书姓名，不在姓名后加身份词；必须说明身份的，在其姓名前说明。

七、各种机构、会议、文件等专有名称使用全称，如多次出现需用简称的，在第一次出现时括注简称。

八、凡外国的国名、地名、人名、党派、政府机构、报刊等译名，均以新华社译名为准。新华社没有译名的，首次使用译名时括注外文全称，全书保持中文译名一致。

九、数字、量和单位、标点符号的使用，执行国家有关部门颁布的标准规定。书中同一名称、事实、数据、时间、度量衡、术语的表述，前后一致。

十、图、照、表突出存史价值，样式统一。

十一、采用国家统计部门公布的统计数据和业务主管部门的统计数据；如使用其他数据，则说明其来源。

十二、采用资料一般不注明出处；引文、辅文和需要注释的专用名词、特定事物加页末注释，注释形式全书统一。

编 辑 说 明

一、本志记述的时间上限始于 1996 年，下限至 2005 年。部分内容追溯至 1986 年。

二、本志突出国家审计实务，涵盖内部审计与社会审计。国家审计分设章、节、目，循同类相并；"专项审计"中的"审计与审计调查"，是以审计为主，结合审计调查进行。内部审计、社会审计择要专记简介。

三、本志的机构（单位）名称，在首次出现时使用全称并括注简称，再次出现时用简称。

目　　录

Contents

概　述

1996—2005 年，福建省各级审计机关贯彻审计署提出的"全面审计、突出重点"和"依法审计、服务大局、围绕中心、突出重点、求真务实"的审计工作方针，不断深化审计内容，拓宽审计领域，改进审计方法，全面履行审计监督职责，共审计 45518 个单位，查出违规行为金额 670.87 亿元，上缴财政金额 46.45 亿元，移送司法、纪检部门处理的案件线索 882 件。全省审计机关坚持向党委、政府报送审计信息，为党政领导决策提供参考依据。

一、加强财政资金审计，服务经济社会发展

1995 年审计法实施后，预算执行情况审计成为审计机关的主要业务之一。全省审计机关每年开展本级预算执行情况审计，根据年度预算资金安排情况选择对有关部门单位预算执行进行审计。2001 年，省审计厅在总结预算执行审计工作的基础上，制定《2001—2005 年福建省预算执行审计工作发展规划》。2002 年，省审计厅根据中央提出的提高经济增长的质量和效益的方针，有针对性地选择对经济结构调整专项资金、政府采购制度执行情况等进行审计。2003 年，根据《审计署 2003—2007 年审计工作发展规划》，省审计厅制定了《关于贯彻落实〈审计署 2003—2007 年审计工作发展规划〉的实施意见》，坚持"两个并重"（财政财务收支的真实合法审计与效益审计并重，审计与专项审计调查并重），实现"两个转变"（本级预算执行审计由收支审计并重向以支出审计为主转变，支出审计由主要审计省级预算支出向审计所属二、三级用款单位和对下转移支付资金的使用情况为主转变）的审计内容和方式。2004 年，全省审计机关围绕预算执行质量进行审计。2005 年，全省审计机关选择财政资金多、有预算内外专项资金和基金再次分配权、年末结转结余量大的重点部门（单位）进行审计。此外，省审计厅平均每 2～4 年对设区市（除厦门外）政府财政决算轮审一次。审计机关在对固定资产投资审计中加大了对建设项目的监督力度，跟踪基础交通建设项目进展，以规范政府投资建设行为，发挥保障资金安全的作用。开展了农业综合开发资金、环境保护资金审计，促进政府有关部门和项目资金使用单位建立健全内部控制制度，加强管理，提高资金使用效益。在行政事业审计中选择预算资金多、专项资金多、预算外收入多、有行政执法权的行政事业单位进行审计。在企业审计中围绕企业改革，对国有企业和国有控股企业进行资产负债损益审计。此外，还对国有商业银行等金融机构和养老保险基金、失业保险基金等社会保障资金进行审计。

二、深化经济责任审计，加强对权力运行的监督

全省审计机关贯彻执行审计署提出"积极稳妥、量力而行、提高质量、防范风险"的工作方针，经济责任审计工作逐步规范。2000年5月，为配合省级政府机构改革，省委组织部委托省审计厅对厅局级领导干部进行经济责任审计；7月，建立了由省纪委、省委组织部、省监察厅、省人事厅、省审计厅五部门为成员单位的福建省经济责任审计工作联席会议制度；2003年，省委办公厅、省政府办公厅转发了省审计厅起草的《关于进一步做好经济责任审计工作的意见》。2004年，省经济责任审计工作联席会议成员单位增加了省国资委。1996—2005年，全省共完成7893名领导干部任期经济责任审计工作，其中党政领导干部7295名，企业领导人员598名；查出主要问题金额181亿元；移送纪检监察机关处理193件，移送司法机关处理42件。

三、开展公证审计，拓宽审计领域

为了规范国外贷援款项目管理，根据审计署授权，全省审计机关对利用世界银行（简称"世行"）、亚洲开发银行（简称"亚行"）贷款项目进行公证审计，并向省政府专题报告。2002—2003年，全省审计机关对各级政府外债使用和管理情况进行审计调查，省政府批转了审计调查报告。2003年，省审计厅组织8个设区市（除厦门外）审计机关对12个环保国债项目进行效益审计；2005年组织龙岩、三明、宁德、南平和漳州5个设区市审计机关，对省内已完工的世行贷款红壤二期项目的效益情况进行审计调查。全省审计机关每年还就政府关心、群众关注的问题开展专项审计和审计调查，为政府宏观决策服务。2001年8月，省审计厅审计举报中心对外挂牌，受理举报事项。

四、重视科研与信息化建设，服务审计工作

全省审计机关围绕审计工作中心，多形式、多层次开展理论研究、学术交流和审计调研，发挥审计理论和宣传对审计实践的指导和促进作用。加快审计信息化建设，运用计算机辅助审计，以提高审计效率，规避审计风险。硬件建设方面，1997年，省审计厅建成局域网；1999年，实现局域网与9个设区市的远程通信，完成省厅远程站与审计署的连接；2000年，在原有局域网基础上进行第二期网络建设；2001年以后，主要依托金审工程（福建）项目进行，为信息的相互交流提供快速通道。软件应用与开发方面，2000年，省审计厅选择审计署推荐的4个软件在全省审计机关推广使用；2001年，在金融审计、财政收支

审计和外资项目审计中开展计算机辅助审计，引进统计管理软件，实现全省审计机关审计数据统计电子化、传输网络化；2002—2005 年，引进或开发金剑审计软件（行政事业版）、财政总预算审计软件、审计数据采集软件、现场审计实施软件等，在审计中实现数据快速分析汇总，提高工作效率。数据库建设方面，2000—2005 年，省审计厅建设审计法规数据库、审计综合业务管理数据库、审计举报件管理数据库和审计干部信息管理数据库，实现了对审计对象、审计项目计划、审计业务档案、审计人才的信息化管理。网络安全管理方面，全省审计机关健全和完善计算机信息系统的安全保密管理和检查的各项制度。

五、加强管理，提高审计质量

福建审计在年度项目计划管理上，加强项目计划编制的调研和论证，按照"两个并重"的编制思路，安排审计任务。省审计厅报送的审计情况统计分析报告得到省政府办公厅的批转，推动了整改工作的进行；全省审计系统开展法制宣传教育，促进审计人员提高依法审计水平。为加强审计质量管理，2001—2005 年，全省审计机关开展"审计质量年"活动，要求把质量管理贯穿于审计活动全过程。2003 年，全省审计机关实施后续审计工作暂行规定，审计决定执行率和审计意见采纳率得到了提高。2004 年 2 月，贯彻审计署《审计机关审计项目质量控制办法（试行）》，省审计厅制定《审计业务会议规则》、《审计项目质量检查工作规则》，深化质量管理。2005 年，省审计厅印发《全省优秀审计项目评选办法》，全省审计机关开展评选活动，推动审计质量提高。

六、提高队伍素质，推进事业发展

省审计厅制定《福建省审计干部教育培训规划和职业教育体系建设规划》，围绕审计工作中心培训不同层面的审计干部。福建省审计机关通过与高校成人教育学院联合办班、委托函授等方式，提升审计干部的学历水平；通过审计专业技术资格考试与审计专业技术职称评审，优化审计队伍专业职务任职资格结构，以适应审计工作发展需要。为构建审计机关廉政工作体系，省审计厅制定了信访举报制度，强化了群众监督。

七、内部审计、社会审计健康发展

福建省审计机关根据审计法和审计署《审计机关指导监督内部审计业务的规定》，指导和促进内部审计机构的建立健全，制定适合本部门（单位）的内部审计质量控制制度、内部审计人员岗位责任制度及廉政纪律等。内部审计机构结合行业特点，加大对重点领域、重点部门、重点资金的审计力度，防止国有资产流失。各级审计机关通过总结、推广内部审计工作经验，表彰内部审计先进集体和先进个人活动，以及内部审计协会工作管理，推动内部审计事业发展。1998年，福建省社会审计机构与原挂靠单位脱钩后，全省审计机关按照审计署《审计机关监督社会审计组织审计业务质量的暂行规定》，抽查了307家社会审计机构的审计业务，并向省政府报告检查情况。针对检查发现的质量问题，发出通报，提出改进建议和整改要求，增强了全省社会审计机构的风险意识。

第一章 财政审计

1996—2005 年，福建省审计机关对本级预算执行情况、其他财政收支情况和下级政府财政决算进行了审计，共审计 12029 个单位，查出违规行为金额 210 亿元，应上缴财政金额 51 亿元。

第一节 本级预算执行情况审计

一、财政部门审计

1996 年 1—2 月，审计机关在 1995 年 10 月对当年 1—9 月本级预算执行情况实施第一阶段审计的基础上，对财政部门进行了第二阶段审计，重点检查了 1995 年预算批复和调整情况、预算收支执行结果和预算管理情况等。审计发现的主要问题有：（1）有的财政部门预算批复不及时，年终待分配指标大；违规退库；国库资金当周转金借给有关部门。（2）有的财政部门预算外收入中挂账的有房地产土地收益金、土地出让金收入、工商部门的罚没收入等共计 8753 万元，均未作财政收入上缴，大量资金长期滞留在财政职能部门及基层单位；信用资金管理不严，使用效益不高，回收率偏低，影响资金周转；其他资金开户过多。（3）有的国有资产管理部门将企业应缴财政收入改为企业借款。审计提出了加强预算管理和国库资金管理的意见和建议。

1996 年 11 月和 1997 年 2 月，审计机关分两个阶段进点开展 1996 年度本级预算执行情况审计，审计目标确定为"核实财政收支，揭露违纪问题，开展分析评价，提出管理建议"，指导思想为规范部门行为。审计发现的主要问题有：（1）有的财政部门未在法定时间内批复全部预算，全年已批复预算仅占应批复年初预算的 60%；无预算给自身和税务部门及其直属单位拨款；调度国库资金作周转金使用，且部分偏离扶持方向；未按规定内容编制预算；对地方补助的一些做法不规范；已缴财政的预算收入未及时入库；农业税附加、农业特产税附加收入未按规定纳入预算管理；调剂使用上年专项结转资金存在一定随意性；结余财力作专项结转；未按批准预算使用资金；预算列支不规范。（2）有的财政部门预算收入未纳入预算管理；部分预算收入未及时入库；周转金逾期率和占用费欠收率较高或难以收回；超标准计提周转金业务费。审计提出规范预算管理行为，加强国库资金和财政周转金管理的意见和建议。

1998年初，审计机关采用"一次进点一次审计"方法开展1997年度本级预算执行情况审计。审计的重点内容是：预算收支的真实性；预算执行结果；上年结余结转资金的真实性、合规性及使用情况；库款调度情况；财力形成情况；自身经费预算安排和支出情况。审计查出的主要问题有：（1）有的财政部门在编制年初预算时，未详细列明对下补助的具体项目内容，补助预算透明度不高；抵支收入未打入年初收入预算财力，形成机动预算支出指标；从上年结转的机动财力中拨付给部分地税部门作为增收奖；有的财政职能部门在批复管理费预算时，自行安排财政专管员业务费，并由其职能部门安排使用，占用了专项基金；对下的专项指标补助在年初预算时未予明确，执行中存在随意性；财政对下补助转移支付一次性转移支付占转移支付总额的比重偏大。（2）有的财政部门为完成收入任务虚增财政收入，虚列支出；为得到上级补助款搞虚假平衡。（3）有的财政部门预算管理不够规范，财政资金分散，开设银行存款户较多，资金存在"体外循环"的情况；财政周转金逾期率和占用费欠收率较高。（4）有的财政部门在预算执行中追加预算支出过于频繁，追加预算支出占整个年度预算比重大；预算批复率低。（5）有的国有资产管理部门未完成国有股份制企业股利收缴任务，用其他资金垫缴财政，影响财政收入的真实性；将股份制企业欠缴国有股股利作为企业借款，收取利息也未上缴入库。审计提出加强预算管理和监督的意见和建议。

1999年初，开展1998年度本级预算执行情况审计。重点围绕经济发展和改革措施在财政收支中的反映，以及深化体制改革和加强财政收支管理等方面实施审计监督。省审计厅对本级预算执行审计工作，提出规范常规审计内容的7个主要方面，并作为今后"同级审"必审项目：财力情况；预算指标及批复情况；预算资金拨付情况；预算收入的完整性及真实性；预算支出的合法性及真实性；财政平衡与节余情况；财政存款真实性。审计查出的主要问题有：（1）有的财政部门将交通银行分回的股利、秦屿茶场上缴的利润、收回投资航空公司的资金挂在周转金账上，未按规定解缴入库；对农税稽查补缴税款按12％提取手续费，法律依据不足；向非一级预算单位拨款；罚没收入和行政性收费收入安排的支出预算未明确具体的用款单位及预算金额；安排专项经费没有结合单位正常行政事业经费预算进行统一核定，不利于支出的控制和管理；未借出的国库资金大量作周转金安排使用，年末亦未及时清理收回；"财检收入过渡户"财政收入未及时上缴财政。（2）有的财政部门挪用政府性基金200多万元；土地、公安等部门组织上缴预算收入单位应缴未缴预算收入599万元，以虚假退库方式减少预算收入200万元。（3）有的财政部门预算调整未报经人大常委会批准，动用预算预备费未按法定程序执行，预算批复未在法定时间内批复完毕；部分单位超预算拨款；部分单位预算外收入未执行"收支两条线"管理；行政事业性收费不规范。（4）有的国有资产管理部门同意国有资产营运公司直接将福建水泥股份有限公司上缴的往年欠缴股利收入转作营运公司实收资本，未缴入国库；将国有企业上缴的产权转让收入，直接坐支安排给企业。审计提出强化预算约束力，规范财政分配秩序的意见和建议。

2000年初，开展1999年度本级预算执行情况审计，以真实性审计为基础，从银行账户入手，重点反映财政收支的真实性、合法性和效益性，揭露重大违法违纪问题。审计查出的主要问题有：（1）有的财政部门未将福建运盛股份有限公司收回的投资收益作预算收入缴库；从退休养老保险基金和待业保险基金中调出部分资金委托福建华兴信托投资有限公司证券部购买1996年三年期国库券；部分支出预算批复偏慢，影响年度预算意图的实现；在收费、罚没票据的领用、缴销与收入的监缴入库方面存在脱节现象，对执收执罚单位收入规模及入库情况没有全面掌握，造成部分单位应缴预算款没有及时入库；对下级财政部门的补助及安排不规范。（2）有的财政部门未编制部门预算；有的未将应作为财政收入的款项及时缴入财政；有的专项资金未按规定使用。（3）有的国有资产管理部门将产权结构调整基金转让收入所产生的利息收入转为机关经费结余。（4）有的国有资产管理部门和财政部门分别从产权结构调整基金和周转金中转出资金用于委托理财。审计提出加强财政资金管理，依法理财的意见和建议。

2001年，开展2000年度本级预算执行情况审计，突出了对预算收支管理中重点支出科目和预算盘子完整性的审计。审计发现的主要问题有：（1）有的财政部门组织预算收入不及时，罚没收入和行政性收费收入未积极催缴入库；专项资金拨付不及时；预算资金管理分散，银行开户多；向无预算单位和非预算单位以及部门二级单位直接拨款；专项结转中有部分结转属财力结转；基金收入和支出预算编制不完整，部分基金未按规定批复预算，个别基金收入监缴不力，年初预算未得到执行；未按规定编报预算外资金收支计划，对预算外资金用款管理没有按照"先收后支、按计划、按用途、按进度"的原则审核，管理和监督薄弱。（2）有的设区市税收异常增长，突破年初预算，弱化财政预算的约束力；部分预算支出进度缓慢，教育类支出资金沉淀6081万元，农业类支出资金沉淀6707万元，资金的使用效益未得到充分发挥；有些财政专项资金被挪用，预算外资金未能依法管理。（3）有的财政部门预算执行中部分预算资金节余及利息收入未缴入金库；财政资金拨付款项的核算不符合规定；结转下年的支出无项目无单位；部分预算变更未经批准。（4）有的财政部门部分预算收入未按规定及时入库，财政收入结构不合理，税性收入占财政总收入的比重低，收入增长缺乏后劲；上级下达的专项资金未如数下拨，或被挤占挪用；专项资金分散，难以形成规模效益；部分县负债重、赤字大、支出挂账多，国库资金调度困难；部分预算外资金未纳入财政专户管理，财政周转金回收困难，占用资金大。（5）有的财政部门预算支出执行情况不够理想；结转指标在当年的调剂使用中存在随意性；部分结转下年度继续使用的预算指标没有具体项目单位。审计提出规范预算管理行为、加强财政资金管理、依法治税的意见和建议。

2002年，审计机关开展2001年度本级预算执行情况审计。当年省级财政进行了预算编制改革和预算管理方式改革，初步推行预算内外综合预算和细化预算，内部对预算指标的管理方式也进行改革。重点是对预算支出、预算拨款和年末结余结转情况的审计。省审计厅首次运用哈尔滨审计局开发的财政预算执行审计软件进行辅助审计。审计查出的主要问题有：（1）有的财政部门组织预算收入和监缴工作不及时；财政支出存在年终集中拨款现象，这既有专项支出年初预算不细的问题，也有财政部门内部拖延办理的原因；在未细化财政系统自身建设和网络建设专项的情况下，在年底将待分配款项拨至本级户头，造成资金大量滞留本级财政；审批的流动资金贷款贴息补助项目安排存在随意性；未按规定及时结算市、县新增建设用地有偿使用费收入分成；政府住房基金收入未按规定全面列入基金预算；预算外资金超计划拨付，计划刚性不强，财政审核把关不严，导致执行中改变开支用途；下属单位行政事业性收费等收入未实行"收支两条线"管理；历年存在的投资公司的财政资金数额较大，存在安全隐患；财政专户资金沉淀，未发挥其应有作用。（2）有的财政部门未按规定安排使用预算资金及列报基建支出，土地出让金没有做到"收支两条线"管理，未及时批复部门预算支出。（3）有的行政机关公用经费居高不下呈快速增长态势，且部门之间差距过大，苦乐不均。审计提出强化预算细化工作；全面清理财政专户，建立科学、有效的国库统一支付制度；加强预算外资金管理，严格执行"收支两条线"规定，为实现综合预算管理和推行部门预算编制改革创造条件。厦门市审计局针对有些行政部门私设"小金库"，滥发奖金补贴的问题，在向市政府报送的审计结果报告中提出"学习借鉴兄弟城市统一公务员临时岗位津贴制度的做法，由财政部门统一机关公务员的薪金、补贴标准，同级别公务员的待遇完全一样，任何部门单位不得再向本部门单位公务员发放任何形式的补贴"的审计建议并得到采纳。经市政府批准，厦门市于2002年10月在全省率先实行统一机关公务员岗位津贴制度。

2003年，开展2002年度本级预算执行情况审计，适逢中央财政对地方财政、省对县市的第二轮财政体制改革，并在省级单位开展国库管理制度改革试点。在常规审计内容基本与上年一致的基础上，围绕财政体制变动内容和国库集中支付改革试点情况进行审计。审计发现的主要问题有：（1）有的财政部门未将应纳入一般预算管理的行政性收费、基金等及时入库，在预算外账上核算；财政专户产生的利息收入累积数额较大未作为其他收入缴库；年初编制的基金收支预算和预算外收支计划比较粗糙，与实际执行结果相比出入较大；财政资金银行户头多，管理分散，资金在不同的商业银行间非正常转存；对3个试行国库集中支付的部门预算支出年终结转采用权责发生制，预算未执行，账上先列支；预算指标结余结转和实际的库款不相符。（2）有的财政部门未经人大批准调增部分预算，隐瞒收入，财政收入与财税部门奖励挂钩；税务部门混淆入库级次、变相延期缴纳税款，影响财政收入。（3）有的财政部门预算编制不够全面完整；专项资金结余较多，部分资金被正常经费挤占；未严格执行支出预算，存在超预算或无预算支出现象；部分收入挂往来账款没有及时清理；未严格执行票款分离制度；决算报表数字不实。审计提出财政部门应清理被占用资金，夯实库款，细化预算，编制基金收支预算和预算外收支计划的意见和建议。

2004年，开展2003年度本级预算执行情况审计，审计重点：机动财力的安排分配情况，财政资金结余结转情况，预算执行质量和资金拨付进度，财政资金的安全性和真实性，专项资金的使用情况，对下转移支付的分配使用情况，预算管理上存在的不合规和不合理方面。审计发现的主要问题有：（1）有的财政部门未将耕地开垦费等行政性收费及时缴库纳入预算内管理；不符合规定将历年结转的教育费附加用于重点高校和重点学科建设；财政预算结余结转数额偏大，预算支出滞后，影响预算执行质量；下属基建审核中心专项经费多、使用不当和资金结余量大。（2）有的财政部门年末结转结余数额大，银行户头多，管理混乱，应纳未纳以及应缴未缴财政收入。（3）有的财政部门预算批复不及时；部门预算不实，多列预算支出，转移截留财政性资金，虚列支出；有的预算外资金没有做到"收支两条线"管理。（4）有的财政部门部分调增预算支出未经人大批准，未真实体现预算收入，部分财政支出不合规，滞留专项资金，未设立土地出让金财政专户。审计提出细化预算，管好用好部门单位结余，试编复式预算，强化国有资产收益管理的意见和建议。

2005 年，开展 2004 年度本级预算执行情况审计，审计重点：预算编制的完整、真实和预算执行结果以及资金的均衡进度情况，非税收入特别是应纳入预算管理的行政事业性收费的完整性，财政预留机动财力的安排分配情况，上年结余结转在本年的安排和使用情况，财政资金的安全性、真实性情况，专项资金的使用情况，财政本级的会议费、车辆费、出国经费和电话费等公用经费开支水平，二、三级单位财务收支的真实、合法性以及资产管理的安全有效性。审计发现的主要问题有：（1）有的财政部门应纳入预算管理的行政性收费和政府性基金未及时缴库；财政性资金形成的实物性资产管理不够规范；年末预算拨款比重大，影响预算执行进度和资金使用效益；财政资金结转数额大，有的县区乡村办学减收补助资金拨付不及时，有的被挪作他用；部分区政府将特殊困难县办学补助资金用于补充财政财力、归还贷款等；乡村运转经费拨付不及时，有的被用于抵缴各项费用。（2）有的财政部门预算收入不完整，预算科目调整随意性大，预算批复不及时；财政库款长期出借未收回；拍卖土地地块收入结算不及时。（3）有的财政部门预算存在随意性，脱离市人大、政府的监管。（4）有的财政部门专项资金结余数额较大，影响资金的使用效益；预算不实，多列人员经费、公用经费和车辆经费预算；"收支两条线"制度执行不到位。（5）有的县区财政部门人为调节财政收支和平衡预算，编制的预算不够细化；财政资金分配不合理，部分应纳入预算管理的资金未纳入预算管理，违规办理预算拨款；挪用支农和社保基金；预算外资金管理不规范，没有执行"收支两条线"，坐收坐支、截留挪用预算外资金。审计提出深化财政制度改革，细化财政预算，规范预算分配行为，增加预算资金分配透明度，提高财政资金使用效益的意见和建议。

二、地税征管审计

1996 年，省审计厅对省地税局进行审计，纠正了省地税局批复宁德地区地税局缓征南京军区福安房管处空余闲房出租收入房产税一年的错误做法，指出全省个人所得税手续费的提取应扣除已列入市场税收提成的个体工商业户缴纳的个人所得税。

1997年，省审计厅对省地税部门进行审计，审计发现的主要问题有：（1）省地税局直征分局1996年度查补的各项税款407万元未入库，批准的延期缴纳税款112万元超过期限未入库；（2）南平市延平区地税局将南平西芹造纸厂缴纳的各项省级收入作区级收入入库，将省属单位南平延星电力股份有限公司企业所得税600万元缴入市级金库；（3）1996年全省地税系统共提取按规定不能提取的税款滞纳金、罚款奖金2018万元，多提固定资产投资方向调节税手续费63万元，多提房产税手续费88万元；（4）省地税局直征分局和福清市地税局多提手续费32万元；（5）省地税局机关人均经费支出近9万元，超过省直机关经费开支水平，违控购买商品以及预算内资金转预算外。省审计厅责成其纠正，要求将多提的款项全额按原级次缴入金库，并指出省地税局允许代理业务扣除部分费用后再计征营业税的做法不符合国家税务总局的规定，要求其请示后再确定具体征收方式。

1998年，结合"同级审"，省审计厅对三明、南平、龙岩市地税局1997年1—10月征收省级收入情况进行审计，审计发现的主要问题有：（1）三明市地税局将省级金融保险营业税和省属企业所得税174.80万元混入市级收入，欠收固定资产投资方向调节税738.80万元；（2）南平市地税局欠收基础设施建设附加费266万元和固定资产投资方向调节税177万元；（3）龙岩市地税局将省级金融保险营业税30万元混入区级收入，欠收基础设施建设附加费131万元和固定资产投资方向调节税572万元。省审计厅对省地税局稽查分局处理群众举报案件情况进行审计，发现已定案处理应征收入库的税款645.22万元未及时入库，违规批准福州市房地产交易所收取的房屋抵押、鉴证费收入应征税款229.92万元暂不计税。同年，省审计厅查出省地税局直征分局所辖3户企业漏缴固定资产投资方向调节税334万元、欠缴固定资产投资方向调节税1388万元，审计要求清缴入库。并指出直征分局未严格执行延期缴纳税款审批制度，在申请企业有缴税能力的情况下，全年不合规延期缴纳税款达1632万元。省审计厅分析测算全省地税部门会计统计数据，发现征收的营业税、城建税、投资方向调节税分别有23％、61％、72％是由其他部门代征，与实际情况不符，表明地税部门多提取代征手续费。省地税局人均费用支出水平仍偏高，达6.76万元。

1999年，省审计厅查出省地税局批复同意省粮油集团公司从联营企业闽加公司分得利润4417.80万元免征企业所得税，要求补征1457.90万元企业所得税；对省地税局下文将保险公司营销员（非雇员）取得的收入确定为"营销员从事实际代理的月份数平均每月收入进行税款结算"和"佣金收入扣除总收入20％费用后"计征个人所得税的做法进行纠正；审计责成省地税局纠正违规批准省假肢中心企业所得税比照民政福利企业享受免征照顾的做法。针对地税部门对饮食、服务、娱乐业普遍采取双定（定额定率）征收或单定（定率）征收方式，省审计厅抽查了省地税局直征分局、福州市地税局及所属鼓楼分局、台江分局、晋安分局、外税分局管征的此类企业，发现存在的问题有：（1）核定定额标准方法过于简单，没有经过严谨科学取证和测算，形成税务机关确定的定额标准与实际营业额偏差较大；

（2）部分税务机关未按规定每年对定额征收企业进行两次调查和定额调整，不利于及时了解企业经营状况的变化，致使一些经营规模扩大的企业依然按照原先核定的定额缴纳税款，造成国家税款流失；（3）地税机关部分下户调查的情况与审计抽查的实际情况出入较大，核定的营业额与实际情况偏差较大，直接减少了纳税基数；（4）地税机关内部审核手续存在随意性，未严格执行有关标准，"打折"减免现象较多；（5）核定征收制度须进一步健全完善；（6）发票管理和使用不够规范，一些企业用填写低税率项目的定额发票代替高税率项目的发票，进行偷税。审计抽查的纳税企业 1998 年共少征各类税费 938.55 万元。省审计厅对省地税局稽查分局和直征分局全年检查处理项目进行审核，以地税部门履行检查、稽查职能各个环节为审计部位，检查项目的计划安排审批是否合规合理，实施计划是否及时完整，检查内容是否符合计划意图，检查问题是否如实反映、依法处理、处理征收的税款是否及时足额入库。审计发现的主要问题有：（1）检查计划执行不彻底，变更计划没有履行报批手续；（2）部分群众举报的稽查案件没有充分利用举报线索，检查不彻底；（3）对发现的问题查补多、处罚少，仅稽查分局 1998 年稽查报告反映的事项与稽查处理决定书、处罚书相比较，少处理处罚有关单位税费 98.01 万元；（4）直征分局下达处理决定后，又进行补充更正，核减税款 506.35 万元，影响税务检查的严肃性；（5）下达处理决定后，在规定的期限内，共有 788.89 万元税款未及时入库。审计再次指出直征分局对延期缴纳税款审批不严，违规批缓 1573 万元；1998 年仍违规提取投资方向调节税手续费 61 万元。省审计厅要求省地税局督促稽查分局、直征分局加强管理，严格执法，清收税款；责成直征分局违规提取的手续费在 1999 年应提的手续费中抵扣。

2000 年，省审计厅审计地税机关执行滞纳金制度情况，发现省地税局直征分局、稽查分局未严格遵照税收征收管理法，对滞纳税款单位足额加收滞纳金，而是进行随意减免，1999 年共少征收滞纳金 3307.08 万元，审计责成其纠正。审计省地税局审查批准"企业当年安置城镇待业人员达到规定比例，享受三年免征企业所得税"的执行情况，调查了福州市地税局直属分局、鼓楼分局、福建省鸿宇通信服务有限公司、福州中健旅行卫生保健有限公司等单位，并走访省劳动厅有关部门，发现地税部门仅根据劳动部门（含各级劳动服务公司）临时开具的失业人员证明书及单位内部工会开具的富余人员证明书认定失业人员和富余人员，据此批准企业享受免征企业所得税。省审计厅建议省地税局争取省劳动主管部门协助，对富余人员的认定制订可行办法；对失业人员的认定，应以失业人员持有的有效证件为依据。省审计厅发现省地税局稽查分局、直征分局 1999 年查处的税款中有 3147.85 万元未能及时入库；直征分局在申请单位未提供延期缴纳税款必需的证明材料情况下，仍然批准 21 个单位延期缴纳税费 2514 万元，审计决定予以重点反映和处理；直征分局 1998 年和 1999 年机关人均费用支出仍然偏高，分别为 6.61 万元和 6.86 万元。审计提出应采取更有力的措施，加强经费管理，减少消费性支出，集中财力办事业，并纠正稽查分局、直征分局分别将专项经费 53 万元和税收手续费 200 万元转到局工会作为活动经费的错误做法。

2001年，省审计厅审计发现省地税局2000年批准福州顶点计算机软件有限公司1997—1999年税后未分配利润456.54万元用于福州软件园投资暂缓征收个人所得税，而该企业实际仅将56.15万元税后利润用于软件园投资，造成400.39万元未征收个人所得税。省地税局直征分局、稽查分局分别批准延期缴纳税款3881.13万元和1217.42万元，不符合规定的合计有5054.68万元，占审批额的99%，并存在延期期限超过3个月的违规情况；直征分局、稽查分局在2000年对欠缴税款的企业少收滞纳金1450.36万元。同年，省审计厅对省地税局及其直征分局、稽查分局，南平市地税局及其直征分局、稽查分局，南平市延平区地税局及其稽查分局，三明市地税局及其直征分局、稽查分局和永安市地税局及其直征分局、稽查分局等单位的税收会计情况进行审计。审计发现税收会统报表差错金额达14867.85万元。主要问题有：（1）欠税情况反映不实。至2000年底应纳入会计核算而未进行会计核算，在会统报表上没有反映的欠税金额5127.34万元。（2）应报未报缓征税款。省地税局计财处汇总的2000年度全省会计报表缓征税款仅反映厦门市、福州市、龙岩市，其他地市和省地税局直征分局、稽查分局在会统报表中均无缓征税款情况反映。但审计调查省地税局直征分局、稽查分局，三明市地税局直征分局、永安市地税局、南平市地税局直征分局、南平市延平区地税局年末均有缓征税款，共计5413.73万元。（3）税收会统报表的查补应征数与实际查补数差错2403.61万元，入库数差错581.17万元。（4）三明市地税局汇总的报表数与各县（市、区）相加总数相差1342万元。

2002年，省审计厅审计发现省地税局审批企业延期缴纳税款要求企业提供有关资金困难证明材料，企业只提供个别银行存款账户余额，没有提供企业资产负债表，省地税局以此作为审批缓征税款的依据不充分。审计要求进一步完善对企业延期缴纳税款申请的资金审核办法。地税机关在2001年违规批准福州市基建审核事务所享受新办三产（第三产业）优惠政策，免征1998—1999年度企业所得税255.54万元；福建师范大学附属试剂厂上缴大学的利润仅占实现利润的18.68%，不符合免征企业所得税规定条件，而省地税局同意该企业享受校办企业免税优惠政策，免征2000年度企业所得税10.62万元。2001年省地税局稽查分局查补福建省南平市第二建筑工程公司和福建天成集团针棉毛织品进出口公司税款90.82万元，未按规定全部入省库，而将其中86.32万元作为市级收入入库，影响省级收入，审计责成其纠正。审计发现福建省中福置业有限公司、福建省华福证券公司、福建省闽发证券公司2001年少申报收入807.07万元，少缴纳各项税费51.75万元，要求地税部门查实令其补缴。省地税局直征分局对领用定额发票实行定额纳税的单位，日常以票管税措施不到位，对个别纳税人超定额使用发票收入未报缴税款，监控力度不够，造成福建网球俱乐部有限公司2001年少缴纳营业税6.72万元、社会事业发展费0.16万元；由于征管疏漏，福建省龙祥大酒店有限公司娱乐中心经营卡拉OK业务，自2001年10月开业以来未申报纳税。同年，省审计厅对省地税局、省地税直征分局、省地税稽查分局、省地税票证装备分局进行审计。发现的主要问题有：（1）税收会计报表上下年度结转数不实。2001 年 1 月待征税收少转 17143 万元，待征社会事业发展费多转 366 万元，待征基础设施附加费多转 214 万元，待征以工建农资金多转 364 万元，待征预算外调节费多转 5 万元，待清理呆账税金少转 1019 万元。因为待征数结转不实，造成应征数结转也不实。（2）2001 年度税收会计月报表年初数栏数字变动频繁，个别指标的年初数在一年中有 9 个不同数字。（3）2001 年税收会计报表有的汇总数与各设区市上报的税收会计报表合计数不符。待征税收年初余额相差 728 万元，待清理呆账税金年初余额相差 5751 万元，待征其他收入年初余额相差 11 万元。（4）2001 年税收会计报表"减免税金"科目填报不实。2001 年共减免企业所得税（不含厦门）24000.53 万元，而税收会计报表反映为 3815 万元，相差 20185.53 万元。（5）省地税局直征分局 2001 年税收会计报表应征查补税金 722 万元与实际查补税金 869.60 万元不符。2001 年应体现的待征查补税金 7.23 万元，税收会计报表未反映。（6）省地税局稽查分局检查应补税款要求在直征分局入库 528.95 万元，在各设区市入库 931.81 万元，均未征收入库，并未在税收会计报表上反映。省审计厅以《税收会计信息失真问题应引起重视》向省政府《今日要讯》专报，提出省地税局应通过完善制度，加强管理，严格执行税收会计制度，税收会统报表要做到真实、准确，以提高税收会计信息质量。副省长张家坤做了批示，要求省地税局采取措施整改。

2003 年，省审计厅审计发现省地税局共审批 11 个单位延期缴纳税款 4331.12 万元，仍存在审核延期缴纳税款把关不严的问题：（1）批准税款延期缴纳依据不足。企业开设多个银行账户，但只 1 个银行账户对账单余额作为申请延期缴纳税款的依据。（2）违规超期审批缓征应缴纳的税款。省地税局直征分局 2002 年将属于省级收入的个人所得税 454.39 万元入福州市级金库；福州市鼓楼区地税局将属于省级收入的福建远洋渔业集团公司 2000 年度企业所得税 37.17 万元入福州市级金库作市级收入。审计责成其更正错库税款，并建议地税部门增强入库级次意识，确保税款按规定缴入国库。福建省高速公路有限公司发行高速公路建设债券 1.2 亿元所兑付利息 2494.8 万元，应代扣而未代扣缴个人所得税 479.49 万元。

2004—2005 年，地税部门税收征管审计结合在决算审计中进行。

三、地方金库审计

省审计厅对省地方金库 1996 年、1998 年、1999 年、2000 年和 2001 年度本级预算执行情况进行审计，审计重点是金库履行监管职责情况和预算资金收纳、划分、留解、支拨、退付等国库业务开展情况。审计发现的主要问题有：（1）省地方金库因监管职责履行不到位，造成收入划解不及时、延压库款、退库和预算拨款手续不完备，财政、税务、金库 3 家对账制度不规范；（2）省地方金库办理预算资金拨付，由于缺乏省级财政支出具体预算，难以按照金库条例对财政库款的支拨实行有效的监督，难以监督省财政是否"按预算、按事业进度、按支出用途"拨款；（3）省地方金库与省财政厅非税收入的对账工作，实际是单边对账，不符合中国人民银行《国库与财政、征收机关对账办法》的规定。省审计厅提出了加强监管的审计建议。

四、其他部门审计

（一）固定资产投资部门审计

1996—2000年，省审计厅连续5年对省计划委员会（简称"省计委"）本级预算执行情况进行审计。审计重点围绕全省投资重点，审核预算执行的真实性、合法性，查处违规违纪问题，分析评价预算执行及预算资金安排的全面性、有效性、合理性，纠正预算偏差。以省计委安排的预算资金为主线，延伸审计数百个县、乡、村资金点，审计资金总额1246797万元，查出违法违规金额46528万元，应上缴财政金额1279万元，应减少财政拨款231万元；移送省监察厅案件2起3人、省检察院案件1起1人，配合省纪委查处违纪案件1起2人，以上6人均被追究刑事、行政责任。审计发现的主要问题有：应缴未缴预算收入195万元，挤占挪用13865万元，虚列转移3097万元，预算外收入未缴财政专户2899万元，预算内转预算外3869万元。省审计厅对省计委预算执行及预算资金安排情况做出评价。

1999年初，省审计厅对省建设委员会财政预算执行情况进行审计。审计重点：核实、审查预算资金收支情况，揭露预算执行过程中违规违纪问题。审计资金总额4551万元，查出违规金额1074万元。审计建议：加强对资金及资金指标的管理，将资金及资金指标纳入全委统一核算和管理轨道；理顺预算外资金收支渠道，对专项资金和指标申请、拨付等环节编制内部管理制度；严格划分机关行政性收费与社会团体会员收费的界限，加强对所挂靠的社团组织财务收支的检查监督。

2001—2005年，省审计厅连续5年对省计委（后改为省发展计划委员会、省发展和改革委员会，简称"省发改委"）本级预算执行情况进行审计。审计主要内容与做法：（1）以资金为主线贯穿整个预算执行情况审计的全过程。对省计委安排的预算内基建资金分别从纵、横两个方面进行审查。横向：对预算内基建资金从安排、使用、管理等不同环节进行审计；纵向：延伸审计和抽查省市县财政和资金使用单位，反映资金停留的不同层面。（2）用经济产业结构政策对照、评价预算内基建资金安排的合理性。用国家、福建省的产业结构政策衡量、评判预算内基建资金的安排是否符合产业结构引导方向，是否达到经济结构调整目的，项目资金投入后有无起到引导、带动作用，是否达到预期效果。审计查出违规金额67211万元，增加财政收入75万元，应归还侵占挪用金额1830万元。审计发现的主要问题有：（1）部分省级预算内基建资金投资计划不符合安排原则，部分项目不具备申请安排资金的条件，当年投资计划未及时下达，对市（县）上报的项目审核不严；（2）省级预算内基建资金拨付缓慢、环节多，国债项目资金闲置较为严重；（3）部分项目地方财政配套资金、业主单位自筹资金不落实，造成投资增长幅度迟缓；（4）省级预算内基建资金滞留有关部门，影响了其拉动经济增长的作用；（5）部分项目未按批准建设期限、规模和内容进行建设；（6）部分项目前期工作未能按期完成，经费开支不规范；（7）部门下属二、三级核算单位财务核算和管理不规范。省审计厅依法做出处理，责成省计委加强监督、管理，确保基本建设资金发挥应有的效益，并将带有普遍性的重要问题专报省政府。省计委及省发改委为此先后出台了《福建省省级预算内基建资金安排使用管理暂行办法》、《福建省省级前期工作经费管理办法》、《省发展和改革委员会关于加强福建省省级预算内前期经费委内管理的意见》等相关制度。

2002 年，省审计厅对省建设厅 2001 年度预算执行情况进行审计，查出违规金额1303.97 万元，应调账处理金额 179.09 万元，应自行纠正金额 1124.88 万元。审计发现的主要问题有：用预算外收入弥补行政经费不足，财务核算不规范，村镇规划、城市规划专项经费的使用与预算安排差距较大。延伸审计发现部分县（市、区）将省级专项资金滞留在县（市、区）财政局，未按规定及时拨付到位等问题。审计依法做出处理。

2004 年，省审计厅审计发现省经济信息中心下属《福建建筑业——建筑、装饰、建材》编辑部、省信息技术培训学校通过省信息技术服务公司大头小尾套开发票、另设银行账户隐瞒收入的违法行为，将案件线索移送省纪委查处。针对省经济信息中心的违纪违规问题，省审计厅向省政府报送了专题分析报告，代省长黄小晶在报告上做了批示。针对省经济信息中心违反机构编制管理，下海人员"吃空饷"的问题，省审计厅向省编办、省财政厅提出审计建议，得到采纳。

（二）行政事业单位审计

1996 年，省审计厅在 1995 年底第一阶段审计的基础上对省科委、省教委、省卫生厅、省公安厅、省政府机关事务管理局 1995 年度本级预算执行情况进行审计。审计发现：各单位在预算执行中存在以拨代支、超预算支出、挤占挪用专项资金、预算资金未及时足额到位等问题；对省民政厅审计发现：将预算内经费变相转为有偿借款、救灾款的利息收入未转入本金、购入固定资产未入账、出借款未及时清理等。审计提出加强周转金核算，规范部门预算行为，强化预算支出管理，严格执行预算和财政制度等建议。

1997 年，省审计厅围绕科研事业费和普教经费对省科委、省教委本级预算执行情况进行审计并延伸审计省科委 13 个、省教委 12 个下属单位或用款单位。审计发现科技资金、教育资金被挤占挪用，行政经费超预算支出，科技资金安排未向省定支柱产业和重点产业倾斜，科技周转金违规发放、回收不力，预算资金不能及时足额到位等问题。省政府办公厅将审计报告批转省科委，要求整改。

1998 年，省审计厅以卫生事业费为重点对省卫生厅 1997 年度预算执行情况进行审计。审计查出违规调整预算 400 万元，隐瞒转移预算收入 56 万元，应缴未缴预算收入 7 万元，违规办理预算拨款 196 万元，虚列支出 49 万元。省卫生厅根据审计建议，提出整改措施。省审计厅上报的《公费医疗经费缘何居高不下》信息被省政府办公厅《今日要讯》采用。

1999 年，省审计厅对省科委预算执行情况进行审计，抽查了 31 家基层用款单位约 400

个项目，资金总额 3754 万元，占科技三项费用（新产品试制费、中间试验费和重大科研项目补助费）当年拨款资金总额的 60.7％。审计发现省科委科技三项费用计划安排的项目承担单位和使用范围不符合科技三项费用管理办法的规定，没有项目计划支出，以及存在重拨款、轻管理等问题。省审计厅提出了加强科技经费管理，健全内部控制制度，科技三项费用安排应注重科技与经济结合，向农业、工业、五大支柱产业（石化工业、机械电子工业、水产业、林产业、建筑建材业）、重点产业以及高新技术产业倾斜；加强对科技经费监督及使用效果的评估，促进科研达到预期目标，提高资金使用效益的审计建议。副省长潘心城在审计报告上做了批示，要求省科委进行整改，加强财务管理。同年，省审计厅对省教委 1998 年度"211"工程（面向 21 世纪，重点建设 100 所左右的高等学校和一批重点学科）专项资金使用和管理情况进行审计，潘心城在省审计厅报送的《省教育委员会的部分资金运作有待规范》《我省 211 工程专项经费管理存在问题》两篇信息上批示，要求省教委认真研究，采取措施，提高资金的使用效益。省审计厅对省教委 1998 年度预算执行情况进行审计，发现省教委违规将职教专款交给委属省教育生产供应办公室的下属集体企业省学校器材供应公司代管，造成 78 万元职教专款被供应公司无偿占用两年；以及供应公司有关人员弄虚作假，骗取教育经费 49.5 万元。审计依法做出处理。

2000 年，省审计厅对福州大学 1999 年度教育经费进行审计，将审计发现的计算机系收费票据不实、支出用途不清、部分收入的款项来源不明等案件线索移送省纪委。同年，省审计厅对省外经贸厅预算执行情况进行审计，重点检查统筹调控周转金和该厅对审计决定意见的落实整改情况，审计发现省外经贸厅出借周转金 13000 万元，至 1999 年底未收回。省审计厅提出了加强周转金管理的审计意见。

2001 年，省审计厅对省计委、省农业厅、省农办、省经贸委、省教育厅、省科技厅、省民族与宗教事务厅、省公安厅、省劳动和社会保障厅、省卫生厅、省质量技术监督局、省侨办、省机关事务管理局、省海洋与渔业局、省林业厅、省物价局 2000 年度预算执行情况进行审计。审计发现的主要问题有：（1）部分执收执罚单位未按规定及时解缴预算收入；（2）预算指标未批复，滞留预算资金；（3）未按规定拨付资金；（4）部分执收单位未严格执行"收支两条线"规定；（5）滥设银行账户较严重，银行账户管理不规范。审计依法做出处理。

2002 年，省审计厅对省教育厅、省科技厅、省卫生厅、省民政厅、省公安厅、省信息产业厅、省司法厅、省环保局、省体育局、省旅游局、省药品监督管理局、省人防办、省总工会、省妇联 2001 年度预算执行情况进行审计。审计发现的主要问题有：（1）对非税收入监缴不够重视，部分代收代缴单位存在截留挤占预算资金现象；（2）未按规定批复预算指标，资金拨付不及时，造成资金闲置；（3）挤占挪用专项资金；（4）未严格按部门预算要求，直接向二、三级单位拨款；（5）未严格执行预算外资金"收支两条线"规定；（6）决算报表数额不真实、内容不完整，影响年度决算真实性；（7）乱收费、违规集中下属单位资金的现象依然存在。审计依法进行处理，并提出加强管理的审计意见。

2003 年，省审计厅对省委办公厅、省政府办公厅、省检察院、省人事厅、省教育厅、省劳动和社会保障厅、省民政厅、省科技厅、省新闻出版局、省测绘局、省环保局、省档案局、省体育局、省人防办、省港航局 2002 年度预算执行情况进行审计。审计发现的主要问题有：（1）应缴入国库的收入未缴入库；（2）部分财政性资金年末结余结转数额较大，影响资金的使用效益；（3）挤占挪用省级专项资金的问题仍比较普遍；（4）部分单位设立"账外账"；（5）预算外资金"收支两条线"制度执行不到位，收入挂往来账，未按规定缴入财政专户；（6）应收款年末余额较大、时间长，未及时清理。审计依法进行处理，并提出加强管理的审计意见。

2004 年，省审计厅对省教育厅、省科技厅、省卫生厅、省文化厅 2003 年度预算执行情况进行审计。审计发现的主要问题有：（1）收入解缴不及时；（2）专项资金结余结转数额大，影响资金的使用效益；（3）预算资金拨付迟，时效性差；（4）专项资金使用不合规，有的依然存在"撒胡椒面"的现象；（5）所属二、三级单位财务核算不合规，有的用白条入账。审计依法进行处理，被审计单位进行了整改。省卫生厅采纳审计建议，修订了《福建省卫生人才培养资金管理暂行办法》，完善卫生人才培养资金管理制度。

2005 年，省审计厅对省信息产业厅、省人大办公厅、省政协办公厅、省地方志编纂委、省侨办、省口岸与海防办、省物价局、省旅游局、省地勘局、省质量技术监督局 2004 年度预算执行情况进行审计。审计发现的主要问题有：（1）预算收入征缴不力，有的未按规定收缴入库；（2）收入未纳入预算或财政专户管理；（3）收费资格被取消的单位通过其下属单位乱收费；（4）专项资金使用不合规，有的用于发放职工福利、补贴等；（5）预算批复慢，财政资金拨付迟；（6）部门支出预算执行存在随意性；（7）部分单位设立"账外账"，有的金额高达 1227.93 万元；（8）账外资产问题比较突出；（9）大额财政性资金违反规定在银行间转存；（10）财务管理薄弱，会计核算不规范。审计依法进行处理，并专题向省政府报告，省政府领导做了批示，要求有关部门认真整改。省审计厅将有的单位设置"账外账"，个人涉嫌私分国有资产、挪用公款以及其他经济问题移送纪检部门查处。

（三）农林水部门审计

1996 年，省审计厅组织全省审计机关对水电、林业系统 1996 年度预算执行情况进行审计，重点审查预算指标批复、预算内资金、预算外资金、支农周转金的收管用情况。审计查出全省水电系统预算执行违规金额 2860.19 万元（不含莆田市），其中：行政经费挤占水利事业费、搞非生产性基建、外借、虚列预算支出等 1718.87 万元，占全年水利预算资金总额 4.1%；预算外资金未纳入财政专户管理和隐瞒收入等 1141.32 万元，占当年预算外收入 49.3%。审计查出全省林业系统预算执行违规金额 12488 万元，其中：预算内资金转预算外资金等 862 万元，挤占挪用、未专户储存、违规拆借资金、转移预算外收入、违规建立基金等预算外资金违规金额 1626 万元。省政府办公厅批转了审计报告，要求省水利水电厅、省林业厅进行整改。

1997年，省审计厅对省农业厅1996年度预算执行情况进行审计。审计对虚列经费支出、购入小轿车未入固定资产账等问题做出处理决定。针对该厅未将预算经费足额分配给所属预算单位而用于弥补机关经费以及支农资金未全部安排使用等问题，审计提出规范预算分配行为，及时足额将预算经费安排到所属预算单位的建议。

1999年，省审计厅对省水利水电厅、省农业厅1998年度预算执行情况进行审计。审计发现的主要问题有：（1）省水利水电厅及其所属部门用水利专款购买小车、电脑、照相器材等，清理银行账只将户头余款转入经费户未将债权并户核算，支付的工程设计费不符合水利部文件的规定，应下达地市的水利专项资金年底结余较多；（2）省水利水电厅下属单位用专款弥补正常经费开支，龙岩市、南平市未经上级批准自行调整省级联文下达的指标计划，个别单位账务处理不够规范，财务基础较薄弱，工程结算手续不够完善；（3）省农业厅挪用专项经费弥补行政开支，收取的水费未冲减经费支出，往来账未及时清理，外经处购旅行车资金缺口16.09万元挂账，未执行1997年本级预算执行情况审计决定。同年，省审计厅对农林水部门1999年度预算执行情况进行审计，审计内容：审查省财政支农资金总量和投向结构，城区防洪工程专项经费，商品粮建设专项资金，粮食自给工程专项资金，农业综合开发资金，农业普查、基本农田普查和侨办恳亲大会等专项经费的预算安排、拨付情况。延伸审计调查省水利水电厅、省农业厅农业资金预算安排拨付情况，重点审计城区防洪工程专项经费、农业普查和侨办恳亲大会专项经费。城区防洪工程专项经费审计表明：各级政府比较重视修建城区防洪工程，专门成立防洪堤工程建设管理机构，负责专项资金的筹措、安排和管理。但存在专项资金拨付不够及时，资金安排未完全按照专款专用的原则，违反金融有关规定出借城区防洪专项经费，内控制度不健全，财务管理比较薄弱等问题。审计建议省财政与水利主管部门应尽快制订城防工程专项经费管理办法，明确资金安排和使用范围，确保资金专款专用。

2001年，省审计厅对省委农办、省农业厅、省海洋与渔业局、省林业厅2000年度预算执行情况进行审计。审计发现的主要问题有：（1）部门预算指标批复不及时，有的未批复；（2）未按规定用途安排使用预算资金；（3）部分主管预算单位挤占挪用专项资金用于机关行政经费开支。审计依法进行处理，并提出细化部门预算，及时足额批复所属单位预算，加强预算资金监督检查，确保专项资金及时安排使用和专款专用的建议。

2002年，省审计厅对省水利水电厅、省国土资源厅2001年度预算执行情况进行审计。审计发现的主要问题有：（1）个别主管部门的二、三级单位挤占挪用专项资金，用于弥补行政经费、职工住宅建设和非开发项目支出；（2）对基金预算、预算外收支计划编制及管理工作重视不够，刚性不强；（3）乱收费、违规集中下属单位资金，用于弥补厅机关行政经费和补助下属困难企业。审计依法做出处理，并提出加强预算管理，将专项预算资金净结余纳入下年度部门预算的建议。

2004年，省审计厅对省委农办、省林业厅、省农业厅、省海洋与渔业局2003年度预算执行情况进行审计。审计发现的主要问题有：（1）收入解缴不及时，影响收入的完整性和支出安排；（2）专项资金使用不合规；（3）预算细化比例偏低，专项资金安排分散，资金效益难以发挥；（4）多头开设银行账户，非正常转存预算资金；（5）部分二、三级单位财务、资产管理较混乱，有的账户未纳入财务统一核算和管理。审计依法做出处理，要求被审计单位进行整改。省委农办、省林业厅、省农业厅下发了整改通知，加强项目资金管理。

2005年，省审计厅对省水利水电厅、省国土资源厅2004年度预算执行情况进行审计。审计发现的主要问题有：（1）收入未纳入预算或财政专户管理；（2）专项资金使用不合规，有的用于土地管理档案馆暨办公综合楼建设和弥补行政事业经费不足；（3）部门财政资金结余结转量大，影响预算资金使用效益。

（四）经贸部门审计

1997年11月，省审计厅结合省政府关于开展1997年度新一轮城市副食品基地建设的通知精神，对1997年度省级副食品风险金的管理、分配、使用和效益情况进行审计。审计结果表明，各级政府重视菜篮子工程建设，有关部门能根据本级财政实际情况安排副食品风险金。审计发现的主要问题有：（1）项目资金批转下达较迟，省级生产扶持金指标在9月份后才到达地市财政以及乡镇财政所，落实到项目基地办要到10月以后；（2）未按规定比例配套资金；（3）存在滞留资金现象；（4）截留挪用专项补助资金。审计建议：（1）建立省级副食品风险金专户，省财政当年预算安排后将资金转入专户归协调领导小组管理，资金随项目走便于管理监督；（2）地市要设立相应机构管理本级和省级的副食品风险金；（3）省财政厅、省经贸委、省副食品协调领导小组应适当提前安排资金，各基地办应提前考虑下年度用款计划，救灾补助款应及时拨付；（4）按照"集中资金、重点扶持"原则，建设城市副食品基地，提高资金的使用效益。

1997年11月和1998年2月，省审计厅分两个阶段对省粮食厅1997年度预算执行情况进行审计，重点审计省级专储粮费用利息补贴，审计调查行政经费收支情况。审计发现的主要问题有：（1）未经省政府和省财政厅、省粮食厅批准，省饲料工业公司将4000吨省专储粮（玉米）全部销售，翌年2月18日公司补充省专储粮（玉米），存放在东南饲料有限公司（饲料厂）生产线立筒库内，与中外合资企业的原料混存，且未签订代保管协议，不符合《福建省地方储备粮油管理办法》第八条的规定；省粮油供应公司分别销售52.82吨和94.27吨专项储备食油后，向厦门中鸳植物油有限公司购买550吨大豆油并委托保管，至审计时仍未取得购货发票，不符合国家储备粮油管理规定，造成省专项储备粮油库存不真实，虚增财政补贴。（2）部分县市粮食局对省级专储粮费用利息补贴管理不规范，有的仅将部分补贴款下拨，造成部分有储备任务的基层粮站无法直接收到补贴款，加重企业负担。（3）省粮食厅以分摊水电费、办公费为由向所属企业收取135.05万元用于弥补经费不足。审计建议：（1）加强对省级专储粮保管情况监督检查，严格执行国家储备粮的管理规章制度，未经省政府批准不得动用省级专项储备粮油。应扣减省粮油饲料工业公司、省粮油供应公司未经批准销售处理省专储粮油的专项补贴，并按规定数额补足省级专项储备粮油。（2）深化粮食流通体制改革，完善省级专项储备粮费用利息补贴管理，专项补贴要及时足额拨到有储备任务的基层企业。（3）粮食主管部门不得以任何名义向所属企业分摊费用，本单位行政支出不得在专项资金中列支。省粮食厅进行了整改，发出《关于加强省级专项储备粮管理的通知》，加强管理。

2000年初，省审计厅对省旅游局和省级旅游事业费的预算执行情况进行审计，审计调查旅游事业费补贴项目较多的宁德地区。审计发现的主要问题有：个别项目支出存在超预算安排现象；市县转拨省级资金存在不及时、不足额和滞留现象；周宁县鲤鱼溪20万元旅游贷款贴息资金只到位4万元；省安排福鼎市旅游部门旅游事业费48万元滞留在市财政，未拨到用款单位。审计建议省旅游局应按照旅游事业费项目指定用途足额申报预算，专款专用。

2001年，省审计厅对省经贸委2000年度预算执行情况进行审计，审计发现的主要问题有：（1）部门预算指标批复不及时。省经贸委2000年安排的四批企业挖潜革新改造资金，有三批是在下半年批复；安排的第五批挖潜革新改造资金525万元延至2001年才批复；有6家企业挖潜革新改造资金2675万元至2001年技改完成后才收到。（2）未按规定用途安排使用预算资金。省经贸委安排给东南汽车有限公司汽车生产线改造项目资金300万元被省汽车工业集团公司挪作他用。省审计厅提出加强专项资金管理的审计意见。

2002年，省审计厅对省经贸委和省交通厅2001年度预算执行情况进行审计，审计发现的主要问题有：（1）部门非税收入未及时上缴。省公路局年末养路费收入8220万元、公路建设基金收入2692万元未上缴财政。（2）未按规定批复预算指标，资金拨付不及时，造成资金闲置。（3）挤占挪用专项资金。省经贸委从预算外工业生产调度资金专户中拨200万元借给福建省经济协作集团公司未归还。省交通厅采纳审计建议，出台了《福建省交通厅普通公路建设项目暂行管理办法》，加强管理。

2003年，省审计厅对省经贸委、省交通厅2002年度预算执行情况进行审计，审计发现的主要问题有：（1）预算资金滞留未拨，结转量大。省交通厅2002年末未安排的养路费、客货运附加费、交通建设基金共计2.26亿元。（2）未按预算安排支出。省交通厅未经批准将以前年度的养路费、客货运附加费滚存资金2385万元用于林区公路和公路网规划补助，以及安排省级干线前期工作经费和各地交通建设基金746万元。（3）设立"账外账"。省经贸委将2001年电价风险金2038万元先汇入指定银行作定期存款，后转存该委运行处账户，未纳入单位财务会计统一核算。审计依法进行处理，并提出加强预算资金管理的审计意见。

2004年，省审计厅对省交通厅2003年度预算执行情况进行审计。审计发现资产闲置不用或改变用途，省公路局公路职工疗养中心建设规模8793平方米，总造价3364万元，2000年4月通过竣工验收，长期闲置不用；省交通厅运输管理培训中心建设规模5867平方米，投入 1000 万元，建成后整体出租给京门海鲜大酒楼，省运输管理局却借用省政府机关事务管理局的房产办公。

2005 年，省审计厅对省交通厅、省外经贸厅 2004 年度预算执行情况进行审计，审计发现的主要问题有：（1）省外经贸厅违规收费。该厅将进口汽车配额进行招标并委托福建省机电进出口商会收费、核算，2001—2004 年累计收费 9110.45 万元，用于购置环球广场办公楼及装修，投资闽东房地产项目、东盛房地产公司等。（2）专项资金使用不合规。省交通厅从历年结转和当年待分配的养路费预算中安排 2020 万元，用于机关信息交通平台建设及厅世行办购电脑设备等。（3）省交通厅财政资金结余结转量大，年末结余结转 6.8 亿元。（4）财政性资金银行账户设立、管理不规范。省交通厅设立 22 个银行账户，省外经贸厅部分内设处室和省政府挂靠机构 8 个账户没有纳入厅机关财务统一核算，资金没有集中管理。（5）大额财政性资金违反规定在银行间转存。省外经贸厅外经处的劳务备用金 2939.80 万元定期存款，其中 400 万元于 2004 年 2 月转存中国银行（简称"中行"）定期，5 月转存中国农业银行（简称"农行"），2005 年 2 月又转存兴业银行。（6）省级财政周转金大部分未清理回收。省外经贸厅系统统筹调控资金、中央轻纺基金、对台贸易周转金、出口创汇基金、机电周转金和机电发展基金历史遗留问题较多，2000 年以前省外经贸厅出借的预算外资金 1.3 亿元均已逾期未进行有效清理，出口创汇基金 400 万元十多年来一直未建账核算。省交通厅采纳审计建议，将结转结余多年的专项资金安排用于公路建设。

第二节　其他财政收支审计

一、预算外资金审计

1996—2000 年，省审计厅将预算外资金审计作为"同级审"的补充，连续 5 年对省财政厅预算外资金进行审计。审计发现的问题有：（1）开设的预算外资金银行账户多而杂；（2）1996 年从退休养老保险基金和待业保险基金调出 2000 万元，委托福建华兴信托投资有限公司证券部购买 1996 年三年期国库券，其中 1500 万元被用于购买 316 国道建设债券，到期资金本息未收回；（3）1997 年将专储资金 8053.56 万元借给有关单位周转使用，至年底尚有 4315.56 万元未收回；（4）部门代征的基金和附加费除按规定提取手续费外，另外再拨补专项补助；（5）预算外资金、政府性基金安排使用没有全年收支计划，资金支出由部门报省财政厅审批，计划性和审批手续不够规范和严谨。审计依法做出处理，要求整改。

1996—2000 年，省审计厅连续 5 年对省经贸委管理的各项预算外资金的筹集和安排使用进行审计和审计调查。1996 年审计企业挖潜改造资金的预算安排和燃料附加费、节能资金、铁路货运和铁改海（铁路货运改为海路货运）补贴专项基金。审计发现的问题有：资金安排与用途不符、周转金挂账、管理薄弱。审计提出强化管理、及时清理周转金等建议。

1997—2000 年，为了配合国有企业改革，省审计厅连续 4 年对财政扶持企业资金、技术改造资金和扭亏补助费等专项资金进行审计和审计调查，重点审计省经贸委企业挖潜改造资金的预算批复及资金到位、使用、管理情况，并延伸调查资金量较大的用款单位。审计发现的问题有：（1）资金预算安排项目多，资金量相对较小、分散，难以发挥扶优扶强作用；（2）未严格用于支柱产业项目；（3）挪用扶持企业资金用于资本金、开办费、基建投资、咨询费等；（4）资金被地市有关部门截留，未及时到位；（5）技改项目未按计划完成；（6）资金下达不及时，地方配套资金不到位；（7）资金使用效益不高等。通过连续 4 年跟踪审计，已由审计部门敦促进行了整改。

二、财政周转金审计

1996—2000 年，省审计厅根据国家清理整顿周转金的规定，连续 5 年对省财政厅财政周转金进行审计。审计发现的主要问题有：（1）没有规范管理。1995 年省财政厅的财政专项周转金分处管理，项目多，每个业务处都有银行户头，单独核算，按收取资金占用费的 8％提取业务费，业务费除厅办公室集中部分外，其余由处室掌握；有的处室账目不清，总账、明细账不符，应收未收的占用费无记录；各处室管理的周转金投放由分管厅领导审批，没有集体研究制度。（2）将预算安排的资金转为有偿周转使用。1996 年有 12156 万元的建设性资金转为周转金使用。（3）调度国库资金参与周转金使用。1996 年底调用库款 47200 万元，有的资金偏离扶持方向。（4）借出周转金收取的占用费和投资收益未转周转金基金，有的挂暂存，有的直接转作借款。1992 年周转金列支 3000 万元与福建运盛公司在福州联合开发"天骅大厦"，至 1999 年底收回投资收益 2300 万元一直挂账，未转预算收入。（5）周转金逾期沉淀多。1996 年初逾期 9.49 亿元，占年初发放余额 24.66 亿元的 38.5％，年末逾期 9.59 亿元，占年末发放余额 29.28 亿元的 32.8％。经过审计，省财政厅周转金从分散管理转变为规范管理：成立周转金投放审批委员会，实行周转金统一制度、统一管理、统一计划、统一开户、统一核算，库款逐步退出周转，回收力度增大，严格执行财政部关于"周转金只收不贷"的规定。

第三节　下级政府财政决算审计

省审计厅对地市政府财政决算审计，平均每 2～3 年轮审一次。

1996 年，省审计厅对厦门市和宁德地区 1995 年度政府财政决算进行审计。重点检查省对地市体制的核定和上级专款的到位和使用情况，审计查出违规金额 4157 万元，应增加财政收入 806 万元。审计发现的问题有：（1）将罚没收入列"其他收入"，减少省级固定分成收入 20％的部分和罚没收入放在预算外账户核算和管理。（2）地税部门多提多退税收手续费。（3）厦门市将应缴财政作决算收入的企业上缴利润和国家股股利未作收入，直接建立基金或转为国家股配股；体制递增上缴省财政 9％，决算已列支，但资金 4876 万元尚未划解省财政。（4）宁德地区将人口增容费和本级周转金占用费 142 万元列为预算收入；地区所属国债服务部介入投融资活动，造成国家资金回收困难。

1997 年，省审计厅对福州、泉州、莆田市政府 1996 年度财政决算进行审计，查出违规金额 13799.99 万元，应增加财政收入 1137 万元。省审计厅还开展清理财政部门多头开户工作，归并账户统一管理。审计发现的问题有：（1）将罚没收入作为"其他收入"入库，将金融证券单位的营业税作为当地税收收入，影响省级收入；（2）应纳入预算管理的规费未及时入库，影响市级收入；（3）地税部门违规多提代征代扣税收手续费；（4）省专款未及时拨付用款单位，有的专款被挪用；（5）泉州市将商品粮简易仓棚修建费转入粮食风险基金户挂暂存并将部门上缴的事业收入作事业周转金；（6）违规设立收费项目；（7）将财政周转金的资金占用费和手续费转作机关业务活动费开支。

1998 年，省审计厅对三明、龙岩市政府 1997 年度财政决算进行审计，查出违规金额 6110 万元，应增加财政收入 2072.95 万元。审计发现的问题有：（1）将应缴省级财政收入的海关罚没收入和缉私罚没收入缴入市库。（2）税务部门扩大个人所得税手续费提取比例，多提税收手续费。（3）三明市财政出台的文件将营业税和城建税分别按当年入库总额的 5％ 和 10％ 计提代征代扣手续费，与国家规定相抵触；未按规定将新菜地开发基金纳入预算管理，直接退给原征收单位；从市国资局的产权转让收入中直接列支 150 万元用于购置该局的办公场所；教育投入未达到法定增长比例。（4）龙岩市未及时下达省补助专款；将国库资金借给企业周转或用于基建垫款等。（5）市一级国库资金违规借给企业周转。（6）个别县财政决算收支不平衡，存在虚收。（7）财政周转金投放不符合扶持方向，投资收回的股利和占用费未及时转作收入，转入基金挂账；周转金的清户工作与财政部的要求尚有差距。（8）未经批准违规设立预算外收费项目。（9）财政调度国库资金参与有偿融通。

1999 年，省审计厅对漳州市、南平市、宁德地区政府财政决算进行审计，对莆田市政府财政决算真实性进行审计调查。查出违规金额 22248 万元，应增加财政收入 1697.22 万元。审计发现的问题有：　（1）将罚没收入以其他收入科目入库，影响省级收入分成。（2）将省级固定收入的金融保险营业税、省级企业所得税入市国库，影响省级收入。（3）税务部门多提代征代扣手续费收入。（4）漳州市违规将电网建设费、防洪堤维护费、基础设施配套费作为一般预算收入；为减轻 1999 年收入压力，1998 年底将已入库的历年周转金占用费、基金和行政性收费收入退库挂账，契税收入未缴国库，土地出让金收入挂账，均未作预算收入；将企业所得税、营业税退库寄存在企业；财政预算执行中调剂支出 2000 万元，影响预算的执行；应作净结余的契税分成返还和增量返还作专项结余结转，不符合预算法实施条例的规定；预算外资金账户清理不彻底，账户多，分散科室管理。（5）宁德地区 1997 年从"其他收入"退库 300 万元，转入"粮食挂账利息补贴专户"，1998 年又转回金库；未把省对地区固定转移支付补助 1200 万元列入预算，造成 1998 年预算收入缺口。

（6）南平市库款用于定存和拆借；将库款拆借占用费、利息收入和罚没收入挂账，未作预算收入。（7）宁德地区财政局违规提取土地有偿转让收入手续费；漳州市财政局违规提取防洪费手续费和公路通行费手续费。（8）周转金使用不当。宁德地区占用费收入挂账用于财政局集资建房，向省借入的国有企业产权结构调整基金用于国债服务部违规放贷；南平市占用费收入转作武夷公司资本金。（9）违规自行设立预算外收费项目。宁德地区向全区购置车辆的单位和个人征收教育附加费；漳州市开征机动车辆增容费和建勤费。省审计厅将各地自行设立的预算外收费项目情况向省政府做了专题报告。

2000年，省审计厅对福州、泉州市政府1999年度财政决算进行审计，查出违规金额35673万元，应增加财政收入16274.51万元。审计发现的问题有：（1）将罚没收入以其他收入科目入库，将金融营业税作为一般营业税入库，影响省级收入。（2）泉州市税务局将其他税种直接以个人所得税入库或更改为个人所得税，多提个人所得税手续费。（3）福州市国有股权转让收入未作预算收入，直接用作国有股配股款；预算外资金账户清理不彻底；福州市信托投资公司以购买国债名义拆借6500万元给省华兴证券公司，只收回100万元。（4）两市土地出让金收入未按规定作一般预算收入核算和管理。（5）省财政下达的专款在市（县）一级有871.80万元未及时拨付用款单位，有的专款被改变用途。（6）泉州市未经省政府批准，擅自开征人口配套费。（7）泉州市财政局将年终结算补助1546万元作专项结转；违规对6家企业上缴的所得税479.18万元实行先征后返；至1999年底库款借出6339.75万元未收回。（8）福州市财政局向22个非一级预算单位拨款6364.79万元；从库款中调出大量资金借给有关单位和下级财政使用，至1999年底有62090.55万元为不合理调度和借出；将罚没物无偿调拨给有关单位，未经拍卖低价出卖罚没物；提取近20种预算外手续费、契税手续费1869.85万元；未执行周转金"只收不贷"，继续变相发放财政周转金；基建支出超预算、部分基建资金来源不合规，机关经费开支控制不严，奖金福利发放偏多，扩大摩托车配备范围，所属基建审核事务所审核费收取和收入分配不合理，公款借与私人购房。省审计厅将泉州市擅自开征人口配套费情况专题报告省政府。

2001年，省审计厅对三明、龙岩市政府2000年度财政决算进行审计。审计查出违规金额30575.37万元，应上缴财政1828.6万元。审计发现的问题有：（1）将应作省级收入的罚没收入缴入市级；代征省级契税未及时缴库；罚没收入未及时缴库或以"其他收入"科目入库，影响省级收入分成。（2）将金融营业税作一般营业税入库；将其他税费以个人所得税入库。（3）地税部门擅自减征、免征、缓征税款和违规多提退税收手续费。（4）三明市财政局历年财政性投资收益274.88万元挂账未入库；本级和抽查的县财政部分省级专款未及时拨付；违反规定将200万元社保基金存入信用社。（5）龙岩市支出预算编制较粗，部分支出未履行法定报批手续；基建摊子大、楼堂馆所项目多、举债搞建设，与经济实力不协调。（6）龙岩市财政局1999—2000年将2800万元周转金转作市级还贷准备金；银行开户多，不利于资金控制和统一管理。（7）龙岩市政府违规制定收费项目。省审计厅要求龙岩市政府立即停止执行违规制定的收费项目。

2002年，省审计厅对宁德、莆田市政府2001年度财政决算进行审计。查出违规金额4549万元，应上缴财政749万元。审计发现的问题有：（1）将罚没收入以"其他收入"科目入库，部分罚没收入没有及时入库。（2）地税部门违规多提退税收手续费、卖税获取小团体利益。（3）省级专项资金拨付不及时，有的资金被截留挪用。（4）预算调整比例高，支出结构不合理。（5）莆田市财政局在几家商业银行之间随意调度财政专项存款，将预算外资金借给企业归还银行贷款和缴税；库款被不合理占用。（6）宁德市经营性和竞争性项目用地交易行为不规范，应征未征土地出让金，多个部门征收土地出让金未纳入预算管理；部分预算外资金游离于财政管理之外，专项预算外资金以前年度借出款3942万元未收回；宁德市财政局给下属事业单位办理无预算拨款。（7）宁德市政府越权制定税收优惠政策，未按中央规定纠正税收先征后返政策，财政收入与财税部门奖励挂钩；擅自免征企业所得税，造成税务部门未按规定征收税款。省审计厅向省地税局提交审计建议书，要求省地税局处理。

2003年，省审计厅在对南平市政府财政效益审计试点基础上进行2002年度财政决算审计，重点延伸到建瓯市。审计查出违规金额274.79万元，应上缴财政49.82万元。审计发现的问题有：（1）南平市政府超越权限制定与国家财政税务政策相背离的规定，违反规定乱收费。（2）2001年将罚没收入以"其他收入"科目入库。（3）部分省级专项补助资金没有专款专用，建瓯市因资金周转困难造成省级专项补助指标下达不及时，乡村两级最低生活保障金配套资金不到位。

2004年，省审计厅对漳州、福州市政府2003年度财政决算进行审计。审计查出违规金额40484万元，应上缴财政28037万元。审计发现的问题有：（1）投资收益和股利收入未及时缴库作预算收入；部分应纳入预算管理的行政事业性收费未纳入预算管理，部分行政性收费未及时缴库；部分应纳入基金预算管理的收入未纳入管理。（2）违规设立契税收入过渡户，大量滞留契税；税款滞纳金未及时清缴入库。（3）漳州市政府出台文件和市长办公会议决定越权给予企业税收优惠政策。（4）漳州市本级和芗城区当年支出挂账2285.46万元，未及时下达的省级专项补助指标1061万元，支农专款滞留专户321.3万元未及时拨付；常山、龙池两个省级开发区的决算报表没有汇入漳州市财政汇总决算报表。（5）福州市本级财政超预算安排支出25590万元；市财政局财政性资金在银行间非正常调度、转存；偿债基金和产权基金管理使用、银行账户管理不够规范；库款长期出借未收回。

2005年，省审计厅对龙岩、泉州市政府2004年度财政决算进行审计，对税收征管采用计算机辅助审计，利用Excel、数据库查询分析功能设计审计软件包，拷贝"征收库""申报库""基本信息库""票证库"数据，建立审计基础数据库，通过查询、对比分析发现疑点。审计查出违规金额20656万元，管理不规范金额30814万元，应上缴财政15450.53万元。审计发现的问题有：（1）人为调节税收收入和预算收入。（2）国有资产经营收益未纳入预算管理，应纳入预算管理的行政事业性收费未纳入预算管理，应纳入基金核算的未及时缴库。（3）设立税费过渡户，代征税费未及时入库。（4）对企业申请延期申报税款审核把关不严，造成税款缴纳不及时。（5）未按收付实现制原则列支，造成支出不真实。龙岩市财政局 2001 年虚列一般预算支出 2000 万元，至 2004 年末尚结余 1178 万元；泉州市财政局提前列支转专户资金 1500 万元，影响财政资金的使用效益。（6）预算外资金借出金额较大、部分资金难收回。（7）经营性房地产项目采取协议方式出让土地使用权，通过土地出让金优惠，直接弥补开发商开发成本；违规收取征地管理费；未按规定核算土地出让金收入和管理土地出让净收益；违规设立土地出让金收入过渡账户；未及时征收和少征收土地出让金；未按规定提取土地储备金和土地出让金业务费。（8）违规划拨建设用地；对擅自改变用地功能和非法交易土地使用权者，未按规定予以处罚。（9）龙岩市国土资源局应缴未缴新增建设有偿使用费。（10）泉州市清蒙科技工业开发园区管委会自行制定园区土地价格，并根据各地块情况进行价格浮动。

表 1—1 　　　　　　**1996—2005 年福建省审计机关财政审计情况统计表**

单位：个，万元

年度	审计单位数	查出违规行为金额	应上缴财政金额
1996	1832	114544	27803
1997	1665	130605	36848
1998	1381	122568	18832
1999	1268	319394	36433
2000	1190	222506	25652
2001	1013	468913	65632
2002	976	114197	47483
2003	939	155646	42310
2004	937	244877	110014
2005	828	210800	103361
合计	12029	2104050	514368

注：该表含部分专项审计数。

第二章　经济责任审计

1999 年 5 月，审计机关依照中共中央办公厅、国务院办公厅印发《县级以下党政领导干部任期经济责任审计暂行规定》和《国有企业及国有控股企业领导人员任期经济责任审计暂行规定》（以下简称"两个《暂行规定》"）赋予的职责，对党政领导干部和国有企业及国有控股企业领导人员进行经济责任审计，为组织部门加强领导干部的管理监督和干部考核工作提供了参考依据。

第一节　党政领导干部任期经济责任审计

一、厅局级单位主要领导干部任期经济责任审计

2001 年，根据省委组织部委托，省审计厅对原省地矿厅厅长、原省土地局局长、原省国资局局长、原省体改委主任、原省乡镇企业局局长、原省国防工办主任、原省石化厅厅长、原省贸易厅厅长、省电视台原台长、省广播电台原台长、福建日报社社长 11 位厅局级单位主要领导进行任期经济责任审计。审计结果表明，大部分领导能履行省政府赋予的行业管理职责，积极开展综合协调工作。审计发现的主要问题有：（1）有的单位的收入未纳入财务统一核算，设立"小金库"。部分事业收入由于没有明确的管理制度，支出较混乱。（2）有的单位擅自改变省财政专项资金预算安排使用用途，挤占挪用专项资金。（3）有的单位向企业及下属单位乱收费、乱摊派或提供有偿服务。（4）有的单位违规为下属单位提供担保。（5）有的单位对外投资决策失误，借出款项存在潜在损失。（6）内控制度相对较薄弱，在经费支出、资产管理等方面有待加强。审计建议建立健全内部控制制度，规范和完善责任制度，加强财务管理和监督，加强固定资产管理工作，严格执行财务审批制度。

2002 年，根据省委组织部委托，省审计厅对省贸促会会长、省公安厅交警总队总队长、省人才市场总经理、省政府驻深圳办事处主任、省农科院院长、团省委书记、省政府驻广州办事处主任 7 位厅局级单位主要领导进行任期经济责任审计。审计结果表明，厅局级单位主要领导在岗位变动时，具有接受经济责任审计的意识，领导干部依法行政、依法理财观念增强，从而促进了省直各部门财政财务管理工作规范。审计发现的主要问题有：（1）有的单位在执行行政性收费方面，"收支两条线"执行不力；（2）有的单位挪用专项资金用于弥补机关行政经费的不足；（3）有的单位挪用财政资金，违规高息对外贷款，造成

损失；（4）有的单位内控制度不健全，财务管理混乱，会计核算不合规，会计信息失真，设立"账外账"；（5）有的单位对直属企业历史遗留问题处理不够及时有力等。审计建议省政府责成有关部门理顺部门经费预算管理体制，加强财务管理和固定资产的管理和核算，把财务管理作为政务公开的重要内容抓紧抓好，严格执行事业经费的开支标准，加强对直属单位、合作单位的监管。

2003年，根据省委组织部委托，省审计厅对省交通厅厅长、省国土资源厅厅长、省工商局局长、省水利厅厅长、省台办主任、省广电局局长、省台联副会长、省残联理事长、省电视台法人代表、省电台法人代表、省供销合作社联合社主任11位厅局级单位主要领导进行任期经济责任审计。审计结果表明，大部分领导能履行省政府赋予的行业管理职责，在机关内部管理方面加强制度建设，压缩部分行政经费支出；在对重大项目的审查、审批方面做到集体研究决策。审计发现的主要问题有：（1）有的单位擅自改变专项资金用途，挤占挪用专项资金，部分资金未纳入预算管理；（2）有的单位对基层开发项目监管薄弱，对各地应上缴的款项监缴不力；（3）有的单位违规出借资金；（4）有的单位预算资金使用不当，银行账户、资产管理不规范，基建项目管理不善；（5）有的对下属单位监管不力，下属单位设"小金库""账外账"；（6）有的单位物品未按规定执行政府采购；（7）有的单位内控制度不健全，收入未纳入单位财务核算，财务管理、会计核算不够规范等。审计建议省政府责成有关部门研究加强垂直管理部门的财务管理；建议有关部门加强专项资金、预算外资金的使用管理和监督，建立健全约束机制和责任追究制度。

2004年，根据省委组织部委托，省审计厅对漳州、宁德市检察院检察长进行任期经济责任审计。这是省审计厅首次对检察机关领导干部任期经济责任审计。审计发现市检察院存在虚列经费支出，执行扣押、冻结款物管理规定不够规范等问题。审计建议两市检察院提高财务管理和会计核算水平；建立健全内部控制制度，加大固定资产管理力度。

2005年，根据省委组织部委托，省审计厅对省直党工委副书记、省委党校常务副校长、省委老干部局局长、团省委书记、省旅游局局长、省民族与宗教事务厅厅长、省食品监督管理局局长、省卫生厅厅长、省委农办主任、省国土厅原厅长、省地税局原局长、省人防办原主任、省公安厅交警总队原总队长、省老区办原主任、省经济信息中心原主任15位厅局级单位主要领导进行任期经济责任审计。审计结果表明，领导干部能够紧跟省委、省政府的工作中心，服务大局、服务中心的意识明显增强，强化了自身依法行政、依法理财、廉洁自律的观念，单位内部管理制度进一步完善和健全。审计发现的主要问题有：（1）有的单位重复建设干部培训中心，造成浪费；（2）有的单位专项资金闲置，有的擅自改变专项资金用途，挤占挪用各类专项资金；（3）有的单位部分行政事业性收费和其他收入未实行"收支两条线"管理，直接用于相关成本性费用或发放福利；（4）有的单位收费使用的收款票据不规范，有的违规收取下属单位费用；（5）有的单位房产出租未按规定与承租人签订合同，租金收取不及时、管理不规范；（6）有的单位基建项目未按规定招投标确定施工单位，有的基建项目超面积建设；（7）有的单位投资产权未界定、投资收益核算不规范，资产管理不够完善，对下属单位及挂靠的社会团体监管不力；（8）有的单位内部控制制度较薄弱，会计核算不规范，应缴未缴财政专项资金，设立"账外账"；（9）有的单位重大经济事项缺少民主决策集体研究程序等。审计建议建立健全内部控制制度和可操作性的专项资金管理机制，实现资金效益的最大化；进一步完善部门财务管理和核算体系，规范财务管理和会计核算工作，加强票据管理，加大对下属单位的监管力度；财政部门应加大对应缴未缴财政专项资金的监缴力度，做到应收尽收，确保预算的完整性。

二、县（市、区）长任期经济责任审计

福建省县（市、区）长任期经济责任审计从 2003 年开始，以财政收支审计为基础，围绕县市区长决策、管理和廉政等重大事项，重点对县（市、区）长任职期间县（市、区）政府贯彻执行上级政府及有关部门制定的方针政策情况；发展县域经济自行制定的政策措施的合理、合法性及其效果；县（市、区）财政收支的真实性及政府负债情况；县（市、区）长遵守廉洁自律及财经纪律情况进行审计。

2003 年，根据省委组织部委托，省审计厅组织设区、市审计局对 9 个县（市、区）长进行任期经济责任审计。闽清县县长由福州市审计局负责审计；厦门市杏林区区长由厦门市审计局负责审计；长泰县县长由漳州市审计局负责审计；德化县县长由泉州市审计局负责审计；明溪县县长由宁德市审计局负责审计；武平县县长由三明市审计局负责审计；漳平市市长由龙岩市审计局负责审计；寿宁县县长由南平市审计局负责审计；顺昌县县长由省审计厅负责审计。审计发现的主要问题有：（1）县级财政负债重。审计的 9 个县（市、区）政府 2002 年末负债及财政赤字总额为 26.54 亿元（其中滚存赤字 2.95 亿元）。（2）贯彻《预算法》不够到位。编制赤字预算、虚增财政收入、财政支出挂账等现象不同程度存在。（3）挤占挪用滞留上级专项资金的现象比较普遍，主要用于弥补行政经费不足。（4）地方在招商引资和国企改革方面出台的土地管理及地方收入让利等优惠政策措施不符合国家现行规定。（5）截留应缴省级收入，"收支两条线"执行不力。（6）有的政府参与投资的项目未按有关规定实施，未进行招投标，未组建项目法人和实行资本金制度等。

2004 年，根据省委组织部委托，省审计厅组织设区市审计局对 13 位县（市、区）长进行经济责任审计。龙海市原市长、邵武市市长、清流县县长、松溪县原县长、宁德市蕉城区区长由省审计厅负责审计；云霄县县长由龙岩市审计局负责审计；漳州市龙文区区长由漳州市审计局负责审计；莆田市城厢区区长由莆田市审计局负责审计；莆田市涵江区区长由泉州市审计局负责审计；三明市梅列区区长由三明市审计局负责审计；政和县县长由南平市审计局负责审计；福鼎市市长由福州市审计局负责审计；古田县县长由宁德市审计局负责审计。审计发现的主要问题有：（1）县级财政负债重。审计的 13 个县（市、区）政府 2003 年末政府负债及财政赤字总额为 40.8 亿元（其中滚存赤字 5 亿元）。（2）财政预算编

制、管理不规范，人为调节预算；编制赤字预算、虚增财政收入、财政支出挂账等现象不同程度存在；有的违规出借国库资金用于开发区建设及其他无预算项目使用；有的未将国有企业产权出让纳入财政预算直接在国投公司列支。（3）挤占、挪用、滞留上级专项资金的现象比较普遍，有的专项资金被用于政府办公大楼建设。（4）地方在招商引资和国企改革方面出台的土地管理及地方收入让利等优惠政策措施不符合国家现行规定；有的未对国企改制后民营企业占有的土地使用权进行处置；有的低价出让土地。（5）截留应缴省级收入，"收支两条线"执行不力。（6）有的建设项目的决策与管理存在不规范行为。政府参与投资的项目未进行公开招投标；国有资产处置未报批、未评估、未公开招标、未在产权交易中心交易、无依据调整价格等；有的市投入1200万元开发工业园，通过垫资800万元使房地产公司未投任何资金，公司却拥有该项目80％的股权；有的市将4660万元国有资金建成的积蓄水、发电于一体的大坝，无偿移交给民营公司；有的县30家国有企业改制未报批、19家未经资产评估、29家未公开招标。

2005年，根据省委组织部委托，省审计厅组织设区市审计局对16位县（市、区）长进行经济责任审计。马尾区区长、福清市市长、南安市市长、建阳市市长、东山县县长、平和县县长、仙游县县长由省审计厅负责审计；闽侯县县长由三明市审计局负责审计；安溪县县长由厦门市审计局负责审计；莆田市荔城区区长由泉州市审计局负责审计；三明市三元区区长由南平市审计局负责审计；永安市市长由龙岩市审计局负责审计；沙县县长由宁德市审计局负责审计；南平市延平区区长由福州市审计局负责审计；龙岩市新罗区区长由漳州市审计局负责审计；霞浦县县长由莆田市审计局负责审计。审计共查出违规金额22.72亿元、应上缴财政1.95亿元、已上缴财政6690万元。审计发现的主要问题有：（1）县级财政负债重。审计的16个县级政府2004年末政府负债及财政赤字总额为87.92亿元（其中滚存赤字2.4亿元）；有3个县（市、区）2004年末政府负债总额超过10亿元。（2）贯彻《预算法》不够到位。编制赤字预算、虚增财政收入、财政支出挂账等现象不同程度存在；16个县（市、区）土地出让金等政府性基金收入11.73亿元未纳入基金预算管理；有11个县因约定的配套基础设施未完善，未按时征缴土地出让金达7.85亿元；有的林业"两金"（育林基金、更新改造资金）等未按规定纳入基金预算管理；有的土地出让金未按规定设立专户管理，有6个县（市、区）未纳入财政专户管理的土地出让金达17.92亿元；土地出让金有的在国库外另设过渡户调节年度财政收入；有的对国有资产经营收益监缴不力，未纳入预算管理。（3）挤占、挪用、滞留上级专项资金的现象比较普遍。有的财政滞留支农、社保、卫生、旅游、工业等专项资金用于工资支出和弥补行政经费，仅2个县滞留专项资金就达1.3亿元；有的将省财政下拨的农业税灾歉减免等专项资金作为县财政净结余；有的将教育专项资金转为预算外收入安排用于其他项目支出。（4）地方在招商引资和国企改革方面出台的土地管理及地方收入让利等优惠政策措施不符合国家现行规定。一些地方在国有土地出让"招拍挂"（招投标、拍卖、挂牌），国有企业改制拍卖后，地方政府或主管部门又改变对外公告中预先设定的条件，给中标方让利，或者对挂牌拍卖前预先承诺给投标方返还等条件没有完全披露，以及挂牌出让后给受让方返还部分土地出让金，造成公开挂牌、拍卖或招投标实质上的不公平。（5）截留应缴省级收入，"收支两条线"执行不力。（6）有的政府参与投资的项目未按有关规定进行公开招投标。（7）有的政府借出的财政预算外资金清收力度不到位。

三、设区市审计局长任期经济责任审计

1997年7月，受中共三明市委组织部委托，省审计厅对三明市审计局原局长进行任期经济责任审计。在财务收支审计基础上对领导干部任期单位财务收支的真实、合法、效益性进行评价，为组织部门考核领导干部提供参考。

1999年10月，受中共厦门市委组织部委托，省审计厅对厦门市审计局原局长进行任期经济责任审计。这是中央两个《暂行规定》下发后，省审计厅第一次对厅级领导干部进行经济责任审计。省审计厅对原局长任期单位财政财务收支的真实、合法、效益性和遵守廉政纪律情况进行评价。审计结果表明，1996年8月至1999年9月厦门市审计局原局长能较好地安排经费支出；日常工作中重大经济决策和资金安排能坚持集体研究。但在管理方面存在一些不足：（1）财务收支方面还不够规范；（2）固定资产管理方面还不够完善；（3）内控制度的制定和执行方面有待加强。

第二节　企业领导人员任期经济责任审计

省审计厅开展企业领导人员任期经济责任审计，采取经济责任审计与企业资产负债损益审计相结合的方式，评价领导人员履行职责、国有资产保值增值、遵守国家财经法纪情况等，促进企业建立健全内部控制制度和自我约束机制，完善法人治理结构，实现国有资产保值增值。

1996年8月，根据省乡镇企业联合总公司总经理的请求，经省长陈明义、副省长黄小晶批示，省审计厅对公司总经理1990年1月至1996年6月30日任期经济责任进行审计，对总经理任期履行职责、上缴税利和国有资产保值增值情况进行评价。

同年10—12月，根据省委组织部委托，省审计厅对福建投资企业公司（简称"华福公司"）总裁1994年至1996年9月任期经济责任进行审计。审计结果表明，1994年至1996年9月公司领导班子能贯彻落实省委、省政府关于解决华福公司问题的改革措施，提出振兴思路和目标，推行人事制度改革，发展金融证券、信托等业务，在引进、筹措资金和偿还外债方面发挥了对外窗口作用。审计建议：（1）继续贯彻落实省委、省政府政策措施，增强风险防范意识，加强对金融证券、房地产等风险业务的管理和监督，严格控制金融交易；（2）尽快解决澳门华格广场项目等问题；（3）健全内控制度，加大对所属部门和公司的监

督力度，加强业务和财务的联系和配合；（4）继续清理、解决历史遗留的投资、贷款担保及应收款项和库存积压等问题。

1997年9月至1998年1月，根据省政府办公厅委托和副省长张家坤批示，省审计厅对中国福建国际经济技术合作公司（简称"中福集团公司"）原董事长1993年7月至1997年6月任期经济责任进行审计。审计范围包括公司总部及40家子公司，其中港澳企业11家。审计结果表明，公司领导班子能贯彻执行省委、省政府的经济工作方针，开展资产经营，在工程承包、劳务合作、房地产经营等方面取得了一定的成绩。审计发现的主要问题有：（1）公司内部管理不规范，制度未能有效执行；（2）机构臃肿，业务重叠，资金分散，多头经营高风险的房地产业务；（3）投资规模过于庞大，负债经营战线太长，投资管理失控，资金周转困难，财务状况恶化，债务危机不断发生；（4）家底不清，虚盈实亏，财务信息失真，费用开支过大，超额发放奖金福利；（5）驻港企业危机四伏，濒临破产边缘。审计未发现原董事长个人任职期间有违法违纪、侵占国家资财的行为。审计建议：（1）统筹研究落实解困措施，避免债务问题引发港澳银行联合逼债、起诉，导致港澳企业清盘破产；（2）健全内控制度，建立防范风险和自我约束机制，加强对所属公司的领导和管理；（3）重组机构、业务和债务，加强财务管理和资产管理，如实反映财务状况和经营成果。

1998年6—7月，根据省政府办公厅和省委组织部委托，省审计厅对华闽（集团）有限公司原董事长1994年7月至1997年12月任期经济责任进行审计。审计范围包括公司本部及在香港的11家全资子公司、3家合资公司和在闽的7家全资子公司。审计结果表明，原董事长领导的第5届董事会能贯彻执行省委、省政府的经济工作方针，完善内部规章制度，改革财务管理体制，调整经营结构，实施内部审计，加大监督力度，加强对省内重点项目的投资，收购省内企业优质资产，配合做好上市工作，积极处理往届董事会遗留问题。审计发现的主要问题有：（1）投资决策不够民主、科学，大量从事高风险的股票交易；（2）机构庞大，业务重叠，多头投资、多头经营，对外放款过分集中，风险防范意识不强；（3）内部承包经营责任制不够完善，缺少对下属公司的有效监控；（4）财务管理不规范，家底不清，会计信息失真，会计记录缺乏连续性，业务与财务脱节。审计中未发现原董事长个人任职期间有违法违纪和侵占国家资财的行为。审计对解决华闽（集团）有限公司出现的巨额亏损、潜亏和资金压力日趋增大等问题提出4条建议，并上报省政府领导。

同年，根据省政府领导交办，省审计厅对南平铝厂、福建省地方铁路开发总公司、福建广宇集团股份有限公司进行经济责任审计。审计表明，南平铝厂原领导班子为企业发展做出了应有的贡献。审计发现南平铝厂的主要问题有：（1）固定资产、对外投资、下属子公司的管理比较薄弱。（2）重投入轻回收，还贷预测不足，资金运作不顺畅。（3）企业与外商业务往来不规范，未经批准大量购置异地房地产，违规对原厂长、书记进行房产奖励。对福建省地方铁路开发总公司经济责任审计肯定了地方铁路建设的成绩，指出财务内部控制制度薄弱，财经法纪意识淡薄，家底不清，对外投资失控，财务、内部审计职能未充分发挥作用，对下监督检查不力。审计中发现该公司一职能处室收入不入账、挪用国有资金发放职工集资本息的违法违纪行为，已移送省纪委处理。

2001年，省审计厅完成福建省高速公路有限责任公司原总经理、福建省华侨信托投资公司原董事长和福建省建工集团公司原董事长任期经济责任审计。审计结果表明，有的企业采取措施，成功地发行了企业债券和股票，多渠道筹措资金；有的企业推行体制改革，拓展业务，扩大资产规模和经营成果，壮大了公司实力。审计发现的主要问题有：（1）内控制度较薄弱，资产管理有待加强；（2）利润不实，造成国有资产流失；（3）有的企业对外担保造成损失；（4）有的企业不良资产金额较大，投资经营效益低；（5）有的企业利用世行贷款进口设备从中获得账外现金242万元；（6）有的企业建设资金未及时使用造成损失。审计建议：建立健全内部控制制度，增强法制观念，防范和杜绝账外资产的形成，确保国有资产安全完整；加强对建设资金的预算、控制监督和考核工作，发挥建设资金的使用效益；适当调整资产结构、经营方向，培育新的效益增长点；清理投资项目，加强清欠工作和资金回笼工作。

2002年，省审计厅完成兴业银行行长、福建国际信托投资公司原董事长、省煤炭总公司原总经理和福建省二轻总公司原董事长、总经理任期经济责任审计。审计结果表明，有的企业在稳定金融秩序和维护社会安定、增加财政收入、促进经济发展方面发挥积极作用；有的企业能坚持"突出重点，稳健经营"的原则，制定了投资、贷款管理办法，坚持领导班子的集体研究决策，取得了较大的投资增值，使企业逐步摆脱困境，走上了稳健经营的路子；有的企业在行业改革转制过程中，能加快产业结构调整步伐，拓宽就业渠道，取得较好的社会效益。审计发现的主要问题有：（1）有的企业多年没有开展业务活动，全靠财政拨款维持运转，违规使用财政资金，占用集体所有制单位资金；（2）有的企业外汇资本金不足，固定资产规模超比例，资产核销不规范，拆出资金超过期限；（3）有的企业历年结转潜亏金额较大，内部控制制度不健全，贷款抵押担保手续不落实，违规从事股票买卖，隐瞒收入私设"小金库"，偷逃应缴的信贷保证金；（4）有的企业对外投资虚假出资、垫资，账外购置房产，违规出借资金。审计建议：（1）财政等部门应健全和完善企业呆账核销报批制度及抵债资产的管理制度，核实、盘活资产，防范和化解资产风险；（2）加强企业拆出资金和对外投资的清收力度，提高资金利用率；（3）完善有关法规，健全内部控制制度和约束机制，加大对重大项目的监管力度。

2003年，省审计厅完成福建建材（控股）有限公司原董事长任期经济责任审计。审计结果表明，原董事长能认真履行省政府赋予的职责，努力做好建材行业管理工作，逐步建立健全各项管理制度，及时清理对外投资，对规范直属企事业单位对外投资与贷款担保程序起到一定的作用；在重大经济决策方面能够坚持民主决策制度。审计发现的主要问题有：（1）财务核算不规范；（2）集团让利给股份公司，损害集团控股公司的利益；（3）不良资产潜亏金额大。审计建议省政府责成有关部门对福建建材（控股）有限公司的发展组织调查论证，以优化资产结构，拓展经营空间，增强抗御风险能力；福建建材（控股）有限公司应对大额的不良资产进行清理，严格执行财经纪律，确保对外披露会计信息的真实。

2005年9月，省审计厅完成省石化集团公司董事长（党委书记）、省船舶工业集团公司原总经理、省中旅集团公司原董事长任期经济责任审计。审计结果表明，有的企业逐步建立了以国有资产保值增值为核心的管理制度，明确决策层和经理班子的职权及议事规则，企业内部控制制度得到加强，对企业资产重组和对接收的企事业单位改革均取得成效；有的企业发展明显提速，步入了快速成长轨道，工业总产值、完工量、产品订单持有量均创历史新高，产品出口快速增长，经济效益明显改善；但也有的企业经营难度加大，经济效益持续下滑。审计发现的主要问题有：（1）资产不实，有的企业损益不实，虚增合并报表利润；（2）产权管理不到位。对外投资、对外担保审批不严，投资风险大，对下属企业监管不到位；（3）企业内控制度缺失，财务管理较薄弱。审计建议：（1）省国资委要完善省属企业产权结构及法人治理结构，促使企业按照现代企业制度的要求，完善决策、执行、监督机制，加大对企业处理历史遗留问题的支持力度，保障企业的健康稳定发展；（2）企业应建立健全内部控制制度，完善投资决策机制，健全股东委托代理人授权制度，严格执行集体决策，防止因投资决策失误造成国有资产流失。

表2—1　　　　　　**1998—2005年福建省审计机关经济责任审计情况统计表**

年度	审计经济责任人		查出主要问题金额			移送纪检监察（件）	移送司法机关（件）
	党政领导干部（人）	国有企业及国有控股企业领导人员（人）	违规行为金额（万元）	管理不规范金额（万元）	损失浪费金额（万元）		
1998—1999	1200	87	7761			23	1
2000	394	96	85310			24	12
2001	472	75	97538		12377	11	7
2002	2133	95	152979	240067	9634	59	15
2003	843	73	77038	296264	9360	36	5
2004	1242	66	88767	241536	1939	25	1
2005	1011	106	147056	313801	29246	15	1
合计	7295	598	656449	1091668	62556	193	42

注：表中空格系当时未设该统计指标。

第三章 固定资产投资审计

第一节 项目预（概）算执行与竣工决算审计

1996年，根据《审计法》和省政府关于建立竣工决算审计制度，全省审计机关共审计475个项目，送审总投资额12.55亿元，工程投资净核减额1.12亿元，综合核减率为8.92%；补缴固定资产投资方向调节税和其他税费146.30万元。

同年，省审计厅对泉厦高速公路预（概）算执行情况审计、嵩屿电厂一号机组单机决算审计、省急救中心项目竣工决算审计、神州新港区一期工程建设指挥部3.5泊位竣工决算审计、福州港一期建设项目审计、省水利水电厅洪水预警中心项目审计、漳泉肖铁路项目审计、福州长途电信枢纽项目审计，审计总金额605946万元，发现违纪违规金额44633万元，应上缴财政441万元，移送纪检监察部门案件线索2件。泉厦高速公路预（概）算执行情况审计反映的建设资金不落实、损失浪费、挤占挪用建设资金以及资金管理、征地补偿、工程施工等方面问题引起省政府领导重视，省政府领导在施工现场召开会议解决问题。该审计项目被审计署评为1996年度"优秀审计项目"。

1997年2月，省审计厅要求将建设项目"先审计后验收"与建设项目（工程）竣工决算全面审计相结合，采用审前做好审计方案、审中派员检查监督、审后评比质量的管理办法。为掌握重点建设项目情况，建立一整套的项目审计档案，省审计厅要求建设单位每季度填报一次《重点建设单位定期填报建设情况表》，由省审计厅派员调查核实。

同年，投资审计贯彻落实工程竣工验收审计的规定，省审计厅对南平水泥厂节能综合技改项目、邵武制浆造纸建设项目、福建炼油化工有限公司扩建一期工程项目、嵩屿电厂、福州长乐国际机场和省级机关医院病房综合楼、省妇女儿童活动中心建设项目进行审计，这些项目计划总投资118.80亿元，查出违规金额74264万元。审计发现的主要问题有：（1）大部分建设项目为了抢工期、办事怕麻烦未严格执行基建程序；（2）普遍大幅度调整概算，调增投资额；（3）项目建设资金不落实、不到位；（4）未能严格履行合同约定条款，个别项目与外商签订不平等投资合同；（5）未按招投标规定选择施工单位；（6）外借、挪用资金现象较普遍；（7）大部分项目挤占工程成本；（8）部分项目建设单位超限额征用土地，欠缴耕地占用税；（9）有的项目单位设备物资采购管理薄弱；（10）项目高估冒算；（11）财务管理薄弱，购置违控商品、截留基建收入、出借银行账户、大额收付现金、会计核算不规范等。审计建议：（1）加强建设项目概算管理工作，建立控制项目投资规模的有效办法；（2）建设单位应增强建设法规观念，严格按基本建设程序规定办事；（3）加强建设项目和大宗设备、材料的招投标管理工作；（4）加大经济合同法的宣传力度，严格按合同法办事；（5）配合投融资体制改革，贯彻落实建设项目法人责任制和固定资产投资项目试行资本金制度；（6）增强建设单位的财经法规意识，加强财务管理与核算。省政府领导在审计报告上批示，要求被审计业主单位提出整改意见。审计简报《南平水泥股份有限公司矿山二期技改存在的主要问题》被省政府《今日要讯》要事专报采用。该审计项目在审计署1997年度审计质量评比中获表彰。

1998年，省审计厅对国家和省重点建设项目福建省青州造纸厂15万吨本色浆扩建工程、泉厦高速公路、厦漳高速公路（厦门段）、福州新港区二期工程、水口至泉州50万伏输变电工程、湄洲湾南岸供水工程、湄洲湾北岸供水工程、福建省革命历史纪念馆、龙岩超级压光纸工程、飞鸾岭隧道工程（含宁德段和罗源段2个项目）、福炼7万吨聚丙烯工程、省级机关医院病房综合楼等13个项目进行审计。审计竣工项目4个，总投资26.43亿元；在建项目9个，总投资54.45亿元。审计查出主要问题有：转移挪用资金6814万元，多列概算3290万元，少列概算12739万元，概算外投资4284万元，项目超规模、超标准15586万元，损失浪费1228万元，资金不落实、不到位20827万元，垫款施工2621万元，挤占工程成本1806万元，多结工程款621万元；在基建程序、项目管理、概算编制执行、招投标、征地拆迁补偿、成本控制等方面也存在问题。审计建议：（1）加强建设项目的概算编制工作，做到依法调整概算、依法建设；（2）严格履行国家关于建设项目法人责任制和固定资产投资项目试行资本金制度的规定；（3）项目建设单位应增强法制观念，切实履行基本建设程序，加强财务会计核算工作。

同年8月，审计署授权省审计厅对福建省青州造纸厂15万吨本色浆扩建工程进行竣工决算审计。该扩建项目总投资11.56亿元。审计重点是项目建设资金、建设成本及工程结算、工程建设财务收支情况，并按国家规定标准进行项目投资经济效益评估。审计发现的主要问题有：（1）财经纪律方面：自筹资金缺口；概算编制漏洞较多，概算执行漏项和概算外工程；建设管理制度不严；挤占工程成本，未按规定列支费用；设备采购、保管、领用、维护等内控制度较薄弱；建设单位财务制度不健全，核算不规范。（2）经营方面：亏损较为严重，项目生存前景较严峻。省审计厅专题向省政府报告，省政府领导责成省审计厅、省建委、省计委研究解决项目建设中存在的问题。审计简报《青州造纸厂15万吨本色浆扩建工程亏损6.32亿元》被省委办公厅《八闽快讯》要事专报特刊采用。该审计项目在审计署1998年国家建设项目审计质量评比中获表彰。

1999年4月，全省审计机关执行《审计署关于加强基础设施建设资金和建设项目审计监督工作的通知》。同年，完成泉厦高速公路竣工决算审计；水口电站、厦门海沧大桥、罗宁高速公路、福建省千里海堤水闸除险加固工程（海堤、水闸220座）、东南（福建）汽车易地扩建项目、福建省游泳跳水比赛馆、6个中央直属储备粮库、福建会堂、福建中尺度灾害性天气预警系统二期工程项目预（概）算执行情况审计；横南铁路、福泉高速公路、棉花滩水电站、省体育馆、福州市内河引水冲污工程、福州市第二水源工程、福州市洋里污水处理厂、厦漳高速公路（漳州段）、漳龙高速公路（含漳州段和龙岩段2个项目）、宁德穆阳溪芹山电站、漳诏高速公路、宁德飞鸾岭隧道左洞工程跟踪审计调查。23个重点建设项目批准的总投资为458.58亿元，其中竣工项目1个，总投资27.86亿元；在建项目22个，总投资430.72亿元。审计和跟踪审计调查发现的主要问题有：转移挪用资金92923.22万元；多列概算15900.76万元，少列概算6553万元；概算外投资8720.38万元；项目超概算33342.12万元；勘察设计不周、违规施工等造成增加投资11125.69万元；违规借款33440万元；资金不落实135873.70万元；资金不到位140816.75万元；挤占工程成本15240.72万元；投资完成额不实2313.92万元；虚列试生产成本8590.71万元。审计建议：（1）设计单位应加强建设项目的概算编制工作，政府有关职能部门应严格审核概算，以避免大幅度调增概算。（2）积极配合投融资体制改革，严格履行国家关于建设项目法人责任制和固定资产投资项目试行资本金制度的有关规定，进一步理顺投资各方的关系，建立科学的投资运行机制，解决建设资金不落实、不到位的问题。（3）建设单位应增强法制观念，切实履行基本建设程序，严格执行国家建设市场管理有关规定，杜绝未经招投标选择设计单位、材料设备供货单位、施工队伍及层层转包工程现象的发生。（4）建设单位应加强财务会计核算工作，切实贯彻会计法等有关规定，严格审批手续，健全原始凭证，提高财务核算水平和核算质量。省政府《直转件》、省委《专报件》同时采用省重点建设项目审计综合报告及信息。福州第二水源敖江引水工程项目跟踪审计调查，揭示项目资金未及时到位、挪用建设资金、将建设资金转作定期存款、部分工程未经招投标、未严格执行基建程序、签订施工合同不规范、基建财务支出不合规等问题。审计调查报告被省政府《直转件》采用，副省长朱亚衍批转福州市市长，要求有关部门检查督促整改，加强管理。

同年，根据审计署授权，省审计厅对全省1998年至1999年3月水利建设资金和水利建设项目进行审计。审计涉及省财政厅、省水利厅，福州、漳州、莆田、泉州、宁德5地市（含所属县市）的财政局、水电局及220座海堤、水闸除险加固项目。审计发现的主要问题有：（1）全省水利建设资金被滞留、闲置的中央国债3500万元，转贷地方国债1.37亿元，其他资金720万元，主要被滞留在财政部门。（2）少征、漏征水利建设资金，甚至未建立水利建设资金征集制度。（3）水利建设资金3亿元未设立专户存储。（4）千里海堤水闸除险加固二期工程地方配套资金到位率低，至1999年3月县乡财政自筹资金到位6600万元，到位率为46%；群众投工投劳2400万元，到位率为62%。（5）个别工程质量低劣。云霄峰头二级水电站在试生产期间，引水渠突然崩裂，当场淹死1人、伤3人。重点审计工程的水泥采购、输电线路增容费、设备购置及土地和赔青补偿款等项目，查出案件线索5件。省政府《直转件》采用了审计反映的问题，代省长习近平做了批示，要求有关地市和部门严肃查处审计发现的问题，并健全和完善项目招投标、工程监理、质量监督、财务管理等制度，确保工程质量和进度，促使除险加固二期工程成为让人民群众放心的优质工程。

同年，按照审计署实施方案要求，省审计厅对福建省中央直属储备粮库建设领导小组办公室以及福州杜坞粮库、莆田秀屿港粮库、泉州肖厝粮库、漳州港粮库、三明粮库、邵武粮库6个中央直属储备粮库筹建办进行建设项目预（概）算执行情况审计。省审计厅于7月和11月分两个阶段采取统一制发审计通知书，授权有关地市审计局交叉互审。审计发现的主要问题有：（1）个别项目违规动用中央建库资金支付应由地方政府承担的征地拆迁补偿费用；（2）履行基建程序不够严格，个别项目建设用地手续、消防抗震审核手续不全；（3）项目概算编制不完整，个别项目重大设计变更未上报批准。部分项目存在超概算和概算外投资现象；（4）个别项目违规将中央建库资金转入筹建办开设的地方资金账户或相关单位账户；（5）建设单位管理费开支不合规、重复支付工程款及备料款、原始凭证手续不全等。审计信息被省政府《直转件》、省委《专报件》和《特刊》采用。该审计项目获审计署1999年度优秀审计项目奖。

2000年5月，省审计厅实施《重点建设项目跟踪审计办法（试行）》，对在建重点项目进行跟踪审计调查。《重点建设项目跟踪审计办法（试行）》被国务院办公厅全文登载。11月，为全面掌握先行工程情况，经省政府同意，省审计厅与省交通厅联合下文组织开展全省先行工程决算审计。同年，省审计厅固定资产投资审计审结项目有福州大学化肥催化剂中心预（概）算执行情况审计，棉花滩水电站、省立医院改扩建项目、宁德飞鸾岭隧道左洞工程、福州市洋里污水处理厂、闽江下游防洪堤三期工程、汀江流域防洪整治一期工程、莆田市木兰溪下游防洪整治一期工程、厦门海沧铁路支线、福州市第二水源供水工程、省博物馆、漳州后石电厂二期输变电工程、漳龙高速公路（龙岩段）、漳诏高速公路、漳州市九龙江下游防洪堤三期工程等14个省重点建设项目跟踪审计调查以及省政府交办的驻京办福建大厦建设项目审计调查。项目计划总投资184.04亿元，审计共查出违纪违规金额300709.63万元。审计发现的主要问题有：（1）资金不落实、不到位和到位不及时115647.09万元；（2）多列概算66502.26万元；（3）转移挪用建设资金5918.18万元；（4）部分工程未进行招投标或层层转包。省审计厅把各项目存在的问题向省政府报告。审计综合报告、审计信息被地方党政领导及有关部门采用26篇。

2001年，按照审计署对农村电网（简称"农网"）改造审计工作的部署，全省审计机关参与全省农网建设与改造项目审计。审计重点是项目开工至2001年3月底农网投资管理、建设资金收支及管理、工程造价结算等。省审计厅抽调9个设区市审计局投资科长和福州市8个县审计局业务骨干，聘请社会审计组织工程造价师等共计24人组成联合审计组，对闽侯县农网改造项目进行试点审计。省审计厅以"统一组织、分级实施、集中力量、保证重点"为指导思想，实行统一计划、统一方案、统一处理口径、统一上报结果的审计方式开展工作。全省参加审计337人，审计项目2519个，审计总金额30.07亿元，编发审计简报 123 份，大部分简报得到当地政府领导批示，要求整改；向纪检监察部门、司法机关移送案件线索 6 件。审计发现的主要问题有：（1）投资缺口达 27 亿元；（2）未建立项目资本金制度；（3）安排投资计划不及时、多报工程概算或投资规模；（4）个别项目或设区市未严格执行投资计划；（5）有的项目在施工、物资采购等环节未执行招投标或招投标不规范；（6）部分项目的设计、施工和物资供应不具备相应的资质，变相挂靠、违规分包转包；（7）拆除废旧物资处理不当，造成损失；（8）建设资金未按规定专户存储；（9）表下线材料费收取不到位，垫支施工表下线影响电力部门正常工作；（10）转移、挪用、挤占、侵占建设资金；（11）违规收费；（12）造价不实。审计建议：（1）建立项目资本金制度，按规定的资金渠道和投资比例落实项目资本金，规范投融资行为。（2）积极向国家计委争取尽快追加福建省农网改造工程投资规模。（3）加强工程设计、施工和物资采购的招投标管理，规范招投标行为，强化工程设计、施工和物资采购的竞争机制，严禁农网工程层层转包或非法分包，确保工程质量。（4）加强表下线收支管理，加大表下线的收费力度，抓紧结算表下线支出，将结余款项及时退还农户。（5）规范废旧物资管理，防止国有资产流失。（6）电力部门应依照审计处理原则，对未抽查项目单项工程结算造价进行重新核定。

同年，省审计厅对福泉高速公路（三段四个单位）、厦门海沧大桥、华能福州电厂二期扩建工程、邵武粮库、东南汽车厂易地扩建工程等 8 个项目进行竣工决算审计。项目批准总投资 119.65 亿元，已完成投资额 112.51 亿元。审计查出违规行为金额 37847 万元，管理不规范、应自行纠正金额 278275 万元。福泉高速公路建设项目总投资 466944.94 万元。审计发现的主要问题有：（1）股东资本金未到位 20928.2 万元；（2）超概算 26936 万元，其中各方股东未能按合同约定及时足额到位资本金，造成建设期贷（借）款利息增加 9880.06 万元、全线概算外增加土地使用证办证所涉及的有关税费 12800 万元、原概算编制未考虑建设期间调整利用泉厦世行贷款余款所产生的利息以及省级投资的资金部分改用国债造成的利息增加，福州、莆田段废弃工程损失 1400 万元；（3）福泉高速公路省监控中心与省交通厅综合大楼合建，但未与省交通厅理顺权、责、利关系；（4）国债资金未按规定开设专户核算；（5）尾工工程投资额超规定限额 3887.08 万元；（6）工程监理费用为工程监理人员提供的生活服务设施及交通工具等费用，尚未制订统一的标准，各路段公司计取比例和管理方式各异，开支范围难以界定，形成账外资产核算不规范，有的单位甚至借机购买高档小轿车等；（7）超概算征地 2561.87 亩，超概率达 14.3%。审计建议：进一步理顺高速公路建设项目投资体制，制订全省统一的管理办法和执行规范，加强对建设项目用地的征管力度。省政府办公厅将福泉高速公路竣工决算审计综合报告批转有关部门，要求整改。

2002 年，省审计厅对罗宁高速公路、横南铁路（福建段）项目进行竣工决算审计。项目批准总投资 40.58 亿元，已完成投资额 38.30 亿元。审计查出违规行为金额 113540 万元，应调账处理金额 110194 万元，管理不规范应自行纠正金额 14639 万元。罗宁高速公路项目审计发现的主要问题有：（1）项目资本金应由福州市交通建设发展公司出资 1335 万元，实际到位 757 万元，资金不到位达 578 万元；（2）飞鸾岭右洞工程降低征地补偿标准，少付征地补偿费 230.50 万元；（3）挪用建设资金 2959 万元。其中：蕉城区 104 国道指挥部占用宁德汽专线建设资金 2346 万元用于 104 国道建设。宁德市财政局、蕉城区旧城改造指挥部、蕉城区交通建设总指挥部等单位借款 598.97 万元，宁德汽专线指挥部工作人员借款 14.35 万元；（4）宁德汽专线指挥部多项经济往来未清理，资金未收回。1996 年 7 月宁德汽专线指挥部与闽东路港工程公司合作生产石料，提供 50 万元投资款，至 1997 年协议中止，未按约定收回投资款。宁德汽专线指挥部材料处应收款 27.73 万元未清算收回；（5）罗宁高速公路罗源汽专线建设项目由于原审核计算有误和未按合同条款执行，多结工程款 24.30 万元，飞鸾岭隧道右洞工程 K6＋070——K6＋370 段由于增加的部分结算未执行施工合同条款，多结工程款 166.94 万元。横南铁路（福建段）项目审计查出的主要问题有：（1）概算外投资购置元坤大厦商场、店面等 362.84 万元；（2）挤占建设成本 177.11 万元；（3）横南铁路（福建段）项目被南平地区计委收取计划内水泥、成品石油服务费 4.78 万元；（4）账外资产 2.28 万元。

2003 年，根据审计署授权，省审计厅组织全省 8 个设区市（除厦门市外）审计机关对使用国债资金的福州市内河引水冲污工程、福州市红庙岭垃圾处理场、福州市洋里污水处理厂、龙岩市污水处理厂、漳州市九龙岭垃圾无害化处理场、莆田垃圾无害化处理场、泉州城市生活垃圾卫生填埋场、福安市垃圾卫生填埋场、泉州宝洲污水处理厂及配套管网工程、南平污水处理厂、莆田污水处理厂、漳州污水处理厂 12 个环保国债项目进行审计和审计调查。省审计厅审计福州市内河引水冲污工程、莆田污水处理厂两个项目，其余 10 个项目授权所辖设区市审计局审计。12 个城市基础设施环保国债项目均为新建项目，概算总投资 255212.59 万元。至审计止，有 4 个完工，其中 3 个已验收并交付使用。由于上述城市基础设施环保项目尚未开展产业化运作，项目投入使用后的经济效益不明显，投资效益主要体现在环境效益和社会效益，审计对环境效益和社会效益进行了评价。审计发现的主要问题有：（1）未建立项目法人责任制和资本金制度；（2）未按规定进行招投标 25538.06 万元；（3）无必备资质单位中标 6097.65 万元；（4）违规分包、转包 6240.65 万元；（5）超概算 4778.37 万元；（6）建设资金不到位 2008.62 万元；（7）转移、挪用建设资金 444.50 万元；（8）挤占、侵占建设资金 3011.81 万元；（9）多付工程价款 727.29 万元。审计建议：（1）完善投融资体系，强化项目法人责任制，明确各方责任、经济权益和风险，促进项目建设和运作的规范化；（2）加快城市公用基础设施建设产业化步伐，建立多元化城市资金投融资体制，以缓解基础建设力度加大与建设资金不足的矛盾，吸引社会资金投入城市垃圾处理和污水处理产业；（3）垃圾处理和污水处理在市场化发展初期需要政府通过政策扶持培育市场环境，减轻垃圾处理和污水处理的运行压力，并鼓励各类企业参与垃圾处理和污水处理的运营，扶持城市垃圾处理和污水处理向产业化良性发展；（4）严格按基建程序办事，认真落实项目建设监理制、合同管理制、招标投标制和竣工验收制度，规范、提高项目建设的管理水平，有效控制投资成本，提高建设资金的使用效益，保证工程建设质量；（5）加快污水处理配套管网建设步伐，各级政府须按规定筹足配套资金，加大配套管网的建设力度，确保按设计批复要求建设，提高污水收集量和处理能力。

同年，省审计厅对福建省青山纸业股份有限公司高强牛皮箱板纸建设项目（简称"牛卡项目"）进行审计和效益审计。审计核减建安投资 186.95 万元、核减待摊投资 38.36 万元，应补缴增值税 49.83 万元。审计发现牛卡项目自 2001 年 4 月投产至 2003 年 6 月累计亏损 6956.24 万元。造成亏损的主要原因：（1）设计对市场预测过于乐观，销售收入无法达到设计的要求，出现销售价格上不去，造成亏损。（2）未严格执行基建程序，项目化整为零上报审批立项，可行性研究论证不充分，项目概算总投资从批复的可行性研究报告的 19790 万元（年产 10 万吨），以采用 7 次填平补齐的方式增加至 41685 万元（年产 15 万吨），初步设计概算总投资增加至 47105 万元，以增补漏项将概算调整为 50848.55 万元，比最初批复的增加了 2.5 倍。投资增加导致经营费用增加，也是亏损的原因之一。（3）招标投标不规范，工程合同执行不严，双方在办理工程价款结算时签订补充协议追加工程款，工程价款结算多计工程款，实际结算价大于中标价等问题较普遍存在，影响工程投资效益。（4）建设资金沉淀造成存贷利差损失约 652 万元，加大了工程成本，增加投产后的经营费用，也相应增加亏损。（5）省轻纺工业总公司将省经贸委拨补技改资金和省财政厅批复退税款计 8000 万元用于"青山纸业"配股和追加对青州造纸厂资本金的投入，未能按省政府批文规定投入牛卡技改项目，致使银行贷款增加 8000 万元，不仅多支付建设期贷款利息约 1194 万元，加大了工程成本，同时也导致项目投产后增加经营费用支出，影响企业经济效益。审计建议：（1）股份制企业的投资，要充分开展可行性研究和论证；（2）密切关注市场动态，适时调整产品结构，提高产品市场占有率；（3）贯彻执行项目资本金制度，严禁擅自改变资金用途，影响投资效益；（4）建立健全企业内部控制制度，加强企业管理，提高企业经济效益。效益审计的做法是：（1）确立目标。通过审查投资状况和资源管理的效益性、效率性和效果性，向政府提供有价值的意见和建议；帮助被审计单位采取必要的措施改进控制系统，提出提高效益途径的建议；促使决策者、立法者和公众所利用的公共管理部门、投资管理者成果方面的信息质量得到提高。（2）在真实、合法审计的基础上，辅之以效益审计内容。通过投资真实合法审计，揭示被审计单位存在的问题，为投资效益审计提供切入点，找到影响投资效益的关键问题。青纸公司高强牛皮箱板纸技改项目投产后产生巨额亏损的原因，除可行性研究对市场预测过于乐观，项目未严格执行基建程序、投资不断突破，增加企业包袱；项目招投标不规范，合同执行不严格，存在多计工程价款，造成损失；内控制度薄弱，资金大量沉淀造成损失等问题，也是项目亏损的原因。（3）设置效益审计评价指标体系。经济角度评价：从投资项目财务角度分析、计算项目的财务盈利能力和清偿能力，据以判断项目的经济效益。主要指标有：投资收益率、投资利税率、财务净现值、投资回收期、财务内部收益率。此外，还对固定资产交付使用率、销售利润率、资本收益率、资产负债率、流动比率、速动比率等指标进行检查分析，分析结果与可行性研究、与同行业、与历史对比，判断投资项目的效益性、效率性、效果性。青纸公司高强牛皮箱板纸技改项目投产后"投资利润率""投资利税率""投资收益率"等指标均为负数；累计财务净现值一直为负数，财务收益率无法实现，投资回收难，与可研预测的"财务内部收益率""投资回收期"等6个指标相比，差距很大。社会角度评价：主要是项目的建设与实施后，对自然与生态环境、社会就业、自然资源利用等方面的分析评价。主要指标有：社会贡献总额、社会贡献率、环境影响等。

同年，省审计厅对漳龙高速公路龙岩段建设项目进行竣工决算审计，围绕"质量、进度、投资"三个控制目标，从概算执行情况、车辆通行量、通行费收入、财务净现值、内部收益率、投资回收期、借款偿还期、国民经济运行等角度对建设项目进行评价。漳龙高速公路龙岩段概算总投资224500万元，竣工决算审计确认项目实际投资219286.64万元，核减投资5213.36万元。项目于2002年1月20日正式投入运营，2002年财务账面体现经营亏损8838.51万元，投资利润率为－3.90%，与可研预测的财务内部收益率、借款偿还期、投资回收期相比差距很大。项目社会效益显著但微观效益不佳。主要原因有：（1）车流量达不到可研预测值。2002年车流量为8000辆/日，比可研预测的15750辆/日少7750辆/日，仅为可研预测值的50.8%；车辆通行费年收入3621.96万元，比可研预测14655.21万元少11033.25万元，仅为可研预测值的25%。（2）由于漳龙高速公路尚未全线贯通，漳州和溪段匝道当主线用，坡长弯度大，存在安全隐患，采取对二类以上车辆禁止通行，有13公里路程受影响，每年少收通行费上千万元。（3）项目资本金少、贷款多、利息负担重。漳龙高速龙岩段主线全长仅38.643公里，里程短、收入少，制约通行费收入增长的幅度，现有通行费收入尚不够支付贷款利息。审计分析表明，按现行收费标准计算，车流量若达不到1.8万辆/日以上，盈利目标则无法实现，借款偿还、投资回收期将延长。但随着今后漳龙高速公路主线开通和福建省高速公路网的不断完善，亏损局面将会逐步扭转。

2004年7月，根据省政府交办，省审计厅对水口电站进行竣工决算审计。针对项目建设跨度大、投资金额大、工程技术复杂的特点，省审计厅公开向社会审计组织招聘工程师参与审计，并在审计组内分设工程造价和工程财务两个专业组开展工作。由政府审计和社会审计联合对重点建设项目进行审计还是首次。审计查出违规金额63935万元、管理不规范金额1531万元。省长黄小晶、副省长刘德章、苏增添分别在审计专项报告上批示，要求福建投资开发总公司（简称"中闽公司"）督促水口发电公司进行整改。苏增添在审计结束后召集省政府办公厅、省发改委、省财政厅、省审计厅、省中闽公司、省电力有限公司等单位进行专题协调，研究部署整改措施。省审计厅对罗宁高速公路尾工工程建设项目进行竣工决算审计。罗宁高速公路竣工决算预留尾工工程13751.16万元，账面反映完成尾工工程投资11033万元，审计核实完成投资11933万元，核减建安投资占审计金额2.3%；核减待摊投资占审计金额17.13%。审计查出工程价款结算不真实、未按规定程序实施招标直接对外发包、未经审批使用临时用地等问题。审计将建设用地问题移送省国土资源厅、蕉城区政府处理。副省长李川在专项审计报告上批示，要求省高速公路有限责任公司报告审计查出存在问题的原因及整改结果。

11月，省审计厅对福宁高速公路工程建设项目进行竣工决算审计。审计核减工程价款779万元，查出挤占建设成本615万元。副省长张昌平、李川分别在审计专项报告上批示，要求省高速公路有限责任公司就审计所提三点建议做专门研究，并报告研究整改意见。

同年，省审计厅对漳诏高速公路进行竣工决算审计。该项目概算总投资517174万元，经竣工决算确认实际投资416963万元，其中核减项目投资4794万元，占审计金额的1.15％。审计查出违规金额7903万元。发现的主要问题有：工程价款结算不真实、变更手续不完整、资本金不到位，加大基建成本支出等。审计要求项目业主单位根据审计决定做调账处理。2005年1月，省审计厅报送《漳诏高速公路被挤占挪用的建设资金尚未全部收回》的审计信息被省政府办公厅《政讯专报》采用，省长黄小晶批转漳州市领导，要求研究整改。经后续审计了解，漳诏高速公路被挤占挪用的建设资金最终全部收回，并上缴省高速公路总指挥部。

第二节　项目开工前审计与自筹基建资金审计

1996年，省审计厅开展自筹基建资金事前审计49项，总投资5.97亿元，纠正资金来源不当的项目5个，金额511.20万元，督促落实资金223万元；开展项目开工前审计110个，总投资87.70亿元，审计发现18个项目总计超规模15869平方米，并督促项目业主单位健全开工前的必备手续。

1997年，省审计厅开展自筹基建资金事前审计53项，总投资4.02亿元。审计发现资金缺口、到位率低以及来源不当的现象依然存在，审计核减申报自筹资金计划389.70万元，归还原渠道资金383万元；开展项目开工前审计84个，总投资73.92亿元，审计发现超规模、超标准、超投资项目较普遍。

1998年，省审计厅开展自筹基建资金事前审计36项，总投资3.16亿元。审计纠正资金来源不当的项目6项，督促落实建设资金176万元；开展项目开工前审计40个，总投资38.66亿元，对不符合基建程序的建设项目，审计要求业主单位及时补充完善。

1999—2000年，由于社会有效需求不足和国家取消城镇职工福利分房，自筹基建项目和开工项目减少。省审计厅两年共开展自筹基建资金事前审计27项，总投资15.85亿元；开展项目开工前审计16个，总投资56.12亿元。

2000年11月，根据《福建省人民政府关于公布省级政府部门第一批取消审批等事项的通知》，省政府取消了省审计厅固定资产项目开工前审计和自筹基建项目资金事前审计。

表 3—1　　　　**1996—2005 年福建省审计厅固定资产投资审计情况统计表**

单位：个，万元

年度	审计单位数	查出违规行为金额	应上缴财政金额
1996	16	44633	441
1997	267	27372	1969
1998	41	36598	1101
1999	29	95541	130
2000	15	52332	1450
2001	8	37847	
2002	2	113540	294
2003	5	11987	67
2004	1	7903	
2005	3	67232	
合计	387	494985	5452

注：该表含部分专项审计数，跨年度完成的项目在次年统计。

第四章　农业与资源环境保护审计

第一节　农业综合开发资金审计

1996—2005 年，全省审计机关开展农业综合开发资金审计。重点检查中央财政安排的资金和省市县财政配套资金的到位、拨付、管理、使用情况，主要审计各级政府农业综合开发办公室、财政部门、有关银行和部分资金使用单位，并对一些重点项目进行实地检查。

1996 年 1—3 月，省审计厅组织 8 个地市和有关县市审计机关对全省 32 个县市 1993—1995年度农业综合开发资金进行审计，审计 112 个县市的主管部门，239 个资金使用单位，85 个其他相关单位。

1996 年 11 月至 1997 年 2 月，省审计厅组织 8 个地市和 31 个县市审计机关对 1996 年度农业综合开发资金进行审计，审计县市主管部门 49 个，72 个资金使用单位，25 个其他相关单位。

1998 年 8—10 月，省审计厅组织 8 个地市和 35 个县市审计机关对省农业综合开发办、省监狱管理局和 40 个县市 1997 年度农业综合开发资金进行审计和审计调查，审计 63 个县市主管部门，112 个资金使用单位，29 个其他相关单位。

1999 年 3—6 月，为配合农业综合开发项目验收工作，省审计厅组织 8 个地市和 37 个县市区审计机关对 1998 年度农业综合开发财政资金进行审计，审计 56 个县市主管部门、114 个资金使用单位、28 个其他相关单位，并对 1996—1997 年农业综合开发资金审计决定执行情况进行跟踪审计，督促被审计单位按审计决定的要求进行整改。省审计厅连续 4 年开展农业综合开发资金审计，对查出的投资计划下达滞后、部分资金拨付不及时、部分农行专项贷款未按计划投放、部分项目资金改变使用范围、部分资金被挤占挪用于弥补行政经费和接待费、有偿资金回收率较低、地区之间配套不平衡和基层财务基础薄弱、管理制度不健全等问题提出审计意见和建议。省政府办公厅批转了审计综合报告，要求有关部门整改。

2002 年 4—6 月，省审计厅组织 42 个相关市县审计局，对 1999—2001 年度国家立项的农业综合开发资金进行审计，审计和审计调查相关市县财政局、农业综合开发办公室等 137 个单位、228 个乡镇、44 个项目。审计发现的主要问题有：（1）市县两级农业综合开发资金配套不足，有的县市存在假配套现象；（2）部分项目资金未及时拨付，部分资金滞留在财政部门；（3）资金被挤占挪用；（4）以项目资金抵扣到期有偿资金，省财政直接抵扣，市县财政及农业综合开发办公室以同样方式层层抵扣；（5）有偿资金未按计划及时投放，回收率较低；（6）农业综合开发财务基础工作薄弱，管理不规范，大额现金支付工程款和白条入账的现象未得到遏制；（7）个别项目建设地点、建设内容未经报批擅自调整，竣工决算制度不够完善。审计综合报告被省政府办公厅《今日要讯》采用，省政府领导做了批示，要求有关部门整改，并提出加强资金管理的意见。

从2003年开始，省审计厅不定期轮流安排部分市县审计局开展农业综合开发资金审计，加强事中监督，发现问题及时纠正。10月，组织福州、龙岩市及其所属县市审计机关对市本级及12个县市2002年度农业综合开发资金进行审计。副省长刘德章在《我省部分地方农业综合开发资金管理和使用仍存在问题》的审计信息上批示，要求省农业综合开发办公室针对问题强化管理措施。省农业综合开发办公室下文要求福州、龙岩市财政局、农业综合开发办公室限期整改，建立违纪违规责任追究制度。

2005年6—8月，省审计厅组织53个相关市县审计机关对2002—2004年度国家立项的农业综合开发项目资金进行审计，审计和审计调查相关市县财政局、农业综合开发办公室等377个单位、226个乡镇、159个项目。审计发现的主要问题有：（1）有偿资金未严格执行委托银行贷款规定，贷款期限少于规定年限，个别项目贷款银行超标准收取资金占用费、手续费；（2）未严格实行县级报账制，超标准规定提取、使用前期工作经费；（3）未全面实行项目法人责任制、招标投标制、工程监理制，项目工程竣工决算制度不完善。审计分析产生问题的主要原因有：（1）省政府虽逐年增加省级财政资金配套比例，并调整沿海经济发达地区和山区欠发达地区配套比例，减轻经济欠发达地区的投资压力，但省级财政资金配套仍然不足，转由市县财政配套。水土保持、多种经营、土地治理等农业专项资金虽规定各级财政配套资金比例和农民自筹资金比例，但这一政策因市级以下大多数财政困难而难以落实；（2）农业投资见效慢、风险大、回报率低，农业企业还贷担保能力差，可供抵押的资产少，财政部门因怕有偿资金难以回收而不借入，或虽借入但未及时拨付有偿资金，或直接用当期的资金抵扣到期应回收的有偿资金；（3）项目资金到位不足，造成工程未能完全实现预期目标。审计建议：（1）继续调整省市县农业综合开发资金配套比例，在保证中央规定的农业综合开发资金配套比例的基础上，将省级财政预算安排的有偿资金回收后上缴本级总预算，列入本级预算专项用于农业综合开发，提高省级农业综合开发资金配套比例，加大对经济欠发达地区农业基础设施和改善生产条件的投入，使市县的投资比例更合理、更符合实际。（2）按照中央财政和省级财政拨出的资金额度计划立项，避免硬性要求不可能到位的配套资金，影响主要资金的使用效果。（3）逐步减少多种经营的有偿投入，改为减免税费、提供贷款贴息等方式予以鼓励和支持；探索"有偿资金愿者借"的方式，不要强行将有偿资金和无偿资金捆绑使用。（4）健全有偿资金借用的抵押担保机制和委托银行贷款的责任机制，建立有偿资金使用项目负责制，按照"谁受益，谁还款"的原则落实还款责任。（5）严格执行管理制度，建立健全管护制度；加强资金管理，严格执行统一的财务制度，推行农业综合开发资金国库统一支付，全面实行县级报账制，严控现金和白条报支范围；加强农业综合开发项目竣工验收工作，审计机关配合参与项目检查验收。副省长刘德章在审计综合报告上批示，要求省农业综合开发办公室根据福建实际，研究提出强化管理的意见。审计促使福建省农业综合开发项目顺利通过国家农业综合开发办公室验收。

第二节　环境保护资金审计

1998年，省审计厅对省环境保护局1998年度省级环境污染防治资金进行审计，并延伸审计调查福建南平铝厂、漳州糖厂、福州硫酸厂、九州漳州啤酒厂、龙岩九州麒麟水泥厂、福建龙钢企业集团公司、长汀联兴水泥厂、省环保总公司、邵武印染厂、长汀合成氨厂10家环境污染防治资金贷款使用单位。审计发现将部分环境污染防治资金贷款用于环保大楼基建，未按贷款合同按季支付贷款利息，而是在贷款时先期预扣了一年利息，有的企业废水处理工程项目未达到原设计目标，承包后再转包等。审计建议环保部门加强对申报环境污染防治项目的可行性审核论证，污染防治工程必须实行招标投标制度，加大项目的监督检查力度，提高环境污染防治资金的使用效益。

1999年9—11月，省审计厅组织9个地市和15个县市审计机关对1998年排污费征收、管理、使用情况进行审计调查，发现的主要问题有：（1）排污费未做到依法、全面、足额征收，存在议价收费及假征收现象；（2）有的地方环保部门排污费收入未按规定及时全额解缴入库，存在坐支、截留现象；（3）排污费滞留在财政部门，未按时拨款；（4）挤占挪用环保补助资金，扩大资金使用范围；（5）环保治理资金未按规定全部纳入污染源治理专项基金管理；（6）征收的排污费大部分没有用于环境污染治理，造成环保治理资金投入不足；（7）有的地市财政部门对已入库的排污费未与环保部门进行对账。审计提出政府有关部门要理顺排污收费监理人员的编制经费问题，强化排污费的监督与管理，采取有力措施加大排污费征收力度，环保治理资金应按规定建立贷款有偿使用制度以及修改排污费"四项收入"（加倍收费、递增收费、滞纳金和罚款）使用规定等建议。

2000年7—8月，根据审计署部署，省审计厅对福州、厦门市财政、环保部门1998—1999年度排污费征收、解缴，环保补助资金、污染源治理专项基金的分配、拨付，用款单位和污染源治理项目资金的管理、使用、效益情况进行审计，并延伸审计部分企业缴纳排污费情况。审计发现除部分与1999年审计调查发现的问题相同外，还存在环保部门违反规定将超标排污费收入列为"四项收入"；财政部门违反预算法，将排污费用于平衡财政预算，未如实反映当年排污费收入和支出。审计做出处理决定并提出审计意见。福州市市长主持召开有副市长和财政、环保、审计等有关部门领导参加的专题会议，研究制订整改措施。省环保局为此编制了加强排污费工作的相关文件，省政府办公厅下发全省各地执行。

2003年2—4月，全省审计机关对2002年度环境保护专项资金（简称"环保资金"）的分配、管理、使用和排污费的征收、管理、分配、使用情况进行审计和审计调查。审计和调查相关市县财政局、环保局等134个部门、单位，抽审环保资金补助工程项目315个，审计资金总额39053.44万元，查出违纪违规金额3057.01万元。审计发现的主要问题有：（1）挤占挪用环保资金用于行政经费支出、购建（装修）办公楼等基建支出、购置非环境监测用车、城市基础设施建设支出。（2）排污费支出用于补助重点污染源治理和环境综合治理重点项目仅占当年排污费支出总额的37.11%，比例偏低，不符合排污费的使用"主要用于补助重点排污单位处治污染源以及环境污染的综合性治理措施"的规定。（3）市县环保局排污费征收执法不严，排污费征收存在随意性，大多采用协商形式征收排污费；为完成收入任务，先向企业征收排污费后，再将征收的排污费以虚列支出项目全额回拨给企业；混淆收入项目，将应征收超标排污费及排污水费收入列为"四项收入"计征，坐支排污费收入。（4）环保资金分配太散，不利于集中资金用于重点污染治理。（5）环保资金结余数额较大，资金效益未能充分发挥。审计分析产生问题的主要原因：（1）环保法规不健全，地方保护主义作祟，环境法治意识不强。（2）环保部门人员超编和人员经费不足，是挤占挪用环保资金行为屡禁不止的原因之一。2002年末市县环保部门共有837人经费支出挤占环保资金。（3）受部门利益驱动混淆收费项目。（4）有的地方财政部门未严格执行排污费"收支两条线"和环保资金专款专用的规定，排污费使用未列入财政预算或虽有预算但无项目计划。财政部门未执行预算法"按进度拨款"规定，采用以拨代支，资金拨到环保部门后，有的项目未按计划实施和完工，有的资金在财政拨给环保部门的预算年度里没有安排治理项目，导致一方面大量资金长期滞留环保部门被挤占挪用，另一面有的急需治理项目因未安排资金进行治理或因资金不足而告罄，未能发挥环保资金的使用效益。审计建议：（1）健全环境执法监督机制，落实环保目标责任制；（2）加强环保资金预算管理，清理各级环保部门结余资金；（3）建立福建环境保护资金补助项目库；（4）清理超编人员，保障环保执法经费；（5）增加对困难县市的财政转移支付补助；（6）加大推进清洁生产的力度。副省长黄小晶在审计综合报告上做了批示，要求有关部门整改。

表4—1　　**1996—2005年福建省审计厅农业与资源环境保护审计情况统计表**

单位：个，万元

年度	审计单位数	查出违规行为金额	应上缴财政金额
1996	10	1791.00	3.00
1997	12	2968.00	53.00
1998	17	5787.00	
1999	12	9688.00	

续表 4—1

年度	审计单位数	查出违规行为金额	应上缴财政金额
2000	14	10791.00	66.00
2001	3		
2002	4	2910	
2003	4	64908.25	6410.00
2004	8	202024.00	114480.00
2005	1		
合计	85	300867.25	121012.00

注：该表含部分专项审计数。

第五章　金融审计

第一节　银行审计

根据审计署授权，全省审计机关开展国有商业银行审计。国有商业银行审计是在审前调查基础上，要求被审计单位提供系统部门设置、人员结构、业务类型、财务管理和会计核算特点、资金筹措营运情况、内部控制制度建立执行情况、职能管理部门检查和内部稽查的意见结论，以及社会中介组织审计报告评估资料等。审计重点测试内控制度的健全有效，测试的主要内容：信贷（委贷）业务"三查"（贷前调查、贷时审查、贷后检查）制度的执行是否符合规定程序要求，贷款担保与抵押等保证方式手续是否完整、合规，贷款台账、贷款档案管理是否健全、完善，贷款展期规定、贷款利率政策、呆坏账核销规定等有关制度及其执行是否符合国家有关规定，审批权限、期限、金额等制度的建立健全和落实情况，信用卡业务、财务管理和会计核算是否符合国家有关财经制度规定，以及投资业务、担保业务、拆借业务和储蓄业务、国际结算业务等。通过测试，掌握薄弱环节，确定审计重点。1996—1999年共查出违纪违规金额87325万元。

1996年，全省审计机关对农行和中行福建省分行系统1995年度资产负债损益进行审计，并对兴业银行三明、龙岩、厦门、宁德分行1995年度财务收支进行审计；1997年，继续对农行福建省分行系统1996年度资产负债损益进行审计。

1999年，对中国工商银行（简称"工行"）福建省分行系统和兴业银行系统1998年度资产负债损益进行审计。审计发现的主要问题有：（1）不良资产核算不够规范，造成资产不真实、不准确；历史遗留的不良信贷资产质量低，沉淀数额偏大；以前年度遗留的银行资金对外投资未彻底清理收回，催收难度大。（2）信贷风险过于集中，信贷清理分类欠准确，借新还旧人为降低逾期贷款比例，掩盖不良贷款真实情况。（3）违规超期限拆出资金数额大，长期占用信贷资金。（4）应收未收利息呈上升趋势，存在潜亏。（5）流动资金贷款被挪用于房地产开发、动用流动资金贷款指标发放固定资产贷款。（6）银行系统自身固定资产购建规模超过规定比例，由于银行总行对固定资产、在建工程指标实行控制，执行中实际新增投资规模难以满足业务发展的需要，出现虚列或通过租赁等方式形成产权不明的账外资产。（7）违规利用信用卡业务，发放贷款的现象较普遍。（8）隐瞒、转移、截留收入和投资收益，多计利息支出或少计应付利息，超标准、超范围列支各项费用，挤占成本、虚列支出，漏缴、欠缴各种税费，有的设立"小金库"或违规经营形成账外资产，造成损益不实等。延伸审计商业银行自办经济实体、培训基地等单位发现的主要问题有：（1）自办公司违反规定变相经营借贷业务，收取固定回报或高额利息。（2）违规账外拆入资金，违规出具借款担保函和借款授信额度函。（3）收入、投资收益未并入损益账。审计分析产生问题的主要原因：国家经济政策和产业政策调整投入的政策性、扶持性贷款大部分效益较低，收回贷款难度大；部分借款企业经营管理不善，亏损严重，甚至资不抵债，还贷能力差；有的企业有意通过改制承包，逃避银行债务；有的企业不合理资金占用增加，挤占挪用银行信贷资金，甚至用于注册资本和固定资产投资，多头开户、多头借款，偿债意识差，致使银行贷款无法及时回笼；个别地方行政干预，给银行信贷资金管理、监督和收回带来一定难度；银行自身管理滞后，内部管理控制制度不健全，执行不到位，贷前调查不深入，贷款手续不完备给清收工作带来困难；贷款结构不尽合理，贷款"三查"制度执行不力，抵押手续和担保不规范，增加信贷资金风险；违规经营虚增存款，借新还旧，以贷收息，转移财政性存款等。审计依法进行处理，并提出建议：（1）增强财经法纪观念，建立健全风险防范机制，健全信贷资产指标考核和评估办法，加强信贷资金管理，落实"三查"制度；（2）加大不良贷款的催收力度，盘活贷款存量，确保贷款增量的安全、有效，提高信贷资产使用的安全性、流动性、效益性；（3）强化固定资产管理，建立设备租赁购置管理办法，真实反映银行经营成本；（4）加强呆坏账和投资损失的审核管理，严格掌握核销条件和审批程序，提高风险经营意识，维护自身资产安全；（5）完善其他资产管理，抵贷资产要严格按规定进行财务核算，杜绝违规处置抵贷资产；（6）建立健全内部控制制度，强化内部稽核职能，规范各级银行财务行为和核算办法，加强对信贷及财会部门的监督检查，以及对下业务和财务指导管理；（7）做好自办实体脱钩改制工作，强化下属机构管理与监督，避免国有资产流失。审计结果均得到省政府、审计署领导的肯定和重视，省政府领导在全省工商银行系统和兴业银行系统审计报告上批示，要求限期整改。

2002年，省审计厅对兴业银行深圳分行2001年度资产负债损益进行审计。运用计算机辅助审计，从数据库中提取数据，审核会计决算报表的真实性，证券自营业务、受托资产管理业务的合规性等。审计查明深圳分行资产、负债、损益情况和各项业务的风险程度，达到摸清家底，揭示问题，促进银行加强管理、防范风险、规范经营，提高经济效益的目的。

同年，根据审计署授权，省审计厅对中国农业发展银行（简称"农发行"）福建省分行本部及营业部2001年度资产负债损益进行审计。审计发现的主要问题有：（1）多计及少计收入、多计支出、个别业务管理费支出不合规；（2）部分信贷资产存在隐性风险，对粮食企业资金封闭管理监督不力，影响银行资金的安全收回；（3）非政策性贷款收取风险保证金，加大企业资金使用成本等。审计依法进行处理，并提出建议，要求该分行整改，规范管理。

2003 年，省审计厅对兴业银行福州分行和长沙分行 2002 年度资产负债损益进行审计。对福州分行审计，仅涉及分行本部、分行营业部、总行营业部以及华林支行、福兴支行的部分业务；对全辖的保函业务、委托贷款、拆出资金、抵债资产、房地产投资业务进行审计，抽查面为 100％；对贷款业务、票据业务抽查面在 80％以上；重点对资产质量、信贷业务、财务收支的真实性、合规性进行审计。审计结果表明，2002 年福州分行在加强风险控制及财务管理，节约经营费用，提高经济效益方面做了大量工作，经营活动及财务收支基本合规，但经营管理过程中也存在一些问题，须纠正和改进。对长沙分行审计发现的主要问题有：（1）贷款发放对象集中度高，最大十户贷款比例超过监控指标；（2）贷款额超过借款企业的注册资本，存在经营风险与还贷风险；（3）个别贷款主体不合规；（4）由关联企业相互担保或连环保，增加贷款风险；（5）抵质押贷款比例较低，信用担保贷款偏高等。审计建议：（1）严格执行现行的财经法规，正确处理当前效益与稳健发展的关系，强化财务管理与会计核算等基础性工作，规范管理行为；（2）健全内控制度，加大对贴现业务和中间业务的风险监控和管理力度；（3）完善信贷管理办法，切实落实贷款"三查"制度，严格按照有关规定对贷款质量风险进行分类，减少关联企业互保，提高信贷质量，注重客户群体结构、集团客户风险和贷款集中度偏高问题，防范和化解信贷资产风险。

第二节　保险机构审计

1996 年，根据审计署授权，省审计厅组织地市审计局对原中国人民保险公司福建省分公司系统 1995 年度资产负债损益进行审计，查出违规行为金额 2010 万元。审计发现的主要问题有：（1）隐瞒、转移收入，挤占虚列成本费用，造成损益不实；（2）少缴、漏缴税费，资产不实，多头开设银行账户等。审计分析产生问题的原因：（1）固定资产指标控制与实际脱节，造成虚增"在建工程"；（2）保险市场发育未健全、业务竞争不规范，导致手续费支出方式和程序不够规范；（3）利益主体不一，代办业务费用挤占自营业务费用现象较普遍；（4）财寿险分业经营在财务会计核算方面管理不规范。审计建议：建立健全内部控制制度，发挥内部审计稽核职能，加强对理赔、财会部门的监督检查，防止假赔、错赔、人情赔案的发生，降低保险损失，防止国有资产流失。

1998 年，根据审计署授权，省审计厅组织地市审计局对中国人民保险公司福建省分公司系统 1997 年度资产负债损益进行审计，查出违规行为金额 11552 万元。审计发现的主要问题有：（1）保险法颁布前遗留的不良资产数额较大，清收困难，占用营运资金；（2）固定资产、在建工程管理核算不规范，存在账外资产及违规购建；（3）将保险资金存入非银行金融机构；（4）未按权责发生制核算当年收入，隐瞒、截留收入，虚列保费收入，造成损益不实；（5）赔款支出核算不规范，有的险种赔付依据不足，存在人为调节利润现象；（6）超范围、超比例计提手续费等相关费用或以租赁名义购建固定资产等挤占成本费用；

（7）代办地方财险业务将代办业务的保费收入混入自营业务核算，自营业务无偿占用代办业务资金以及多提代办费用等，影响代办业务利润的真实性。审计建议：加大清收遗留贷款和投资资金的力度，严格划分自营业务与代办业务的资金核算，加强固定资产、在建工程的管理，以及对基层财务工作的指导与监督检查。

1999 年，根据审计署授权，省审计厅组织地市审计局对中国人寿保险公司福建省公司系统 1998 年度资产负债损益进行审计，查出违规行为金额 2738 万元。审计发现的主要问题有：（1）财、寿险机构分设时转入的遗留资产项目所形成的不良资产和长期投资数额大，清收难度大；（2）投向房地产项目的寿险资金存在一定风险；（3）将寿险资金存入非银行金融机构或以股东形式投资认股收取高额回报；（4）挪用专项购建指标，账外购置固定资产，造成固定资产和在建工程核算不实；（5）隐瞒、截留、少计、虚列收入；（6）超范围赔付医疗保险；（7）挤占挪用和违规使用个人代理营销业务佣金；（8）挤占成本费用，虚列支出，少缴、漏缴税费，造成损益不实。审计建议：严格依法管理和使用寿险资金，规范财务核算，完善内部控制制度；加大清收遗留项目资金力度，减少经营风险，确保资金安全、有效、完整。

2001 年，省审计厅组织设区市审计局对中国人民财产保险股份有限公司福建分公司系统 1999—2000 年度资产负债损益进行审计。应用"通审软件"（人保版）作为计算机辅助审计，将业务数据与财务数据进行关联，检查是否匹配等。审计发现的主要问题有：（1）遗留的不良资产数额较大，清收困难；（2）机动车辆投保超比例无赔款优待以及提前续保给予优待；（3）部分机动车保险未严格执行收费标准，投保保险金额明显高于投保实际价值；（4）部分赔案手续、退保手续不够完善，存在超责任范围赔款、超范围支出手续费；（5）低费率违规承保；（6）保单、保费收据等重要单证的印制、领用、保管、销号管理不规范，各项准备金及保险保障基金计提不准确等。审计分析产生问题的原因，并提出规范财务管理、完善内部控制制度的审计建议。

2003 年，省审计厅组织设区市审计局对中国人寿保险公司福建省分公司系统 2002 年度资产负债损益进行审计。应用"通审软件"（人寿版），按照从财务系统模块入手，与业务系统模块核对的思路，解决了从业务系统模块入手难以对账的问题，并编写出审计小模块，提高了审计工作效率和质量。审计发现的主要问题有：（1）巨额生存金给付对现金流造成不良影响；（2）宽限期内部分保费不能及时收取，造成投资收入或有损失，影响投资收益水平；（3）险种结构不合理；（4）高利率业务比重较大，影响经济效益；（5）现金支付及个单团做；（6）农村保险站隶属关系不清，没有规范的管理办法；（7）固定资产管理不到位。审计建议：密切注意带有生存金给付性质的业务形式发展，做好现金分析及日常资金给付的安排；探索规模、效益与均衡发展三者兼顾的路子；发展低利率业务缓冲老业务压力，降低平均预定利率；严格遵守核保核赔制度，提高业务质量；通过老业务的转保、退保等办法降低高利率风险。

第三节 证券公司审计

省审计厅对证券公司审计，重点围绕国务院证券委、中国证券监督管理委员会（简称"国家证监会"）、中国人民银行（简称"人行"）对证券公司业务经营的热点、焦点问题以及风险控制系统方面的有关规定进行测试；对客户保证金挪用与透支、自营业务与委托业务资金账户的分离、对下属部门证券买卖授权额度、计算机系统控制，以及人员岗位定期轮换等项目内部控制系统进行测试检查；对证券专营机构负债总额与净资产比例、证券经营机构自营业务账户上持有的权益类按成本价计算总额与净资产比例、证券机构盈利所提取的自营买卖损失准备金与净资产比例、证券公司可用资本金向金融机构投资与资本金比例、固定资产净值与资本金比例、证券机构拆入资金与实收资本比例等风险控制指标进行测试；有选择地对财务管理、会计记录、账务处理和经营成果核算、资金营运、证券回购、投资风险控制为主要内容的内部控制系统进行测试。通过测试，确定审计重点，提高证券公司审计工作效率。

1997 年，省审计厅对福建省华福证券公司 1996 年度及 1997 年上半年资产负债损益情况进行审计。审计发现公司未经国家证监会审核批准取得合法经营资格，违规经营融资、场外证券回购、拆借等业务，透支证券交易清算资金，将自营账户转借他人买卖证券，以及截留收入、挤占成本、少缴漏缴税费等问题。审计依法进行处理，并要求公司进行整改，规范管理。

1998 年，根据审计署工作部署，省审计厅对福建省华福证券公司、福建兴业证券股份有限公司、福建省闽发证券有限公司、福建华兴财政证券公司 1997 年度资产负债损益及 1997—1998 年 4 月客户保证金管理情况进行审计。审计发现的主要问题有：（1）为客户买卖股票提供透支，违规收取透支利息私存私放；（2）截留、隐瞒、少作收入，以收抵支少计收入；（3）超范围列支、挤占成本费用，少缴、漏缴税费。审计对 4 家公司违规融资拆借发生额大、情节严重等违反金融管理法规的问题向中国人民银行总行提出审计处理意见；对将证券自营业务与代理业务混合操作、挪用客户保证金申购新股，以他人名义在证券一级市场上申购新股获取非法收益等违反证券管理法规问题，移送中国证监委处理；对违规操作造成巨额亏损的责任人员移送司法部门处理。审计建议：（1）严格遵守有关法规，规范经营行为和财务行为，强化财务管理，完善会计核算，制止账外经营，杜绝挪用客户保证金及为客户提供透支的行为；（2）建立健全内部控制制度，加强检查监督，加大清收不良资产力度，按规定提取自营买卖损失准备金，防范和控制经营风险。

2002 年，省审计厅对福建兴业证券股份有限公司 2001 年度资产负债损益进行审计。根据福建兴业证券股份有限公司的特点，审计过程注意风险控制，避免盲目性，并运用计算机辅助审计技术。审计发现的主要问题有：（1）应收款项账龄较久，存在或有损失；（2）部分业务未按照收入与费用相匹配的原则进行核算，存在人为调节利润；（3）核销坏账程序和受托管理不够规范等。审计提出规范经营行为和财务行为，强化财务管理，完善会计核算等建议，并向省政府领导做专题汇报。

第四节　信托投资公司审计

1997—2000 年，省审计厅组织地市审计机关对信托投资公司进行审计，共查出违规金额19122万元。省审计厅将信托投资公司内部控制制度审计作为试点，送达审计通知书时要求各公司必须提供公司财务管理、会计核算、资金营运、信贷管理、投资、担保等资产业务和拆借、存款等负债业务以及所有者权益方面的内部控制制度资料。审计实施阶段选择重点业务的内部控制制度进行测试和评价：（1）对财会业务的会计记录、账务处理和经营成果核算、财务管理项目进行审核检查；（2）对"三查"制度、贷款审批制度、贷款担保和抵押等保证方式、贷款档案管理、贷款展期规定、贷款利率政策、风险责任、呆坏账核销规定等有关制度的建立与执行情况进行检查；（3）委托存贷款业务、投资业务的投资项目审批权限、手续、收益分配及资金调拨等内控制度；（4）拆借业务的拆借审批权限、期限、金额等制度；（5）担保业务的担保项目审批权限规定；（6）吸收资金、国际业务和代人理财业务等内控制度。结合审前调查资料和各专业管理部门监督检查资料，运用审计方法，测试和评价内控制度健全和执行情况，掌握薄弱环节，确定审计重点。

1997年，根据中国人民银行总行和审计署要求，省审计厅组织有关地市审计局对福建省华侨信托投资公司、福建华兴信托投资有限公司、福州市信托投资公司、漳州市信托投资公司资产负债损益进行审计，围绕"弄清情况，发现问题，规范管理，防范风险"的审计目的，对信托投资公司各项业务及下属公司、控股公司进行延伸审计。审计发现的主要问题有：（1）贷款质量较差，不良贷款数额大、比例偏高；（2）贷款投向、贷款结构不尽合理，相当部分用于高风险的房地产项目；（3）贷款被企业转移、挪作他用较普遍；（4）自办或控股公司超范围经营金融业务；（5）隐瞒、转移收入，挤占成本费用，漏缴税费。审计分析产生问题的主要原因：（1）贷款风险预警机制尚未健全；（2）贷款手续不完整，部分贷款抵押物不合法、不合规，对抵押、担保等保证方式调查不到位；（3）对贷款企业缺乏必要的监督手段；（4）没有严格执行贷款"三查"制度；（5）部分贷款企业经营管理不善，无力还款或还款意识差；（6）财经意识不强，财务管理不到位，核算不规范。审计建议：（1）贯彻执行国家金融政策和财经法规，选择合理的信托业发展模式，规范金融行为，盘活信托资产，防范金融风险；（2）健全内部控制制度，完善自我约束机制，促进信托业健康发展。

2000年，省审计厅组织设区市审计局对福建华兴信托投资有限公司、福州市信托投资公司、闽南侨乡信托投资公司、闽北武夷信托投资公司、漳州信托投资公司、闽东福宁信托投资公司1999年度资产负债损益进行审计。审计发现的主要问题有：（1）委托贷款、委托投资的资产质量普遍较差，信托贷款余额较大，不良资产比例较高；（2）以借款人名义发放信托贷款，变相转移，挪作他用；（3）采取借新还旧掩盖不良贷款；（4）贷款发放对象过于集中；（5）信托贷款的抵押、担保不规范，相关资料、手续不完整；（6）信托贷款"三查"制度执行不到位，贷前审查把关不严，贷中、贷后检查监督不力；（7）投资项目管理不到位，经营效益不理想，损失严重；（8）对外提供担保业务管理不规范，存在较大风险；（9）违规拆借及逾期贷款催收措施不力，回收难度大，造成信托资金占压；（10）信托公司违规购建形成账外资产，固定资产购建规模超比例；（11）不良资产未按规定程序报批，未经有权机关批准自行核销；（12）利用贷款变相抽走资本金，损害股东权益；（13）隐瞒、截留、转移收入和收益，私设"小金库"；（14）虚列挤占成本费用、多列支出；（15）高息放贷取得非法收入；（16）对所属公司监控管理不严，部分下属公司经营管理不善，有的资不抵债。审计分析产生问题的主要原因：（1）由于信托业发育不健全，缺乏行之有效的信托业务管理规范与监督机制；（2）财经法纪观念淡薄，投资、贷款风险责任不到位，"三查"制度流于形式，贷款资金分布盲目性大、结构不尽合理，内控制度不健全，忽视建立风险预警机制和风险补偿机制；（3）部分借款企业还贷意识和配合意愿不强，或因经营不善、亏损倒闭，给信贷风险转化工作造成困难；（4）信托行业整顿，信托资金在运作上受到限制，造成信托业发展停滞不前。审计建议：（1）强化信托资产管理，建立、健全内控制度与激励机制，切实落实贷款"三查"制度，盘活信托资金存量，增强防范风险意识，加大对所属子公司的监管力度，确保信托资产及时安全回收，避免国有资金流失；（2）加强对外担保业务、代客理财、拆借业务的规范与管理，加大金融信托创新力度；（3）拓展中间业务，提高信托服务功能，注重服务、规范管理与效益三者的共同提高；加强对银行账户、固定资产和在建工程、呆坏账的核销及投资损失的审核管理。审计报告引起省政府重视，省政府责令这6家信托投资公司限期整改。

2004年，省审计厅派出审计人员配合审计署成都特派办对华融、信达、东方、长城4家资产管理公司2003年度资产负债损益进行审计。通过审计，了解金融资产管理公司经营管理情况，揭露和查处收购、处置、管理不良资产中的重大违纪违规问题，促进金融资产管理公司规范经营，提高不良资产回收率，降低费用水平。

表5—1　　　　**1996—2005年福建省审计厅金融审计情况统计表**

单位：个，万元

年度	审计单位数	查出违规行为金额	应上缴财政金额
1996	13	5814.00	418.00
1997	12	1402.00	566.00
1998	7	88040.00	334.00
1999	5	27359.00	1419.00

续表 5－1

年度	审计单位数	查出违规行为金额	应上缴财政金额
2000	10	128504.00	350.00
2001	99	100.24	100.24
2002	73	12801.82	11228.74
2003	79	35522.89	11.51
2004	4	2200.00	
2005	4	66.00	26.00
合计	306	301809.95	14453.49

注：该表含部分专项审计数。

第六章　社会保障和行政事业审计

第一节　社会保障审计

1996年，福建省审计机关对全省163家社会劳动保险局和劳动服务公司进行审计。审计发现养老保险基金和失业保险基金（简称"社保'两项基金'"）欠缴漏缴、被挤占挪用、隐瞒转移等违纪违规金额10275.64万元。社保"两项基金"审计信息被省政府办公厅《今日要讯》刊载，引起省政府及有关部门重视。省领导要求有关部门尽快解决社保"两项基金"征收、使用、管理中存在的问题。《福建日报》报道了全省社保"两项基金"审计工作座谈会和审计情况。

同年，根据财政部、审计署的要求，福建省审计、财政部门联合开展清理检查全省救灾扶贫周转金工作。检查结果表明，民政部门在使用、管理方面存在的主要问题有：（1）周转金回收率低，资金沉淀多；（2）财政财务监督乏力，缺乏约束机制；（3）部分周转金改变用途，投放对象偏离，使用不当。有的地市县将周转金用于购置固定资产，弥补行政事业费以及搞集体福利和发放奖金；（4）制度不健全，财务管理不善。审计提出加强对扶贫救灾周转金的投放、使用、回收的管理，及时核销长期挂账或破产企业借用的周转金等建议。同年，为促进民政部门和有关单位加强对救灾款物的管理和使用，做到专款专用，根据审计署工作部署和省政府要求，省审计厅对省民政厅和省直机关党工委1996年救灾款物的拨款、募集、分配和发放情况进行审计，并组织9个地市审计机关对当地民政部门进行审计。审计发现的主要问题有：（1）救灾款拨付、发放不及时；（2）救灾款物未按规定专款专用；（3）有的基层单位救灾款未及时核销；（4）部分基层单位不够重视救灾物资的管理，未及时发放救灾物资，有的乡镇救灾物资无账可查，救灾物资的接收验收登记、发放、领用手续不齐全；（5）部分基层单位对救灾款物的管理不规范，内控制度不够健全。审计提出加强救灾款物管理，检查督促基层单位安排和使用好救灾款物，严肃处理截留挪用救灾款物的单位和个人等建议。

1997年，全省审计机关采用"上审下、交叉审计"的方法对37家社会劳动保险局和39家劳服公司进行审计。审计发现的主要问题有：（1）覆盖面偏低，"三资"（外商投资、中外合作、外商融资）企业尤为突出；（2）基金征收机制不完善，欠漏缴现象较严重，基本养老金省级统筹缺乏力度；（3）截留、隐瞒、转移基金889.56万元；（4）挤占挪用基金清理不力，仍有 1543.87 万元无法收回；（5）养老基金欠拨较多，影响离退休职工生活；（6）基金情况严峻，收支平衡难度较大；（7）借出周转金回收率低；（8）虚列基金和管理费支出；（9）财政专储不规范。副省长黄小晶在审计综合报告上批示，要求省劳动厅、社会劳动保险局认真研究并在有关地市劳动局长会议上强调财务制度的严肃性，凡违规违纪的款项一律追回，严重的要追究责任，并请省总工会协同落实监督措施。

同年，省审计厅对省机关事业社会保险局 1996 年度机关事业单位养老保险基金财务收支进行审计。审计发现机关事业单位参保率较低，仅为 49.2％；基金欠缴严重，已参保的 508 个单位中有 30 个单位 1996 年分文未缴，有 69 个单位欠缴基金 228.47 万元；基金增值手段较差，活期存款比例较大，国债比例较小等。审计提出强化机关事业单位参保机制，管好用好养老保险基金的审计意见。

1998 年，省审计厅对省社会劳动保险局 1997 年度企业职工基本养老保险基金和福建省劳动服务公司 1997 年度企业职工失业保险基金及单位财务收支进行审计。审计发现省级基金仍然存在被地市欠缴和被挤占挪用现象。地市级欠缴养老保险基金 607.32 万元，欠缴失业保险基金 387.46 万元，养老保险基金 290 万元垫付职工养老保险手册款仍挂账未还，失业保险基金垫付就业经费 125 万元，借出生产自救周转金 141 万元到期未收回继续挂账。审计要求进行整改。

同年，省民政厅、省审计厅、省监察厅两次组成联合检查组到灾区，对捐赠款物的分配、使用、管理情况进行检查监督。同时，根据审计署和省政府的要求，全省审计机关对民政、红十字会等部门救灾款物进行审计，并跟踪审计部分乡镇、村、户，重点审计 1—11 月底救灾款物的接收、分配、管理和使用情况。审计机关审计 236 个单位，抽查走访 141 个乡镇、94 个村、596 个重灾户，查出违规违纪金额 43.86 万元。审计发现的主要问题有：（1）财政困难的市、县、乡均不同程度存在救灾款项未及时足额拨付；（2）未按规定安排相应的配套资金；（3）少数县（市、区）对捐赠款物未实行归口管理，多头接收和管理；（4）个别部门未按规定使用救灾救济款，有的将救灾款用作敬老院等支出；（5）基层民政等部门财务管理较薄弱。省长贺国强在省审计厅报送的《我省 1998 年救灾捐赠款物审计发现的问题》信息上做了批示。

1999 年，按照审计署年度工作计划要求，全省审计机关对企业职工基本养老保险基金进行审计。审计结果表明，经过几年审计，社会保险经办机构挤占挪用基本养老保险基金现象基本得到控制，但基金征管基础工作尚未完善，财政部门管理的基金存在挤占挪用现象。审计查出违纪违规金额 10895.49 万元。审计署通报表扬福建省企业职工基本养老保险基金审计工作。

同年，根据审计署《行业统筹企业职工基本养老保险基金审计方案》要求，省审计厅牵头，省财政厅、省社会劳动保险局配合，组成 3 个审计组对 49 家在闽的中央属企业行业统筹基金移交单位的企业职工基本养老保险基金进行审计。审计结果表明，全省行业统筹企业职工基本养老保险基金移交地方管理的工作进行较顺利，审计未发现重大的挤占挪用等违纪违规问题，但存在基金核算不规范、基金结余不实、结余基金未按规定移交和上解等问题。审计确认：1997年底存在省级各行业统筹机构的滚存结余基金为17467.25万元，比财政部、劳动和社会保障部确定的存在本省行业统筹机构1997年底结余基金15901.30万元增加1565.95万元。审计调增1998年基金结余1089.91万元。审计促进福建省行业统筹企业职工基本养老保险基金顺利移交地方管理。当年，根据省政府交办，省审计厅对福建省农村社会保险公司及下辖4个县（市）农村社会保险公司进行审计，并延伸了解1992年以来全省农村社会养老保险基金的运作情况。审计发现的问题及处理意见有：（1）截留挪用农村社会养老保险基金1057.50万元，多数款项未能及时收回甚至无法收回。省审计厅将其中严重违纪违规情况移送省纪律检查委员会查处。（2）农村社会养老保险基金管理缺乏统一有效的规范制度和监督机制。（3）农村社会养老保险基金的保值增值工作不规范。黄小晶在审计报告上批示，要求将农村社会养老保险基金全额纳入财政专户，不许截留挪用、直接投资；并要求省民政厅主要领导过问，尽快拿出整改意见，今后有关收支情况应向省社会保障委员会报告。

2000年4—6月，省审计厅对省社会劳动保险局1999年度企业职工基本养老保险基金进行审计，重点审计养老保险基金实行"收支两条线"、财政专户存储管理和基金安全完整情况。审计发现的主要问题有：（1）1996年省社会劳动保险局使用养老保险基金结余购买1130万元国家定向债券的利息没有追收入账，审计追查后才向省华兴财政证券公司追讨利息298.32万元。（2）省社会劳动保险局未按财务制度规定将1999年养老保险基金收入账户期末余额7054.34万元转入财政专户。（3）1999年底八地市及行业尚欠省社会劳动保险局省级统筹基金16382.83万元，其中欠缴应上解省级统筹基金12016.11万元，借款4366.73万元。（4）以拨付省社会劳动保险局经费冲销原出借基金。未经省政府批准，省财政厅在预算拨给1999年省社会劳动保险局经费时指明将其中200万元用于"归还养老保险基金"，而省社会劳动保险局却用这笔资金冲销养老保险基金账上原福州市水产供销公司借款。（5）省级财政专户原出借资金仍未收回的本息合计1801.71万元。审计做出处理决定并建议：（1）采取措施抓紧收回八地市拖欠的省级统筹基金和周转借款；（2）完善有关经办行业职工基本养老保险基金的管理，确保职工基本养老保险基金安全；（3）加强职工基本养老保险基金财政专户的监督管理，保障职工基本养老保险基金保值增值。

同年，为保障人事部门管理的机关事业单位养老保险基金顺利移交劳动与社会保障部门，全省审计机关对各级人事部门的83个社会保障机构（简称"社保机构"）进行审计，查出违规金额4091.13万元。审计发现基金欠缴现象较严重、欠拨养老金、个别地市社保基金严重收不抵支、挤占挪用基金等问题。审计建议：（1）在全省范围内统一社会保险基金（简称"社保基金"）征收、使用、管理办法；（2）对欠缴养老保险基金的单位，社保机构应积极催收催缴；（3）应由各级财政部门负担的基金，主管部门应采取措施，确保养老保险基金及时、足额到位。省长习近平在审计报告上批示，要求严肃查处存在的问题。

同年，为促进民政部门的农村养老保险基金顺利向劳动与社会保障部门移交，福建省审计机关对各级民政部门 90 家社保机构进行审计，查出违纪违规金额 1795.56 万元。审计发现管理费提取比例过大、基金存在潜亏、挤占挪用基金的违纪违规行为比较严重，个别市（县）农村社会保险公司人员超编和管理费开支随意性大。审计建议民政部门社保机构应严格执行"收支两条线"管理办法，加强农村养老保险基金的监督管理，加大对被挤占、挪用农村养老保险基金的回收、催还力度。黄小晶在审计报告上批示，要求民政部门认真整改。

2001 年，省审计厅组织全省（除厦门外）审计机关对工行、农行、中行、中国建设银行（简称"建行"）、中国人寿保险公司 5 个金融行业在福建省辖区内的各级管理单位 2000 年度企业职工基本养老保险基金的征缴、使用和管理情况进行审计，审计发现 5 个金融行业管理单位存在少缴基本养老保险费的现象。省审计厅下达审计决定，督促管理单位补缴 2000 年度企业职工基本养老保险费 3616 万元。同年，省审计厅还对省社会劳动保险局 2000 年度企业职工基本养老保险基金征缴和使用情况进行审计，并延伸审计企业职工基本养老保险基金省级财政专户管理情况，审计发现省财政厅未能收回出借的企业基本养老保险基金，基金未能做到增值最大化等问题，由此提出了整改意见和建议。

2002 年，按照审计署年度工作计划要求，省审计厅组织 9 个设区市审计机关，对全省社会保障、财政、地方税务等部门 2001 年度基本养老保险基金征收、管理和使用情况进行审计，并选择 74 家企业 2001 年度缴费基数的真实准确性进行审计调查。审计发现的主要问题有：（1）2001 年度 74 家企业中有 36 家少缴企业职工基本养老保险费 3315.58 万元；（2）企业养老保险基金管理部门未能做到基金增值最大化；（3）全省企业欠缴基本养老保险基金 21887 万元；（4）中央属行业欠缴基本养老保险基金 13024.35 万元；（5）部分市社保机构在受理下岗职工缴纳养老保险续保工作时，未能及时将当年收缴的养老保险费足额解缴入库；（6）违规出借养老保险基金；（7）基金未专户存储。省审计厅向省政府提交了审计综合报告。

2003—2005 年，省审计厅根据省人大常委会"审计部门应按年度向本级人大常委会报送对社会保障资金的筹集、管理和使用情况的审计报告"的要求，连续 3 年对省级企业职工基本养老保险基金、机关事业单位养老保险基金、农村社会养老保险基金、失业保险基金、城镇职工基本医疗保险基金、工伤保险基金、生育保险基金等社保基金的筹集、管理和使用情况进行审计，每年选择其中一项基金进行重点审计。审计发现的主要问题有：（1）各设区市历年应缴未缴省级财政专户的企业职工基本养老保险基金未及时结算。截至 2004 年末，8 个设区市（不含厦门）历年结算应缴未缴省级财政专户的基金累计达 15811.35 万元。（2）保险费未做到应收尽收。主要是社保经办机构代收代缴的保险费未按规定及时申报入库，参保单位欠缴基本养老保险费，截至 2005 年末，全省尚有 1318 个参保企业欠缴企业职工基本养老保险费 13248 万元。（3）未严格按工资总额为基数计算应缴保险费，造成少缴保险费，以及未按规定补缴保险费，影响保险费收入。（4）参保范围和对象的确定未严格按规定执行。（5）机关事业单位养老保险政策需要调整且计发方式不符合有关规定。（6）有关社会保险政策制定不明确，造成部分单位应保未保、保险费应缴未缴。（7）省机关事业社会保险局经办的不同险种基金未分账核算，机关事业单位存在养老保险基金收不抵支现象。（8）以前年度失业保险基金借出款未能按期收回。（9）部分农村社会养老保险基金存款本息到期未能兑现。（10）社保基金未能做到增值最大化，企业职工基本养老保险基金未按规定的优惠利率计息。省审计厅以要情专报向省政府报送了《农村社会养老保险问题应引起高度重视》《省直机关事业养老保险问题应引起重视》，省长黄小晶、副省长李川做了批示，要求有关部门重视并整改。同时，省审计厅还连续3年对国有企业下岗职工基本生活保障和再就业资金，以及城市居民最低生活保障资金的筹集、管理和使用情况进行审计。审计发现的主要问题有：（1）国有企业下岗职工基本生活保障和再就业资金结余较多，安排、拨付不够及时，资金未做到专款专用，影响资金的使用效益；（2）城市居民最低生活保障（简称"低保"）资金拨付不及时，没有安排低保工作经费，有的地方民政部门没有按月发放低保补助，有的对保障对象的补助差额不足，大部分县低保资金未进行专户存储等。鉴于福建省（不含厦门市）除城镇职工基本养老保险费、失业保险费由税务机关征收外，其他社会保险费由各保险经办机构征收，社会保险费由多部门征收，容易导致政策执行不一致，审计建议改由税务机关统一征收。

2005年，根据审计署工作部署，省审计厅对福州市本级及城区2004年度失业保险基金收支管理情况进行审计，审计发现的主要问题有：（1）市、区两级政府财政部门对全额拨款的事业单位均未安排缴纳失业保险费的预算；（2）市、区两级失业保险机构日常经费未列入同级财政预算，造成经办机构挤占挪用失业保险培训费；（3）超基数、超比例计提失业职工生活困难补助金和促进再就业经费；（4）失业保险金发放把关不严；（5）以前年度借出的失业保险基金未收回。审计要求整改。

表6—1　　　　**2000—2005年福建省审计厅社会保障审计情况统计表**

单位：个，万元

年度	审计单位数	查出违规行为金额	应上缴财政金额
2001	5	18262.00	16460.00
2002	3	24513.79	89.53
2003	1	18033.23	
2004	2	23841.88	
2005	14	27028.73	
合计	25	111679.63	16549.53

注：1996—2000年数字含在行政事业审计情况统计表内。

第二节　行政事业审计

　　1996—2005年，省审计厅行政事业审计围绕经济工作中心和社会发展突出问题，有重点地选择预算资金多、专项资金多、预算外收入多、有行政执法权的行政事业单位作为审计对象，以行业为主线，突出对重点领域、重点部门和重点资金的审计监督。

　　1996年5—6月，省审计厅对省老区办、长泰岩溪国有林场、长泰亭下国有林场、九龙江北溪引水工程管理处1995年度财务收支进行审计。对省老区办审计发现的挤占行政经费和专项经费情况，审计做归还原渠道资金处理；对老区开发基金、周转金的本金和占用费回收比例偏低的现象，审计提出加强周转金投放及本金、占用费回收管理的建议。省审计厅对国有林场进行审计时，发现林场财务基础工作较薄弱，产成品入库、出库手续和盘存制度不完善；对九龙江北溪引水工程管理处进行审计时，发现该处购房手续不全、水费委托收取管理不完善、项目计划调整未及时向主管部门申请办理报批手续，由此提出加强管理的建议。

　　同年，省审计厅对省公安厅交警总队、福州市公安局交警支队、福建日报社、厦门八闽广告公司、厦门鹭江出版社、团省委、省台胞贸易联合公司、漳州体育训练基地、福建省希望工程领导小组办公室（简称"省希望办"）、省政府驻深办、驻京办等11个单位1995年度财务收支进行审计。审计发现省交警总队和福州支队在行政性收费和罚没收入专储、票据的管理使用、固定资产的管理核算、资金的管理使用等方面存在问题；其他单位在有关支出的账务处理、往来账的清理核算、固定资产的管理核算等财务基础工作和管理方面也存在问题。省审计厅分别做出审计决定和提出审计意见。省审计厅还协助省纪委对省公关协会财务收支情况进行审计，发现省公关协会存在经济问题，此案已由检察院向法院起诉；配合省检察院反贪局对四川省政府驻榕办事处滥发奖金、补贴问题进行审查，查清该办从各个渠道滥发奖金、补贴问题，反贪局已立案查处。

　　1997年7—9月，省审计厅对集美水产学校、泉州农业学校、省蚕桑研究所、省渔政管理处1996年度财务收支进行审计。审计发现集美水产学校、泉州农业学校往来账未及时清理、预算外收入未缴纳预算外资金调节费以及购买控购商品未办理控办手续问题，提出了处理意见和建议。审计发现省蚕桑研究所往来账户不实、欠缴"两金"（国家能源交通重点建设基金、预算调节基金）、挤占事业费用于支付摊派、固定资产报废审批及销账手续不完备、费用支出手续不齐全、往来账未及时清理，针对这些情况，提出了加强财务基础工作，规范财务管理的建议。审计发现省渔政管理处预算外收入未缴纳预算外资金调节费、预算外支出不当，由此提出了重视对外投资的安全和效益的审计建议。

　　同年，省审计厅对省希望办1996年度财务收支进行审计。审计发现该单位虽在财务基础工作及管理方面已进一步建立健全了有关规章制度，但仍存在希望工程基金增值方式不合规定、固定资产核算管理不完整、部分账务处理不规范等问题。

1998年，省审计厅对省希望办、省新闻出版局、省机关事务管理局、省禁毒工作领导小组办公室、省广播电视报社、省音像出版社、福建电视广告有限公司、省劳动厅8个单位1997年度财务收支进行审计。审计发现挤占挪用资金5917万元，其中主要有：省新闻出版局将出版事业发展专项基金4403万元用于出版大楼基建；省机关事务管理局将预算内资金257万元转为预算外资金；省希望办从基金中转入工作经费107万元等。

1999年，省审计厅对省物委、省人事厅和省希望办1998年度财务收支进行审计。审计发现省物委、省人事厅在固定资产核算管理和对所属单位的监督管理较薄弱，并存在挤占挪用专项经费等问题。同年，省审计厅还对省直住房制度改革办公室和省直单位公积金管理中心成立以来至1998年底省直单位公房出售收入资金和住房公积金归集、使用情况以及房改资金进行审计，发现省直住房制度改革办公室和省直单位公积金管理中心财务基础工作较薄弱，省直住房制度改革办公室未建立会计账。审计要求整改。

2000年，省审计厅对省工商局、省无线电管理委员会办公室（简称"省无委办"）1999年度财务收支进行审计，审计发现省无委办应缴未缴预算资金1093万元、各代收单位和缴费单位拖欠应缴预算收入9780万元、私开账户账外核算、预算外检测费收支未纳入财政专户管理等问题。省无委办采纳审计意见，进行整改，加强财务管理。为配合中央属、省属学校管理体制调整工作，省审计厅会同省教育厅发文，对调整管理体制的中央属、省属的17所院校进行审计。审计发现福建金融管理干部学院所属服务机构没有完全社会化；收入及利润结余未并账或并表；收入长期挂往来账，并列支不合规支出；会计核算不规范。针对上述问题，审计依法进行了处理。同年，省审计厅受省委统战部、省工商联党组委托，对《省工商时报》社1996年1月至2000年6月财务收支进行审计。审计发现该报社管理存在问题，并指出了薄弱环节，要求对报表反映失真的资产、负债、损益金额进行调整。

2001年，省审计厅对省广电局所属5家广告公司、省物价局、省统计局、省计量科学技术研究所、省高招办、省自考办、福州实验小学、省立医院、省第二人民医院、省政府外事办公室、省对外交流服务中心、省外国机构服务中心、省文化厅进行审计。审计省广电局所属5家广告公司是配合福建省电视台原台长任期经济责任审计和有关举报件的核查工作，审计发现5家广告公司抽逃注册资金，虚假验资，虚列支出，偷逃税金，隐瞒收入，广告业务收入挂往来账，实物抵扣广告业务收入不入账，组稿费未经财政部门批准在税前计提或列支，改变组稿费开支用途，对外投资核算不规范或收益不入账等。审计核实了举报事项，并为省电视台原台长任期经济责任审计提供了必要的证据。审计发现省物价局、省统计局、福建省计量科学技术研究所违规挪用专项资金用于发放奖金和购建办公楼、职工住宅，预算外资金未按规定实行"收支两条线"管理，部分单位店面租金收入长期在账外核算，将事业性收费收入存入个人银行活期存折，固定资产管理、核算不规范，账实账卡不符，行政性收费票据管理、填写不规范；省物价局个别业务处室存在外购及使用一般收款收据向所属事业单位收取现金等。省审计厅依法进行处理处罚，并提出依法理财、加强预算资金的核算管理，健全内部监督、检查制度，加大对所属单位的财务监管力度等审计建议；对省物价局个别处室使用收款收据收取现金在账外使用，且未提供所使用收据所在的整本收款收据情况，移送省纪委驻省物价局纪检组查处；对延伸审计发现的省东南电化股份有限公司收取液氯钢瓶检验费未纳入"收支两条线"管理，所属氯气分厂以钢瓶检验劳务费名义向福州第二化工厂技协领款作为氯气分厂"小金库"并销毁会计资料等问题，移送省石油化工集团有限责任公司查处；审计发现省教育厅所属省高招办、省自考办、福州实验小学的预算外资金未全部纳入财政专户管理，部分开支不合规，自行出台各种补贴，以及内控制度不够完善、固定资产管理不够健全、财务管理和会计核算不够规范等问题，建议省教育厅加强对直属单位的管理和监督，建立健全财务收支监控机制；审计发现省立医院和省第二人民医院 2000 年度药品超收款 428.63 万元未按规定上缴省卫生厅，超额发放奖金、补贴 146.94 万元，超额开支业务招待费，会计基础工作薄弱，将应由专用基金列支的款项列管理费，虚增医疗支出成本等问题，审计要求进行整改；审计查出省政府外事办公室、省对外交流服务中心和省外国机构服务中心违规金额 103 万元，在会计核算、财务管理方面均不同程度存在收入挂账，个别财务账未并表反映，固定资产产权不清，有的基建工程未经批准超计划投资、未及时办理竣工决算审计，对外投资核算不规范等问题，审计提出增强依法理财和办理经营业务的观念，规范会计核算和财务管理工作；审计发现省文化厅行政经费开支存在多部门核算，要求归口财务部门统一核算。

2002 年，省审计厅对省工商局、省药品监督管理局、省邮电学校、省计生委、省级机关医院、省高级人民法院、省广播电视局、省供销社、省粮食局、省统计局进行审计。审计发现的问题及处理意见有：（1）省工商局未按财政批复的预算项目和金额分配、拨付资金，在转批复预算中安排了财政无预算的三个月平均工资额度的奖金 1403.07 万元和省工商局改建公产资金 227.18 万元、财政有预算却未转批复粮食市场管理经费 500 万元、修缮经费 1759 万元；未经批准收费，且未并入财务账核算共计 79.13 万元；挪用预算资金借给所属企业、工会计 320 万元；将历年应缴未缴国家工商局规费收入的分成款 1664.28 万元违规转入结余。（2）省药品监督管理局后勤服务中心违规开展培训业务收取培训费 110.78 万元；开具普通收款收据收取岗位培训费 11.45 万元未纳入财务核算管理，私设"小金库"；列支省药品监督管理局过节费、高温费等 27.59 万元；部分现金收入通过业务员名下活期储蓄存折进出；有的培训班收支情况未在财务账上核算；提供的收款收据与实际购买情况不符。省审计厅将上述问题移送省纪委驻省药品监督管理局纪检组进行查处。（3）省邮电学校学员宿舍承包费的确定未进行可行性研究，承包条件不合理，各项物业费支出数额占财政拨款 33%，固定资产和票据管理不规范。省审计厅提出学校应加强财务管理、规范国有资产管理等审计建议，为学校管理体制调整、资产移交提供了依据。（4）省计生委挤占专项计生事业费 34.50 万元购置一辆奥迪轿车。（5）省级机关医院超额发放奖金 98.23 万元，多提福利基金 122.06 万元，银行存款、药品、固定资产和库存物资账账、账卡、账实不符金额达 328.43 万元。（6）省高级人民法院违反"收支两条线"规定，预收诉讼费、店面租金收入等预算外收入未纳入财政专户管理；诉讼费奖励款、网络系统经费收入未按规定及时结转；省级统筹诉讼费返还款未按规定及时下拨，预收诉讼费未按规定及时清理。（7）省广播电视局违规收取局经营管理中心上缴的各广告公司管理费、多提取广告收入统筹费、多提取职工福利基金。（8）省供销社清理回收、处理财政周转金不及时，在会计核算、债权债务清理、长期投资管理、细化预算等方面不够规范。（9）省粮食局未将房租收入纳入财务部门统一核算、坐支现金，挪用查仓专项资金 7 万元，往来款项核算、固定资产管理、现金管理不够规范。审计针对存在的问题，提出加强管理，规范会计核算，提高财务人员依法理财意识的审计意见。

2003 年，省审计厅对福建中医学院、福建公安高等专科学校、省图书馆 2002 年度财务收支进行审计。审计发现的问题及处理意见：（1）福建中医学院未严格执行"收支两条线"规定，对办班培训等预算外收入 828.08 万元未缴入财政专户；部分收费项目未经批准；往来款项核算不规范；学生教材购置及代办费用 124.02 万元单独在校内银行开户并核算。（2）福建公安高等专科学校挤占其他预算经费、虚列支出、超范围提取福利基金 185.32 万元。（3）省图书馆消防设施不配套，多年无法办理建设项目竣工决算。省审计厅向省政府专题报告，省政府办公厅为此召开协调会，使问题得到解决。

2004 年，省审计厅对省委组织部、省委宣传部、省政府驻上海办事处、省水利水电勘测设计院 2003 年度财务收支进行审计。审计发现的问题及处理意见有：（1）省委组织部所属八方大厦租金收支结余没有在单位账上体现，干部培训中心楼财产的核算不合规，八方大厦财产的管理使用以及武夷山干部培训中心的管理不够规范。（2）省委宣传部专项资金结余量大；部分专项经费被公用经费挤占；职称办收取的职称评审费和省委文明办从有关单位领取的发行费在账外核算；按协议应取得的电视剧出售播映权、版权分成收入及广告收入，在财务账上未见相关收入；所属单位盈亏不实、违规出借资金等。省委宣传部领导重视审计意见，及时进行整改。（3）省政府驻上海办事处内部控制制度及会计管理核算不够规范、往来款项未及时清理、固定资产管理比较薄弱。省政府办公厅重视审计建议，责成该办事处认真整改。（4）省水利水电勘测设计院固定资产核算管理不够规范、长期投资 160 万元无收益且存在损失风险、勘测设计费收入核算不实。审计提出加强投资管理、规范会计核算的建议。

2005 年，省审计厅对福建血液中心 2004 年度财务收支进行审计，发现该单位虚列成本、未按规定征提基金等问题，审计提出采供血业务的收支应规范核算、建立和完善内控制度等审计建议。副省长刘德章、汪毅夫分别在专项审计报告上批示，要求省血液中心及有关部门按审计建议落实整改。省卫生厅采纳审计建议，对《福建省无偿献血报销管理办法》做出了补充规定，并与省财政、物价部门对审计提出的意见进行联合调研。

表 6－2　　　**1996—2005 年福建省审计厅行政事业审计情况统计表**

单位：个，万元

年度	审计单位数	查出违规行为金额	应上缴财政金额
1996	24	2305.00	75.00
1997	42	3595.00	1891.00
1998	18	11854.00	1381.00
1999	63	20777.00	2323.00
2000	21	17418.00	2187.00
2001	32	4695.52	896.65
2002	10	6431.27	802.58
2003	15	20891.25	4508.63
2004	14	2158.26	75.96
2005	7	4038.69	375.30
合计	246	94163.99	14516.12

注：该表含部分专项审计数。

第七章　企业审计

第一节　地方属企业审计

1996年初，省审计厅根据1995年中外合资合作企业（简称"两资企业"）财务收支审计发现的问题，向省政府报送《两资企业审计情况反映》。省政府召开专题会议，听取省审计厅关于中外合资合作经营企业审计情况汇报，研究两资企业有关问题。

3月，省审计厅对福建省青山纸业股份有限公司、福建化纤化工厂、福建福日集团公司、三明化工厂进行审计，审计发现存在企业财务核算不实、工程未及时办理竣工决算、技术改造工程资金短缺、利息负担过重等问题，提出了改善管理、积极改制的审计意见。

4月，省审计厅对福建广宇集团股份有限公司本部及所属的房地产公司、厦门公司、实业发展公司3家全资子公司1995年度资产、负债和损益情况进行审计，部分项目审计追溯到以前年度。审计发现集团公司资产负债率高达105.98%，已资不抵债。省审计厅向省政府汇报了企业存在的财务核算和经营管理问题。

5月，省审计厅对福建实达电脑集团股份有限公司1995年度资产负债损益进行审计。审计范围为公司上市前一年财务数据。省审计厅向省政府反映审计管辖权争议问题，确保审计工作按计划进行，对公司违规侵害国有股权益、财务核算差错、漏缴税金问题进行依法处理，并以专题的形式向省政府报告，督促公司进行整改。

12月，结合1996年度财政本级预算执行审计和华福公司总裁任期经济责任审计，省审计厅组织有关地市审计局对福建省在香港的28家公司利润上缴情况和资产负债损益情况进行审计和审计调查。省审计厅审计了华福香港公司、华福香港贵信公司和华福香港金酬公司。

同年，省审计厅对省林业总公司1995年度资产负债损益情况进行审计，发现公司存在业务招待费超支，购买新都会财经广场办公室未计提固定资产折旧及少提车库折旧，购买固定资产未及时入账，虚增利润，对外投资管理薄弱、无效益、存在潜亏等问题，并提出了相应的整改建议。

1996—1997年，省审计厅连续2年对中闽公司进行审计。审计发现的主要问题有：（1）履行省政府赋予的职责未完全到位。从境外筹措资金仅3000万美元，对外合资经营业务一直未开展；仅承担省图书馆和省科技馆两个项目，与省政府批复的接受委托承担科技文卫、体育及行政事业单位等非经营性建设任务的要求差距较大。（2）管理体制未理顺。省电力资金的管理、使用未与省集资办理顺关系；经营性资金的经营管理问题，未与省计委理顺，省政府规定省计委每年安排的预算内经营性资金应由中闽公司经营管理，1996年省计委实际安排中闽公司的预算内经营性资金仅占省计委实际安排数的37.3％；与项目单位的权责利关系未理顺，中闽公司作为省政府的投资公司，对重点项目的投资决策和经营管理参与力度不够，有的项目资金是作为经营性投资回收本利还是作为投资入股资本金未确定，影响资金的投资效益。（3）投资管理不规范。未确立支柱行业和支柱项目的投资，经营效果不佳，资金回收困难；短期投资绝大部分属于金融性放贷业务，扩大了工商注册经营范围；对外投资监控力度不够，项目跟踪管理及催缴到期应回收资金措施不力，资金回收困难；子公司发展快，经营交叉重复，资金分散。审计建议：（1）理顺与政府有关部门的关系，特别是理顺与省计委和省集资办在经营性资金运作管理方面的关系；（2）加强对外投资资金的监控管理，理顺与项目业主的关系，切实保障国有资产保值增值；（3）制订目投资经营性资金管理办法，统一占用费率标准，报省政府批准后执行，增加资金运作透明度，管好用好经营性资金；（4）采取有效措施筹措资金，在保证向重点项目投资的同时，确定公司的支柱投资项目，提高资金的投资效益和社会效益；（5）加强内部管理，完善内控制度，健全内部承包经营机制。

　　1997年3—7月，根据审计署工作部署，福建省审计机关对全省72家国有医药流通企业1996年度财务收支及有关经济活动进行审计，审计面达90％。重点检查企业是否严格执行国家医药价格政策和经营政策，并对医药行业的热点问题进行审计调查。审计查出违纪违规金额1847万元、6个"小金库"金额396万元，补缴各项税费389万元，核实企业潜亏3600万元。省审计厅审计省医药管理局、省药材公司、省医药公司，发现的主要问题及处理意见：（1）省医药管理局以修缮费和会议费名义向专业公司摊派弥补行政经费23.89万元。审计建议医药主管部门要加强福建省药品目录的管理，认真审核《药品经营合格证》发放工作，加强预算管理，压缩行政开支。（2）省药材公司财务状况不佳，盈利能力较低，偿债能力较弱，资金周转速度较慢，潜亏严重。审计建议公司对成药部内部管理混乱问题进行清理整顿，加强投资业务管理，做好药品出入库检查，健全药品采购制度，及时清理往来账，加快资金回笼，发挥财务管理监督职能。（3）省医药公司未建立健全有效的规章制度和管理办法，部门之间缺乏应有的配合和牵制，财务基础薄弱，会计核算不及时，账务处理不规范，财务报表未公允地反映企业的财务状况和经营成果，存在违规违纪现象，公司财务、业务、办公室私设"小金库"，从1995年初至审计进点时，"小金库"累计收入304.90万元，用于发放奖金补贴88.01万元、支付职工定期两全人身保险费51.40万元、支付药品推广费促销费等150.89万元，余额14.60万元。审计依法做出处理：（1）补缴固定资产投资方向调节税10万元；（2）减少商品损失，调增企业利润54万元；（3）冲减多提借款利息11万元；（4）补缴增值税8万元；（5）根据财经法规对私设"小金库"做出处理决定，对省医药公司涉嫌贪污、行贿的人员移送检察机关处理。省审计厅向省医药管理局提交清理整顿建议书，并发出审计通报。行业审计结果表明，大多数国有医药流通企业能贯彻执行有关药政法规，维护国家医药价格政策和经营政策，把好药品质量关，加大网点建设步伐，积极开展总代理总经销。行业审计发现的主要问题有：（1）《药品价格管理暂行办法》未能得到贯彻执行，有关配套措施亟须完善，有关部门未及时核定进口药品"口岸平衡价"，导致进口药品进销差率高于国产药品规定的进销差率，审计抽查的 39 种进口药品中，进销差率高于限额的有 37 种，且大多数进销差率在 50％以上；药品生产或经营企业在向价格管理部门报批价格时，所提供的成本资料不真实，造成核定的药品价格与实际成本费用严重背离，价格偏高。（2）药品的折让和回扣普遍存在且名目繁多、形式多样，管理和核算不规范，收取的名目有让利款、及时支付货款的奖金、药品推广费、开发费、广告费、会议费等，收取的主要方式是现金、银行存款和货物；所支付的款项均未取得收款单位合法收据或个人出具的证明，白条抵账严重。（3）药品流通经营秩序混乱，国有商业市场占有率低，全省国有医药流通企业市场占有率不足 30％。（4）有的地方国有医药公司将经营部承包给私人经营，变相出让药品经营权和批发权；违反规定向药材市场和个体药贩采购药品；有的国有医药公司允许个体药贩挂靠经销药品。（5）审计的 72 家国有医药流通企业累计潜亏 3600 万元。大部分企业资产构成不理想，商品滞销积压、不良债权和非生产性资产占用大量资金，企业营运资金周转困难，利息负担沉重；70％以上的企业亏损，财务状况差。审计建议：要改革医药管理体制，解决政出多门、责权分离的问题；加大药品价格管理力度，管住高定价；理顺药品流通渠道，健全专营机制，禁止药品购销回扣，净化药品市场，发挥主渠道作用；医药批发企业储备国家规定的药品，财政部门应给予资金扶持，造成储备损失的给予财政补贴。

1997 年 3—11 月，省审计厅对省物资（集团）总公司本部及其直属的省金属材料总公司、省化建总公司、省机电设备总公司、省基建物资总公司进行审计。重点审计企业的盈亏真实、经营与财务管理、遵守财经纪律和国有资产保值增值情况。审计结果表明，几家企业财务状况不佳，负债总额 5.3 亿元，资产负债率 92.6％；累计亏损 7496 万元；不良债权 1.6 亿元，潜亏 66036 万元，企业资不抵债。审计发现的主要问题有：（1）资产不实，掩盖了企业真实经营状况。几家企业 1996 年度应调增亏损 2778 万元，占审前亏损数的 47％；至 1996 年底高价位库存物资 6869 吨，潜亏 1897 万元。（2）几家企业 1996 年底贷款余额 3.72 亿元，利息支出 3668 万元，占 1996 年度亏损额 4868 万元的 75％；企业处于应付还息，无力还本，借新还旧状态。（3）省机电设备总公司与省金属材料总公司 1993 年分别与福州冠盛房地产公司进行"钢材换房子"交易，除本金 1867 万元无法收回外，已损失利息 625 万元。（4）省金属材料总公司转移隐瞒收入 218 万元搞账外基建，偷漏税款 72 万元，且不提供原始收款收据。（5）省基建物资总公司所属两家房地产公司经营不当，造成损失。其中在福州注册的房地产开发公司以联合开发晋东花园名义，将省基建物资房地产开发公司晋东花园工程指挥部的公章和账号租给外商，收取管理费 29 万元，外商以晋东花园工程指挥部名义，预收省工艺美术公司购房款 1000 万元，该款被外商挪作他用，无房可交，也无力还款。省基建物资总公司用开发项目的 144 亩土地使用权作为抵押担保，帮助外商向银行贷款 1700 万元，外商无力归还，省基建物资总公司承担清偿责任，使 106 户拆迁户没有得到及时安置。（6）集团公司在企业转制运行机制上仍沿用计划经济的行政管理办法，企业内部长期缺乏完整、系统的资产运营与管理体系。审计建议：（1）要积极、稳妥地推进国有资产重组工作。按照规模经营的要求，调整内部的组织和经营机构，发挥集团化优势，树立大流通观念，借鉴国内外成功的连锁经营方法，进行联购分销，集团公司为一级代理，公司为二级分销等。对实力较弱或亏损严重的企业，采用股份合作制、承包、租赁经营或兼并等方式，避免亏损增加和国有资产的更大流失。（2）财政、税务、金融部门要加大扶持力度。（3）参与重点建设项目的物资供应，有关部门要充分利用福建省物资企业在物资供应的数量、质量、品种、服务等方面的优势，扶持国有物资企业。（4）加强企业内部管理与核算，强化内部审计工作。加强资金统一管理，严格审批制度，提高财务人员的业务素质。审计依法做出处理，并向省政府报送审计综合报告。省审计厅将省金属材料总公司不提供原始会计资料的案件线索移送检察部门处理。

同年，省审计厅对 13 家有代表性的中外合资合作企业 1996 年度财务收支进行审计。审计结果表明，13 家企业全年出口创汇 1690 万美元，上缴国家税金 3250 万元，提供劳动就业 3500 人次。审计发现的主要问题有：（1）注册资金不到位，制约企业正常生产经营活动。（2）经营管理不善，经济效益不佳。13 家企业中有 8 家企业亏损，亏损额 5864 万元。（3）投资基建工程项目未及时办理竣工决算，影响经营核算真实性。（4）合资合作条款显失公平，造成国有资产流失。（5）侵犯合营企业职工合法权益，欠缴、少缴职工养老保险金和待业保险金。（6）欠缴漏缴税款。审计建议：加强对两资企业的管理，用法律手段规范外商投资企业行为，强化审计监督，完善职工养老保险金和失业保险金制度，促进两资企业合法经营，维护中方利益和职工合法权益。同年 6—7 月，省审计厅对外贸企业省粮油食品进出口公司 1996 年度财务收支及资金使用效益情况进行审计，重点审查公司总部和进口部等 11 个业务部财务收支和资金的筹措、调配、使用情况，提出 5 条审计建议，促进了企业整改。同年，根据省政府意见，省审计厅对中福集团公司及其下属二级子公司 1996 年度资产负债损益及财务收支情况进行全面审计。同时，根据省政府交办，对中福集团公司在香港、澳门的中福工程有限公司、香港中福发展有限公司、香港中新国际金融有限公司、中福（澳门）技术服务公司和华闽船务公司、华闽敏亨公司、武夷装修有限公司、武夷企业有限公司进行审计。审计发现这些企业在经营管理、民主科学决策、自我约束和自我保障机制方面不够健全和完善，经济效益较差。主要表现在：（1）企业盈亏不实，经营亏损和潜在亏损情况普遍。香港中福工程有限公司至 1996 年底亏损 5.5 亿元，潜亏项目多、金额大。公司承接的 35 个工程项目中 17 个项目盈利，18 个项目亏损，盈亏对抵亏损 3 亿元，其中千万元以上亏损项目 7 个。香港中福发展有限公司、香港中新国际金融有限公司等亏损额都在千万港元以上。（2）企业自有资金不足，资产负债率居高不下，短期借款用于长期投资，投资规模过大，超出资金承受能力。香港中福工程有限公司审计后资产 2.14 亿元，负债 7.44 亿元，资产负债率 348%，每年利息支出近亿元。（3）项目缺乏充分的可行性研究，仓促上马，决策失误。香港中福工程有限公司在国内以及中国香港、中国台湾、越南、美国等国家和地区均有投资，由于盲目投资、管理不善，至 1996 年底亏损 6300 万港元。（4）过度集中经营高风险的房地产项目，资金周转困难。中福（澳门）技术服务公司主要以经营房地产项目为主，受港澳地产市场疲软影响，资产大量沉淀，难以变现，陷入困境。（5）财务报表和会计信息严重失真，不能真实反映企业实际经营状况。省审计厅专题向省政府报告并提出 5 点审计建议。

同年，省审计厅对 9 家省属"百家重点企业"进行审计。审计结果表明，其中 6 家企业不同程度存在效益滑坡和严重亏损。审计分析企业效益滑坡的主要原因有：（1）企业资金、对外投资、财务核算、成本控制等方面管理差，不适应市场经济要求；（2）企业资金周转困难，资产负债率高，负担沉重，企业办社会现象普遍，国家投资少；（3）政府优惠政策难以落实到位等。省审计厅向省政府报送 9 家的企业审计综合报告和船舶行业审计综合报告。《我省船舶行业潜亏严重》审计信息被省委省政府有关刊物采用。

省审计厅对省华洋水产集团公司、省水产进出口公司、省乡镇企业进出口公司 1996 年度资产负债损益情况进行审计。审计发现 3 家公司不同程度存在对外投资对象较多，收益甚微；往来账长期未清理，潜亏金额较大；业务招待费超支、应付福利费赤字；有的资产未按规定摊销或计提折旧影响利润的真实性；省乡镇企业进出口公司部分外汇收入未入账。审计依法进行处理，并提出加强对外投资管理，清理收回被占用资金，加强财务管理，规范会计核算等建议。

省审计厅对福建华兴实业公司 1996 年财务收支及财政性资金运作管理情况进行审计。审计发现的主要问题有：（1）未经人民银行批准超范围违规经营吸收委托存款、融资、变相发放贷款业务；（2）高息支付省财政周转金占用费、挤占成本费用；（3）隐瞒、截留、少计各项投资收益；（4）少缴漏缴税费；（5）往来账款清理不及时。审计依法做出处理，并要求公司进行清理、整改。

1998 年 2—3 月，根据审计署工作部署，省审计厅组织全省 9 个地市和 42 个县市审计机关对全省粮食行业 1545 个企业中的 303 个企业 1992—1997 年新增亏损挂账情况进行审计，重点检查新增亏损挂账情况和原因，同时调查 1991 年以前老挂账的消化情况。2 月，省审计厅对省粮食厅政策性粮油补贴管理和拨补情况进行审计，并对部分补贴资金的使用情况进行延伸调查。审计结果表明，省粮食厅在管理、拨补各项政策性粮油补贴款方面基本做到及时、足额转拨。审计发现的主要问题有：（1）根据省财政厅、省粮食厅关于推陈储新国家专项储备稻谷的通知要求，泉州直属库轮换出稻谷 2500 吨，但未用等量新稻谷补进，而用未经批准轮换出的国家专项储备粮进口美麦 2217 吨顶替，且账实不符；长乐市国家粮库应换出国专稻谷 4813 吨，由于资金不到位，只轮换 2193 吨，尚有 2620 吨未轮换到位。（2）1997 年 6 月省财政拨入 1996 年度浦城等县市边远县定购粮净调出区外运费补贴款 450 万元，至 1998 年 3 月省粮食厅仍未拨出，在账上滞留 9 个月。省审计厅对省粮油供应公司 1997 年底前亏损及挂账情况进行审计。审计结果表明，公司应收各项政策性补贴款全部到位，1992—1996 年新增亏损挂账 664 万元，至 1997 年底新增亏损 1008 万元。审计发现的主要问题有：（1）企业管理不善，内控制度不健全，财务管理和监督职能未到位，盲目采购高价位商品，且手续不完整，造成大量削价和霉变损失；（2）公司资产负债率 121.39％，亏损数是实收资本的 4.7 倍；（3）截留军粮差价款 10 万元。审计建议省粮食厅对省粮油供应公司进行清理整顿，并对其他违规问题依法做出处理。3 月，省审计厅向审计署报送福建省部分粮食企业亏损挂账情况审计综合报告及统计资料。

1998 年 3—12 月，省审计厅对福建东百集团股份有限公司 1997 年度财务收支及股份制运作情况进行审计。审计发现的主要问题有：（1）评估基准日原国有企业账面体现税前还贷资金结余 354 万元，扣除评估时已计入固定资产价值的在建工程支出 155 万元，余额 198 万元企业改制时未折价入股，也未按规定专项上缴国有资产管理部门；原国有企业实现的 1992 年度税后利润 80 万元，扣除按承包经营合同规定应分配留给企业的集体福利基金、分红基金以及缴纳能源交通建设基金和预算调节基金后的余额 50 万元被改制后的股份制公司占有，不符合《招股说明书》和省国有资产管理局关于"股份制公司创立之前实现的利润归原国有企业所有"的规定，造成国有资产和收益在股份制改造过程中流失 701 万元。（2）少摊销递延资产虚增利润 715 万元。（3）账务处理不及时，收入挂账 194 万元。（4）部分对外投资项目未通过"长期投资"科目管理核算或不在财务账上体现，对外投资亏损，以及未申报交纳固定资产投资方向调节税等。审计提出纠正和改进建议。

5 月，省审计厅对列入关停的军工行业亏损企业福建东方机械厂进行审计。企业会计报表体现资产负债率为 90％，审计调整后为 124％。审计结果表明，企业严重资不抵债，且财务状况恶化。审计发现企业账务处理不合规、私设"小金库"、会计资料不能真实反映企业财务状况等问题。审计依法进行处理，并提出审计建议。

5—8 月，根据审计署等 8 部门《关于清查审计农业发展银行和粮食系统有关问题的通知》，省审计厅抽调全省各级审计机关 240 人组成 110 个审计组，对农发行福建省分行和 1010 家经营政策性业务的粮食企业以及粮食管理部门进行清查审计，对各级财政部门安排粮油政策性补贴及拨付情况进行审计调查。省审计厅审计省粮食厅本部、结算中心和省属 7 家粮食企业，核减 7 家粮食企业新增亏损挂账 600 多万元，查出违规金额 233 万元。审计发现 7 家粮食企业因承担省政府下达的 2 亿斤省间调剂粮产生的差价无法得到补偿而挂账，占用农发行资金，按规定不能进入挂账停息；有的粮食企业未在农发行开户，但实际承担国家与省专项储备粮任务，间接占用农发行资金，按规定也不能进入停息挂账。审计从客观实际出发，帮助企业解决问题，减轻企业负担。审计核实：农发行在全省共发放粮油贷款472236万元；截至1998年5月底1010家粮食企业新增财务挂账137457万元，挂账占用农发行贷款123147万元，占用商业银行贷款868万元，占用其他资金13442万元。属于清查审计范围的981家粮食企业，占用农发行贷款及未付利息444191万元，其中属于新增财务挂账占用123147万元；占用其他金融机构及未付利息7017万元。审计发现的主要问题有：（1）粮食管理部门截留、挤占挪用粮油补贴款和转拨补贴不及时；（2）财政部门少安排政策性补贴、挤占挪用补贴款和拨付不及时。省审计厅向审计署、省政府报送了审计综合报告。

6—10月，省审计厅结合华闽（集团）有限公司原董事长离任审计对该公司在香港的11家全资子公司和省有关部门在港开办的香港三合国际有限公司、香港建宁贸易有限公司、香港金通（万进）实业有限公司、香港华泉有限公司和联宏泰（香港）有限公司进行审计。审计发现：（1）这些企业规模小、实力弱，发展后劲不足；（2）违法违规行为比较普遍；（3）内部控制制度不健全，主管部门监管不到位；（4）财政部门对境外企业利润追缴不力。省审计厅向省政府报送《境外小公司问题不容忽视》专题报告，提出对境外小企业进行一次全面清理整顿，对规模小、效益差的境外企业要果断采取关、停、并、转或破产措施，加强对境外企业经营活动的监督检查，把"谁投资、谁管理、谁负责"原则落到实处的建议。

7月，省审计厅对福建省九州综合商社有限公司、福建九州集团股份有限公司、福建九州集团漳州啤酒有限公司1997年度财务收支进行审计。审计查出资产、负债和损益不实，潜亏严重等问题，并专题报告省政府。

8月，省审计厅选定福州第二化工集团有限公司作为深化企业真实性审计试点单位。按照"三准则一指南"《企业会计准则》、《企业财务通则》、《国有企业财务审计准则》和《企业财务审计操作指南》的要求，审计突出对内部控制制度的测试，设置13份调查表，建立172个风险控制点，全面施行健全性测试，按不低于健全性测试结果5%的比例进行符合性测试，为确定审计范围、重点、方法和制订审计方案提供依据。审计还运用函证、监盘、测试、询问等审计方法证实公司资产负债损益的真实性；实行被审计单位书面承诺制，要求被审计单位对所提供会计资料的真实性、完整性，有无账外资产，有无重大关联方交易、未决诉讼以及抵押贷款或为其他单位担保事项进行承诺；突出会计报表审计，通过实质性检查进行横向比较和纵向延伸，发现公司对外投资6家单位，累计投资2209万元，形成资产21740万元，但累计经营亏损未进行合并编制会计报表；采用函证法和监盘法对往来账款和实物资产进行审计，发现销售收入不真实，销售和财务脱节造成报表失实；延伸审计对外投资，发现管理不善造成货款被骗、亏损和潜亏严重、违规操作股票。在健全性符合性测试基础上，审计运用抽样法审计，节约审计成本和时间。通过审计，审计部门基本摸清了福州第二化工集团有限公司的财务状况。审计部门根据企业真实性审计试点工作情况总结出《认真贯彻"三准则一指南"，做好企业真实性审计工作》一文，并在全省审计工作会议上进行交流推广，为推进全省各级审计机关全面深化企业审计工作提供了经验和范例。

10月，根据省政府会议纪要精神，省审计厅牵头，省财政厅、省外经贸委、省国资局组成联合审计组对中国（福建）外贸中心集团总部及其下属境内进口部等34家二级子公司和国际储运公司等20家三级公司进行审计。审计结果报送省政府，审计建议：外贸中心集团应加强经营财务管理，清理投资项目，追讨应收账款，提高风险防范意识，规范业务操作程序，强化监督；建议省政府实行特殊倾斜政策予以扶持，协调银行给予信贷支持，促进外贸中心集团健康发展。同年，省审计厅还对中外合资企业福辉首饰有限公司财务收支进行审计，对公司拒不执行以前年度审计决定、利润不实、偷漏税款、损害中方利益和私设"小金库"、"账外账"等依法进行处理。省审计厅对福建省幻灯制片厂审计发现：1993年至1998年6月，该厂将产品销售收入约252万元及签订真假合同取得店面租金收入40.60万元转入"小金库"，并定期销毁小金库凭证。鉴于"小金库"数额大，相关凭证被烧毁，情节严重，审计将案件线索移送省检察院处理。

同年，根据审计署《企业财务收支真实性审计试点参考意见》，省审计厅确定中外合资福建瑞闽铝板带有限公司为真实性审计试点单位，出台了《企业财务收支真实性审计试点方案》。审计方案与以往不同在于加入了各项审计内容的风险控制点提示，资产审计面作量化指标要求；在"审计方法"部分，突出摸索适宜方法的重要性，强调运用被审计单位承诺制、内部控制制度测试、审计抽样和建立审计责任制等；在"审计评价"部分，要求评价会计记录是否如实反映经营成果，并对真实性与合法性进行评价。试点方案下发全省各级审计机关执行。将福建瑞闽铝板带有限公司作为真实性审计试点，摸清了企业家底，揭示了公司资不抵债的真实财务状况，查明了经营管理中存在的漏洞及对企业财务状况的影响。审计决定要求公司予以纠正的损益不实和其他问题共25项，金额为1亿多元；审计意见要求公司对实收资本、内部控制制度建设、外地经营部、关联交易方面进行纠正和改进共15项。审计决定和审计意见得到公司及其上级主管部门的重视并逐条落实整改措施。真实性审计试点成果得到推广应用，省审计厅对南平铝厂经济责任审计、福建东方机械厂亏损企业审计、福建炼油化工有限公司财务收支审计都参照真实性审计做法。

同年，省审计厅对福建华兴实业公司1997年度资产、负债、损益情况进行审计。审计认为，公司执行了审计意见、决定，加大清理项目、盘活资产、规范管理的力度。审计发现的主要问题有：（1）超规定范围经营吸收有关单位存款业务、以协议形式变相高息放贷；（2）违规场外回购，资金回收难、风险高；（3）隐瞒投资亏损、少计投资、投资回收在账外反映或转移债权；（4）少计收入、为他人转移财政委托贷款；（5）超限额列支费用，往来账款清理、利润分配不及时等影响损益的真实。审计建议：（1）及时清理投资项目，防止国有资产流失；（2）加大资产结构调整力度，盘活经营资产，防范和规避投资风险；（3）规范经营行为，加强对担保业务和投资项目的管理，防范和化解经营风险；（4）建立健全内控制度，规范财务管理和会计核算。

1999年4—5月，根据省政府交办，省审计厅对省国际信托投资公司营业部进行审计，并向省政府汇报审计结果。12月13日，省政府办公厅将审计报告全文批转省国际信托投资公司，要求研究整改，并将整改情况反馈省政府和省审计厅。4—10月，根据省政府交办，省审计厅对中福集团公司和福建中福实业股份有限公司（简称"中福股份公司"）以及集团公司所属子公司计39家企业进行财务收支审计。按照省政府领导关于"摸清家底、分清责任、分析缘由、提出建议"的指示精神，审计工作分3个阶段展开：第一阶段对中福集团境内公司（含中福股份公司）实施审计；第二阶段对中福澳门公司进行审计；第三阶段赴香港拜访清盘官，对香港中福公司、中福合建公司和中福工程公司的清盘情况进行调查。审计核实中福集团公司（含所属有关子公司）和中福股份公司的资产负债损益情况及对外借款、担保、资产运作、置换等情况，测算公司潜在的损失和亏损金额并分析原因；向省纪委移送公款私存、私设"小金库"、挪用配股资金等经济违法案件线索。省审计厅专题向省政府汇报，提出审计建议：（1）尽快做好中福集团公司破产清算前准备工作，做好现有财产保全工作，防止国有资产流失；（2）中福澳门公司亏损严重，中福劳务公司为其贷款担保受牵连，破产在所难免，要尽快解决好劳工权益，妥善分流在职职工，安置离退休人员；（3）省纪检监察部门抓紧经济案件调查处理，尽快将结果上报省委省政府。

6—12月，为了解福建省旅游业和各地贯彻落实省政府《关于加快旅游重点产业若干规定的通知》情况，省审计厅组织地市审计机关对旅游企业进行审计，要求地市审计机关安排不少于3家企业。省审计厅审计省旅游局本部及其下属的省海外旅游实业总公司、省旅游汽车公司、福建省康辉旅行社、福建省中国国际旅行社、省旅游公司、省旅游航空服务公司、省旅游贸易公司、东湖宾馆有限公司和系统外的职工旅行社、中国青年旅行社等11家旅游部门和企业。审计发现的主要问题有：（1）亏损、潜亏严重。截至1998年底，9家省属旅游企业累计亏损6350万元，潜亏挂账7126万元。（2）资产结构不合理，若将9家企业潜亏挂账7126万元从资产总额剔除，资产负债率达110.87%。（3）省海外旅游公司、省旅游航空服务公司分别对玉女大酒店投资835万元和480万元，均无收益。（4）违反外汇管理规定使用外汇。福建省中国国际旅行社1996年12月至1998年6月，利用假外汇凭证将从福州市工商银行贷款135万美元汇往香港，而向国内企业或个人收取人民币，账上体现非法所得9.50万元；省旅游贸易公司1997年10月至1998年7月以代理进口付汇名义，利用假进口合同、代理协议、假报关单为泰山贸易公司向工行福建省分行、农行福建省分行、工行福州市分行第二营业部累计骗购港币49847万元；省旅游公司海外部1998年度应汇往境外旅行社团款184万元港币，未经省外管局批准、未通过银行转账，将收取的现汇直接以现金支付。（5）账外经营，设置"账外账"，公款私存。省海外旅游实业总公司下属集福贸易公司与个体户联营东北木材未通过财务核算，以个人名义存储金额达 32.80 万元，个人保管的现金达 47.60 万元。（6）往来账款差额大。1998 年末，福建省中国国际旅行社账面体现应收香港华闽旅游公司团款 487 万元，而香港华闽旅游公司体现欠省中国国际旅行社 47 万元，差额 440 万元；省旅游公司与香港华闽旅游公司往来账款对账差额 285 万元。（7）省旅游航空服务公司大量现金滞留在收银员，导致被挪用 144 万元无法追回。（8）省旅游汽车公司用贷款资金盖的商业用房受地理条件限制，未能发挥效益，导致企业老化运输设备无力更新。审计建议：（1）加大对旅游行业投入。省旅游企业靠向银行借款和省财政 4000 万元周转金满足不了旅游业的发展需要，需要政府扶持。（2）省旅游局应加强对下属企业管理，建立健全内控制度，积极组织处理以前年度企业遗留的投资、亏损和债权债务等问题，帮助企业走出困境。（3）旅游企业要进行体制改革，引入市场竞争机制，实行资产优化重组。审计将省中国国际旅行社有关人员违反《外汇管理条例》、涉嫌侵吞外汇差价问题，移送外汇管理部门处理；将省中国国际旅行社有关人员涉嫌炒卖外汇侵吞外汇差价、逃汇套汇和省旅游贸易公司有关人员涉嫌走私套汇问题，移送公安机关处理。审计综合报告被省政府《今日要讯》直转件采用，副省长汪毅夫做了批示。

同年，根据省政府专题会议纪要精神，为了摸清福建中旅集团公司本部及下属 12 家全资企业的家底，核实资产规模，省审计厅审计公司本部、闽江饭店、福建省中国旅行社 1998—1999 年度资产、负债、损益情况，其余委托福建省审计师事务所审计。审计发现的主要问题有：（1）违反贷款通则，擅自办理借贷或变相借贷，以委托购买上市国债等，违规将企业资金、银行信贷资金及其他资金借贷给信托投资公司、证券营业部及其他企业；（2）违反国家外汇管理条例，私自买卖外汇及抽逃外汇；（3）中旅实业公司股份制改造过程少缴国家股股利、转移利润、国有股股息用于发放职工福利；（4）有的企业潜亏金额较大；（5）对外投资管理不善。审计提出理顺中旅实业股份有限公司的法人治理结构，严格按照公司法和有关法规运作，增强投资风险意识，加强财务和外汇收支核算管理，严格遵守国家外汇管理等建议。

1999 年 7 月至 2000 年 4 月，省审计厅对省粮油（集团）进出口公司及其二级子公司共 19 个单位财务收支进行审计。审计查出违纪违规金额 19766 万元，决定处理处罚金额 12298 万元，要求纠正金额 7468 万元；公司账外资产 202 万元，有账无物资产 172 万元，虚增利润 5123 万元，虚减利润 4788 万元；下属福州仓山建新养鳗场、福州市明丰水产养殖有限公司、福建省桂丰鳗业有限公司共计亏损 4255 万元；向司法机关移送涉嫌挪用、贪污公款的经济案件一起。审计还发现省粮油（集团）进出口公司接受福建昌丰冷冻食品有限公司福州大昌盛饮料有限公司委托，通过中行福建省分行进行外汇期货交易业务，造成两家公司损失 1640 万元。2000 年 4 月 14 日，省审计厅向省粮油食品进出口（集团）公司下达协助执行审计决定通知书，要求该公司协助执行审计决定事项，跟踪落实并及时向省审计厅反馈审计决定执行情况。

1999—2000 年，根据省政府交办，省审计厅对福日集团公司、福建汽车集团公司1998—1999 年度资产、负债、损益和权益进行真实性审计，并重点检查内部控制的有效性、资产的存在性和安全性、负债和所有者权益的真实性，或有事项和关联交易事项的存在性、正确性。审计摸清了企业家底，并向省政府汇报企业存在的问题及审计建议。

2000 年 4 月，省审计厅对福建省劳动服务公司 1999 年度财务收支进行审计。审计发现的主要问题有：（1）1999 年度地市失业保险机构应缴公司失业调剂金 1228.60 万元，已缴失业调剂金 479.93 万元，欠缴 748.67 万元；（2）1999 年度全省失业保险参保人数 164.87万人，完成覆盖计划 336 万人的 49.7％，失业保险金收入 22219.62 万元，完成覆盖计划59000 万元的 37.7％。审计建议：（1）加强清收力度，保障失业调剂金足额征收和地市失业保险金调剂使用，维护社会稳定；（2）加快社会保障体系建设，及时、足额征收失业保险金，促进福建省失业保险事业的发展。

2000 年 4—10 月，根据省委省政府交办，省审计厅对中福集团公司境内公司进行审计的同时，对中福（澳门）公司和中福（香港）公司、中福香港合建公司、中福香港工程公司进行审计和审计调查。审计结果表明，主要从事高风险房地产业务的中福（澳门）公司受澳门地产市场疲软等因素影响，资产变现难，资金被大量占压，利息负担重，至 1999 年底亏损 26737 万元；中福香港合建公司和中福香港工程公司由于严重亏损，财务状况恶化，于 1998 年 11 月 16 日向香港政府破产管理署申请清盘。2000 年 3 月 1 日中福（香港）公司被香港政府责令清盘。

同年，省审计厅对福州人造板厂 1999 年度资产负债损益的真实、合法与效益情况进行审计。审计发现企业存在成本不实、资产不实、收入不实导致虚增、虚减利润以及少缴固定资产投资方向调节税等问题，提出加强固定资产管理、加大欠款催收力度、提高资金使用效益等建议。为了解药品价格定价情况，省审计厅开展医药行业审计，对省医药公司、泉州医药站、沙县医药公司、福州抗生素厂、厦门建发制药有限公司、省协和医院等生产、流通企业和医疗单位进行审计。审计发现的主要问题有：（1）有的企业违反国家关于药品价格顺加作价的有关规定，采取倒扣作价的方式制定药品价格，形成高定价、高利润、高折让的恶性循环；（2）让利销售、折让、折扣违反国家规定低于 5％的批量折让率，省医药公司销售给福建医科大学第一附属医院、省立医院折让率为 15％，售给马江医院的折让率高达 17％；沙县医药公司 1999 年度零售药品平均进销差率为 35％。省审计厅向省政府做了专题报告。

2000 年 8 月至 2001 年 3 月，根据省政府交办，省审计厅对中国武夷实业股份有限公司及其境内外 25 家所属企业资产、负债、损益情况进行审计。审计结果表明，截至 1999年底，公司合并报表资产总额 29.79 亿元，负债总额 18.3 亿元，少数股东权益 0.77 亿元；股东权益 10.72 亿元。审计查出违规行为金额 70368 万元，决定处理处罚金额 1026万元，指明纠正金额 69342 万元。审计发现的主要问题有：（1）资本运作不规范，资产重组与置换的主体缺乏法律依据。（2）未严格按照证监会相关规定，如实准确披露信息。（3）境外企业的资产和股权转让、收购未按公允价值交易。（4）投资项目规模大、战线长、管理不到位。（5）房地产项目征地手续不完备，存在一定经营风险和政策风险。（6）会计核算不实，影响企业盈亏真实性。（7）执行国家外汇政策方面行为不规范。审计建议：（1）进一步加强对所属企业和投资项目的管理，理顺公司与下属公司的投资关系，抓紧清理历史遗留问题；（2）规范资本运作，完善项目建设手续；（3）加强企业财务管理，指导监督会计核算工作；（4）对外提供担保和重大诉讼未决事项应及时、准确予以公告；（5）发挥上市公司优势，通过资产重组，优化资源配置，提高科技含量，为企业持续、健康发展奠定基础。

2001年3—7月，根据省政府交办，省审计厅分三个阶段对华闽集团有限公司从成立以来到2000年末的资产负债损益情况进行审计。此次审计是审计部门在华闽集团有限公司清产核资的基础上，参考罗宾咸永道会计师事务所的核数结果，对华闽集团有限公司亏损项目逐笔逐项进行追溯，对重大亏损和重大投资项目进行专题审计或审计调查；对华闽集团有限公司总部及其境内外、海外的全资和控股企业共计90多个单位进行审计。审计结果表明，截至2000年底，华闽集团有限公司出现大额亏损，资不抵债。审计发现的主要问题有：（1）投资项目点多面广、战线长，重投轻管。华闽集团投资领域涉及工业、农业、服务业；投资地域遍及亚欧美澳；许多投资项目既缺乏可行性研究，又没有经过集体研究；在境外海外设立的大部分企业，未按规定程序报经省外经贸厅批准，没有派出财务人员对资金进行监控。（2）超规模、超额度对外提供担保。1997年末，华闽集团有限公司已资不抵债，在对反担保和抵押措施不落实的情况下，对外担保总额仍高达10多亿元；华闽集团有限公司总部因1998年以前为非控股和非关联的16家企业提供担保而要承担连带责任将造成损失2亿多港元。（3）违规炒作股票。华闽集团有限公司违反省政府有关规定，利用银行借款在境外介入股票买卖损失2亿多元。（4）盲目投资地产、物业。华闽集团有限公司违反省政府关于境外企业未经批准不得涉足房地产领域的规定，下属14家非专业公司从事过房地产业务，其中协议投资、股权不明的房地产开发项目13项，资金被合作方挪用，造成损失。（5）风险意识差，随意对外放款。华闽集团有限公司放款前对借款企业基本情况缺乏详细调查了解，对担保抵押情况未进行核实；放款后对企业经营、信贷资金运用未进行跟踪检查；在放款对象多次违约，放款未能收回的情况下，继续予以展期或追加放款，对外放款造成的损失近4亿港元。（6）代开证业务失控。华闽集团有限公司在贸易代理业务日趋萎缩的情况下，利用融资优势举债经营，以代开、套开信用证方式进行所谓的贸易业务。对代开证业务的高风险估计不足，没有执行法定的抵押担保程序，造成华闽集团有限公司贸易代开证损失2亿港元。（7）违法违规经营。华闽集团有限公司下属公司逃汇套汇、偷税漏税、走私、账外经营、私设"小金库"、用代开证进行套证、套现等。审计建议：（1）加强对债务重组过程中资产变现工作的领导和管理，防止国有资产流失；（2）清理境内外投资企业和项目，区分不同情况，明晰产权关系，明确管理机构，做好监管工作；（3）明确责任，加大企业债务催收力度，涉及纠纷未决的项目，应积极主动做好协调工作；（4）加快重组步伐，实现所有权与经营权分离，建立现代企业制度和法人治理结构；（5）重新制订发展战略和经营目标，建立风险防范机制，探索并实行新型的分配制度和激励机制；（6）建立和完善各项管理制度和内部审计制度，健全集团领导决策的监督约束机制，完善下属公司业务活动的风险监控制度，促进企业健康发展。审计部门完成了 46 份审计分报告、36 份审计专项材料、9 份专题审计报告、2 份专题审计调查报告和 1 份责任分析报告，并将 2 件涉嫌贪污受贿案件线索移送纪检监察部门查处。

2002 年 1 月，根据省政府交办，省审计厅对福建省东湖宾馆 2001 年末资产负债损益进行审计。东湖宾馆 1984 年与香港武夷装修工程公司合作组建福建省东湖宾馆有限公司，合营期限 16 年。2000 年因港资撤出，经省外经贸委批准提前终止合同并进行清算。审计结果反映东湖宾馆累计亏损 3769 万元，违规对外担保 1268 万元，虚增所有者权益 1054 万元以及经营不善造成国有资产流失 229 万元等问题。省审计厅向省政府做了专题报告。

同年，省审计厅对国有资产授权管理的福建天成集团有限公司 2001 年度财务收支情况进行审计。审计结果表明，截至 2001 年底，公司合并报表资产总额 10.55 亿元，负债总额 5.21 亿元，所有者权益 3.61 亿元。审计发现的主要问题有：（1）投资收益和土地收益收入未转入利润，2001 年度利润虚减 222 万元；（2）未经批准将外商让利收入与转让出口配额许可证收入形成的账外资产 3107 万元转作资本公积；（3）集团所属企业服装进出口有限公司改制时剥离的不良资产，未经批准冲销其盈余公积 460 万元；（4）全资子公司纺织品进出口公司拥有的三处房产为账外资产，其中办公楼尚无产权证；（5）部分下属公司不良资产金额较大，存在潜亏风险；（6）受出口退税政策影响，福建天成集团有限公司应收未收的出口退税款共计 12884 万元，造成企业资金周转困难。审计建议：（1）福建天成集团有限公司应报请省政府和有关部门批准进一步深化下属控股企业的股份制改造工作，对已改制的企业可考虑减持国有股份，未改制的企业可加大职工持股比例，调动干部、职工，特别是业务骨干人员的积极性，为完善、推广外贸企业改制探索新路子；（2）积极争取省政府和有关部门的扶持，尽快处理解决境外遗留资产的处置问题，保障国有资产安全完整；认真研究两家已改制企业的股利分配办法，制订较为长期、符合需要而又不影响企业长期发展的股利分配方案，保证职工的长远利益和企业的持续发展；（3）向主管部门和有关银行专题汇报纺织品公司与省化工进出口公司之间 3300 万元互保造成制约纺织品公司的改制和发展问题，寻求扶持，使企业走出困境。

2004 年，省审计厅抽调 13 人组成审计组，配合省纪委对三明一家企业及其所属公司进行审计，为专案组提供审计发现的 10 个方面问题。

表 7-1　　　　1996—2005 年福建省审计厅地方属企业审计情况统计表

单位：个，万元

年度	审计单位数	查出违规行为金额	应上缴财政金额
1996	50	8513	867
1997	58	13917	240
1998	48	167136	256
1999	53	63268	801
2000	47	37677	623
2001	45	1026	
2002	21	4230	196.62
2003	14	15191	
2004	11	439	
2005	12	1932	10
合计	359	313329	2993.62

注：表内含国际贷援款项目审计、部分专项审计数。

第二节　中央属单位审计

　　1996 年，省审计厅审计中央属单位 21 个，查出违规金额 2048 万元，应上缴财政金额 230 万元，应归还原渠道资金 950 万元，已上缴财政金额 177 万元。根据审计署授权，省审计厅对中国农业发展银行信托投资公司下属的福建农业综合开发投资公司、厦门对外贸易公司、厦门信福实业有限公司、泉州群信发展投资公司、福建房地产开发公司、石狮建设发展公司进行审计。审计查明 6 家企业存在亏损严重，决策不当，自控能力差，合资可行性研究不够，会计核算不真实，股票投资潜亏严重，长期投资收益低等问题。审计依法进行处理，并向审计署提交审计综合报告。

　　同年，省审计厅对电力系统厦门、漳州、龙岩、泉州、三明 5 家电业局和安砂水电发电厂、邵武火力发电厂进行审计，并延伸审计下属 23 家多种经营企业。审计发现电力系统未严格执行电价政策，挪用供配电贴费，全民所有制企业资产划归多种经营企业，造成国有资产流失等问题。审计依法进行处理，提出理顺中央、地方关系，规范电价秩序，理顺多种经营与主业关系等建议，并向审计署提交审计综合报告。省审计厅还对福建省商检局、厦门商检局、厦门卫检局、厦门中国贸易发展进出口公司、中国有色金属工业厦门南华公司财务收支进行审计，对违反财经纪律和会计制度问题依法进行处理。

1997 年，根据审计署工作部署，省审计厅对 7 家烟草企业进行审计。审计查出损益不实 446.78 万元，应上缴财政 37.62 万元，欠缴税金 26266.77 万元。审计发现的主要问题有：（1）烟草企业在核算体制上"以工补商"或"以商补工"等不规范做法，省际卷烟生产计划调整，造成福建省烟草行业税费大量流失，烟草企业税费拖欠较严重，影响财政收入；（2）烟叶生产超计划种植严重，未能有效控制；（3）烟草企业对外投资效益低，可行性研究不够等。审计提出完善内控制度、提高经济效益的意见和建议，并向审计署提交审计综合报告。

1998 年 4—5 月，根据审计署办公厅通知，省审计厅对福建炼油化工有限公司进行审计。该公司是中国石油化工总公司与福建省政府合资建设的现代化燃料型炼油企业，双方各占 50％股权。审计发现的主要问题有：（1）内部控制制度薄弱，会计报表未能真实、全面反映企业的经营状况，虚增资产，负债、利润不实，亏损严重，潜亏金额大；（2）违规买卖原油，违规为私营企业担保贷款，造成国有资产重大流失；（3）对外投资管理失控，大量长期投资无收益；（4）业务处私设"小金库"。公司新的领导班子重视审计意见和建议并进行整改。省审计厅向省政府做了专题报告。9 月，根据审计署授权，省审计厅对福建省烟草公司所属的龙岩烟草分公司、三明烟草分公司、宁化县烟草公司、上杭县烟草公司、新罗区烟草公司、清流县烟草公司、明溪县烟草公司 1997 年度资产负债损益情况进行审计。审计综合信息《今年福建省烤烟销售形势严峻》被省政府《今日要讯》和国务院办公厅秘书局采用。同年，根据审计署授权，省审计厅对泉州邮电局、南平邮电局进行审计，涉及其管辖的电信、寻呼、邮政、报刊发行、集邮、邮政储蓄等业务。审计部门审计两家邮电企业在邮政电信体制改革前的资产负债损益情况，查出损益不实、漏缴税金、基建结算不及时、邮品库房建设滞后等问题，并向审计署提交了审计综合报告。

2002 年，根据省政府领导指示和审计署授权，省审计厅组织设区市审计局对 9 个设区市电业局，福清市、石狮市供电公司、福建水口发电公司、嵩屿电厂、厦门电厂、安砂水电厂、永安火电厂、池潭水电厂、华安水电厂、船场溪水电厂、闽东水电开发有限公司、古田溪水电厂、沙溪口水电厂、南平闽兴水电有限公司、闽能邵武发电有限公司、龙岩万安溪水电有限公司、漳平发电有限公司、漳平电厂等发电企业，以及省电力有限公司、省电力发展有限公司、省电力物资有限公司、省电力实验研究院，共计 31 个电力企事业单位进行审计，查出违规金额 72009 万元、应上缴财政 12677 万元、移送税务部门处理 42347 万元、罚款没收 159 万元、责令自行纠正 16826 万元。审计发现的主要问题有：（1）外购电厂试产期折扣电按全额计价，提取暂未开展的医疗工伤保险统筹资金，主业利润向职工集资的多经企业转移，"管电吃电"造成损益不实；（2）职工集资的多经企业利用国企"余水余热"发电上网、直接供电，赚取利润；（3）将国企退役或报废机组出租、出售给职工集资的多经企业继续发电上网。审计依法进行了处理，并向审计署报送审计综合报告，审计署副审计长项俊波在报告上做了批示。

2003 年，省审计厅对福建储运公司 2002 年度财务收支进行审计。审计发现的主要问题有：（1）2002 年度公司财务报表未按财政部《企业合并会计报表暂行规定》进行编制，也未经有资质的会计师事务所进行审计查证；截至 2002 年底，公司实收资本 549 万元，与注册资本 3110 万元不符；（2）1999 年公司向省外经贸厅借入对台贸易周转金 100 万元，转借给下属全资子公司福建省外贸保税品联营公司使用，至 2003 年审计时，该款仍未归还，本息等合计 165.35 万元；（3）公司往来账款多年未清理，财务信息失真；（4）公司下属企业往来账款清理不及时，代开信用证资金被骗；（5）公司与下属企业投资关系不明晰，债权债务未清理。审计提出了建议，要求其整改。

省审计厅从全省审计系统抽调 27 人，开展审计署组织的电力行业财务收支和原领导人员经济责任审计，对福建省电力有限公司、福州电业局、泉州电业局、厦门电业局、三明电业局、龙岩电业局、福建水口发电有限公司、福建省第二电力建设公司、福建亿力电力投资有限公司、福建闽能邵武发电有限公司、福建沙溪口水力发电厂进行审计。除 2002 年审计查出问题由福建省电力有限公司及时进行纠正和整改外，本次审计过程中还发现损益不实、不良资产和潜亏等会计信息失真，投资及重大股权变动程序不合规、资产处置不当造成国有资产流失、燃料物资采购权转移给多经企业、输电设备交给职工集资兴办的企业维护等重大决策不当，民营多经企业与主业之间关联交易转移利润等问题。审计提出了正确处理国家、集体和个人利益分配关系，整顿行业内部不规范行为，改革供电和发电利益分配，电价减免优惠政策应公开透明并易于操作等建议。省审计厅向审计署报送财务收支审计报告及重大经济决策、国有资产流失、会计信息质量、不良资产及潜亏、职工个人收入审计调查等专题报告。

省审计厅对福建茶叶公司 2002 年度财务收支进行审计。审计发现的主要问题有：（1）虚增虚减当年利润，造成盈亏不实；（2）逾期多年未还借入周转金，往来款挂账多年未清理；（3）下属工厂购置摩托车、空调未入账；（4）为福建省轻工进出口公司贷款 5000 万元提供担保，将负连带责任，影响公司正常运营。审计要求公司进行清理、整改。省审计厅还对厦门卷烟厂、龙岩卷烟厂财务收支进行审计，对违反财经纪律和会计制度的行为做出了处理。

第八章　国际贷援款项目审计

第一节　国际金融组织贷款项目审计

一、农林水系统利用外资项目审计

（一）世行贷款国家造林项目

1991 年该项目开始实施，协定利用世行贷款 3068 万元，项目执行期 7 年。福建省审计机关 1995—1998 年连续 4 年审计结果表明，1995 年全省 29 个项目单位已完成造林总面积 12.30 万公顷，是信贷协议 8.60 万公顷造林规模的 143％。1996 年、1997 年为幼林抚育期。在世行贷款国家造林项目实施过程中，建立了试验林和示范林科研推广体系，促进了项目林分生产量的达标，保证了世行造林一期项目的成功实施。建立健全组织管理机构，完善监测系统，实现项目实施各道工序质量的全过程控制，福建省造林质量连年位居全国前列。至 1997 年底，项目累计提取信贷资金 3048 万美元，完成协议贷款 3068 万美元的 99.4％，累计到位配套资金 12961 万元，占协议国内配套资金总额 8818 万元的 147％。审计认为，该项目严格执行了信贷协议。

（二）世行贷款森林资源发展和保护项目

1995 年该项目开始实施，贷款截止时间为 2001 年。项目总投资 14312 万元，其中利用世行贷款额度 569.30 万个特别提款权，国内配套资金 3151 万元。项目在全省 13 个国有林场和山区县实施。省审计厅和有关 6 个地市审计局及其相关县审计局对该项目连续 5 年进行审计。1996 年，省审计厅将审计发现的项目单位贷款协议签订不及时，无法按时利用外资，影响项目实施进度问题，以信息简报向省政府反映，被省政府《今日要讯》和《要事专报》刊载。1997 年，审计发现该项目存在转贷工作滞后、信贷资金下拨不及时、部分资金被挪用及配套资金未足额到位的问题，随即向省政府做了专题汇报，汇报文件《我省世行贷款森林资源发展和保护项目存在问题》被省政府《今日要讯》刊载，副省长王建双、潘心城分别做了批示，指出世行贷款资金来之不易，转贷工作滞后问题要引起重视，并要求省财政厅、省林业厅认真研究审计提出的建议，采取措施，加强督促检查和管理，提高资金使用效益。1998 年审计发现的问题被《福建经济报》刊载。2000 年审计结果表明，全省已累计完成投资 11678 万元，完成计划 81.6％，累计向世行提取贷款 688 万美元，占协议金额的 69.7％。2002 年审计结果表明，截至 2001 年底，项目累计完成投资 11837 万元，造林 3.58 万顷，完成计划的 102％，累计使用世行贷款 556 万个特别提款权，完成协议信贷额度 98％，配套资金累计到位 5470 万元，到位率为 174％。

（三）世行贷款中国二期红壤开发项目

1994 年 6 月该项目开始实施，福建省是全国 5 个项目区之一，项目建设期 6 年，贷款期限 17 年（含 6 年宽限期）。福建省贷款额度 3000 万美元，项目总投资 52116 万元，用于南平、三明、龙岩、漳州 4 个市 18 个县市 80 条小流域综合开发治理和 7 个农产品加工厂的新建或技术改造工程。1997—2000 年省审计厅对该项目审计的结果为，至 1999 年底累计完成投资 38753 万元，其中利用世行贷款 1910 万美元，国内配套资金累计到位 28743 万元。审计发现的主要问题有：（1）虚报工作量、多提取信贷资金，影响利用外资信誉。项目实施的前 3 年，部分项目单位采用虚报工作量、自行提高报账单价等手法，累计多向世行提取信贷款 126.058 万个特别提款权，折 216 万美元，引起世行的关注，给福建省向外借款信誉带来不良影响。（2）国内配套资金到位不及时、不足额，增加农民负担。二期红壤开发项目规定国内配套资金由财政拨款、农业银行贷款、农户自筹 3 部分按 30％、40％、30％的比例配套。实际执行中 1996 年度农业银行贷款资金仅占 6％，农民自筹部分达 60％以上。1997 年度财政拨款占 16.6％，农行贷款仅占 7.8％，农户自筹达 53.5％，不符合世界银行贷款"减轻农民负担，增加农户收入"的精神。（3）违规挪用、变卖项目物资，影响项目实施进度。1999 年，审计发现省项目办通过农业综合开发公司变卖项目水泥 36440 吨，串换成人民币 1347.62 万元挪作他用，违反信贷协议，造成不良影响。（4）截留、出借、挪用信贷资金及财政部门在转贷款中提高利率和缩短期限。2000 年 2 月省审计厅向省政府报送《关于落实世亚行贷款农业项目整改措施的专题报告》，提出了审计意见和建议：（1）责令地市政府查明挪用、滞留项目资金的原因，限期将资金归还原渠道，杜绝项目资金用于项目外。将虚报冒领世亚行贷款资金划转财政专户，由项目单位凭合格单据提取。（2）对未经省级以上财政部门和世行亚行批准而擅自截留、变卖和挪用项目设备和物资的，责令立即停止违规行为，限期将截留、变卖和挪用的设备、物资和资金用于原规定用途。（3）对配套资金不落实、不到位的，责成有关部门单位制订详细的资金到位计划，限期逐步到位。省直主管部门要监督执行，必要时也可以强制执行。省政府办公厅将审计报告全文批转给南平、三明、龙岩、漳州市政府和省农办、省财政厅、省农业厅、省水产厅、省林业厅等有关部门，要求抓紧落实整改措施。省财政厅和省农业厅重视审计结果，联合发出紧急通知，要求认真纠正福建省世行贷款二期红壤项目重复报账问题；根据项目主管部门提供的资料，各级政府和项目执行单位均采取相应措施进行整改和纠正，并取得实效。省财政厅决定取消增加的红壤二期项目转贷利率，同时还将前几年收取的利差返还给项目单位。

2001—2002 年省审计厅与项目市、县审计机关继续对该项目执行情况进行审计。审计结果表明，截至 2001 年底，累计完成投资 48093 万元，其中利用世行贷款 2419 万美元，其余为国内配套资金。项目单位对 2000 年前的审计报告披露的项目实施前期部分单位虚报工作量、提高报账单价向世行多提款问题，在项目实施后期进行了纠正和整改。审计发现的主要问题有：（1）部分市县财政部门滞留项目单位世行贷款提款报账回补资金，不及时拨付；（2）配套资金到位不足或到位不及时；（3）项目物资采购周期过长，延误生产造成损失；（4）动用红壤二期项目信贷资金，归还红壤一期世行贷款和交纳红壤二期世行贷款利息及承诺费；（5）项目实施经济效益不理想，缺乏还贷能力等。省审计厅向省政府报送《世亚行贷款红壤二期项目存在问题应引起重视》的信息，被省政府办公厅《今日要讯》采用，省政府领导做了批示。

（四）亚行贷款水土保持与乡村发展项目

1996 年 3 月该项目开始实施，执行期 6 年。项目概算总投资 136000 万元，其中亚行贷款 6500 万美元（含贷款利息本金化 1300 万美元），国内配套资金 81340 万元，用于福建省 6 个设区市、30 个沿海县市区实施农业综合开发。福建省审计机关从 1997 年开始对项目逐年进行审计。审计发现的主要问题有：（1）变卖、串换项目物资。省亚行贷款水土保持与乡村发展项目办公室 1997 年度将 6 年执行期的全部化肥 32500 吨一次性通过国际招标采购，并直接在境外变卖，变现费用及损失 32.92 万美元。审计如实披露，审计署把它作为典型案例编入《外资审计案例》一书，以示警诫。（2）截留挪用挤占项目资金。1999 年漳州市财政局截留项目资金 266 万元；福安市财政局挪用 280 万元；宁德市财政局滞留 209 万元。审计督促将截留挪用的资金拨还项目单位。

2001—2002 年省审计厅与项目市县审计局继续对该项目执行情况进行审计，2002 年为公证审计的最后一年。审计结果表明，截至 2001 年底，项目累计完成投资 132000 万元，其中利用世行贷款（本金）4966 万美元，国内配套资金累计到位 82049 万元。2000 年以前审计发现的项目管理部门截留、挪用、挤占资金和变卖、串换项目物资，在审计机关的监督下有所纠正。审计发现的主要问题有：（1）滞留、挪用、转移项目资金。连江县将水产养殖资金用于水泥路建设，宁德福鼎城东市场将亚行回补资金直接用于偿还贷款本息，漳州市有些县（区）截留转移信贷资金近百万元。（2）国内配套资金到位率低。2001 年为项目执行期的最后一年，福州市本级、永泰县和罗源县配套资金到位率分别仅为 48％、83％和86％。（3）项目财务管理和会计核算不够规范、不够健全，会计信息不准确。审计建议：（1）省项目办协同有关部门对建设期间的问题进行清理纠正，核实项目的债权债务。（2）省项目办应监督各地落实还贷计划，建立健全还贷准备金制度，及时归还到期的亚行债务。（3）对经济效益不理想，偿还贷款难度大，还贷无望的项目，应及时采取必要的行政和法律手段，确保按时偿还亚行贷款本息。省项目主管部门根据审计部门的建议采取措施，加强项目的后续管理工作。

（五）世行贷款中国（福建）沿海资源可持续开发项目

1999 年该项目开始实施，执行期 7 年。概算总投资 82295 万元，利用世行贷款 5135 万美元，项目涉及 6 个沿海地市及有关县区的 45 个项目执行单位。2000 年，省市县审计机关对该项目进行审计。审计结果表明，截至 1999 年底，该项目完成投资 13986 万元，完成计划 11％；累计提取贷款 615 万美元，占总贷款额的 9.6％。审计发现的主要问题有：（1）项目转贷协议签订不及时，影响项目提款速度。至 2000 年 5 月 31 日，签订转贷协议金额 4277.27 万美元，仅占贷款总额度的 66.5％。（2）有的财政部门滞留项目资金影响项目单位的资金使用。（3）项目单位财务管理薄弱、会计核算不规范、会计资料不真实的情况较为普遍。（4）没有制订切实可行的项目投资计划，项目工程进度与可行性报告相脱节。

2001—2005 年，省审计厅与项目市县审计局继续对该项目执行情况进行审计。审计结果表明，截至 2004 年底，该项目累计完成投资 70685 万元，其中利用世行贷款 4147 万美元。审计发现的主要问题有：（1）部分世行贷款转贷单位不落实，贷款资金长期滞留财政部门。至 2004 年底，福鼎市财政滞留水产加工项目贷款资金 800 万元；南安、晋江市财政滞留养殖项目世行贷款回补资金 68.58 万美元。（2）项目实施进度不平衡，影响世行贷款的利用。沿海资源项目的海洋环境动态实时立体监测系统，2004 年刚刚启动，仅完成投资 423.54 万元，占总投资的 6.9％。（3）一些县、乡镇政府截留挪用项目贷款资金，影响信贷资金的使用效益。莆田市秀屿区、城厢区部分乡镇挪用世行贷款 460 万元；漳州市云霄县将提取的世行贷款转贷给房地产开发企业，至 2004 年审计时尚有 360 万元未收回。（4）项目执行单位拖欠贷款利费，由财政部门垫付。至 2003 年底，莆田市财政垫付世行贷款利费 195.61 万元、漳州市财政垫付 363.74 万元、石狮市财政垫付 139.05 万元。（5）项目单位效益低，还贷困难，财政负担重。水产养殖项目受"12 号"热带风暴袭击，普遍受到损失，其中福清市融江水产养殖有限公司损失 746.61 万元；厦门海峡水产技术实业公司因涉及经济纠纷，投资损失金额达 1324.32 万元。（6）未按规定建立还贷准备金，还贷资金得不到保证。自 2006 年起，沿海资源项目已进入还贷期，除省财政厅建立还贷准备金专户外，市县级财政和项目单位基本未按规定建立还贷准备金。（7）项目管理不到位，会计核算不规范。审计分析了产生问题的原因，提出了整改建议，该建议得到被审计单位的采纳。审计的专题分析、信息专报被省政府办公厅《政讯专报》和《今日要讯》采用，省政府领导做了批示。

（六）世行贷款种子商业化项目

1996 年该项目在漳州市的 4 个山区县实施，执行期 7 年。项目利用世行贷款 210.19 万个特别提款权。根据审计署授权，漳州市审计局与项目县审计局在 1997—2003 年连续对该项目的实施情况进行审计，并出具审计报告，由省审计厅转报审计署。

二、能源交通基础设施利用外资项目审计

（一）世行贷款福建公路一期项目

1995 年该项目开始实施，建设执行期 6 年。概算总投资 362243 万元，协议利用世行贷

款12189万美元，项目包括泉州至厦门高速公路和7条公路路网项目和福泉高速公路路面工程及机电工程。省审计厅1996—2000年审计结果表明，至1999年底，泉厦高速公路累计完成投资285069万元，占总概算278557万元的102％，于1997年12月15日提前半年完工通车，实现福建省高速公路零的突破。福泉高速公路路面工程至1999年底累计完成投资53058万元，1999年9月25日通车试运营。审计发现的主要问题有：（1）财务报表数字不实，虚报项目工程量，多领世界银行信贷资金。省高速公路总指挥部为了达到加快向世行提取资金速度和多提款的目的，1997年度采用价格调整形式向世界银行多报工程量4066.43万元，多领当年世界银行信贷资金180.69万美元。（2）挤占挪用截留信贷资金。世行贷款公路路网项目截留信贷资金449万元。审计报告如实披露了问题，并提出处理意见和建议。

2001—2004年，省审计厅继续对该项目进行审计。审计结果表明，截至2003年12月底，累计完成投资383425万元，完成总概算的105％。其中：累计提取世行贷款12138万美元，占项目总投资的27％。对审计过程中发现的项目建设中虚报工程量，多提取世行贷款资金，各项目之间相互挤占挪用信贷资金，世行贷款特定财务报表勾稽关系不符，以及项目竣工决算不及时，尾工工程款未清算等问题，审计报告均予以披露，并提出了处理意见和建议。

（二）世行贷款福建公路二期项目

1999年该项目开始实施，建设执行期6年。概算总投资510000万元人民币，协议利用世行贷款20000万美元。该项目是漳诏高速公路建设项目（含龙海西溪大桥工程、漳华公路华安段和漳浦城关至石榴公路改建工程三个捆绑项目）。2001—2005年，省审计厅对该项目进行跟踪审计。审计结果表明，漳诏高速公路主干线竣工决算交付使用资产417000万元，其中使用世行贷款16000万美元。三个捆绑路网项目运用外资1000万美元，至2004年底提款62.78万美元，仅占信贷额度的6.3％，其中龙海西溪大桥提款54.98万美元，完成合同量的43.7％；漳浦城关至石榴公路改建工程提款7.8万美元，只完成合同量的15.3％；漳华公路华安段改建工程开工28个月，未提款。审计发现三个捆绑项目工程存在建设进度慢、财务管理较薄弱、会计核算不够规范等问题。审计提出漳诏高速公路有限公司应协同财政部门加强对捆绑项目工程建设及财务核算的管理与指导的建议。

（三）世行贷款水口水电站二期工程项目

1993年该项目开始实施，建设执行期5年。省审计厅1994—1999年审计结果表明，至1998年底项目累计完成投资790100万元，完成总概算92.8％，累计利用外资8562万美元，占协议金额85.6％，国内配套资金实际到位645820万元，到位率96.3％。建设资金能及时、足额到位。

（四）亚行贷款棉花滩水电站项目

1997年该项目开始实施，建设执行期5年。总投资491020万元（静态总投资370888万元），其中：协议利用亚行贷款17000万美元，配套资金370380万元，装机容量60万千瓦。省审计厅 1998—2000 年审计结果表明，至 1999 年底，项目已完成总投资 30.3%，其中使用亚行信贷资金 1152 万美元，仅占利用亚行贷款额度 17000 万美元的 6.8%，且资金沉淀量大，未能发挥贷款资金的使用效益。审计提出加快利用外资步伐，降低资金成本，提高资金使用效益的建议。

2001—2002 年，省审计厅继续对该项目进行审计。审计结果表明，至 2001 年底，该项目累计完成投资 274693.80 万元，完成总投资的 55.94%，其中使用亚行信贷资金 4660 万美元，占利用亚行贷款额度的 77.67%，国内配套资金到位 231471.70 万元，占计划配套的 62%。审计发现的主要问题有：（1）电站建设移民经费突破较大，项目概算移民经费静态投资 95870 万元，2000 年经国家经贸委批准移民经费静态投资调增至 117677.40 万元，提高了 22.75%，至 2001 年底累计支付移民经费 114900 万元，占项目总投资的 42%；（2）该项目 2002 年进入亚行贷款还本付息期，项目执行单位福建棉花滩水电开发有限公司至 2001 年底尚未设立还贷准备金账户；（3）福建棉花滩水电站送出工程包括棉曹线、棉漳线和棉旧线三部分，而福建省电力有限公司仅将利用外资的棉曹线作为福建棉花滩水电站的送出工程，缺乏完整性、准确性；（4）概算外发放龙岩库区办奖金等。审计建议：（1）福建棉花滩水电开发有限公司要加强对移民经费支出情况的关注和监督；做好基建决算的准备工作；将还贷工作摆上议事日程，并做出可行的、科学的安排；加强票据管理和监督，堵住不合理开支漏洞。（2）福建省电力有限公司应将棉漳线、棉旧线并入项目送出工程，完整反映送出工程投资情况和整个建设项目投资情况。

（五）亚行贷款福州供水与污水处理项目

该项目自 1999 年开工至 2003 年竣工，由福州第二水源供水工程和洋里污水处理工程两部分组成，项目总投资 150673 万元，利用亚行贷款 9050 万美元。2001—2004 年，省审计厅对该项目执行情况进行审计。福州第二水源供水工程项目总投资 69533 万元，利用亚行贷款 4700 万美元。审计结果表明，至 2004 年 6 月底，建设资金共到位 49905 万元，占总投资的 71%，其中亚行贷款 3086 万美元，占贷款额度的 65%。审计发现的主要问题有：（1）项目施工单位福州市敖江引水开发公司会计报表不能完整反映工程的实际建设情况。至 2004 年 6 月 30 日，项目设备已安装到位，水厂已投入生产，但仓库仍有 5000 万元的设备未办理验收手续，财务账也未作账务处理。（2）挪用建设资金 394 万元。福州洋里污水处理厂项目总投资 81140 万元，利用亚行贷款 4350 万美元，国内配套 45166 万元。审计结果表明，至 2004 年 6 月，建设资金共到位 79351 万元，占总投资的 97%，其中亚行贷款 4062 万美元，占计划的 93%，国内配套资金到位 54532.20 万元，超计划 20%。审计发现项目执行单位福州市洋里污水处理厂建设公司在建设过程中存在的主要问题有：（1）财务报表反映的信息不够准确；项目建设前松后紧，截至 2002 年底，亚行贷款提款比例仅为 39%，大部分的信贷资金集中在 2003 年提取，增加了贷款的费用开支；（2）建安工程多计量；（3）设备管理核算不规范；（4）职工差旅费借款长期挂账等。审计要求进行整改。

三、教育卫生系统利用外资项目审计

（一）世行贷款师范教育发展项目

该项目总投资 7783 万元，利用世行贷款 427.56 万个特别提款权，执行期为 1994—2000 年。项目覆盖福州、泉州、三明、南平、宁德、龙岩市的 6 所中等师范专科学校，以及漳州师范学院、集美大学师范学院。1996—2000 年，省审计厅组织 8 个地市审计局对项目进行审计。审计结果表明，项目实施后，院校全日制本专科在校生总数、实验室开出率、图书馆总建筑面积等 10 项指标比项目启动前均有所提高。审计发现的主要问题有：（1）省教委未按贷款协定建立独立的项目管理机构，未单独设账核算，财务报表不能真实反映项目执行情况；（2）利用世行贷款提款速度慢；（3）1996 年第一次招标购进的教学仪器设备质次价高、以旧充新、以次充好；（4）国内配套的维修、维护基金到位不及时。

2001 年，省审计厅继续组织 8 个项目市审计局对该项目进行审计，截至 2000 年底，该项目完成投资 11250 万元，完成计划的 144.5%（受汇率变化和国内配套资金增加影响），累计提取世行贷款 419.25 个特别提款权，占信贷额度的 98%，国内配套资金到位 6722 万元。审计发现的主要问题有：（1）招标购进的部分教学仪器设备存在质次价高、性能差、到货不及时；（2）国内配套的维修、维护基金到位不及时，增加项目单位的费用负担；（3）个别项目单位将项目资金借给项目外使用；（4）有些项目单位时至项目实施的最后一年，仍未按规定建立完整的世行贷款专项财务账。审计报告指出了存在的问题，并要求项目单位认真整改，做好项目的后续管理工作。

（二）世行贷款农村卫生人力开发项目

该项目总投资 17832 万元，其中世行贷款 1322 万个特别提款权，配套资金 8043 万元。项目在莆田、三明、龙岩、南平和宁德 5 个地市 38 个县市以及省卫生干部培训中心实施，1994 年启动，2000 年底结束。省审计厅组织 5 地市及有关县审计局对项目执行情况进行审计。1998—2000 年，审计建议：（1）进一步充实国内配套资金，加快世行贷款利用速度；（2）健全项目设备分配、调拨、管理、使用制度，加强项目物资管理；（3）按照项目有关规定使用资金和设备，对被挪用的资金和设备，应采取措施如数收回；（4）对项目各级主管部门截留挪用信贷资金，要求限期纠正。省卫生厅项目办依据审计建议责成项目执行单位进行整改；省卫生厅和省财政厅根据审计意见，及时召开专题会议进行落实整改。

2001—2002 年，省审计厅与项目市县审计局继续对该项目执行情况进行审计。审计结果表明，截至 2001 年底，项目累计完成投资 23940 万元，完成计划投资的 134.25%，累计使用世行贷款 1325 万个特别提款权，为核定贷款额的 100.23%，配套资金实际到位 8231 万元，到位率为 102%。审计发现的主要问题有：（1）截至 2001 年底，项目省、市级国内配套资金已全部到位，县级配套资金到位率低，有些县仅到位 20%～40%，个别县甚至分文未到，影响项目实施；（2）部分项目县挤占、挪用、滞留世行贷款回补资金，有的用于

偿还贷款本息，有的挪作项目办经费，个别县资金滞留在财政，未下拨到项目单位；（3）部分转贷设备质量差，未及时下拨、管理不善；（4）项目单位挂账金额大、报账手续不完备等。通过审计，项目县和项目单位按照审计意见和建议整改，并加强了项目的后期管理工作。

2000 年 11 月，省审计厅向省政府报送《关于我省 1999 年度国外贷援款项目审计情况的综合报告》，反映了福建省运用外资项目存在的问题，并提出审计建议：（1）滞留挪用世行亚行信贷资金是严重违反信贷协议的行为，既增加外债风险及影响项目进度、效益，也事关中国政府的国际形象和信誉，建议财政部门对全省贷援款项目信贷资金回补、使用情况进行一次全面检查，对滞留挪用项目资金的应采取财政预算强制扣款等有力措施予以纠正；（2）切实做好项目可行性研究，选准选好项目和测算好信贷资金量，杜绝为争取外资仓促上马现象，充分发挥外资作用，使利用外资项目真正做到"借得来，用得好，还得起"；（3）对配套资金不落实、不能按时到位的，建议责成有关设区市和部门制订详细资金到位计划，分期逐步到位；（4）项目单位应健全完善内控制度，强化项目管理，规范财务核算，管好用好信贷资金；（5）抓紧项目实施，落实项目工程进度，加速报账提款，确保项目按计划建成；（6）对世行亚行贷款的农业项目，转贷条件层层加码，损害农民利益的，政府应督促本级财政和下级财政切实加以改正，保证农民在实施世亚行贷款项目中切实受益。省政府办公厅将报告批转省财政厅和省农业厅，要求研究并提出改进办法。

（三）世行贷款第四期农村供水与环境卫生发展项目

该项目 1999 年启动，项目执行期至 2005 年底，在长汀、连城、平和、平潭县实施。项目总投资 16600 万元，其中利用世行贷款 1000 万美元，国内配套资金 8300 万元。2001—2005 年，省审计厅和项目市县审计局对该项目进行审计。审计结果表明，截至 2004 年底，累计完成投资 9394 万元，占计划的 57%，累计使用世行贷款 393.44 万个特别提款权和 3.49 万美元，占协定贷款额的 65%，配套资金实际到位 4917 万元，到位率为 59%。审计发现的主要问题有：（1）项目进展速度慢，世行贷款资金未及时运用。（2）配套资金到位不足、不及时，影响项目实施进度。省级配套资金占总配套资金的 11%，已全部拨付到位，市、县级配套资金到位率分别为 84.34% 和 78.75%，受益群众应配套 4150 万元占总配套的 49%，仅到位 1266 万元占应到位的 30.51%。（3）物资采购周期长，延误工期。（4）经济效益不理想，还贷困难。连城县项目实施建成的 13 座水厂，设计受益总人数为 92364 人，至 2005 年 3 月实际入户总人数为 46593 人，仅占 50%，达不到设计要求。水厂经营管理体制不明确，后续管理跟不上，经济效益较差。（5）部分项目单位财务管理不到位、会计核算不规范。有些项目执行单位没有建账核算，个别甚至存在"包包账"现象。审计报告指出了存在的问题，并要求项目单位整改。

（四）世行贷款第九个卫生发展项目艾滋病/性病预防与控制子项目

该项目 2000 年启动，贷款截止时间为 2008 年 6 月 30 日。项目在省级和泉州、漳州、龙岩、宁德市及其市的两个县实施，共计 13 个项目单位。项目总投资 7552 万元，其中利用世行贷款 540 万美元，国内配套资金 2902 万元。审计结果表明，截至 2004 年底，项目总支出为 4793 万元，其中累计使用世行贷款 238 万个特别提款权和 38.34 万美元，配套资金累计到位 2304 万元。2001—2005 年，省审计厅和项目市县审计局对该项目进行审计。审计发现的主要问题有：（1）项目进度慢。至 2004 年底，项目累计完成投资仅占计划的 64%，世行贷款利用率仅为信贷额度的 69%。（2）配套资金缺口大。由于国内配套资金不能及时足额到位，致使项目单位或举债开展活动，或利用世行回补资金垫付单位正常开支；宁德市 2000 年项目启动时，财政预算没有安排专项配套，转贷协议规定由债务人负责组织筹集额外配套资金，而部分县则将所有债务转嫁给项目单位，截至 2004 年底，全市用多种方式筹集到位配套资金 202.97 万元，占项目总计划的 42.21%。（3）世行贷款资金回补及债务分割慢，对信贷资金使用效益影响大。该项目省级部分世行贷款从申请提款到回补到位，间隔时间在 1—2 个月；市县级时间更长，有的甚至长达半年或 1 年以上才回补到位。审计报告如实披露了世行贷款存在的问题。省审计厅向省政府报送专题报告，提出省财政厅要督促各级财政及时提款报账、及时将信贷资金回补到位，并监督检查各级政府配套资金计划安排和落实情况，为项目建设提供可靠的资金保障；省项目办应加大对项目单位物资管理、财务管理和会计核算监督与指导力度，提高基层项目单位的理财水平；项目主管部门应商同有关政府部门，就如何发挥项目效益问题进行专题研究和论证，确定管理体制，充分发挥项目的经济效益和社会效益；各级项目单位要重视后续管理工作，采取措施提高经济效益，确保还贷工作顺利进行等审计建议。省长黄小晶，副省长刘德章、陈芸分别在报告上批示，要求省财政厅牵头，商同省卫生厅认真分析国外贷援款项目存在的问题，采取有力措施组织实施，充分发挥国外贷援款的作用。省财政厅和省卫生厅加大监管和指导检查力度，敦促项目单位整改。

（五）世行贷款第十个结核病防治与控制项目

该项目是全国 16 个省项目之一，2002 年 3 月实施，涉及省级及 9 个设区市和 86 个县市区，实施期 7 年，项目总投资 8905.86 万元，其中世行贷款 637.96 万美元，配套资金 3610.79 万元（省级承担 85%）。2004 年，福建省审计机关对该项目进行审计。审计发现的主要问题有：（1）项目起步慢，各地进度不平衡；（2）项目物资管理内控制度不健全，物资采购和管理方面问题尤为突出。2005 年 1 月，省长黄小晶在省审计厅报送的《我省结核病控制项目执行中存在的几个问题》上批示，要求项目申报部门抓紧工作。他指出今后申报此类贷款务须慎重，不要轻易立项，一旦立项就要抓紧，并要求省财政厅、省卫生厅针对此类问题布置核查。省财政厅与省卫生厅共同制定并下发了《福建省结核病项目物资管理暂行办法》。省卫生厅举办项目管理培训班，督促各地对项目物资全面清盘和规范管理。

2005 年，福建省审计机关继续对该项目进行审计。审计结果表明，截至 2004 年底，项目累计完成投资 2714 万元，完成计划的 30.48%，累计使用世行贷款 175 万美元，占总贷款额的 27.43％，配套资金到位 1900 万元，到位率 52％。审计发现的主要问题有：（1）部分项目单位未建立物资管理内控制度，未设立库存物资明细账、固定资产和设备账，药品、设备领用手续不健全，固定资产状况不清，账实不符；（2）有些项目县没有独立设账核算，项目资金核算不准确；（3）项目支出审批手续不健全，开支范围随意扩大，增加项目成本；（4）个别项目单位公款私存。审计提出省卫生厅项目办要狠抓项目物资管理，督促项目单位落实药品、设备等物资管理工作，强化项目财务管理和会计核算工作，加强业务培训，提高人员素质，管好、用好信贷资金和物资的建议。省卫生厅采纳审计建议，加大整改力度。

第二节　国际援款项目审计

国际援款莆田 SOS 儿童村项目，从 1999 年开始实施，任务是收养东南沿海地区（福建、广东、浙江、江苏）丧失父母，又无亲友抚养的健全孤儿。经费每年由中国儿童村协会拨款。根据审计署授权，2001—2005 年福建省审计厅对该项目审计结果表明，截至 2004 年底，项目累计拨款 2396.10 万元，累计支出 2495.66 万元（超支 99.56 万元为国内捐款）。

第九章　专项审计与审计调查

1996—2005 年，全省审计机关以加强资金使用管理为核心，提高资金使用效益为目标，围绕行业性领域、重点项目资金以及政府关心、群众关注的问题，开展专项审计和审计调查，并从体制、机制上提出完善管理的建议，为政府宏观决策服务。

第一节　专项审计

一、土地出让金审计

1996 年 4 月，根据审计署部署和福建省年度审计工作计划安排，省审计厅抽调地市审计局骨干力量，对福州、莆田、泉州、漳州 4 个地级市和长乐、福清、晋江、石狮、龙海 5 个县级市 1994—1995 年度国有土地使用权出让金进行审计。审计对象有：土地局、财政局、城市开发公司以及有关的开发区。9 个城市 1994—1995 年共出让土地 23649.61 亩，应征出让金 142152.75 万元，已征 111999.80 万元，应征未征 60857.71 万元。审计发现财政部门截留挪用或未坚持专款专用的出让金 47640.31 万元；土地部门截留挪用出让金、多提业务费等 19232.63 万元；地市政府土地管理机制不一，征收土地出让金管理形式不尽相同，基准地价执行不力，大部分出让金在体外循环，如截留、挪用。审计依法进行处理并提出整改意见。

2003 年 5—10 月，根据审计署部署，省审计厅对福州市本级（不含马尾区和各类园区），福清、长乐市财政局、国土资源局和国有土地收储部门 2001—2002 年土地出让金收入、分配、支出、管理及与土地出让相关的税费情况进行审计。重点抽审福州市本级协议出让经营性房地产项目用地 70 宗 4663.5 亩和协议出让工业项目用地 52 宗 1509.6 亩，分别占协议出让国有土地的 62.9% 和 67.4%；抽审划拨用地 14 宗 1005.28 亩，占划拨用地的 12% 和 16%。抽审长乐市协议出让经营性房地产项目 11 宗 318 亩和协议出让工业项目用地 17 宗 978.6 亩，分别占协议出让国有土地的 45.9% 和 78.7%；抽审划拨用地 10 宗 234.8 亩，分别占划拨用地的 20% 和 49%。抽审福清市协议出让经营性房地产项目用地 25 宗 774.6 亩和协议出让工业项目用地 12 宗 885.7 亩，分别占协议出让国有土地的 45.7% 和 73.6%；抽审划拨用地 11 宗 608.4 亩，分别占划拨用地的 11% 和 50%。省审计厅对招标拍卖国有土地的程序、拍卖基价的测算依据和征地补偿费的到位、分配情况和福州市新店镇、福清市音西镇、长乐市金峰镇、航城镇 4 个镇及所属 5 个村征地补偿费的补偿情况进行审计调查。审计发现福州市本级土地出让金存在的主要问题有：（1）土地出让净收益未作基金预算；（2）违规减免出让金；（3）未按合同规定期限内收缴出让金和相关税费；（4）违规使用土地出让金；（5）未经批准占用、使用集体土地；（6）自定计征契税，少征契税；（7）违规减免配套费；（8）违规发放奖金、福利；（9）未征收土地出让金发放土地使用证603.32 亩；（10）协议出让经营性房地产用地；（11）违规审批超合同规定期限土地；（12）违规收取征地管理费。审计依法做出处理：福州市未入库土地出让净收益应入库列入基金预算；对违规减免土地出让金、配套费和违规使用土地出让金及违规发放奖金等违规行为处以罚金。审计把 603.32 亩土地未征收土地出让金发放土地使用证；以工业、体育项目用地名义使用经营性房地产用地；违规审批超合同规定期限土地；未经批准占用、使用集体土地的问题和批准使用集体土地依据不足；协议出让经营性房地产用地等存在的问题移送省国土资源厅清查、处理。审计还对少征契税，流失税源问题移送省财政厅清查；对福州市国土资源局违规收取征地管理费问题，待 2004 年全省土地出让金审计后，统一处理。审计建议：全面执行土地出让金有关规定，组织有关部门加大清理土地出让金力度；加强国有土地出让管理、土地利用规划应与城市建设规划相结合，按城市建设规划在土地利用规划内审批建设用地；严格限制协议用地范围，严禁协议出让经营性房地产用地；规范"新增建设用地有偿使用费"的收缴办法；建立健全征地补偿的管理、控制、监督机制；采用多种征地补偿方式；切实加强对农村集体财务的审计监督。

2004 年 2—6 月，省审计厅组织设区市审计机关，采取"上审下"的方式，对 9 个设区市及所属 16 个县市区 2002—2003 年国有土地使用权出让金的征收、管理、使用情况和国有土地使用权出让、划拨、转让政策执行情况进行审计。重点抽审了协议出让经营性房地产项目用地 188 宗 5149.45 亩和协议出让工业项目用地 861 宗 11009.52 亩，分别占协议出让国有土地的 93.7％和 95.4％；抽审公开出让国有土地 187 宗 8720.99 亩，分别占公开出让国有土地的 99.5％和 99％；抽审划拨用地 296 宗 15867.12 亩，分别占划拨用地的 81.8％和92.5％。审计发现的主要问题有：（1）土地出让净收益未全部入库列入基金预算，已入库的土地出让金部分用于平衡预算，未专项用于城市基础设施建设和土地开发。（2）减免缓征土地出让金，未按合同期限收缴土地出让金，低价出让土地，划拨地转出让地块少计征土地出让金，计算标准存在偏差，少计征土地出让金。（3）供地方式不符合规定，超范围划拨土地，协议出让经营性用地，部分储备土地未实行"净地出让"。供地程序不符合规定，未经省市政府批准占用和协议出让土地，地价确定未全面遵循"专业评估、集体决策、结果公开"原则，未按规定时限更新基准地价，未签订协议出让最低价，未对使用集体土地的建设项目主体资格进行审查，违规给未缴清土地出让金的用地单位发放政府用地批文，未严格执行招拍挂交易程序。（4）违规使用土地出让金。（5）违规收取征地管理费且同一地区征收征地管理费标准不统一。（6）未按规定对闲置土地进行认定和处置，应当无偿收回的闲置土地以有偿方式回收。（7）土地收储部门挤占挪用收储资金，违规对外提供贷款担保。（8）经济适用住房未严格执行选址、承建单位、建房标准和销售对象等规定，有的调整为商品房建设。审计对出让金核算、土地出让、清查建设用地、土地收储和地价等管理方面提出建议。12月，代省长黄小晶在审计综合报告上批示，指出审计反映的诸多问题，其中有的是明知故犯，有的是边整边犯，说明当前土地市场仍有不少问题需整改。其要求省国土资源厅领导认真研究，各市均应整改，严重问题要做说明，采取措施，防止类似现象发生。省审计厅将违纪违规问题向8个设区市政府下达审计决定，进行处理处罚；并发出《向厦门市、连江县等17个市县人民政府下达审计决定和审计建议书的通知》；将土地出让的不合规行为移送省国土资源厅查处。各设区市政府进行整改，省国土资源厅也进行核查和整改。

二、公检法系统审计

1996年，省审计厅对省检察院、省法院、省公安厅及9个地市公安局（处）1995年度办案经费进行审计。审计发现业务经费与行政经费划分不清、业务经费保障不够和行政经费挤占办案经费等问题。副省长潘心城在审计综合报告上批示，要求加强经费管理，重点保证办案所需经费，积极帮助解决侦察设备经费，以提高办案水平。

1997年，福建省审计机关对省公安交警总队、9个地市支队、84个县区大队进行审计，并延伸调查审计部分中队。审计发现的主要问题有：（1）行政性收费普遍存在欠缴、漏缴现象；（2）部分行政事业性收费项目由交警下属公司代收，造成没有执收执罚权的人员在行使执收执罚权，且款项滞留未及时解缴；（3）基层交警部门截留罚没款现象较普遍，全省1996年少报罚没款107.47万元，有一部分罚没款没有按规定全额上缴省财政，而是缴给地方财政；（4）未全面执行《福建省金融机构收缴罚款办法》，未实行行政处罚机构与收缴罚款机构相分离；（5）票据管理制度不健全，开票不规范、收费项目名称和标准不清、票据缴销不及时，滞留在业务科室和个人的应缴销未缴销票据及现金较多，收入入账不及时；（6）固定资产管理不善。财产未按规定入账、盘点、清查，违控购置固定资产。审计信息被省政府办公厅办公厅《今日要讯》刊载。

同年，省审计厅对公安、交警部门1995年度收取原中国人民保险公司福建省分公司防灾费以及防灾费管理使用情况进行审计，发现未能按有关规定使用防灾费等问题。

1998年，福建省审计机关对全省103个公安机关1996—1997年收费、罚没收入等财务收支进行审计，并延伸审计510个基层派出所，延伸面达45.9%。共查出违规金额32163.69万元，占审计资金总额的15.5%，应缴财政金额3639.54万元，返回被挤占挪用金额448.89万元、罚款130.93万元。审计发现的主要问题有：（1）未按规定及时足额上缴财政收入；（2）隐瞒、截留、挤占挪用财政收入和预算内经费；（3）乱收费、乱摊派，超标准收费；（4）收入未入账，私设"小金库"；（5）暂扣款物、赃物管理不规范，存在漏洞；

（6）违控购买商品，资产管理薄弱；（7）票据使用不规范。省审计厅报送的《全省公安系统1996—1997年收费、罚没收入存在较大问题》审计信息，被省政府办公厅《今日要讯》刊载。审计还发现省物委以便函和专业处直接在报告上批复，批准省公安厅向申请补发护照人员收取核查工作所需的邮政费用和对提前审批办证照人员收取加急费，不符合中办国办《关于转发财政部〈关于治理乱收费的规定〉的通知》的规定。省审计厅发函建议省物委加强管理。同年，审计机关对全省交警系统1997年度行政事业性收费、罚没款等财务收支进行审计，共查出违规金额10832.24万元。审计情况表明，全省交警系统财经法纪观念逐步加强，财务管理逐步规范，内部各项控制制度逐步建立健全，违纪违规金额明显下降，但仍存在一些普遍性问题。审计信息《福州市区各交警大队财务管理亟待加强》被省委办公厅《八闽快讯》刊载，省政府办公厅《今日要讯》以直转件报省委省政府领导。省政法委书记黄松禄做了批示，要求务必引起重视，认真整改。省交警总队领导要求福州市支队认真研究，提出整改措施。

1999年，根据审计署部署，审计机关对全省95个法院、95个检察院1997—1998年度财务收支进行审计。全省共查出法院系统违规金额12480.73万元、检察院系统违规金额5687.53万元。审计发现部分法院、检察院内部控制制度不健全、财务核算不规范，未能做好预算外资金的预决算工作，票据管理不规范，违反规定乱收费、拉赞助，赃款赃物收入未能及时上缴财政或清退给当事人，未全面贯彻执行"收支两条线"规定等问题。

2003年，根据审计署部署，审计机关对省本级、9个设区市级、36个县区级的公安（交警）机关2002年度财务收支情况进行审计，并按不低于40%面的要求延伸审计基层派出所（交警中队）。省审计厅直接对省本级和泉州市公安、漳州市交警及所辖县公安（交警）机关、基层派出所（交警）实施审计，其余采取各地审计机关以"上审下"、"上下联合"或"交叉审"的方式进行，共查出违规金额30786.8万元。有2条审计信息被审计署办公厅《重要信息要目》采用，上报国务院办公厅，国家领导人做了批示；有5条审计信息被省政府办公厅《今日要讯》、《要事专报》采用，副省长黄小晶做了批示，要求省公安厅、省财政厅对罚款缴纳、预算管理等问题研究整改。

三、科教经费审计

1996年，福建省审计机关对200多个教育部门跨年度普及义务教育经费（简称"普教经费"）进行审计。审计发现：全省有危房校舍面积13.40万平方米，拖欠教师工资现象尚未解决，全省各级教育主管部门截留、挤占、挪用教育经费1170.44万元，个别中小学乱收费款项613.16万元。省政府领导在审计综合报告上做了批示，要求不断增加对教育的投入，同时注意解决一些地方教师大量超编和经费管理不善问题，提高资金的使用效益。

1997年，根据审计署部署，全省审计机关和教育部门内部审计机构共419人对全省1996年度普教经费预算及预算外资金执行情况进行审计。共审计1569个单位，其中中小学

1143 个，教委 88 个，税务局 21 个，财政局 42 个，乡（镇）教育办公室 103 个。共查出违纪违规金额 6600.97 万元，贪污案件 l 起。主要问题有：（1）教育投入不足。（2）城乡教育费附加存在少征、漏征、未及时拨付和被挪用。（3）教育主管部门较普遍存在拖欠、截留、挤占、挪用教育经费现象。（4）学杂费的统筹、管理和使用不合规。（5）中小学课本赞助手续费管理使用不规范。（6）普教经费预算的管理、分配不够完善。（7）中小学乱收费现象仍存在。（8）"校中校"问题尚未解决。（9）教育基层单位财务管理工作较薄弱。（10）教育基建资金到位不足，学校基建管理较薄弱。审计反映的问题和提出的建议被省政府办公厅《今日要讯》刊载。

同年，审计机关对科委系统 161 个单位的 1996 年度科技经费的投入、使用情况进行行业审计。审计发现的主要问题有：（1）地方财政投入不足，预算资金没有及时足额到位。（2）地市科委科技三项费用未能及时足额拨付。（3）科技三项费用在项目安排上向省定支柱产业和重点产业倾斜不够，有偿使用项目回收率低。（4）科技经费被挤占挪用、科技周转金违规发放、逾期及占用费未能及时收回等。审计建议地方财政科技经费投入应足额及时拨付到位，并加强管理，专款专用，提高资金使用效益。

2001 年，根据审计署部署，省审计厅组织设区市审计局和有关县审计局对全省 2000 年度普教经费进行审计。省审计厅审计和审计调查省本级、宁德市本级和福安、霞浦、福清、仙游 4 个县市的财政、教育部门以及 22 个乡镇共计 34 个单位，并对相关 14 所中小学校进行审计。审计发现普教经费存在的主要问题有：（1）教育经费投入机制存在随意性；（2）现行的财政和教育管理体制在普教经费筹集、分配和管理上，难以切实保障落后地区教育的适度超前发展；（3）教育投入实现"三个增长"（各级人民政府教育财政拨款的增长应当高于财政经常性收入的增长，并使按在校学生人数平均的教育费用逐步增长，保证教师工资和学生人均公用经费逐步增长）存在虚假现象；财政比较困难地区面临教育负债、拖欠教师工资、学校危房改造资金匮乏等诸多问题；（4）经济发达地区教育投入增长虽能得到保障，但结构性失衡显得尤为突出；（5）政府在财政支出方面存在不规范行为，存在教育经费包括城乡教育附加费被挤占挪用或截留现象；（6）农村教育费附加在征管用等方面没有得到有效监督，或征收不到位，或虚列收支，或被挤占挪用；（7）中小学校违规收费、"账外账"、"小金库"现象依然存在；（8）中小学校在固定资产管理与核算方面存在问题。审计部门将审计结果上报，分别获国务院副总理李岚清和副秘书长高强、省长习近平、审计署副审计长翟熙贵批示。省审计厅报送的专题分析《普教经费管理中几种不规范的政府行为》和《当前我省农村教育费附加征、管、用中存在的问题》被省政府办公厅《今日要讯》采用，副省长潘心城做了批示，要求省教育厅会同财政部门妥善处理。宁德市政府根据省审计厅对福安、霞浦审计情况通报，下文要求两县整改并制订相应措施保证普教经费稳定投入；莆田市采用审计公告，加强对学校收费的管理监督，乱收费的一律清退。该项目被评为全省重大审计成果项目。

四、专项资金审计

1996 年 4—6 月，省审计厅对车辆购置费、公路养路费、先行工程资金征收、管理和使用情况进行审计。审计发现专项资金在征收管理使用方面存在薄弱环节，交通部门部分专项资金征收不力，部分专款未专用，专户存储未及时到位，运管费管理制度不完善；全省先行工程建设资金缺口严重；省 5 项集资政策筹集的资金管理分散，存在少征、漏征以及挤占挪用购买专控商品现象。省政府批转了审计报告，规范资金管理和使用。

1997 年 1 月，全省审计机关对国有工业企业财政扭亏补助费下达、配套和使用情况进行审计和审计调查。省审计厅审计宁德地区财政局扭亏补助费的使用情况和审计调查 4 户国有企业，审计和审计调查发现：各地财政未按规定配套落实资金；国有企业申报亏损普遍不实；亏损企业资金短缺，补助费无法解决根本问题；个别单位未按规定用途使用资金，企业改制缓慢。审计机关就审计结果提出改进意见供政府部门参考。

5—7 月，根据审计署部署，省审计厅组织有关地市审计机关对柘荣、屏南、寿宁、周宁、长汀、上杭、连城、武平 8 个国定贫困县 1994—1996 年扶贫资金进行审计；重点审计中央下达的支援经济不发达地区发展资金、以工代赈资金、扶贫贴息贷款和省财政扶贫开发资金、省财政扶贫贷款贴息、农业税减免款、扶持贫困县发展多种经营资金的投入、分配、管理、使用及效益情况。审计采取"上审下"或"交叉互审"的方式。审计结果表明，福建省开展扶贫工作，贫困县、乡、村面貌有了改观，经济得到发展，基础设施和生产条件得到改善，群众生活水平有所提高，部分贫困人口已解困。审计发现的主要问题有：（1）扶贫资金的安排和调度不及时；（2）省下达的造福工程补助款，地市县未按规定配足；（3）贴息贷款回收率低，用扶贫专款抵扣用款单位以前年度借款或贷款利息；（4）农业税减免款未能按规定比例分配、管理、使用；（5）资金管理部门会计核算不规范，会计基础工作薄弱，存在"包包账、抽屉账"现象。审计建议健全完善扶贫资金拨付、使用、管理制度，强化监督力度，加强扶贫项目可行性研究和论证工作，确保资金投放科学。

同年，省审计厅组织福州、漳州、泉州、龙岩市审计机关对 1996—1997 年度各级财政预算内、外安排用于治理闽江、九龙江、晋江、汀江专项资金投入、使用和管理情况进行审计，审计和审计调查 38 个单位（工程项目）。审计结果表明，各级政府重视江堤治理工作，将工程建设所需资金列入当年预算，并成立防洪堤工程建设指挥部，负责专项资金的筹措、安排和管理。审计发现的主要问题有：（1）有的县、乡镇自筹配套资金不足；（2）部分水利专项资金未及时安排到工程项目；（3）部分地方水利专项资金未做到专款专用；（4）工程完工结算手续不够合规。审计建议财政、水利等主管部门加强对资金使用单位的检查监督。

1998 年 3—5 月，省审计厅组织 6 个地市审计机关对 30 个省级商品粮基地县 1995—1997 年建设专项资金进行审计和审计调查。重点检查省财政安排的省级商品粮基地建设专项资金和市县乡三级财政配套资金的到位、使用情况。审计结果表明，30 个县市政府重视商品粮基地建设工作，设立基地办公室负责基地建设项目管理、前期论证和组织实施，保证了工作进度和质量。审计发现的主要问题有：（1）部分乡镇、村配套资金不足或以工代劳抵配套资金；（2）部分县市商品粮建设资金滞留财政部门，未及时拨付用款单位；（3）有的县市更改项目计划，未按文件批复计划拨付资金；（4）大部分乡镇分管商品粮基地建设的部门及用款单位财务基础较薄弱；（5）部分县市商品粮工程项目资产管理不完善。审计建议：加强省级商品粮专项资金管理，建立和完善省级商品粮基地建设新增的固定资产和物资管理制度，加强项目的跟踪管理和检查监督。

1999年8—10月，根据审计署部署，省审计厅对安溪、政和、平和、平潭4个省定贫困县1997—1999年6月扶贫资金进行审计。审计结果表明，福建省开展扶贫工作，贫困地区经济得到发展，群众生活水平有所提高，但审计过程中也发现扶贫资金安排和调度不及时、地市县未按规定配足造福工程补助款、农业税减免款未能按规定比例分配、管理和使用等问题。省审计厅报送的《我省国定贫困县扶贫资金审计情况》被省政府《今日要讯》采用。代省长习近平做了批示，要求有关单位严格执行中央和省关于扶贫资金的使用和管理规定，不得挤占挪用扶贫专项资金，被挤占挪用的要如数追回，未及时足额拨付的要想方设法拨付，未配套的要尽快落实，对违反财经纪律和规定的要追究有关人员的责任。省财政厅、省脱贫办、省老区办根据领导批示下发通知，要求各地进行整改。

同年，根据省政府交办，省审计厅组织南平、三明、宁德、福州4个地市审计局对省库区办及其下属的南平、尤溪、沙县、闽清县库区办1998年度库区资金管理和使用情况进行审计。审计发现的主要问题有：（1）省库区办3.06亿元、5个市县的库区办6470.86万元库区资金未安排使用，用于定期存款达6750万元；（2）省库区办及3个县市库区办共挪用库区资金1001.30万元；（3）有的库区建设项目超投资、无计划和部分工程决算未经审计；（4）有的村镇骗取库区资金，个别库区办转移资金收入；（5）4个县市库区办管理费超支272.04万元。审计建议：（1）库区资金应建立健全预算审批制度，专款专用。（2）加强对使用库区资金村、镇的监督检查，规范村、镇库区资金财务核算办法。（3）及时组织人员对以前年度借出的库区补偿资金、后期扶持资金和生产周转金贷出的逾期款项进行清理。（4）控制库区工作经费开支，严禁挤占挪用库区资金。（5）建立从立项到工程竣工验收的库区项目管理办法。副省长黄小晶在审计综合报告上批示，要求各级库区办领导务必管好库区资金，必须做到专款专用，要有预算制度，不得随意开支。

同年，全省审计机关对全省83家公路车辆通行费征收所及部分主管部门车辆通行费征收、管理和使用情况进行审计和审计调查，重点对7家转让公路收费经营权的公路通行费征收站（所）进行专项审计调查，并延伸审计1998年度由省分配返还各地市公路通行费还贷、配套设施建设等专项资金使用情况。出让收费站经营权审计调查表明：部分收费站点转让收费经营权未经有关部门批准，不符合国家的有关规定；部分经营权转让未采用招投标方式，不符合交通部的规定；转让经营权价格偏低造成国有资产的流失；某地区交通建设公司未经有关部门批准擅自与外商签订补充协议，变更原有合同条款，造成国有资产隐性流失和管理隐患；经营权转让移交过程中财产移交不清、票据管理不严等。省政府组成联合调查组对审计专题报告提出的问题进行处理。其他收费站点审计和审计调查发现的主要问题有：省公路局对收费公路建设投资结构和资金来源结构不清，影响宏观决策的及时和准确；征收所主管部门基于自身利益考虑，征管工作意见不统一，扩大免征范围；部分征收所收费票据和财务管理不规范；挪用专用资金用于公路建设和对外投资；挪用、出借先行工程专款；收费还贷任务重，银行贷款难以及时归还。省政府将审计报告批转省交通厅、省公路局，要求整改。

2000 年 7 月，省审计厅对福建省公路稽征局龙岩稽征处养路费收支情况进行审计。审计发现：省交通厅、省公路稽征局有关文件越权及龙岩稽征处 1995—1999 年养路费补征收入部分留成 1843 万元。省交通厅、省公路稽征局重视审计发现的问题，召开全省会议，开展清理整顿和自查自纠工作，冻结稽征业务费支出。审计决定将龙岩稽征处补征留成收入列支后余额 52.50 万元按原渠道资金上缴；审计建议省交通厅停止执行养路费补征收入实行分成的文件，并在全省养路费补征收入进行全面清查的基础上，比照龙岩稽征处上缴补征留成的收支余额。

2001 年 7 月，省审计厅、省国土厅、省财政厅组成的联合检查组，对 2000—2001 年度耕地开发专项资金进行检查，主要检查市县区分成的新增建设用地土地有偿使用费、省级安排用于土地开发整理的新增建设用地土地有偿使用费和耕地开垦费的资金收支使用情况，以及土地实际开发后是否达到耕种或规划要求。检查组检查漳州、南平、龙岩 3 个设区市以及所辖 12 个县市，发现资金滞留现象较普遍，挤占挪用资金较突出，财务管理制度不健全，土地开发项目效果不尽理想等问题，并提出加强耕地开发整理项目和资金管理的建议。省政府按审计建议研究制订整改措施。

2002 年 9—11 月，根据审计署工作部署，福建省审计机关对 2000—2002 年 8 月底中央安排福建省的三峡库区移民外迁安置资金和地方各级政府专项安排并纳入移民资金统一核算的补助资金（简称"移民资金"）进行审计。主要审查评价移民资金的投入、管理、使用情况，重点查处滞留挤占挪用移民资金等严重违规违纪和损失浪费问题，调查反映移民安置政策执行情况和移民安置中存在的其他突出问题。审计组采取审计与审计调查相结合，发放问卷，走访移民户，召开移民代表座谈会等方式开展调查。审计结果表明，2000—2002 年福建省共接收安置三峡库区外迁移民 5538 人，安置于全省 9 个设区市所辖 36 个县市区、72 个乡镇、82 个村，资金总额 1.9 亿元。审计发现的主要问题有：（1）地方补助移民资金拨付不及时；（2）南平市移民补助资金的筹集未达到省政府规定的"原则上不低于2000 元"的标准；（3）挤占挪用移民资金 21.8 万元；（4）永安市燕南街道部分移民安置村虚列支出转移资金 10.9 万元；（5）部分市县镇移民资金未实行专户存储、专户核算；（6）出借移民资金 19 万元；（7）超范围使用移民资金 6.9 万元；（8）部分县市区移民安置房建设未按规定履行建设程序，质量参差不齐；（9）莆田市原北岸经济开发区财政局挪用应付给国有农场的征地补偿费36万元，作为区财政移民补助资金；（10）厦门同安、集美区未完全执行移民子女入学免缴学杂费的规定。审计建议：（1）应拨未拨的移民资金应及时拨付到位；（2）加强对移民资金的管理和监督，在管理费、县级报账制、控制白条支付、移民住房建设质量管理、财务制度和移民资金稽核制度方面，完善《福建省三峡移民安置资金管理实施细则》；（3）加强对安置移民的土地征用费标准指导，搞好移民普法教育和后续管理工作；（4）有关部门要研究提出国有农（林）场土地征用费的使用范围和会计核算办法。黄小晶在审计综合报告上批示，指出报告反映的问题性质严重，要求将问题分别通报有关部门整改、查处，省移民局要将整改情况汇总后报告反馈。省移民局将审计报告和省领导批示转发各级三峡办，限期整改，并上报整改情况和加强管理的措施。

2003年7—10月，福建省审计机关对全省2002年度土地开发专项资金的分配和使用情况进行审计，并对土地开发专项资金的征管情况开展审计调查。审计（调查）相关市县财政局、国土资源局等126个部门（单位），抽审土地开发整理省级项目148个、市级项目26个，审计资金总额2.01亿元。审计发现的主要问题有：（1）市县国土资源管理部门累计未拨出省市资金1.16亿元；（2）挤占挪用项目资金用于行政经费、购车、装修、出借、抵扣税费等支出，超额提取、支出项目管理费；（3）大额现金支付，大量"白条"列支；（4）配套资金不落实；（5）未严格实行县级报账、工程招投标、工程监理和资金审计等制度；（6）项目立项规模与实际开发规模差距较大；（7）擅自变更设计和调整项目资金。审计调查发现耕地开垦费和新增建设用地有偿使用费（简称"两费"）的征缴方面存在的主要问题有：（1）"两费"省级部分未及时、足额上缴；（2）新增建设用地有偿使用费市县留用部分特别是县级部分未及时、足额解缴本级金库，影响财政预算收入的真实性；（3）新增建设用地有偿使用费市县部分未及时安排使用，有的被挪用；（4）财务核算不规范。审计分析产生问题的主要原因有：（1）项目资金拨付不及时，大量资金滞留在市国土资源管理部门，资金被挤占挪用，影响项目实施和工程质量；（2）项目管理费下拨不及时；（3）管理不严和地方主义是"两费"不能及时、足额征缴的重要原因；（4）各地新增建设用地有偿使用费本级部分欠缴严重，有的地方在申报项目时配套资金不落实、人为提高项目预算、在执行过程中擅自调整计划，以致市县财政少配套或不配套；（5）此次审计的大多是2002年前项目，执行省政府在2002年度相继出台的加强土地开发专项资金管理制度和核算办法不够理想。审计建议：有关部门和项目单位要严格执行土地开发整理项目、资金的管理制度和办法；改进资金拨付方式，减少中间环节，及时拨付项目资金；农用地转用和土地征用的审批应与耕地开发专项资金征缴费情况衔接，确保地方基金财政预算收入的真实性；建立健全工程项目的后期管护和评估制度。黄小晶在审计综合报告上批示，要求省国土资源厅会同省财政厅逐个单位纠正，认真管理土地开发专项资金。

2005年，省审计厅对福建省2003—2004年耕地开发专项资金（不含围垦项目资金）的管理、拨付和使用情况进行审计和审计调查。其还延伸审计省土地开发整理中心、省财政厅管理的耕地开垦费和新增建设有偿土地使用费专户，以及漳州、泉州、宁德市及其所属11个县市国土资源局的13个项目。审计和审计调查结果表明，主管部门能按规定分配管理土地专项资金，组织土地开发整理。审计发现的主要问题有：（1）省级土地开发整理专项资金批复迟、拨付慢。2003—2004年省国土资源厅对下批复省级土地开发整理专项资金3.22亿元均在当年10—12月批复；财政部门也未在当年拨付，截至2004年底，仅拨付2003年度资金6001.8万元，占当年安排资金的48.4％，2004年安排的资金均未拨付。（2）配套资金不到位，延迟了土地开发整理项目的开展。7个县市有527.89万元资金未配套或未完全配套，占应配套资金的92％。（3）有的项目克扣拆迁补偿费。（4）项目、资金管理不规范。有的项目未实行县级报账制，未按规定委托有资质的监理机构实施监理，现金白条支出专项资金、项目超概算、无概算列支设备购置费、出借项目资金等。省审计厅提出审计建议。相关单位进行整改。

五、企业专项审计

1996年上半年，根据审计署部署，福建省审计机关对69家国有资产占控股地位、有代表性的两资企业进行审计或审计调查，主要检查两资企业有无违法经营，国有资产是否保值增值，中方职工合法利益是否受到侵犯。审计和审计调查发现的主要问题有：（1）外商在资本投入、生产经营、利润分配等环节不同程度侵犯国家利益和中方职工合法权益，致使国有资产流失，中方职工合法权益得不到保障。有12家企业外方资本金未到位，金额为7245万元，7家经营侵权金额为977万元。一些合营企业以"合资"改"合作"，外方提前抽走资本金；有的外方占用、挪用、转移合营企业资金，变相抽回资本金。普遍少缴职工养老保险金和待业保险金，少提职工福利基金和工会经费。（2）经营管理不善，盈亏不实，产品质量低，企业经济效益差。（3）社会中介组织对两资企业审计查证和验资工作质量不高。审计建议：（1）争取政府和有关部门支持，加强对外商投资企业的审计监督；（2）政府对有发展潜力的两资企业给予扶持，帮助企业渡过难关；（3）主管部门应加强对两资企业的宣传、教育和检查工作，建立有效的监督机制；（4）健全企业董事会管理机制，督促经营者加强经营管理，提高经济效益，维护国有资产安全完整和保值增值；（5）社会中介组织应增强法制观念，提高工作质量，真实反映合营企业财务状况和经营成果。省审计厅向省政府、审计署报送综合审计调查报告，并向省政府专报《两资企业审计情况反映》。省政府召开专题会议，听取省审计厅关于两资企业审计情况汇报，研究两资企业有关问题，提出解决问题的指导性意见。

1997年4—6月，全省审计机关对12家关系国计民生的医药生产企业进行审计。审计发现：企业盈亏不实，潜在亏损严重，对外投资效益低，未严格执行国家医药价格政策和药品折扣折让账务处理有关规定，国有医药生产企业药品市场占有率低。审计信息《福建省国有医药市场占有率逐渐萎缩》、《审计反映药品价格管理方面存在的问题》分别被省政府《政讯专报》和审计署《重要信息要目》采用。

六、金融机构审计

1997年，为了解1996年财政资金分布和使用情况，省审计厅对福建华兴信托投资公司、福建华兴财政证券公司进行审计。审计发现的主要问题有：（1）周转金逾期率高，应收未收利息数额大；（2）未按规定代扣代缴营业税及附加，费用列支、财务处理不够规范；（3）往来款项挂账时间较长，金额较大等。审计建议：（1）加强财政资金管理，切实履行委贷项目管理监督职能；（2）周转金管理使用情况应及时反馈财政部门，以便采取措施，促进财政周转金良性循环和资产保值增值；（3）规范财务核算，抓紧清理往来款项。

省审计厅对原中国人民保险公司历年代办集体企业职工养老保险基金的财务收支及管理情况进行审计，重点检查1995年度保费收入、给付、费用开支及结余情况。审计发现的主要问题有：（1）保费收入未按规定及时体现；（2）代办业务账务处理不规范。审计提出公司应抓紧账务清理工作，理顺关系，做好办理移交、配套管理工作等建议。

1998年，省审计厅对省财政厅委托保险公司管理代办地方财险业务情况进行审计。审计发现存在直接让利行为，影响了省财政收入。审计提出公司要规范保险代办业务的核算与管理的建议。

根据审计署的要求，省审计厅在对福建省华福证券公司、福建兴业证券股份有限公司、福建省闽发证券有限公司等实施审计时，发现部分单位有大额资金流入股市，决定对8家国有公司将生产性资金和银行贷款共计124688万元投入股市、违规炒股的问题进行专项审计。对审计揭示的问题，省审计厅依法进行纠正和处理，责令限期整改，并提出审计意见和建议。

2004—2005年，省审计厅分别对兴业银行南京分行2003年度和济南分行2004年度的资产质量状况进行审计。审计的主要内容：贷款业务、票据业务、委托贷款业务、信用证、对外担保及保函业务、同业业务等的真实性、合规性，以及对所涉及的损益情况、财务管理、内控制度的有效性。审计运用计算机技术对异常会计记录和交易进行筛选和查询，寻找审计线索；根据取现记录进行汇总，筛选出全年取现大户进行延伸检查，查明现金的去向，揭示银行现金管理中存在的问题；利用信贷管理系统的客户信息、业务发生的时间和金额进行分析，从中发现审计线索，确定审计重点。其指出两个分行的主要风险，并向兴业银行总行提出建议：（1）认真执行法律法规和内控制度，规范业务操作行为，杜绝违规行为。（2）提高对企业集团整体的信贷风险监控能力，防范信贷业务潜在风险；关注经济发展动态，及时调整信贷结构。（3）减少信用贷款及关联企业担保贷款的比重，加大抵质押贷款比重，防范信用风险。（4）加强基层支行基础工作，提高一线人员的法律法规意识。

七、地税部门审计

1997 年，为摸清地方税务部门经费收支情况，省审计厅对泉州市地方税务部门 1996 年度财务收支进行审计，审计范围包括泉州市各县区地方税务局，有的延伸审计到税务所。审计重点围绕经费构成及来源是否合法、支出是否真实合规进行。

1998 年，省审计厅扩大审计面和审计深度，对南平、龙岩、三明 3 个市地方税务部门 1997 年度财务收支进行审计，分析 3 个市地方税务部门的税收成本。

1999 年，省审计厅对福州市地方税务部门 1998 年度财务收支进行审计。

省审计厅 3 年共审计 5 个市地方税务部门的 56 个单位，查出违规金额 3044 万元，审计决定处理处罚 1679 万元，上缴财政 859 万元。审计发现的主要问题有：违反规定提取税收手续费，违反控购规定购置固定资产和乱发各种奖金、补贴等。对龙岩、三明、南平市地方税务系统审计表明，1997 年每百元税收收入的平均征收成本最高为 13.17 元，最低为 7.60 元。地方税务部门人均经费支出高于当地其他行政部门。有的县地方税务部门发放的奖金和补贴数占单位行政事业经费支出 60％，有的奖金补贴项目多达 20 多种，凡工作达到一定年限都发给 5000～8000 元的摩托车补助费。审计提交《税务部门各项提退亟待整顿规范》和《改革地税经费供应办法，降低税收征收成本》两个报告，指出纠正地方税务部门经费开支存在问题的关键是改革经费供应办法，提出将税务部门经费统一纳入财政预算管理，取消现行的手续费提成与财政预算拨款并存的"双轨制"办法，并提请省地方税务局就龙岩市等地方税务局发放摩托车补助一事做出明确规定的审计建议。

2001 年，省审计厅对省地税局审计发现，该局 2000 年自行采购了应纳入政府采购的设备，价值 3060.72 万元。

2003 年，省审计厅审计省地税局发现，该局 2002 年对系统人员统一配置的冬装面料、男女夹层风衣和税收通用缴款书、税收汇总专用缴款书、完税证类票证印制等事项没有交由省政府采购办办理。

八、固定资产投资审计

1997 年初，根据省政府关于省建设工程项目执法监察工作要求，省审计厅组织社会审计力量，对全省 1996 年竣工和 1996 年新开工的投资额 50 万元以上的建设项目开展执法监察审计。全省共审计 2111 个项目，总投资 162.07 亿元，查出违规金额 9.73 亿元，移送司法机关案件 1 起，提供案件线索 4 件，被逮捕法办 2 人，投案自首 5 人。审计发现的主要问题有：（1）基建程序不合规，手续不完备；（2）超计划、超规模、超标准投资 8.23 亿元；（3）竣工决算项目普遍高估冒算；（4）项目建设资金来源不合规，资金不到位、不落实；（5）施工企业垫资和建设单位拖欠工程款现象较普遍；（6）有的项目建设单位违反规定转移、侵占、挪用建设资金，违规金额 5548.73 万元；（7）偷漏欠缴固定资产投资方向调节税

7538.11万元；（8）招投标及施工合同签订不规范，造成损失浪费。省长贺国强、副省长王建双在审计综合报告上批示，要求省计委、省建委研究整改措施，加强基建项目管理，并印发各地市执行。

同年，为监督国家安居工程投资政策的落实，促进城镇住房制度改革顺利实施，省审计厅组织14个地市县审计机关开展1995—1996年安居工程实施情况审计与安居工程价格构成审计调查。审计与审计调查发现的主要问题有：（1）资金缺口达15251万元，占投资计划的15％；（2）开发成本较高，且构成比例不尽合理；（3）住宅售价高于开发成本；（4）把关不严，售房对象超过规定范围；（5）有1181.71万元资金使用不符合规定。审计综合报告经省政府办公厅批转，被省政府办公厅《今日要讯》和省委《八闽快讯》采用。

2003年，根据审计署授权，省审计厅组织全省8个设区市（除厦门外）审计机关对使用国债资金的武夷山石雄至分水关、光泽城关至花山界等十条交通战备公路项目进行审计。审计发现的主要问题有：（1）建设资金不落实、不到位64593.54万元；（2）转移、挪用建设资金用于其他投资、违规借贷、私设"小金库"等1583.24万元；（3）抽逃注册资金1268万元；（4）无必备资质单位中标、违规分包合同金额565.8万元。审计建议：（1）交通战备公路是公共基础设施非营利项目，建设资金来源除中央国债资金及省级配套补助资金外，主要靠县级财政投入，要加大国债资金投入比例，避免因县级财政困难造成配套资金不足，而出现"半拉子"工程；（2）加强项目管理，严格执行基建程序，及时组织中间计量结算，完善拨款手续，确保资金合理使用；（3）严格执行招标投标法，严禁违规分包、转包。适中经永定抚市至三层岭交通战备公路分包单价明显高于原中标单价，应由有关部门查明原因，对违规哄抬单价造成业主损失的，要追究当事人责任；（4）加强建设资金管理，抓紧收回被转移、挪用、挤占、侵占的建设资金。省政府办公厅批转审计综合报告，要求有关单位落实整改。

九、医疗单位审计

1997年，福建省审计机关审计213家医疗单位。审计发现医院药品进货渠道不规范、药品价格不合理、医生拿回扣开"大处方"、业务医疗服务收入核算不规范、医院职工集资购置医疗设备收入分配向个人过分倾斜、医疗检查项目向集资设备倾斜等问题。审计分析医疗费用上涨过快的主要原因有：（1）进口药和合资药厂的药品使用量较大，占总量的30％～40％，其价格比国产药品高1～5倍；（2）医药公司"高定价、大折让"措施，使药品价格节节攀高；（3）药品推销员与医生直接挂钩，导致医生开"大处方"；（4）药品收入成为医院的主要收入，占50％～60％，"以药养医"现象普遍存在；（5）医院许多检查项目的收入与医生奖金挂钩，检查越多，奖金越高；（6）近年医院靠贷款购进先进设备，为尽快还贷，需尽可能提高使用率，出现了滥检查现象，集资购买的设备也是如此；（7）医院在加班期间或评上等级，收费上浮 40％～80％。（8）公费医疗体制不完善、公费报销控制不严。审计分析报告被省政府办公厅《今日要讯》刊载。

十、工商行政管理系统审计

1998 年，福建省审计机关对工商行政管理系统 1997 年度财务收支进行审计，共审计工商局 93 个，其中省级 1 个，地市级 9 个，县级 83 个，并延伸审计 320 个工商所和 135 个市场项目，共查出违纪违规金额 13925.55 万元。省政府领导在审计综合报告、审计信息上做了批示，要求整改。

2000 年，福建省审计机关对全省 99 个工商局 1999 年度财务收支和 1998 年度行政性收费、罚没收入进行审计，并抽查审计 235 个工商所（站、队）。采取"上审下"为主，委托审计、交叉审计为辅的审计方式，重点审查账表的真实性、执行"收支两条线"规定和执收执罚的情况、挤占挪用财政资金以及工商行政管理部门与市场管办分离等情况。审计查出违纪违规金额 28523.76 万元。审计发现工商系统执行"收支两条线"规定不够彻底，违反财政财务制度情况较普遍，部分基层工商所（分局）财务管理较混乱，内部控制制度较薄弱。省政府办公厅批转了审计综合报告，要求有关单位整改。

2004 年，福建省审计机关对全省工商行政管理系统省本级、设区市级（除厦门外）和 78 个县区级工商局 2003 年度财务收支进行审计。审计查出违规金额 7323.24 万元。审计发现福建省工商行政管理部门实行垂直管理后，尚不能完全适应现代行政体制改革的要求和工商行政管理职能调整的需要，行政经费超支严重，未严格执行财经法规，内控制度未能有效执行，在办管脱钩未彻底理清的情况下又产生新的政企不分、政资不分等问题。副省长刘德章在审计报告上批示，要求省工商局对照审计报告提出的意见，认真研究工商行政管理系统实行垂直管理后，如何从制度上健全完善财务收支管理，并将整改情况报告省政府。副省长李川在省政府办公厅《政讯专报》审计信息上做了批示。省工商局专文上报整改情况，加强管理。

十一、水电专项基金审计

1998 年 3 月，根据审计署授权，省审计厅对省电力工业局及其所属 9 个地市电业局和 6 个县市供电局 1996—1997 年度电力建设基金和三峡工程建设基金进行审计，并对电力加价收费进行审计调查。审计和审计调查结果表明，省电力工业局及其所属 9 个地市电业局和 6 个县市供电局 1996—1997 年度应征收电力建设基金 65803.10 万元，已征收电力建设基金 40787 万元，分别上缴中央财政 18778 万元、省财政 18744 万元；1996—1997 年度应征收三峡工程建设基金 21239.42 万元，扣除税费后已上缴 17490 万元。审计和审计调查发现的主要问题及处理意见：（1）漏征、少征电力建设基金 417.25 元，未缴电力建设基金 3265 万元，拖欠及使用其他规费抵缴电力建设基金。（2）1996—1997 年度电力征收用于沙溪口水电站库区粮食差价的附加费 686.61 万元、燃料附加费 6772.30 万元，由省政府预算外资金清查办公室清理上报中央有关部委审批。（3）将省定贫困县视为国定贫困县多免征三峡工程建设基金 363.99 万元；漏征、少征三峡工程建设基金 174.02 万元；未将三峡工程建设基金按规定专户存储。（4）部分征收单位未严格执行三峡工程建设基金征缴办法，多征三峡工程建设基金，对免征贫困县农业排灌用电量的确定不准。

6—8 月，根据审计署部署，福建省审计机关对各级政府有关部门 1996—1997 年度预算安排的水利专项支出、水资源费和其他水利专项预算基金、水利工程水费和预算外管理的水利专项资金、节水打井灌溉贷款以及 1997 年度水利建设基金征集情况进行审计和审计调查。省审计厅编制了实施方案并下发各地审计机关执行。审计范围涉及财政、计委、水利、水土和农业发展银行等部门以及具体使用水利专项资金的重点单位，审计和审计调查省本级、81 个地市县的 1370 个单位和工程项目。审计结果表明，为促成工程防洪体系、闽江洪水预警体系、蓄水引水工程体系（简称"水利三大工程体系"）的建成，全省各级政府每年都预算安排一定数额资金，发动群众投工投劳，加强水利三大工程体系建设，增强防洪、抗洪、蓄水引水能力。审计发现的主要问题有：（1）预算内水利专项资金拨付不及时。（2）水利工程水费、水资源费征收不到位，管理不够规范，工作开展不平衡，未能按规定的收费标准、范围足额征收，普遍存在少征、缓征、欠缴等问题；已征集的存在被挤占挪用和未纳入财政专户管理。（3）节水打井灌溉贷款指标未足额安排。（4）部分水利专项资金被挤占挪用于单位经常性支出、建房买车、经商办企业、出借资金等。（5）个别水利工程项目因可行性研究论证不足，造成损失浪费。（6）基层单位财务管理不够健全，财务核算不够规范。审计做出处理：归还原渠道资金 3190.82 万元、上缴财政 114.66 万元；并促进 282.84 万元资金到位和规范管理。审计建议：（1）水利资金每年要尽早安排，减少拨付环节；（2）加强对水利工程水费、水资源费征收管理工作；（3）认真实行水利建设项目竣工决算审计制度和专款核销制度；（4）贯彻执行福建省水利建设基金筹集与使用管理实施细则和省级水利建设基金预算管理暂行办法，确保水利建设基金按规定及时足额征集。同年，省审计厅还配合审计署对水利部违规建造办公大楼的资金来源情况进行调查取证。

十二、彩票审计

1999 年，根据审计署的工作部署，全省审计机关对民政部为筹集灾区重建家园、恢复生产资金发行的中国福利彩票赈灾募集资金的各级福利彩票发行机构进行审计。重点审计中国福利彩票赈灾专项募集额度的发行、销售的财务收支及专项募集资金的上缴情况。共审计承担福利彩票赈灾专项募集销售任务的县级彩票发行机构 43 个，查出违规违纪金额 267.21 万元。审计发现赈灾福利彩票部分奖品采购及管理不符合规定，少数地市福利彩票发行募集未经公证，部分彩票销售收入未及时入账而以个人名义存入活期储蓄存折，财务核算手续不健全，白条列支现象较普遍等问题。审计建议加强彩票发行全过程监督，制订和完善彩票发行费用管理办法。

2002年，省审计厅对省福利彩票发行中心2001年度福利彩票公益金归集、分配和使用情况进行审计。审计发现的主要问题有：（1）未按规定上缴福利彩票公益金13840.86万元；（2）收取电脑终端机押金5240万元未纳入财政代管账户管理；（3）未设奖池的弃奖收入，未转入省级公益金29.07万元；（4）将彩票公益金转省民政学会老干部分会40万元，设立省民政厅老干部基金，以及省级公益金存款利息14.37万元冲转财务费用，均占用了省级公益金；（5）历年系统奖金超支372.17万元。审计建议：严格执行预算外资金财政专户管理的有关规定，及时上缴彩票资金和其他收入，切实按"收支两条线"规定进行管理，加强会计基础工作，建立健全内部控制制度，严格控制费用开支，加强财务人员业务培训，提高财务人员的业务水平和遵守财务制度的自觉性。

同年，省审计厅对省体育彩票管理中心2001年度财务收支情况进行审计，共查出违规行为金额11489.44万元、管理不规范金额1116.60万元。审计发现的主要问题有：（1）省体育彩票管理中心在住房制度改革停止住房实物分配后，仍用职工福利费补贴部分职工购买商品房；（2）收取代理站点佣金存入银行个人存折，未入账核算；（3）越位使用体育彩票公益金分配权，1999—2001年将提取的部分体育彩票公益金直接列支购买健身器材和拨付用款单位；（4）体育彩票公益金未按规定缴存财政专户等。省政府领导在审计专题报告上批示，要求省体育部门进行整改，并提出从2002年起体育彩票公益金的使用应由省政府办公会议研究决定。

2004年，根据国务院关于进一步规范彩票管理的通知要求，省审计厅分别对省福利彩票发行中心2003年度福利彩票公益金筹集情况、福利彩票公益金财政专户的管理情况和省民政厅2003年度福利彩票公益金的分配使用情况进行审计，同时延伸审计省财政厅返还福州、宁德、莆田市福利彩票公益金的安排情况及部分福利彩票公益金资助10万元以上的项目单位。审计发现的主要问题有：（1）省民政厅未经省政府批准自行调整和安排使用省级福利彩票公益金1916.68万元；（2）未按原申报资助项目用途拨出民政部福利彩票公益金2183万元；（3）省福利彩票发行中心应缴未缴财政专户彩票公益金996.28万元；（4）省财政厅未按规定将省福利彩票发行中心上缴福利彩票公益金的存款利息收入转增福利彩票公益金；（5）宁德、莆田两市应缴未缴福利彩票公益金170.63万元；（6）省级福利彩票公益金项目用款单位对彩票公益金未做到专款专用。审计建议：（1）尽快完善福利彩票公益金项目评审制度，按规定程序申请、评审、分配和投放福利彩票公益金，确保福利彩票公益金用于扶弱济困的社会公益事业和慈善事业。（2）完善福利彩票公益金收支预算管理，各级民政部门应督促福利彩票发行机构按规定及时将福利彩票公益金缴入财政专户，财政部门应细化福利彩票公益金的支出预算，做到拨款、使用有据，由民政与财政部门联合下文，及时下拨项目资金及应返还的福利彩票公益金。（3）省财政厅、省民政厅应结合福建省福利彩票公益金的管理现状，对财政部《社会福利基金使用管理暂行办法》进行细化，建立全省福利彩票公益金报表体系，全面反映福建省福利彩票销售、福利彩票公益金提取及使用情况，制订适合福建省的福利彩票公益金使用管理办法。

十三、九州专案审计

1999年12月至2000年1月，根据省政府交办，同时配合中纪委查处厦门走私"4·20"专案组工作，省审计厅从全省审计机关抽调70人组成审计组，对福建省九州综合商社有限公司、福建九州集团股份有限公司及其下属单位共34家企业进行资产负债损益审计。审计揭示了九州商社及下属九州股份等企业财务管理混乱、核算失真、国有资产流失等问题。审计结果表明，至1996年6月九州商社已资不抵债。省审计厅为省政府处理九州问题提供审计数据，并向中纪委"4·20"专案组移交审计查实的福建省九州综合商社有限公司及下属企业涉嫌走私等犯罪活动线索。

十四、住房公积金审计

2002年，省审计厅对省直单位公积金管理中心（简称"公积金管理中心"）2001年度省直单位住房公积金进行专项审计，重点审计公积金管理中心负责管理的省直单位住房公积金缴存、提取、使用、管理情况，延伸审计9家住房公积金缴交单位的公积金专户。审计发现公积金管理中心以住房公积金购国债当年漏计提利息13.99万元未作业务收入，承办银行与公积金缴交单位定期对账方面存在问题。

2003年，省审计厅对公积金管理中心2002年度省直单位住房公积金进行审计，重点审计2002年度省直单位住房公积金使用、管理情况，延伸审计建行福建省分行、工行福建省分行房改专柜的公积金专户和4家公积金缴交单位的公积金账户。审计结果表明，公积金管理中心在建行福建省分行、工行福建省分行房改专柜公积金专户之间存在划转资金审批手续不够规范。审计提出加强住房公积金专户存款管理；完善和规范住房公积金职工个人明细账、单位明细账和总账核算；加强住房公积金总账与明细账核对、与承办银行定期对账等建议。

2004年，省审计厅对公积金管理中心2003年度省直单位住房公积金进行审计，重点审计2003年度住房公积金使用、管理情况，延伸审计5家公积金缴交单位的公积金账户余额和管理情况。审计结果表明，公积金管理中心在做好住房公积金归集工作基础上，加大住房公积金个人委托贷款的发放力度，但在财务管理方面，仍存在公积金管理中心的住房公积金余额、借（贷）方累计发生额与归集银行对账调整平衡情况未在2003年度决算报表作财务情况说明，多计提应付职工利息以及公积金缴交单位不重视住房公积金对账工作等问题。审计提出完善公积金明细账核算，建立规范辅助账，加强与承办银行对账工作，确保住房公积金账户的真实性和完整性；上报省财政厅等相关部门的决算报表须附当年调整平衡的具体因素和结果的财务情况说明书；加强计算机数据管理，建立职工住房公积金账户信息的电子数据，以方便群众网上查询等审计建议。公积金管理中心根据审计意见和建议进行整改。2005 年上半年，公积金管理中心建立并开通"福建省直住房公积金网"，提供网上查询住房公积金政策法规、单位住房公积金缴存情况、职工个人住房公积金缴存结余情况、个人贷款情况、办事指南等信息服务，增强住房公积金管理工作的透明度。

十五、政府采购制度执行情况审计

2003 年，省审计厅对省本级和福州、厦门、南平 3 个设区市 2002 年度的政府采购制度执行情况进行审计和审计调查，对政府采购中心进行审计，对政府采购委员会办公室、采购业务代理机构、采购单位、供应商等进行审计调查。审计和审计调查结果表明，2002 年度全省政府采购委员会办公室和政府采购中心在开展政府采购法的宣传、培训和政府采购业务的监督、管理，以及加强财政支出管理等方面取得了一定的经济效益和社会效益，但也存在宏观调控力度不强、信息透明度不高、尚未形成规模效应及对具体采购过程管理不到位等现象。审计和审计调查发现的主要问题有：（1）管理体制不顺，监督管理与具体采购事务未有效分离；（2）政府采购预算编制滞后；（3）政府采购规模偏小，覆盖范围窄，制约了效益；（4）政府采购运作程序不够规范，效率较低，资金结余结转量大，基础工作比较薄弱等。审计综合报告被省政府办公厅批转省财政厅和省政府机关事务管理局，要求其认真研究整改。

十六、质量技术监督系统审计

2005 年，省审计厅组织省、市两级审计机关对全省质量技术监督系统 8 个设区市局（除厦门外）和 34 个县市局、74 个专业技术机构 2004 年度财政财务收支进行审计，并对部分所属社团组织、企业单位、中介咨询的关联事项进行延伸审计和审计调查。审计发现的主要问题有：（1）隐瞒或转移收入以及组织收入过程中的违规行为金额 5585.08 万元；（2）无依据收费 910.67 万元，其中将行政事业性收费改为经营性收费 318.86 万元；（3）违规支出 1430.98 万元；（4）应缴未缴财政专户款 2830.4 万元；（5）应缴未缴国库款 371.65 万元；（6）其他违规问题 514.11 万元。审计分析产生问题的主要原因有：（1）预算管理不够规范，执行"收支两条线"不彻底，收入缴交渠道归属不清，以行政职能通过社团、中介组织或其他方式获取利益；（2）部分单位和部门领导依法理财和财经纪律观念淡薄，重业务、轻财务与重发展、轻管理现象比较突出，一些技术机构内部管理制度关键环节存在漏洞，给国家、集体财产造成损失。副省长刘德章、李川分别在审计综合报告上批示，要求省质量技术监督局逐项整改，健全制度，强化管理，为基层企业发展提供一个好环境。省审计厅报送的 2 篇信息被省政府办公厅《政讯专报》采用，其中反映福建省液化气钢瓶检测管理混乱情况的信息引起省人大常委会关注，专此向省质量技术监督局提出质询，要求立即整改。

第二节 审计调查

一、固定资产投资审计调查

1996年，根据审计署部署，结合国有土地使用权出让金审计，省审计厅对建有高尔夫球场的福州、长乐、晋江、石狮、龙海等5个市的高尔夫球场的审批、用地、征收、建设情况进行审计调查。审计部门审计调查发现的主要问题有：土地未批先用、未按批复的类型用地、批准用地年限违反规定、未按合同规定期限开工建设、出让金收入未纳入财政预算管理、出让金价格偏低等。省审计厅向审计署和省政府做了专题报告。

省审计厅组织各地市审计局对长乐国际机场、水口电站、福州新港二期工程、连江三仔水利枢纽工程、横南铁路、邮电光缆工程、尤溪水东电站、漳州九龙江防洪堤工程、飞鸾岭隧道工程9个重点建设项目1995年主要基建材料管理情况进行审计调查。通过审计调查，对重点建设项目基建材料供应渠道、价格、合同等方面存在的问题提出了改进意见。

2001年12月，省审计厅对福宁高速公路建设项目进行审计调查，发现的主要问题有：（1）项目资本金不到位37189.88万元；（2）概算编制不合理51985.47万元；（3）概算外项目3429.27万元；（4）超概算10352.53万元；（5）监理合同中业主重复计提总监办费用1320.59万元；（6）建设资金被借31689.07万元；（7）招投标不规范涉及投资20176.10万元；（8）公款私存259.1万元；（9）其他问题金额5319.72万元。副省长黄小晶在审计调查报告上批示，要求福宁高速公路公司领导认真研究审计反映的问题，并立即整改；针对福安连接线公款私存等问题，要求逐项抓紧整改。

2002年3月，根据省政府交办，省审计厅对漳诏高速公路征地拆迁情况进行审计调查，审计组对漳州市国土资源局、漳诏高速公路有限公司、漳浦县国土资源局、诏安县国土资源局等单位的征地拆迁从数量到补偿金额进行复核。审计人员走村访户，查出征迁弄虚作假克扣农民安置补偿费和骗取国家建设资金5377万元、征迁安置补偿费支出超概算13449.60万元、沿线各县区多报征迁安置补偿费2431.48万元、损失浪费169.82万元和征迁机构重复设置导致办公经费挤占征迁补偿费1246.61万元等违纪违规问题。审计建议：（1）责成漳州市政府成立以市纪委、市监察局、市审计局、市财政局、市建设局、市国土资源局、漳诏高速公路有限公司等单位组成工作组，对审计调查发现的问题进一步进行检查；对有关当事人伪造账表、凭证等会计资料，骗取国家重点建设项目资金及阻挠、抗拒审计调查的行为，要根据国务院《关于违反财政法规处罚的暂行规定》进行处理，追究有关责任人的责任；对漳浦县土地大楼造价偏高以及造假手续费的去向问题进行专项检查和处理，并将检查处理情况于11月底上报省审计厅。（2）征迁安置补偿费超概算较严重，责成漳诏高速公路有限公司按审计核实后的数字进行调整结算并按规定程序报批。（3）漳浦县征迁办骗取征迁安置补偿费1489.48万元；诏安县征迁办与乡镇财政所及有关行政村联合，以虚假征地、果树等补偿物名义转移征迁安置补偿费1477.18万元；有关部门、乡镇挪用征迁安置补偿费2410.34万元；违反会计法和财政部《关于加强基础设施建设资金管理与监督的通知》的规定，该款本应如数上缴省级财政处理，但考虑到漳诏高速公路建设资金缺口和漳州市政府意见，该违纪资金应先收回，上缴福建省高速公路有限公司，从安定、稳定的大局出发，对确实需要补偿给农民的征迁补偿费由漳州市政府责成有关部门重新核实，按照实事求是原则予以补足，结余资金要如数用于漳诏高速公路建设。（4）有关部门须尽快制订可操作性强的征地拆迁补偿办法，规范管理，避免征迁安置补偿工作"乱"、"散"、不严密的现状。（5）漳诏高速公路征迁安置补偿工作实行政府承包方式，机构重叠、政出多门、政策不一、矛盾突出、费用超标、概算突破、投资难以控制，有关部门须做进一步调研，提出适合福建省实际状况的征迁管理模式。（6）漳诏高速公路公司与漳州市征迁办应根据审计调查核实的数字进行清算，并按相关规定与沿线县区进行清算。2003年1月，黄小晶在审计专题报告上批示，同意省审计厅意见，并要求漳州市领导认真听取省审计厅的情况介绍，关注问题的严重性，特别是牵涉农民负担及征地款是否如数发到农民手中的问题，更应引起重视。省长卢展工批示："同意小晶同志意见"。审计反映问题之严重，出乎意料。要求漳州市委、市政府认真研究整改意见，并追究相关人员的责任。漳州市委、市政府高度重视审计反映的问题，认真查处，逐条逐项进行落实，对挪作他用的资金通过变卖办公楼等方式督促上缴，对当事人依照情节轻重分别给予处理。

同年，省审计厅对京福高速公路建设项目福州、南平、三明三段进行审计调查，发现的主要问题有：项目资本金不到位111895万元、资金缺口89500万元、超概算52818.83万元、挪用建设资金568万元、其他问题金额7321.56万元。黄小晶在审计调查报告上批示，要求省交通厅、省高速公路公司领导认真分析、研究、查核，查明原因，追究责任，且当事人要说明情况并留案备查。

省审计厅对省体育馆建设项目进行审计调查，发现的主要问题有：项目资本金不到位7700万元、概算编制不合理466.66万元、超概算478.95万元、其他问题金额66.37万元。审计要求其进行整改。

2003年7月，根据省政府交办，省审计厅对漳龙高速公路征地拆迁情况进行审计调查。审计组根据沿线各县征迁办提供的资料，对被补偿者的土地征用、房屋建筑物拆迁、果树补偿、坟墓迁移等一户一卡进行审核，并与财务账表及凭证附件进行核对。审计发现：存在违规擅自抬高地价造成多补征地补偿款4200多万元、应缴未缴征地相关税费2522.61万元和沿线县市区及乡镇挪用专项征迁安置补偿款9700多万元等问题。审计建议：（1）建立健全征迁安置补偿费使用、管理、监督机制，加强财务核算，降低资金成本，提高资金使用效率，确保资金专款专用，保证征迁安置补偿费及时足额发放到位。（2）加强各县市区及乡镇调整、降低、细化补偿标准后产生结余资金的管理。除留取部分不可预见费外，必须及时追补给被征迁户，预留的不可预见费，只能用于与漳龙高速公路有关的征迁补偿，不得挪作他用。监督各行政村和村民小组按政策管好用好补偿款。（3）政府主管部门须尽快制订福建省统一的征迁操作办法。完善和规范征迁内业资料，按照国家建设档案要求，履行业主职能，统一各县市区乡镇征迁办（指挥部）操作标准，按时收集、整理征迁档案。（4）遵守国家征迁安置补偿政策，不得随意提高和突破补偿标准，严格控制工程概算和征迁补偿支出，做好因建设原因给沿线造成损失的核实确认和补偿工作。（5）加强对"三杆两缆"（电线杆、电话线杆、广播线杆，电缆、光缆）迁移工程活口合同预算审核，指定专人对工程现场跟踪计量，防止虚报冒领并完善工程决算和验收资料。黄小晶在审计调查报告上批示，要求省高速公路公司领导对漳龙高速公路（漳州段）发生的问题，根据省审计厅意见，会同漳州市政府进行整改，并在今后各路段工作中予以防范。

2004年9月，根据省领导交办，省审计厅对京福高速公路南平段高边坡防护工程建设情况进行审计调查。审计组向项目业主单位和承包商了解工程建设情况，到施工现场，仔细核对材料、工程计量、监理记录，并将审计调查情况与省高速公路公司领导、职能部门沟通。审计调查结果为省领导决策和京福高速公路南平段高边坡防护工程结算提供了依据。

2005年9月，根据省政府交办，省审计厅对福安市赛江下游防洪一期工程建设资金使用及管理情况进行审计调查，发现的主要问题有：地方资金配套不到位7816.17万元、概算编制不合理1028万元、超概算64.48万元、大额运用现金进行结算1396.38万元、建设资金被挪用425.88万元、其他问题金额4579.92万元。审计建议：（1）配合投融资体制改革，履行国家关于项目法人责任制和固定资产项目试行资本金制度的有关规定，理顺投资各方关系，解决项目建设资金不落实、不到位问题。（2）严格概算审核，避免发生大幅度调概。建设单位要切实履行基本建设程序，执行国家建设市场管理的有关规定，在项目设计、监理、施工等环节都要执行招投标，提高建设项目质量管理意识，建立健全质量责任制。（3）加强征地拆迁管理工作，确保专项资金专款专用。（4）建设单位应加强财务管理，严格审批手续，提高财务核算水平。审计调查报告被省政府办公厅批转有关单位整改。

二、中央属单位审计调查

1996年，全省审计机关对中央属商检、卫检、烟草、电信单位的消费基金进行审计调查，调查这些单位的消费基金规模及使用情况，并从完善工资管理、控制集团消费方面提出审计建议。

1998年8月，根据审计署、监察部要求，省审计厅、省监察厅联合对福州、厦门、泉州市3家卫生检疫局及其下属6家卫生检疫局与国家卫生检疫局的资金往来进行审计调查。审计调查采用"账户入手"，检查36个银行账户，发现同国家卫生检疫局发生资金调拨、往来的银行账户30个，涉及国家卫生检疫局数十个账户，下转资金1326.71万元，上划资金1347.31万元，出借上解资金50万元。

2001年，省审计厅组织全省9个设区市审计局和14个县市审计局对所在地邮政局2000年度财务收支进行审计调查。这是审计署改进授权方式后福建省开展的第一项中央属单位行业审计调查。审计调查发现邮政行业为完成三年脱困、扭亏任务，通过会计政策变更、成本挂账手段人为调节利润。2000年度全省账面实现邮政收支差额（利润）15.3万元，审计调整后为-29373.52万元，另外还有潜亏7937.78万元，造成会计信息失真。审计对违法违规行为依法进行了处理，提出了盘活行业内部大量闲置固定资产，邮政行业与"三产企业"（第三产业企业）彻底脱钩的建议，并向审计署提交审计综合报告。

2002年，根据审计署授权，省审计厅对省级、9个设区市、12个县市气象局的2001年度财务收支进行审计调查，并延伸15个直属单位。审计调查结果表明，福建省各级气象部门能按照国家气象局、当地财政的预算安排使用资金，未发现截留、挪用下级预算问题。但中央财政拨给的事业经费难于满足各级气象部门日常支出的需要，省级、9个设区市气象局地方财政拨补的事业经费相当于国家气象局拨款的81.28％。审计针对各级气象部门分户设账造成家底不清，固定资产、货币资金、票据管理等内控制度薄弱的现状，提出了改进建议，并向审计署报送审计综合报告。

三、金融机构审计调查

1996年，根据审计署授权，全省审计机关对农行福建省分行和中行福建省分行两个系统职工工资内外收入情况进行审计调查。审计调查结果表明，全省农行系统职工工资增长与经济效益基本保持同步，中行系统职工工资增长速度略低于经济效益增长，部分地市工资增长未与经济效益挂钩，对职工工资内外收入增减缺乏调控，甚至出现经济效益增长与职工工资增长呈反比的现象。审计提出农行和中行总行应加强和改进各项费用指标和综合指标费用率的控制与考核，加强财经法纪观念教育，严肃财经纪律，规范核算管理，将职工工资收入与经济效益挂钩，建立自我约束机制等建议。

福建省审计机关对全省农行系统1995年度职工养老保险基金和待业保险基金提缴、收支及管理情况进行审计调查。发现的主要问题有：（1）部分县市支行统筹机构未按规定提取养老保险基金，存在多提或少提现象，由个人应负担部分未能缴足；（2）部分地市分行未按规定设立养老统筹机构，相关管理人员不到位，养老金提缴、开支等核算不规范，未按规定专户存储，统筹机构失去其应有的统筹功能，日常检查监管工作流于形式；（3）少缴待业保险金。审计提出应按国家有关规定落实、强化养老保险基金和待业保险基金管理工作，完善规范财务核算等建议。

2001年，省审计厅应用审计署南京特派办的金融审计模块对福州市商业银行进行计算机辅助审计调查。

2003年，省审计厅对省华兴集团股份有限公司2002年度资产负债损益进行审计调查。审计调查范围包括集团公司本部及集团下属的全资子公司华鑫（香港）控股有限公司、（香港）建兴财务有限公司、华兴投资（控股）有限公司。审计调查发现的主要问题有：（1）省华兴集团股份有限公司内部产权关系未理顺，实收资本存在缺陷；（2）2002年度合并会计报表层次不规范，机构不完整，未披露重大债务和亏损情况，报表未能全面真实反映集团公司整体经营与财务状况。审计提出省华兴集团股份有限公司应按规定编制合并会计报表，处置历史遗留问题，适当考虑货币资金流入，增强集团公司整体运作，提高抵御经营风险的能力等建议。

2004年，省审计厅完成省政府领导交办的省华兴集团股份有限公司2003年度资产质量、偿债能力及亏损情况的分析任务，以"审计专报件"上报省政府领导，省委省政府主要领导做了批示。省财政厅和省国资委根据省领导批示，对审计揭示的问题和审计建议进行研究，提出解决问题的办法，将该集团的部分财政性债务转增集团资本金，减轻集团债务，规范经营行为，促进企业发展。

同年，省审计厅开展中央专项借款情况审计调查，审计调查重点有：中央专项借款使用的合规性，查找案件线索；用款单位的实际偿债能力；探索开展此项工作的方法和应具备的条件，为今后全省开展这项工作积累经验。审计调查分三个层面进行：省财政厅金融处；泉州市财政局、兴业银行泉州分行；石狮市财政局、人行石狮支行、中行石狮支行和兴业银行石狮支行。审计调查四个关键点：是否挪用及截留资金、债权确认的真实性、偿债能力和兑付还款情况。审计调查发现部分支出不合规，偿还债务的方式不够规范等问题。

2005年，省审计厅对福建兴业证券股份有限公司2004年度资产负债损益进行审计调查。审计调查范围包括公司财会部、投资管理部、证券投资部、投资银行部以及上海金陵营业部、杭州营业部、湖东营业部、五四北路营业部、五一南路营业部和古田路营业部的部分业务，并延伸审计调查福建兴业证券股份有限公司控股子公司福建省企业顾问有限公司。审计调查重点内容：经营的合法合规性、损益的真实性、存在的主要风险。针对行业开展客户集合理财等受托资产业务的特点，重点了解受托资金的使用情况、测算资金缺口以及受托业务潜亏情况。审计调查运用计算机技术，对有无垫付客户资金、受托理财业务资金划转和清理及控股子公司经营是否合规等业务进行检查，查出存在问题和重大隐性风险。审计调查发现主要风险有：净资本不足与资金缺口，部分业务操作不规范，或有负债较大，福建省企业顾问有限公司的债务等。影响损益的主要原因是客户资产委托管理业务继续亏损。造成亏损的主要原因有：（1）对合规经营和业务风险认识不足；（2）原有扭曲的账户委托管理业务模式蕴藏的巨大风险；（3）业务发展超过自身的风险承受能力和管理能力，导致严重后果；（4）市场的系统性风险。审计建议：（1）福建兴业证券股份有限公司应成为省政府资本运作的平台和融资渠道；（2）省有关部门应重视福建兴业证券股份有限公司目前的净资本和营运资金严重不足问题，采取措施，给予扶持，帮助增资扩股，使公司渡过难关；（3）福建兴业证券股份有限公司应对员工加强规范经营和防范风险的教育，健全内控制度，强化监督机制。

四、企业审计调查

1996 年 6 月，省审计厅对省政府确定的建立现代企业制度试点企业进行审计调查。审计调查表明，试点企业在建立现代企业制度中找到了企业发展的新路子，但也存在问题：现代企业制度试点工作进展缓慢，确定 12 家，正式挂牌仅 2 家；企业分流富余人员和分离社会职能进展不大，社会负担、离退休人员负担困扰企业。审计提出了 4 条建议。

7—10 月，福建省审计机关对 64 家有代表性的外贸企业在执行出口退税、进口关税和出口料件计税保证金台账三项涉外税制改革制度中遇到的新情况新问题进行审计调查。外贸企业出口退税存在的主要问题及对经营影响有：（1）国家调低出口退税率增加企业出口成本，影响国有企业市场竞争能力，出口总值明显下降；（2）出口退税滞后，造成企业资金周转困难，收购资金不足，出口滑坡，资金成本加大，企业效益下降；（3）退税手续烦琐，税收征管手段落后；（4）国有外贸企业出口退税政策与外商投资企业不同，处于竞争劣势地位，造成国有外贸企业在国外争取客户和国内组织货源方面比外商投资企业难，出口难度大。省审计厅向省政府报送了审计调查报告。

同年，为了解国有企业及国有控股企业亏损、减利原因，提出促进企业扭亏为盈对策，为领导宏观决策服务，省审计厅对福建省青山纸业股份有限公司、三明钢铁厂、三明化工厂、福建化纤化工厂、福建南平铝厂、福建福日集团公司进行审计调查。审计调查发现 6 家企业 1995—1996 年出现减利或亏损严重。1995 年 6 家企业利润 8468.50 万元，比 1994 年减少 2379.49 万元；1996 年累计亏损额 10239 万元。审计分析了企业亏损原因，并提出了审计建议。

1998 年 8 月，省审计厅在福建省外贸企业东海经贸股份有限公司财务收支审计基础上，对公司股份制运作情况进行审计调查。审计调查表明，公司作为省国有外贸股份制试点企业，在资产重组、股权转让或退股、对外投资等资产运作中操作不规范，未能严格执行国家有关股份制企业的规定。存在的主要问题有：（1）作为国家股本金投入的资产，未经具备国有资产评估资格的评估机构进行评估和国有资产管理部门确认，造成国有资产流失；（2）公司董事会、监事会人员配备与公司章程规定不符，均为国有外贸专业公司兼职人员；（3）公司合并会计报表不符合公司法规定要求，未能全面、真实反映包括全资子公司和控股公司在内的财务状况和经营成果。

1999 年上半年，为促进国有企业扭亏增盈工作的开展，省审计厅组织有关地市审计局对全省企业扭亏资金使用情况进行审计调查。审计调查涉及省直主管部门和福州、莆田、漳州、南平、三明、龙岩市的财政、经委及接受补助在 50 万元以上的企业。审计调查企业数占被补助企业的 16.2%，补助资金 4057 万元占总规模的 58%。审计调查结果表明，扭亏资金促进企业改革和结构调整，有助于企业摆脱困境，并为实施改制、兼并和破产的国有企业职工安置、人员分流提供了资金保障。审计调查发现的主要问题有：（1）存在"明补暗收"情况，没有让企业切实受益；（2）配套资金不足，缺口大；（3）截留、挤占、挪用扭亏补助费；（4）资金未采取集中管理，政策不统一，运作不规范，影响扭亏资金正常运行。审计建议：实行国有亏损企业扭亏工作分类指导，改进国有亏损企业资金补助办法，对补助资金实行集中和封闭式管理，专款专用，使企业切实受益。

同年，省审计厅对福州第二化工集团有限公司、福建炼油化工有限公司、福建水泥股份有限公司、福建化纤化工厂、福建省青山纸业股份有限公司、南纸股份有限公司、顺昌水泥厂、省船舶工业集团公司、马尾造船厂、福建实达电脑集团股份有限公司、省家具进出口公司、省煤炭进出口公司、省砂石出口公司13家企业1998年度纳税情况进行审计调查，发现的主要问题有：所得税征收归属政策界限不清，造成入库不及时；为确定中央与地方分成基数，财政借款给企业预交所得税，造成企业超缴税金；企业欠税未办理缓交手续等。审计调查报告建议税务部门须完善所得税征收归属政策界限。

2000年4—6月，省审计厅负责署定项目企业职工基本养老保险扩大覆盖面审计调查和2000年全省企业职工基本养老保险基金收支预测。审前审计组做好摸底工作，先后走访了省社会劳动保险局、省财政厅社会保障处，了解全省企业职工的参保情况和社会养老保险金的统筹征缴情况；向省工商行政管理局、省地税局索取全省国有企业、集体企业、私营企业、外商投资企业的工商注册登记与纳税户的情况；组织召开全省地市行政事业审计科科长会议，传达审计署审计方案，部署对全省各级企业社会保险机构和74户未参加基本养老保险的企业进行审计调查。审计调查重点内容有：各级社保机构扩大养老保险覆盖面和征缴情况，未参保企业的经营状况和未参保原因。审计调查发现的主要问题有：（1）现行基本养老保险基金征收力度不大，措施不力。基金收缴率低，沿海、内地收缴率差距大，向非国有经济组织征收基金缺乏有效措施。1999年全省职工社会平均工资9490元，平均缴费工资6429元，收缴率为67.7%；全省非国有经济组织员工261万人，实际参保70万人，覆盖率仅26.8%；外资企业只有少数管理人员参保，其缴费额以当地最低工资标准计征，未做到按全员据实计征。（2）企业经营状况不佳，影响职工参保和基金的征收。（3）企业财务资料不真实，影响社保基金的征缴。有的企业不提供完整的工资总额和员工人数，社会保障部门难以核实参保对象人员工资。（4）部分经营者对参加社会职工基本养老保险的意识淡薄，企业不参保不影响领取营业执照，不影响税务登记。审计建议：（1）要完善社会保障法律法规，研究改进职工基本养老保险基金的征缴方式，加大职工基本养老保险基金征缴力度，按照实际人员工资情况，及时征缴职工基本养老保险基金。（2）要加强对非国有经济组织的征缴工作，将属于规定缴费范围的员工全部吸纳参保，扩大职工基本养老保险覆盖面。（3）关注改制、兼并、重组、停产、破产企业人员基本养老保险工作，依法清偿破产企业的职工基本养老保险基金，解决好下岗和解除劳动合同人员的续保问题，做好不同地区、不同所有制企业之间流动人员的参保续保工作，维护职工的合法权益。（4）宣传社会保险政策，做好职工基本养老保险基金社会化发放工作，杜绝拖欠基本养老保险基金。（5）健全职工基本养老保险体系，实行税务机关征收机制，加强监督管理，明确工作职责，确保职工基本养老保险基金覆盖面。省审计厅向审计署提交审计调查综合报告。审计调查情况分析材料被省政府《今日要讯》采用。省劳动和社会保障厅就此专门向省政府汇报整改措施。

2003年7月，省审计厅对福建省物资（集团）有限责任公司2002年度及授权经营起始年度会计信息和资产质量进行审计调查。审计调查对象范围涉及福州储运贸易有限公司、邵武储运贸易公司、福建省化工建材有限公司、福建省金属材料有限公司及银河花园大酒店等。审计调查发现福建省物资（集团）有限责任公司会计核算不规范、合作联营项目资金运作不合规以及潜在投资风险等问题。8月，省审计厅对福建天成集团有限责任公司会计信息和资产质量进行审计调查。审计对象涉及2家下属全资总公司：省纺织品进出口公司和香港天立发展有限公司；5家控股子公司：福建天成针织毛纺品进出口公司、福建天成集团服装进出口公司、福建南纺股份有限公司、福建正新麻棉毛纺品公司和福州宝瑞登丝服饰有限公司。审计调查结果表明，集团公司总体财务状况良好，资本结构合理，资产质量较好，财务风险较低，短期债务偿还能力较强。

9月，省审计厅对国有大型企业福建建工集团总公司进行审计调查。审计调查重点为上市的中国武夷股份有限公司及集团在港经营企业2002年度会计信息及资产质量。审计调查发现的主要问题有：福建建工集团总公司短期内难以消化巨额潜亏14亿元（其中中国武夷股份有限公司潜亏4.1亿元），以及集团公司大股东占用上市公司资金，制约企业发展。审计建议：省政府责成福建建工集团总公司收缩投资，集中力量搞好已投入资金开发的项目建设，控制新增投资，规范资金运作，规避资金链断裂带来的经营风险。

2004年7—11月，省审计厅分两个阶段对省高速公路有限责任公司的资产状况与对外投资情况进行审计调查，并延伸调查已投入运营的省高速公路有限责任公司福宁、罗宁分公司和福建发展高速公路股份有限公司、罗长高速公路有限公司、漳诏高速公路有限公司、龙岩漳龙高速公路有限公司，以及省高速公路有限责任公司下属的9家二级全资和控股公司的资产状况和对外投资情况。审计调查结果表明，省高速公路有限责任公司注册资本10亿元。2001年1月，该公司以泉厦高速公路为主，成立了福建发展高速公路股份有限公司，并在上海证券交易所上市，募集资金13.3亿元，主要用于收购福建省福泉高速公路有限公司股权。福建发展高速公路股份有限公司拥有的福泉、泉厦高速公路为经营性高速公路，其余为收费还贷高速公路。2003年度省高速公路有限责任公司本部及12家二级子公司的资产总额387亿元，负债总额218亿元，少数股东权益总额48亿元，所有者权益总额121亿元；主营业务收入16亿元，利润总额8亿元，净利润3亿元。审计调查发现的主要问题有：（1）资产管理方面。改制剥离资产处置不及时。福宁分公司在停车区资产未进行剥离、评估作价情况下，投资组建福建省福宁高速公路服务有限公司，造成土地使用费长期未收回。资产管理不规范，账务处理不及时。福泉经营服务公司固定资产管理不规范，造成损益核算不真实，虚增以前年度利润；福安连接线前期征地拆迁费长期挂账未清理。改制遗留问题尚未处理。世行贷款利费返还款长期挂账。石料等存货存在潜亏因素，机械设备重复入账。（2）对外投资和担保方面。对外担保存在风险；股权投资比例不明确、产权不清晰；虚增少数股东权益；未按规定确定财务报表合并范围和长期投资核算办法，造成会计信息不真实、不完整；个别路段以工会名义参股投资高速公路附属设施经营业务，获取红利。（3）变更设计标准、超概算和工程进度滞后等。审计建议：（1）理顺管理体制，建立健全法人治理结构，规范财务会计核算和管理；（2）推进和完善服务区社会化改革，实行市场化运作，回笼资金用于高速公路建设；（3）建立资金结算中心，提高资金使用效益；（4）加强资产管理，建立合理的资源配置制度；（5）建立长效的职工激励和奖励机制，兼顾国家、集体和个人三方面利益。

同年，省审计厅对福建省三钢（集团）有限责任公司、福建省交通运输（控股）有限责任公司、福建省建材（控股）有限责任公司、福建省医药（集团）有限责任公司、福建省高速公路有限责任公司以及厦门经贸集团有限责任公司6家政府授权经营国有企业进行审计调查。6家国有企业拥有二级全资子公司31家、控参股企业44家（其中上市公司2家）。2003年末，汇总资产总额518.78亿元，负债287.98亿元，当年实现利润总额20.39亿元，但不良资产及潜亏数额达5.37亿元。审计调查结果表明，6家国有企业在加强企业管理，建立现代企业制度方面取得了一定成效。初步建立法人治理结构并逐步加以完善；经营者比较重视对不良资产的处置与消化；建立健全内部控制制度；企业制定了一套与国有资产保值增值考核指标相衔接的内部考核办法。审计调查发现的主要问题有：（1）有的企业部分资产没有得到真实反映，福建省高速公路有限责任公司有4家全资及控股公司未并表核算，漏列资产总额1亿元。（2）产权管理不到位，部分国有资产产权变动未经批准，厦门经贸集团有限责任公司未经批准转让"金鹏花园"开发经营权；福建省交通运输（控股）有限责任公司下属厦门轮船总公司擅自转让国际货运公司50%股权。（3）投资项目收取固定收益，形式上是规避风险，实质上潜藏更大风险，福建省交通运输（控股）有限责任公司、福建省三钢（集团）有限责任公司投资的企业，投资后转由对方承包经营。（4）有的企业处理历史遗留投资项目代价高，致使原始投资损失殆尽。（5）投资证券造成较大风险，福建省三钢（集团）有限责任公司委托闽发证券理财资金6000万元未能收回；福建水泥股份有限公司出资5500万元与上海泰和投资咨询公司合作经营证券投资，被对方划走保证金3400万元未能追回。（6）对外投资总体效益差，6家企业2001—2003年新增投资项目35项，金额38.47亿元，平均投资利润率为－3.38%。（7）违规拆借资金。福建省三钢（集团）有限责任公司将资金出借给民营企业。审计建议：企业集团应健全完善公司法人治理结构，加快现代企业制度建设进程；建立健全考核评价的动态管理体系，增强资本纽带和法制观念。

2005年8月，省审计厅对香港华闽投资发展有限公司（简称"香港华闽发展公司"）

2004 年度资产状况及对外投资进行审计调查。香港华闽发展公司主要从事投资控股业务，拥有二、三级全资和控股公司 31 家，参股公司 7 家，合并会计报表资产总额 10.60 亿元。审计调查结果表明，香港华闽发展公司资产质量较好。香港华闽发展公司经过三年多的重组整合，至 2004 年底，香港华闽实业（集团）有限公司资产绝大部分已转到香港华闽发展公司，并以香港华闽发展公司为主线运行；香港华闽发展公司内部管理和控制制度较健全，成立资产管理公司，组织催讨香港华闽实业（集团）有限公司的呆坏账。省审计厅将审计情况向省政府做了专题报告。

8—9 月，省审计厅审计调查涉及香港华闽发展公司 23 家企业和华闽（集团）有限公司 3 家企业。审计调查发现香港华闽发展公司主业不突出，未形成主营业务或主导产业，以及对占股 20％以上的企业未按权益法核算和合并财务报表，影响企业资产和权益的真实性。审计建议省政府加快对香港华闽发展公司的境内母公司福建华闽实业（集团）有限公司国有资产授权经营的步伐，保障国有资产保值增值；香港华闽发展公司要抓紧制订企业发展战略，积极筹谋建立公司的主导产业或主营业务等。省长黄小晶、副省长刘德章、叶双瑜、李川分别在审计调查报告上批示，要求省国资委和香港华闽发展公司领导结合明年工作安排，具体研究审计提出的意见和建议。

五、专项资金、基金审计调查

1996 年，省审计厅对省有线电视台、福建省广播电视报社、福建日报社、厦门鹭江出版社、厦门八闽广告公司 5 个单位消费基金增长情况进行审计调查。审计调查表明，1996 年 1—9 月 5 个单位消费基金总支出比上年同期增长 19.2％，其中个人消费基金支出比上年同期增长 33.2％。主要原因有：（1）价格上涨因素；（2）奖金、补贴发放控制不严，比上年同期增长 76.2％；（3）公款吃喝仍未得到有效遏制，比去年同期增加 97.4％；（4）社会集团购买力控制不力。省审计厅提出加强消费基金管理的审计建议。

1997 年 6 月，省审计厅开展航道建设基金征收、管理和使用情况审计调查，审计调查对象：省港航管理局、福建炼油化工有限公司、融侨公司、福清海口站、湾边检查站和厦门、漳州、湄洲海监局，以及福州、厦门、泉州、赛岐、漳州、湄洲湾港务局，并延伸审计部分港务公司和征收站点。审计发现的主要问题有：（1）少征、漏征，地方政府越权减免，未按规定开征，征收费率不规范；（2）征收票据管理混乱，征收台账不健全，地方政府搭车收费，货主码头征收管理缺乏有效监督；（3）航道建设资金被挪用补充经费和购置设备，代征单位留成部分使用不规范，欠缴航道建设基金采取"以支抵收"核算办法不规范，挪用建设资金。省政府办公厅批转了审计报告，并组织有关部门对航道建设基金征收办法进行修订。

同年，根据省政府交办，省审计厅对中央安排的特大自然灾害补助款 1800 万元和省级救灾预备金 500 万元分配使用情况进行跟踪审计调查，与省民政厅联合抽查了宁德、漳州、三明、南平 4 地市所属的 9 个县市。重点审查省下达的救灾款是否及时足额分配到位；地市县的自然灾害救济事业费是否与省下达的救灾款配套使用；救灾款有无专款专用等。审计调查发现的主要问题有：（1）地市县财政、民政部门救灾款拨付不够及时；（2）个别地方挤占挪用救灾款；（3）有的基层单位分配手续不够健全。审计建议改变救灾款下拨方式，加快救灾款下达速度，提高救灾款发放和使用透明度，乡镇、行政村应实行张榜公布，自觉接受群众监督。省政府领导在审计综合报告上批示，要求财政、民政部门共同研究，提出整改办法，确保救灾款能及时下拨到灾区。

1998 年，根据省政府交办，省审计厅对福建省监狱系统 17 个单位狱政设施状况和省级财政 1997 年度狱政建设专项经费拨款使用情况进行审计调查。审计综合报告反映了全省监狱系统经费缺口较大、监舍严重不足、警戒设施不完善的现状，并提出了审计建议。

1999 年，省审计厅对省财政厅、省劳动厅和省再就业中心 1998 年度省级预算安排再就业工程基金的筹集、管理和使用情况进行审计调查，延伸调查申请补助用款大的部门和单位。审计调查发现的主要问题有：（1）各地市财政按个人所得税收入的 20％安排预算作为帮困资金并逐级上解 20％作为调剂金部分，至 1998 年底均未上解。根据省财政厅测算，全省将近 2000 万元左右调剂金未上解省统筹。（2）1998 年下半年，省财政再就业工程基金部分仍用于两节慰问等帮困性质的支出。（3）个别县存在挤占再就业工程基金，按再就业资金来源 3％提取办公经费。（4）有的地市征收的农村和外来劳动就业调节费 60％上缴财政作为再就业工程基金，40％劳动部门留成；有的县市实行五五分成，征收的就业调节费没有全部作为再就业工程基金。审计建议有关部门（单位）对再就业工程基金加强管理。

2000 年 7—8 月，根据省政府交办，省审计厅对省级副食品生产扶持金的使用情况进行审计调查。审计调查 3 个地市 23 个生产基地和用款单位，审计资金占省级副食品生产扶持金 4641 万元的 20％。审计调查结果表明，省级副食品生产扶持金对副食品生产基地建设和发展以及市场副食品供应、价格的基本稳定起了积极的促进和保障作用，特别在市场副食品供应丰富、价格较低，许多生产基地亏损的情况下，这些扶持金能够起到稳定生产的作用。审计调查发现的主要问题有：（1）冻肉储备补贴未及时下拨。1999 年省级冻肉储备补贴款 225 万元全部拨到省食品公司，至 2000 年 7 月审计调查时，除管理费 35 万元和省直接储备费 56 万元由省食品公司转作补贴收入外，其余 134 万元均未下拨，滞留在省食品公司。（2）有的资金到位不及时，影响基地的生产和经营。（3）未按规定程序改变扶持对象。（4）拨入省水产厅的扶持金使用不合规。1999 年省财政拨到省水产厅（省海洋与渔业局）水产品基地生产扶持金 300 万元，至年底省水产厅实际拨出扶持金 220.40 万元，尚有 79.60 万元未使用。拨给省水产供销公司、省水产厅劳动服务公司 42.4 万元中有经营补贴 29.9 万元不符合"应用于水口、沙溪口为主库区网箱养鱼项目、省直控基地建设补助和救灾、军特供补助"有关文件规定。审计建议：（1）有关部门应采取措施，加强监督，确保省副食品生产扶持金按规定项目拨补、使用；（2）继续适时安排扶持金，帮助直控基地搞好环保设施建设，保持正常生产和经营。省政府办公厅批转了审计调查报告，副省长曹德淦做了批示，要求省经贸委、省财政厅进行整改，并限期报告整改结果。

2001年6—8月，省审计厅根据审计署财政支农资金审计调查工作的部署，结合福建省具体情况，确定永定县、南靖县、连江县和福鼎市4个地处山区、沿海不同地域和不同经济发展水平的县市为审计调查对象，审计调查4个县市1999—2000年财政支农资金投入、管理、使用情况。审计调查重点内容：（1）国家农业投入政策和法规的落实情况；（2）掌握财政支农资金的来源渠道、投资规模和结构变化；（3）分析支农资金在分配、管理体制，投入方式和资金使用中存在的问题，提出调整农业投入结构、改善和加强财政支农资金管理、促进农村经济发展和农民增收的意见和建议。连江县、福鼎市由省审计厅实施，南靖县、永定县分别由漳州、龙岩市审计局实施。审计调查范围涉及4县市及所属乡财政的"支援农村生产支出"、"农业综合开发支出"、"农林水气等部门事业费支出"等6类财政支农支出，以及国债、世亚行贷款等其他农业投入的资金和项目；审计调查对象包括县乡两级财政局（所）和计划、农业、水利、林业、水产、科技、扶贫等有支农资金的县级主管部门、统计部门，并延伸至有关的村和农户。采取重点调查与自报相结合的方法，审计调查了32个部门（单位）和12个乡镇，761户农户自报1999—2000年家庭收支情况。审计调查发现的主要问题有：（1）县级财政支农资金投入未达到法定要求；（2）未依法建立农业发展基金；（3）市县财政支农专项资金配套不足或假配套；（4）以支农专项资金抵扣统筹款或到期的有偿资金；（5）挤占挪用支农专项资金未得到根本遏制；（6）建设项目未实现计划目标，存在改变投资计划项目或资金用途行为；（7）虚列财政预算收入和支农支出；（8）财政支农专项资金结转规模偏大；（9）乡镇以现金支付支农资金建设项目工程款的现象比较普遍；（10）有的支农资金建设项目未实行公开招投标。审计分析产生问题的主要原因有：（1）县乡两级财政收支矛盾突出；（2）农业法律法规不健全，对各级财政农业投入只做原则规定，执行难；（3）财政预算编制仍然采用基数法；（4）计划经济体制形成的财政资金管理制度和资金拨付方式不适应市场经济体制农业生产发展要求，弊端越来越突出；（5）"一刀切"的资金配套方式难适应不同地区经济发展的要求；（6）项目资金到位率低，工程未能完全实现预期目标；（7）财政支农有偿资金回收困难；（8）支农资金分配零散；（9）财政增收指标脱离实际。审计调查报告建议：（1）健全农业法律法规；（2）各级财政要依法加大对农业的投入；（3）加快国库管理制度改革和财政支付制度改革，加大财政转移支付力度；（4）加强和改进农业资金监督；（5）引入科学管理机制，在防范风险上下功夫；（6）要精简机构。省审计厅向审计署、省政府报送了审计调查综合报告。审计署农保司对福建省审计调查综合报告做了"列举案例典型详尽，反映的违规违纪问题事实清楚，对产生问题原因分析切中要害，提出加强宏观管理的意见和建议可操作性强"的评价。审计署上报国务院《重要信息要目第79号》及《审计署关于财政支农资金审计调查情况的报告》采用了福建省审计调查综合报告中有关"配套任务重、县级财政难以承受"、"财政预算编制采用基数法对农业投入的影响"及"在 WTO 的规则下，应加大政府对农业的基础投入"等 6 条意见和建议。国务院副总理温家宝在《重要信息要目第 79 号》上批示，要求财政部等有关部门研究解决措施，提出加强和改进财政支农资金管理的意见。省长习近平在审计调查综合报告上批示，要求有关部门单位根据审计意见进行整改。省政府办公厅转批了报告。2001 年 12 月 18 日省财政厅向省政府办公厅报送《关于财政支农资金审计调查的整改意见》，提出"积极配合监督机关加大执法力度，增加对农业投入"、"取消或调整配套资金，减轻市县专项配套资金压力"等 5 点整改意见。

7 月，省审计厅组织泉州、南平市审计局，采取"上审下"方法，对省水电站库区移民局和晋江、邵武市 2000 年度三峡工程库区移民资金进行审计调查。审计调查摸清了 2000 年度不同来源的三峡移民安置资金总量、资金分配管理使用、移民生产安置计划完成、国家库区移民政策和其他相关政策执行情况，反映挤占挪用移民资金等违纪违规问题。

8 月和 10 月，根据省政府交办，省审计厅和南平市延平区审计局分别对省政府水电站库区移民开发局（简称"省库区移民局"）、南平市库区办 1999 年至 2001 年 6 月水口水电站库区淹没补偿费（简称"淹没补偿费"）及后期扶持基金（简称"后扶基金"）分配、下拨、管理及使用情况进行审计调查，并对樟湖、太平两镇库办及其所属 20 个村、街、居委会1987 年至 2001 年 4 月库区专项资金收支情况进行审计调查。审计调查发现的主要问题及原因分析：（1）补偿资金未及时拨付到位。省库区移民局尚有大量的淹没补偿费未拨付到位；南平市库区办和樟湖、太平两镇库区办未全额拨付淹没补偿费。除了库周防护工程一些项目尚未实施外，南平市政府规定的补偿标准低于省政府规定的补偿标准，造成补偿资金滞留；南平市库区办未能及时了解、掌握省库区移民局增补的补偿资金具体用途和使用范围，致使增补资金无法拨付；省库区办核定的南平市区搬迁人口数比市库区办核定的多出 628人，补偿费是按搬迁人数计算核拨的，导致市库区办收多拨少；各村、街不同程度存在移民分家立户，邻里产权争议等造成有些移民多领或少领补偿费。（2）淹没补偿费被长期占用。省库区移民局占用淹没补偿费用于行政公用经费支出、购奥迪小轿车 1 部、垫付购山海大厦写字楼及办公楼装修工程款和郊区统建办房款差额、对外投资、委托贷款；南平市库区办占用淹没补偿费用于购住宅、坏账损失、出借资金用于经营（已无法收回）、对外投资、建办公楼和借出资金给政府公司、代省库区移民局垫付款、香港旅游支出；樟湖、太平镇镇村两级借用、占用库区资金，有的用于送礼、送红包等不正当支出。（3）各级库区办管理费严重超支。（4）南平市库区办重复、超额提取管理费。（5）省库区移民局挪用移民专项资金存款利息收入，用于购车库、商品房；南平市库区办将 1998 年、1999 年后扶基金转作定期存款，将利息收入转作库区办收入。（6）南平市库区办违规出借后扶基金。（7）省级奖励金比例偏高，市级奖金超支。（8）村街财务基础薄弱、库区资金管理不善、缺乏监督。延平区审计局根据区委、区政府决定，将樟湖、太平两镇库办及其各库区村街的审计结果进行公告，并安排时间接待来访群众，听取移民对库区资金审计结果的反映，回答提出的疑问。审计对未尽事项做出说明：（1）由于此次审计调查的范围是库区移民专项资金，移民反映的有些属于村级财务收支的问题，不属本次审计的范围和内容；（2）镇、街村有的收支项目原始凭证残缺不齐，有的原始凭证时间较长其真实性难验证，基建工程造价问题需要专业人员审核，本次仅对会计凭证和专项资金收支的合法性进行审计。审计建议：（1）未及时拨出的专项资金要尽快拨付到位；（2）占用库区专项资金要归还原渠道，个人借用的资金必须限期归还，坚决清缴，严肃处理；（3）严格控制管理费支出；（4）后扶基金管理费的提取标准应斟酌；（5）建章立制，规范管理；（6）加强对村级财务收支的审计监督。被审计单位按照审计建议进行整改。

2002 年，根据省政府交办，省审计厅对全省监狱、劳教系统"九五"期间有关资金管理使用情况进行审计调查。审计调查范围包括省监狱局下属监狱 21 个、企业 43 家；省劳教局下属劳教所 9 个、企业 10 家。除必须核实"九五"期间的有关收支外，还对"十五"期间有关资金的需求做出预测，核算内容涉及行政事业经费、基本建设投资和企业生产经营等。审计调查发现的主要问题有：（1）监狱、劳教系统基本建设投资资金缺口大；（2）行政事业经费，特别是专项经费财政预算安排不足；（3）监狱系统债务负担重；（4）所属企业发展目标不明确，建设项目未实行公开招投标、未聘请工程监理、未及时办理工程决算等；（5）物资供应部门账务处理未列入财务账统一核算、罪犯物品加价率过高、伙食费未达到规定标准；（6）企业未及时纳税和申报税收返还、大额使用现金和白条等。省政府领导在审计调查综合报告上批示。《促进我省监狱事业进一步发展的几点建议》《完善监狱系统在事业发展中存在的主要问题》的审计信息被省政府办公厅《今日要讯》采用。

2003 年，省审计厅组织南平、三明、龙岩市及所属县市区审计局对省林业厅、省国有林场管理局、省武夷山自然保护区管理局，以及南平、三明、龙岩市及所属县市区 2001—2002 年中央级、省级森林生态效益补助资金管理使用情况进行审计调查，发现的主要问题有：（1）省森林生态效益补助资金预算与生态公益林管护工作相脱节，资金跨年度分配使用，未实现当年预算安排意图；（2）森林防火、病虫害防治等费用之间的分配依据、标准、办法等不健全，分配存在随意性；（3）生态公益林管护的联防组织劳务性费用开支用途和标准不明确，不利于经费的管理与监督；（4）财政、林业部门对森林生态效益补助资金拨付不及时，存在滞留资金现象。省政府领导在报送的审计调查综合报告上批示，要求有关部门（单位）进行整改，省林业厅制发《关于推进生态公益林管护机制改革的意见》，进一步落实生态公益林管护责任，加强管理和检查。

2005 年 10—12 月，省审计厅对 2004 年度省级救助捐赠资金的接收、分配、使用和管理情况进行审计调查。审计调查福建省儿童基金会、省发展体育事业基金会、省老龄事业发展基金会、省见义勇为基金会、省扶贫基金会、林则徐基金会、省中小学幼儿教师奖励基金会、省青少年发展基金会 8 家基金会和省残联、省慈善总会、省红十字会 3 个社会团体，以及省希望办。审计调查结果表明，12 家机构基本能将筹集的资金纳入单位财务管理，按捐赠者的意图定向使用捐赠资金，为慈善事业与公益事业的发展发挥了积极作用。审计调查发现的主要问题有：（1）部分捐赠机构未经登记机关登记或未作为基金会登记；（2）部分基金会的资金来源有限，募集资金困难，公益活动无法正常开展，基金会的宗旨难以实现；（3）捐赠款票据使用不规范，接收捐赠款未按规定开具捐赠票据；（4）捐赠款增值收入未转入捐赠收入；（5）采取市场运作方式或奖励办法募集资金，不符合《基金会管理条例》的有关规定，也有悖捐赠者的意愿；（6）对外投资及对外借款存在风险等。审计分析产生问题的主要原因：（1）由于国家关于捐赠款物管理的有关法律、法规尚未出台，《基金会管理条例》不够细化，捐赠款增值收入归属问题，捐赠款保值、增值途径等方面的规定均不明确。（2）民政部门监管不到位。有的机构长期未办理登记手续仍在募集资金，有的单位未按规定使用收费票据也能办理票据核销手续。（3）中介机构未能严格按有关规定进行财务审计，审计报告只是描述报表的数字，未触及管理方面和合法性问题。（4）资金投资增值渠道不畅，对外投资无法达到预期效果。（5）基金会自律意识不强，没有严格执行《基金会管理条例》和相关的财务制度。（6）由于接受捐赠的机构多，募集资金的来源有限，有的机构难以募集到资金。审计建议：（1）有关部门应尽快出台捐赠救助资金管理办法，以规范捐赠救助资金的接收、分配、使用和管理工作；（2）民政部门和基金会的业务主管部门应加强对基金会的监督管理，对未经登记或不符合规定擅自开展募捐活动的单位进行处理；（3）民政部门和基金会的业务主管单位应督促基金会建立健全财务管理制度，捐赠资金的分配、使用的报告、公告制度以及效益考核制度；（4）基金会应增强自律意识，严格按照《基金会管理条例》规定接收、分配、使用和管理捐赠资金，按照合法、安全、有效的原则实现基金的保值、增值，规避风险投资，采取有效措施将已发生的风险投资损失降到最低程度。

同年，省审计厅对2003—2004年省级预算内基建资金安排的社会公用事业项目进行审计调查。2003—2004年省级预算内基建资金共安排社会公用事业项目589个，累计下达预算内基建资金5.78亿元。审计部门审计调查了漳州、南平、福州、宁德、莆田的35个县区的235个项目，涉及总投资计8.11亿元，其中安排省级预算内基建资金1.07亿元。审计调查发现项目建设进展慢、资金滞留和配套不到位影响项目建设和工程进度，部分项目未按规定公开招投标以及个别单位违规筹集建设资金和拖欠工程款等问题。省长黄小晶、副省长刘德章分别在审计调查报告上批示，要求省发改委、省财政厅完善制度，加强管理。

同年，省审计厅还对省政府为民办实事的千万农民饮水工程专项资金进行审计调查，审计调查发现存在资金拨付不及时、部分县市配套资金未到位等问题。省政府领导在审计专题报告上做了批示，要求省水利水电厅加强和规范千万农民饮水工程专项资金管理。

六、行政经费审计调查

1997年，省审计厅对省财政厅、省地税局、省计委、省教委、省科委、省水利水电厅、省民政厅、省粮食厅、省林业厅、省交通厅 10 个行政机关 1996—1997 年度行政经费收支情况进行审计调查。审计信息《行政单位的经费管理应加强》分别被省委办公厅《八闽快讯》和省政府办公厅《今日要讯》刊载。

1999 年初，省审计厅跟踪调查 1997 年人均行政经费开支水平 4 万元以上的 13 个省级行政机关清理压缩行政经费开支情况。审计调查发现：（1）被调查的行政机关经费安排向自身倾斜，资金来源主要是通过挤占挪用事业经费、预算外资金、专项经费以及向所属单位摊派等取得。（2）控制经费支出措施不够，国务院严控项目支出超预算。1998 年 13 个单位行政预算安排 7930.01 万元，实际支出超预算 6192.42 万元。（3）行政经费开支水平居高不下。13 个单位在职人均经费支出 5.78 万元，与 1997 年度同比下降 0.07 万元，但仍有 6 个单位人均水平持续上升。省审计厅提出加强行政经费管理、对预算实行"抓大放小，包奖结合"的定额包干制度、加大廉政监督力度等审计建议。

2000 年 11 月，省审计厅对当年 19 个单位的审计决定和审计意见执行情况进行跟踪检查。审计调查结果表明，审计决定执行率达 88.1%。

同年，受省政府委托，省审计厅对省政府驻穗办 1993 年至 2000 年 8 月资金外借及回收情况进行审计调查。审计调查发现省政府驻穗办在银行多头开户、会计核算不规范、招待所账目不清、收支情况难以核实等问题。

七、政府负债审计调查

1998 年 5—10 月，为摸清福建省外债偿还情况，评价外债使用效果，分析欠还外债的原因，研究如何更加有效地利用外资，为政府宏观决策提供依据，福建省审计机关对全省利用国外贷援款项目 2000 年前到期外债偿还情况进行审计调查。审计调查福建省利用世行、亚行贷款的水口水电站一、二期项目，国家造林项目，农村卫生人力开发项目等，涉及能源交通、农林水、文教卫生和环境保护等行业和部门。审计调查结果表明，从到期外债偿还情况看，至 1997 年底偿还外债的资金除水口水电站用项目自身效益偿还部分占应还的 74.4% 外，其余 22 个项目仅占 54.6%；由财政、金融部门代垫和财政预算资金偿还的占 29.1%，其他资金偿还的占 4.3%；欠还的占 11.9%。审计调查分析了国外贷援款项目偿债能力：（1）偿债能力好的项目有水口电站一、二期项目，福建公路项目，国家造林项目及厦门港项目等。这些项目能够按计划投产和建设，实现预期目标，取得良好的经济效益，能用自身收益偿还外债。（2）偿债能力差的项目有：第一期红壤开发项目，第二四个农村信贷项目、种子项目。这些项目投资达不到预期效果，效益低，偿债能力差，拖欠外债严重。主要原因：项目可行性研究论证不够，有的项目为争取资金仓促上马甚至盲目上马；项目贷款资金被截留挪用；部分信贷资金用于项目外周转或投资，造成拖欠；项目单位经济效益低无力偿还债务；举债单位偿债意识淡薄，债务责任不落实，影响还贷；国家政策变化和外汇汇率调整，增加还贷压力，以及国内配套资金未及时足额到位，影响项目实施进度。（3）教育、卫生项目体现社会效益，自身无偿还能力，还有一些项目尚未进入偿债高峰期，偿债能力尚未体现。审计建议：（1）要加强外债工作统一领导，把外债管理纳入全省国民经济计划和宏观调控轨道；（2）做好项目可行性研究论证，选好选准项目，杜绝为争取外资、仓促上马的现象发生；（3）建立债务约束机制，坚持"谁用谁还"原则；（4）严肃查处截留挪用外债资金和变卖项目物资行为；（5）国内资金应及时足额配套，以保证项目建设资金需要；（6）完善外债审计制度。省政府将审计调查报告批转省财政厅（省世亚行办），副省长张家坤在报告上批示，要求省财政厅世亚行办研处，总结清理，加强项目规划、可行性研究和管理监督，提高利用外资的规模和效益。

2000年初，省审计厅根据全省经济工作会议精神，对四级政府负债情况进行审计调查，在对福清市审计调查试点的基础上编制了审计调查方案，省审计厅负责调查福鼎市、晋江市政府负债，其余由各地市审计局组织实施。各地市审计局上报的报表须经地市行政首长签章。审计调查摸清了福建省债务的规模、结构和投向。审计调查发现的主要问题有：各级政府违反国家规定举借外债和对外提供担保、反担保；超财力举债，债务逾期率高；不顾财力许可，片面追求形象和政绩；缺乏风险意识，轻易介入生产性、竞争性领域，盲目投资，低水平重复建设，造成损失；部分城市、农村基金会非法经营或管理不善，存在亏损、挤兑现象；讲排场、搞攀比，违规超标建设楼堂馆所，资金缺口大，形成政府债务；粮食政策性亏损无力消化，形成财政负债；政府负债多头管理、各自为政、债务不清、调控不力等。审计提出对政府债务进行归口管理，建立和完善偿债准备金制度、政府债务管理制度，严格区分政府债务和企业债务等建议。省政府领导在审计综合报告上做了批示，省政府办公厅将报告批转各地市政府，要求整改。

2002年，福建省审计机关对全省各级财政部门和有关行业主管部门的政府外债借、用、管、还情况进行审计调查，审计调查结果表明，截至2001年底，福建省政府外债项目有77个，其中，国际金融组织贷款项目28个，外国政府贷款项目44个，其他政府贷款项目5个；协议贷款总金额18.52亿美元，其中，国际金融组织贷款11.71亿美元，外国政府贷款3.70亿美元，其他政府贷款3.11亿美元。截至2001年底，应还政府外债5.79亿美元，累计已还债务4.71亿美元，拖欠债务1.08亿美元，政府外债余额尚有11.94亿美元。审计调查发现的主要问题有：（1）省政府外债工作虽已归口省财政厅管理，但原有外债管理体制不科学，有许多遗留问题没有得到解决，给政府外债管理工作带来难度；（2）利用外债项目建设期长，缺乏可行性研究，对可能的风险估计不足，运作结果与预期效益差距大，造成还贷困难；（3）项目效益不理想，有些项目的债务成为政府的负担；（4）人民币贷款利率下调，影响项目单位利用外债积极性；（5）偿债准备金筹集不平衡，县级偿债准备金筹集困难，问题突出，偿债准备金的管理和使用不规范，存在违规现象等。省政府领导在审计调查报告上做了批示，审计信息简报被省政府办公厅《今日要讯》采用，并上报国务院办公厅。

2003 年 6—9 月，福建省审计机关再次对全省各级政府外债管理体制的现状，以及在现行政府外债管理模式下存在的问题进行审计调查。审计调查结果表明，由于福建省外债管理体制是多口管理、职权分散，难以对政府外债形成综合的、总量的、有效的和统一的管理。一是省财政厅外债处具体负责全省政府外债管理工作，该厅的亚行贷款项目管理办公室负责管理亚行贷款项目，存在多口管理；二是外国政府贷款项目一般通过商业银行转贷，缺乏有效的管理监督约束机制；三是部分外债项目直接由中央部委转贷给省对口的部门单位，贷款的规模和金额事先无从了解，信息和管理滞后。审计调查发现的主要问题和原因有：（1）政府外债项目的可行性研究缺乏科学性、严谨性，或流于形式，只注重引进外债资金，忽视对项目风险的充分估计，忽视经济效益的充分论证以及贷款期限与产生效益的矛盾，使项目难以达到预期的效益；（2）利用外资缺乏统一规划，急于上项目，争到什么上什么，甚至超出当地财政承受力，致使有的项目带有很大的盲目性，立项失误造成项目失败，成为当地财政负担；（3）缺乏项目竣工验收监督机制和项目绩效评价机制，后续管理没有跟上，影响项目的还贷工作；（4）地方政府未能按期履行承诺配足配套资金，只得由项目单位自行筹措，增加项目单位负担，或虚假配套，造成项目成本不实，影响项目效益；（5）未严格按照贷款协议规定的资金用途，存在截留、挪用外债资金，以及以新贷还旧贷的现象；（6）贷款协定或转贷条款不合理，影响项目进度；（7）政府外债风险控制机制不够健全，存在欠债，甚至出现逃废债务现象；（8）偿债准备金筹集、管理、使用不规范，增加政府外债风险。审计建议：（1）建立健全政府外债管理体制，完善统一监管的有效管理制度体系，对政府外债形成综合的、有效的和统一的管理机制；（2）建立举债评审制度，对举债规模、项目、成本、偿债能力等进行评审论证，保持合理外债规模和结构；（3）制订债务风险管理规范制度和管理程序，采取有效措施降低债务风险；（4）建立分级负责制，落实偿债责任，做到权利与责任的统一；（5）加强项目后续管理，建立绩效评价机制，切实履行财政和项目主管部门监督管理职能，促进项目健康、持续发展。省长卢展工，副省长黄小晶、陈芸在审计调查报告上批示，并批转省财政厅办理。省财政厅制定了《福建省利用外国政府贷款项目管理暂行规定》，加强对政府外债的管理。

八、地税部门审计调查

2001 年，福建省审计机关对全省地税部门 2000 年度提退代征代扣手续费情况进行审计调查，审计调查结果表明，地税部门采取串换税种、扩大基数、假冒委托代征、重复计提等手段违规提退手续费 1134.12 万元，提退的手续费大部分用于福利性、消费性支出和弥补经费支出。审计建议：改革现行税务系统经费供给体制，取消税收征收手续费提退规定，税务部门所需经费支出全部纳入预算，由同级财政给予保障；支付举报人的奖金和代征代扣单位的手续费，也由财政预算据实安排，以改变地税部门自提自用手续费和国库、财政部门把关不严、监督不力的状况。

2002 年，省审计厅审计调查省地税局直征分局、稽查分局、票证装备分局，厦门市地税局及其所属的开元、直征、海沧分局和漳州市地税局及其所属的直征分局、云霄县地税局票证工本费收支情况，发现收取的凭证工本费均未实行"收支两条线"管理，留在本单位使用，有的还开支了不属于工本费支出的项目。这既有财政部门未安排相应的工本费经费的原因，也有地税部门自身不重视"收支两条线"规定，疏于管理的原因。省审计厅要求省地税局向省财政厅申请工本费印制专项经费，地税系统收取的票证工本费必须全额缴库，落实"收支两条线"管理。

2004 年，福建省审计机关对同级地方税务局（不含国、地税合一的县税务局）2003 年度经费收支情况进行审计调查，审计调查发现的主要问题有：（1）地税系统经费结余量大。至 2003 年末，全省地税系统经费结余 11.09 亿元，其中省地税局结余 3.76 亿元。（2）财政对地税部门尚未实行完整的部门预算，造成部分财政安排的资金预算约束力不强。地方财政以征管经费、征收经费或奖励经费名义拨入的经费预算用途不具体、不明确，地税系统经费结余量大和干部职工奖金福利发放多。（3）部分地区税收征收成本较高。2001—2003 年，福建省地税系统平均征税成本为 4.68％。莆田、宁德、漳州三年平均征税成本都在 8％以上；南平、三明、龙岩，为 5％～8％；福州、厦门、泉州在 5％以下。（4）基建支出占税收成本比重大。基建支出占经费支出的比重 2001 年为 23％、2002 年为 32％、2003 年为 22％，这还不包括应付未付的工程款项。（5）人均经费支出和人均奖金福利支出水平高，其增长幅度远高于总经费支出的增长，呈现地域分布的不均衡，地税系统人均经费支出远高于同级同类单位的支出水平。审计建议：财政部门应强化部门预算编制，合理安排税务系统经费预算；地税部门应加大结余资金的统筹力度，控制基建规模和标准，规范奖金福利发放，合理使用征管经费。

九、县市财政状况审计调查

2002 年 11 月和 2003 年 5 月，根据省政府要求，省审计厅分别对宁德、南平、漳州、三明、龙岩、福州 6 个设区市所属的 36 个县市财政状况进行审计调查。审计调查发现的主要问题有：（1）收入不实。按虚列收入的类型划分：企业和个人所得税 1.15 亿元、国有资产经营收益 0.58 亿元、农业税 0.19 亿元、农业特产税 1.73 亿元、其他收入 2.93 亿元。按虚收的方式划分：财政部门列收列支 2.52 亿元、财政部门借款给企业缴税或直接垫税 2.34 亿元、亏损企业借款上缴利润和所得税 0.71 亿元、土地出让金等基金收入或预算外收入转为一般预算收入 0.72 亿元、征收过头税 0.2 亿元。（2）支出少报 10.73 亿元。其中：2000 年及以前年度 7.27 亿元、2001 年度 2.74 亿元、2002 年度 0.72 亿元。（3）滚存赤字隐瞒 15.5 亿元。（4）财政资金紧张。平潭、福清、永安、清流、松溪、罗源、闽侯、连城、上杭、政和、武夷山、浦城、永定、长汀、泰宁、尤溪、古田、屏南 18 个县市 2002 年度地方财政一般预算收入 22.19 亿元，占总支出 37.62 亿元的 58.98％，近 41％的支出依靠上级补助。屏南县 2002 年财政资金自给率仅为 33.2%。2002 年末平潭等 18 个县市中有 7 个县市财政库款少于 100 万元，福清市国库存款仅有 11 万元。有的县乡财政部门截留、挪用专项资金，有的靠银行贷款兑现工资。（5）机关运转困难。2001 年建瓯、福安、福鼎、寿宁、周宁、诏安、东山、龙海、云霄、建宁、沙县、大田、建阳、顺昌、平和、南靖、邵武、将乐 18 个县市预算财力 22.26 亿元，人员支出、社会保障及对个人和家庭的补助支出需要安排预算 21.22 亿元，占财力的 95.3%，余下的 4.7% 即 1.04 亿元安排公用经费支出预算，年人均公用经费支出预算只有 542 元，有的地方机关干部的差旅费一两年得不到报销。（6）债务负担重。截至 2002 年底，平潭等 18 个县市存在显性和隐性债务，总额 59.83 亿元，其中：显性债务 43.7 亿元，平均每个县 2.4 亿元，显性债务约是当年地方财政收入 22.19 亿元的 1.97 倍。审计分析县乡财政困难的主要原因有：（1）经济欠发达，发展水平低。以农业型为主的产业结构制约了财政经济发展，是导致财政困难的根本原因，这在闽北山区尤为突出。（2）财权事权不统一是县乡财政职能难以发挥的根源。一是收入上划，地方财政收入占总收入的比重下降幅度大。中央和省级财政集中地方财力的力度不断加大，县乡财政成为层层集中财力的对象；二是支出下移，县乡财政负担重。教育支出全部下放给县乡，中央和省级政府在发展义务教育方面承担的经济责任明显不够；三是接待负担重。由于现行的差旅费标准不切合实际，上级机关人员到基层出差转嫁很大一部分差旅费，加重基层政府负担。（3）财政供养人口超出财政承受能力是困扰县乡财政的重要因素。（4）财政制度改革不到位，财政、财务管理薄弱。绝大多数县乡一方面财政极其困难，另一方面却有大量的预算外资金游离于预算管理之外。（5）有的地方领导理财思想不端正，追求政绩，弄虚作假，盲目投资，造成损失。审计建议：（1）改革乡镇政府的行政构架，解决机构臃肿、财政供养人员过多的问题。（2）理顺财政体制，统一财权事权。调整支出负担比例，对教育支出和政策性调资省市两级要增加负担比例；削减专项补助改为转移支付；杜绝负担转移，加大对乡村基础设施建设投入。（3）加快预算管理制度改革进程，加强预算外资金管理，在县乡全面推行综合预算。（4）树立危机意识，建立领导责任制，采取措施遏制、消化财政赤字和债务。（5）建立领导干部任职综合评价指标体系。省政府办公厅批转了审计调查报告，省委组织部、省编办、省监察厅、省财政厅等部门联合制定《关于进一步加强对市县财政监督管理工作的意见》。

十、税务代理机构审计调查

2003 年，省审计厅对福建山海税务师事务所有限公司、福州正瑞税务师事务所有限公司进行审计调查，并延伸抽查了中闽农业开发公司、福建福日集团公司、福州抗生素集团公司委托代理企业单位的纳税情况。审计调查发现的主要问题有：（1）部分税务代理机构对承接应签订代理协议的代理事项以口头协议代替书面协议，执业过程记录不规范，应出具结果报告或意见书的代理项目，未形成书面报告或意见书，有的以口头方式告知进行纳税调整，有的在委托代理单位纳税申报表上直接操作。（2）税务代理机构执行企业所得税汇算业务审查事项不全面，只对管理费用进行审查、核实和调整，未涉及收入、成本结转真实、合法性等内容的检查，造成成本结转明显不实而未能及时调整，影响税款缴纳的真实性。（3）有的税务代理机构业务档案管理不规范。审计建议：地税部门应健全税务代理机构执业资格、执业标准、代理质量等考核制度，加强对委托税务代理纳税户的稽查、检查工作，促进税务代理机构在税收征管中的辅助作用。

十一、征地补偿费审计调查

2003年，省审计厅对财政、国土部门管理的征用农民集体所有土地补偿费（不含土地受让方直接补偿的，简称"征地补偿费"）的补偿到位情况进行审计调查，重点抽查16个征地补偿项目，审计调查涉及22个乡镇、29个村集体和103户农户。发现的主要问题有：挤占挪用征地补偿费用于建房买车、行政经费支出；部分国土、财政部门、村集体经济组织、用地单位欠付征地补偿费；个别镇政府将应付的征地补偿费抵扣村应交的费用；收储部门逾期支付征地补偿费；未制定、公示征地补偿方案；村财务发放征地补偿费不规范等。审计建议：修订征地补偿、安置费标准，保证农民生活水平不下降，完善社会保障；建立征地专项资金保障机制和改革征地补偿费支付方式，确保征地补偿资金落实到位；建立健全征地补偿管理监督机制；采取多种补偿方式。副省长黄小晶在审计调查综合报告上批示，要求被审计单位整改并进行反馈，同时要求省国土资源厅厅长进行研处。省国土资源厅与省审计厅共同研讨征地补偿费的有效机制。

同年，省审计厅对福州市新店镇、福清市音西镇、长乐市金峰镇、航城镇4个镇及所属5个村征地补偿费补偿情况审计调查结果表明，各市县建设用地的征地补偿安置工作方式采取"由用地单位按土地法及有关规定自行委托有拆迁资质的单位进行并承担由此发生的一切费用"或直接与被征用土地所属乡镇、村签订补偿协议的方法进行安置补偿，土地管理部门未建立健全有效的控制和监督机制。审计调查发现征地补偿费的收缴和使用存在的主要问题有：（1）乡镇政府占用征地补偿费2881万元用于道路建设和政府留用。（2）项目用地单位欠缴征地补偿费3115.7万元；拆迁安置部门欠付征地补偿费737.9万元；镇政府欠付征地补偿费2139.7万元。审计分析产生问题的原因有：（1）补偿安置工作的控制和监督缺位。征地补偿是土地开发的主要成本，开发商总是想方设法压低补偿标准和拖延补偿时间，以降低土地开发成本，有关部门对开发商或项目用地单位是否依法实行补偿安置和对补偿资金分配的控制和监督未到位。（2）土地出让收入分配不合理，造成乡镇政府占用、留用征地补偿费。土地出让收入在县以上政府间进行分配，而农村征地补偿安置工作是由乡镇政府承担，乡镇政府财政供养人员多、资金缺口大，导致挤占征地补偿费。审计建议：（1）修订征地补偿、安置费标准，调整土地收入分配结构，把确保农民生活不下降作为确定补偿安置的最低标准。（2）国土资源管理部门要加强对征地补偿费工作的控制、管理和监督，依法公开征地面积、补偿标准和工作过程，对不依法进行补偿或不按协议规定拖欠、克扣农民征地补偿费的要进行处理。（3）改革土地出让收入财政分配体制，应在五级财政间分配，土地出让收入分配中至少应包含乡镇政府实施或协助实施农民安置补偿工作的工作费用。（4）成立村土地财产委员会，代表农民直接与征用土地方公开谈判土地出让补偿、安置问题，监督土地收益分配。（5）采用多种补偿方式。一是引导农民用村集体土地补偿为农民办理社会保险；二是允许在工业建设规划区内的农村集体依法取得本集体土地建设用地使用权，使用村集体收入按规划投资修建标准厂房办企业或出租，使被征地农民分享土地增值收益；三是引导农民将村集体土地征地补偿收入作价入股投入征地较多而又有稳定收入的经营性项目。（6）切实加强对农村集体财务的审计监督。审计署副审计长令狐安在审计调查报告上做了批示："这个报告触及到了目前一个带有全国性、全局性、长远性的重大问题，即对农民的失地补偿标准过低。土地是农民的基本养老保险，土地出让标准过低，解决不了失地农民的生活保障，后患无穷。我们讲'三个代表'、讲'五统筹'、讲'可持续发展'，关键在于落实。农民失去土地后的生活保障及出路如果解决好了，就是一个最重要的实践，这是关系到国家长治久安的大事"，并建议审计署农业司和福建省审计厅就此问题进行调研，协同社会保障部门向地方党委、政府提出整改建议。该审计结果也引起省委省政府领导的重视。

2004年7—8月，根据福建省委督察室通知要求，省审计厅与福州市审计局对福清市海口镇、城头镇及所属6个村1991年以来征地补偿费的支付使用情况进行审计调查。审计调查结果显示：两镇政府共征用、预约地4361.67亩，根据征地补偿协议标准计算，应支付征地补偿费3020.14万元和预付预约地征地补偿费771.12万元，城头镇政府截留4个村征地补偿费，将应付的征地补偿费用于抵扣村各种欠款和应缴税费等。省审计厅向省委督察室报送审计调查报告，审计建议：征地补偿费应及时补偿到位；对元洪开发区自1991年以来征地补偿费情况应进行清理核对落实到位。责成福清市政府核实解决。

十二、药品和医疗设备采购审计调查

福建省县级以上药品集中招标采购工作始于2002年3月，为了解药品和医疗设备（器械）执行集中采购和政府采购情况及效果，省审计厅对第一、二批药品集中招标采购及医疗设备（器械）执行政府采购制度情况进行审计调查。

2003年7—11月，省审计厅对福建医科大学附属协和医院、福建医科大学第一附属医院、省妇幼保健院和省肿瘤医院2002年第一批药品集中招标采购执行情况进行审计调查。审计调查结果表明，医院在设备和执行药品招标采购以及药品招标采购运作等方面不够规范，主要表现为：（1）未严格执行药品采购合同。2002年7月1日至2003年6月30日实际采购的履约率为57.19％。（2）采购合同应具备的基本条款不全及设备采购的内控制度不够健全。4所医院第一批中标药品所签订的采购合同有12.71％品种的药品没有确定购买数量。

（3）医院电算化信息系统的建设与管理不够完善。（4）中标药品购进核算不规范。（5）4所医院专项卫生事业费2809.95万元用于设备购置、基建配套设施和购买装饰材料等，未执行政府采购，且合同不规范。审计分析产生问题的主要原因有：（1）省卫生厅对执行药品集中招标采购的指导、监督、检查不到位；（2）医院客观上存在被动接受药品招标采购；（3）医院存在重医疗管理，轻经济管理的现象。审计建议：（1）医院药品零售应打破垄断经营，引入竞争机制，试行门诊处方允许外带，改进医保外购药品的有关规定。（2）理顺医疗收费价格，完善医院补偿机制，确保药品集中招标活动的健康开展。（3）省卫生厅应完善药品招标操作办法，加强对医疗机构集中招标采购履约情况的监督、检查；加强对医院系统执行政府采购制度的管理与检查，强化医院电算化信息系统的建设与管理。（4）省物委要加强对招标药品定价管理，规范药品招投标的定价行为。副省长黄小晶在审计调查报告上批示，省政府办公厅将审计报告批转省卫生厅。

2004年9—11月，省审计厅对福建省立医院、福建医科大学第一附属医院、福建医科大学第二附属医院、省皮肤病院和省人民医院第二批药品集中招标采购及医疗设备（器械）执行政府采购制度情况进行审计调查。审计调查发现的主要问题有：（1）实行药品集中招标采购后药价降幅不大，部分中标药品临时零售价高于规定价、中标价高于医院原进价，医院个别品种中标药品零售价未执行省物委规定的临时零售价；（2）有关管理部门在确定采购方式、中介代理机构资质的认定等方面审核把关不严，委托中介机构代管保证金存在资金安全隐患；（3）招标代理机构招标采购运作不规范，对供应商的资质审核不够严格；（4）医院在采购医疗设备（器械）中执行政府采购规定标准不严格等。审计分析产生问题的主要原因有：（1）管理部门对市场药品价格调查了解不够、监管不到位，省药品集中招标管理部门与医院协调沟通不畅；（2）医院依赖药品收入发展，是药品价格降幅不大的重要原因；（3）医院习惯意识强于依法办事意识，存在被动接受药品、医疗设备（器械）招标；（4）医院采购管理部门缺乏政府采购实践经验和制度研究，相关配套规章制度不完备。审计建议：（1）政府有关职能部门应采取切实有效措施，规范医院行为，促使药品价格进一步降低；（2）理顺医疗收费价格，完善医院财政补偿机制，确保医院的生存和发展；（3）加强对中介机构的监督管理，中介机构要依法服务，提高服务质量；（4）医院应强化学习、健全制度，健全充实招标采购主管机构、人员及招标采购信息资料库，并强化招标采购的监管力度。省政府领导在审计调查报告上批示，要求省卫生厅等有关部门整改。

十三、教育预算外资金审计调查

2003年11月，根据省政府办公厅的要求，省审计厅对31个县市区教育预算外资金统筹情况进行审计调查，重点抽查县市区财政和教育主管部门。审计调查报告分析了县市区教育预算外资金被统筹的主要原因，提出规范县市区教育预算外资金统筹的审计建议。省政府办公厅将审计调查报告批转省财政厅研办。省人大教科文卫委将审计调查报告全文转载在《教科文卫情况》简报上，供各地人大开展义务教育法监督工作参考。

2004年，省审计厅对省教育厅直属8个单位2003年预算外资金管理和使用情况进行审计调查。审计调查发现的主要问题有：（1）预算外收入2256.75万元未及时、全额纳入预算管理和财政专户管理，违反"收支两条线"规定。主要表现：①将预算外收入作为下属集体企业收入或工会收入；②预算外收入未专户管理，直接"坐收坐支"；③预算外资金缴存财政专户不及时。（2）厅直属2所小学违反规定"乱收费"，变相招收"择校生"。（3）擅自出台预算外资金使用规定，扩大开支范围。（4）未编报政府采购计划，未执行政府采购规定。（5）有的单位违规使用票据，采用自购收款收据开票。省教育厅领导重视审计调查报告反映的问题，要求直属单位认真整改。

十四、效益审计调查

2002年，省审计厅对福州大学、福建师范大学、福建农林大学和集美大学4所省属高校2001年以来资金使用效益情况进行审计调查。审计调查发现的主要问题有：（1）资金闲置，专项经费使用率低，影响效益。截至2001年底，4所高校银行存款余额4.99亿元，各类经费指标结余5.10亿元。造成资金闲置，经费使用率低的主要原因：①每年上级主管部门专项经费拨款到位不及时，影响项目进度，达不到预期效益；②受管理体制制约，从立项审批到项目启动，需一定时间，造成资金虽已到位，却未能及时使用；③由于高校对事业发展寄希望于上级多拨款，而对学校的事业基金、专用基金等自有资金结余，继续作为每年滚存结转；④预算分配部门所掌握的结余资金，以及学校的课题研究项目已完成，但课题专项经费尚有结余的资金，学校在每年预算安排时未作为结余上报财政统筹安排。（2）"三金"（奖学金，贷学金，勤工俭学、学费减免和困难补助金）使用效益低。至2001年底，4所高校从学生缴费中提取的"三金"滚存结余金额7466万元，未能发挥资金使用效益。（3）教育经费供求矛盾突出。（4）师资队伍流失严重，科技经费投入不足。（5）管理机制不健全、后勤负担重、校办产业效益低、历史欠债多。审计建议：（1）高校应加强财务管理，合理安排支出，避免资金闲置，提高资金使用效益；（2）扩大资金来源渠道，增强自筹资金能力；（3）财政部门要加强高校预算管理，改革财政对高校经费管理办法。审计综合报告引起省领导和省教育厅的重视，省政府办公厅为此专门召开协调会。

2003年，省审计厅对省科技厅2000—2002年度科技三项费用（新产品试制费、中间试验费和重大科研项目补助费）使用效益情况进行审计调查。2000年省财政安排科技三项费用6963万元、2001年安排7663万元、2002年安排8426万元，省科技厅对这些资金全部安排下达。根据省科技厅的资金投向及所提供的课题结题情况，省审计厅选择福州、莆田为重点调查地区，抽选少量在研课题、部分合同期已到而未申请结题和已结题的项目，围绕资金分配、管理、使用及课题的立项、验收进行调查。审计调查发现的主要问题有：（1）省科技厅以课题形式套取经费、投资入股；违反课题立项程序，监督管理不到位；资金和项目管理混乱，课题捆绑立项，夹带安排非科技项目，资金分散使用。（2）地市科技局未能及时拨付科技三项费用。（3）有的课题承担单位挤占挪用科技三项经费。（4）一些客观因素造成科研成果未能转化为生产力。审计提出建议并要求整改。

2005年，省审计厅组织龙岩、三明、宁德、南平和漳州5个设区市以及相关县审计局，对全省已完工的世行贷款红壤二期项目的效益情况进行审计调查。审计以项目资金来源和使用为主线，以财务收支的真实性、合法性为基础，以摸清项目的现状、产生的效益以及还贷能力作为审计调查的重点，采取调阅以前年度审计工作档案、召集被审计单位座谈、实地走访项目直接受益人和重点抽查部分小流域等方式，重点抽查了45个项目点、29条小流域和7个加工厂。世行贷款红壤二期项目自1994年6月实施至2001年6月结束，2002年进入还贷期。至2004年底，全省实际完成投资55044.40万元，占计划总投资的106%，其中利用世行贷款2670万美元。全省累计已归还贷款本息1166.68万美元，债务余额为1821.20万美元（含应还利息）。审计调查结果表明：（1）通过项目的实施，小流域的开发建设取得了初步的综合效益。一是小流域开发治理初见成效，部分项目实现了预期目标，社会效益和生态效益明显；二是小流域区域农作物、经济作物、畜牧、水产养殖的产值产量和农民收益有所提高，取得一些经济效益，但各地发展不平衡，效益好的仅是少数。（2）投资农产品加工厂项目未达到预期目标，无经济效益。审计调查发现的主要问题有：（1）项目前期论证不充分，风险机制不完善，造成资金沉淀和损失。小流域开发点多面广、经营分散，项目实施者多为个体，贷款既无实物抵押，也无经济实体担保，项目前期论证对风险估计不足，防范风险措施不力；加工厂项目论证不充分，在项目建设过程中发现与当地实际情况不符，无法继续建设，形成"半拉子"工程。（2）资金到位不足、缺口大，制约项目的正常开展。一是世行贷款信贷资金未全额拨付到项目单位。财政部门、项目主管部门和项目单位不同程度滞留挤占挪用部分信贷资金；二是配套资金缺口大。（3）物资采购环节存在损失浪费。（4）信贷资金转贷利率提高、时间缩短，加重项目负担。（5）项目经济效益低，难以归还世行贷款，财政偿债压力大。审计调查从资金投入不足、市场变化大、自然灾害多、项目管理机制不顺畅和汇率的变化5个方面分析了影响红壤二期项目经济效益未实现预期目标的原因。并提出要建立科学的论证评估和风险预警机制，有效利用外资；加强后续管理工作，提高经济效益，提高项目偿债能力；加大清欠力度，采取有力措施，收回逾期、被挤占或挪用的项目资金，减轻政府的偿债压力以及落实债权债务，完善偿债机制，建立还贷准备金制度等建议。省长黄小晶，副省长刘德章、陈芸分别在审计调查报告上批示，指出此类贷款项目要特别慎重。要求有关部门研究后续工作，加强管理。省政府办公厅将省领导批示批转省财政厅、省农业厅和省审计厅，要求做更深入的研究。相关部门就后续管理工作提出整改意见和建议。

根据省政府交办，省审计厅对福建省福州树木园管理处（增挂"福州国家森林公园管理处"、"福建省园林绿化中心"两块牌子，简称"福州国家森林公园"）2002—2004年度财政财务收支、经济效益情况进行审计调查。审计调查结果表明，福州国家森林公园每年收入 500 万～600 万元，财政拨入事业费 80 万～100 万元；年均支出 800 万元左右，历年经营累计亏损 1285.46 万元，占用了上级拨入的专项建设资金；2002—2004 年业务招待费支出 150.05 万元，占公用经费支出的 29.7%。省政府领导在审计调查报告上批示，要求省林业厅提出整改处理意见。

第十章 法制建设与质量工作

第一节 法制宣传教育

1996年10月，为贯彻《审计署关于审计机关开展法制宣传教育第三个五年规划》，省审计厅成立普法领导小组，制定《福建省审计系统开展"三五"普法教育活动的意见》，对全省各级审计机关开展"三五"普法的目标、要求、措施、方法和步骤做了具体部署，要求各地结合实际情况制订普法宣传教育方案。从1996年起，省审计厅加强对地市县审计机关普法骨干的培训，共举办培训班4期，讲解《审计法》及其实施条例、《行政处罚法》、《行政复议法》、《预算法》、《中国审计规范》等相关内容。

1997年，省审计厅制发《福建省审计系统1997年度开展"三五"普法教育活动的实施意见》，指导各级审计机关健全普法领导机构，落实普法经费，确定各专业法学习的重点内容。4月，省审计厅结合《中国审计规范》的颁布实施，举办全省审计法制骨干培训班，邀请审计署专家讲解审计规范知识，共有100多人参加培训。6月，根据普法规划和实施意见，省审计厅编印、下发普法材料汇编《审计普法必读》。该书收编了《宪法》、《审计法》、《预算法》及其实施条例、《公司法》、《国家赔偿法》、《行政处罚法》、《税收征管法》及其实施细则等28个与审计工作密切相关的法律法规，以及11个涉侨、涉台、与福建省改革开放政策密切相关的法律法规。组织全省审计机关订阅审计署编印的《审计干部法律必读》和《审计干部刑法知识读本》等有关普法材料和法规汇编书籍。此外，通过《福建审计》、《审计简报》、《审计动态》等刊物，宣传普及法律法规知识；开展全省审计系统普法知识测试，测试内容为《审计普法必读》，测试对象为全省审计机关在职干部及全省各审计师事务所从业人员，共收回试卷2376份。

1998年11月，省审计厅召开全厅审计干部会议，邀请全国人大常委会法工委研究室主任房维廉做"《预算法》讲座"，讲解国家近年来经济立法基本概况、法律法规体系及《预算法》制定出台的有关情况。

1998—1999年，省审计厅先后下发《关于开展1997年度审计项目质量检查暨"三五"普法考核的通知》和《福建省审计系统"三五"普法教育活动检查评比意见》，在全省审计机关开展"三五"普法工作阶段性检查活动。对普法工作成效显著的单位予以通报表扬，同时，将全省审计系统"三五"普法工作开展情况，以文件的形式报送审计署和省普法办。

1999 年 8 月，省审计厅组织全省审计机关开展《审计法》及其实施条例宣传活动。连续一周在《福建经济报》第一、二版开辟专栏宣传《审计法》的主要内容及审计工作取得的成效；在福建人民广播电台《早新闻》时段，连续播出宣传《审计法》的系列报道；与省人大常委会财经委联合召开座谈会，邀请省直有关部门领导参加座谈学习贯彻《审计法》。全省审计机关结合"三五"普法教育活动和当地实际，开展《审计法》颁布 5 周年系列宣传活动。9 月，在省政府法制局组织的福建省行政执法人员执法资格考试中，省审计厅包括厅领导在内的干部考试全部合格，取得省政府颁发的行政执法资格证书。地市县审计机关全体审计人员也参加行政执法资格考试，考试合格率在 96％以上。

2000 年 4 月，省审计厅结合"三五"普法学习，对全厅审计干部进行闭卷集中考试，重点考核审计干部对刑法经济类犯罪及与审计执法有关法律法规的掌握情况。8 月，举办讲座，邀请审计署、省财政厅、省审计厅专家讲解《国家审计准则》、《会计法》和《刑法在审计中的应用》。

2001 年，省审计厅成立"四五"普法依法治理工作领导小组，由厅长任组长，分管法制工作的副厅长任副组长，负责组织、指导和监督检查全省审计机关的"四五"普法工作。根据审计署部署，省审计厅制发《福建省审计机关开展法制宣传教育的第四个五年规划》，对全省审计机关开展"四五"普法的指导思想、目标与任务、工作要求、步骤和方法、组织领导及保障措施做了具体部署。省审计厅举办全省审计法制骨干培训班，讲解《审计法》及其实施条例、《行政处罚法》《行政复议法》《预算法》《行政许可法》及《国家审计准则》等相关内容。

2004 年，省审计厅下发《福建省审计厅关于深入开展审计机关普法依法治理工作的通知》，要求各级审计机关落实"四五"普法规划。6 月，邀请省行政学院教授给全厅干部讲解《行政许可法》，组织全厅干部参加省人事厅、省法制办、省司法厅等部门举行的《行政许可法》考试。全省审计机关根据普法规划和干部培训工作计划，以集中辅导与个人自学相结合的方式学习。省审计厅建立健全领导干部法制讲座制度，将有关法律法规学习作为重要内容，先后举办《保密法》《行政许可法》《国家审计准则》《财政违法行为处罚处分条例》等讲座；以参加审计署的审计干部全员岗位资格考试为契机，组织全省审计机关干部订购审计署编写的《审计干部法律知识读本》等辅导用书，帮助审计干部学法、用法。全省审计机关参加审计署全员岗位资格考试的参考率为 97.1％，合格率在 98％以上。注重对厅机关和设区市审计机关普法工作开展情况的考核，结合审计项目质量检查工作，对设区市审计机关"四五"普法工作进行检查指导。同年，适逢《审计法》颁布 10 周年和福建省审计机关成立 20 周年，由省人大常委会组织《审计法》实施情况执法检查，检查的主要内容：各地各部门学习、宣传《审计法》，贯彻有关法规情况；各级政府及其审计依法行政情况；各级审计机关能否独立行使审计监督权，是否受到其他机关、社会团体和个人干预；各级政府对 2001 年、2002 年预算执行审计处理决定的执行情况和各主管部门纠正的情况；

审计机关依法移送有关纪检、公安、监察机关建议立案或案件线索的办理情况；审计机关队伍建设、经费保证和人员专业化情况。检查组组长、省人大常委会副主任贾锡太向省十届人大常委会做实施《审计法》情况的检查报告。

2005年，结合全省审计工作会议，省审计厅邀请审计署专家到会讲解《审计机关审计项目质量控制办法》和《财政违法行为处罚处分条例》。各级审计机关组织审计干部学习《行政处罚法》《行政复议法》《行政诉讼法》《国家赔偿法》等规范政府行为的法律；学习《刑法》《会计法》《预算法》《公司法》《证券法》《合同法》《企业破产法》《税收征管法》《中国人民银行法》《商业银行法》《保险法》《票据法》《担保法》等与审计工作密切相关的法律。同时，各级审计机关还建立了法制宣传教育工作制度，利用电视、广播、报刊和计算机网络等传媒，进行审计法制宣传教育；对新出台的审计法规规章，采取集中时间和力量的方式进行宣传。

第二节　制度建设

1996年2月，省审计厅印发《关于实行建设项目（工程）竣工决算全面审计制度的通知》。规定审计的对象和范围为有国有资产的竣工建设项目（含技术改造项目），包括各级财政预算内、外资金；国有企事业单位组织（含国有企业改制为股份制的公司）自行筹措资金；其他性质单位接受国有资产投资和向金融机构贷款的建设项目。要求按审计管辖权限划分审计范围，执行分级审计，并对审计分工、审计程序、审计管理做了规定。5月，修订了《福建省审计统计工作考核办法》。11月，印发《福建省审计厅关于执行审计业务公文格式规范的通知》，全省审计机关自1997年1月1日起执行审计署统一制定的审计业务公文格式规范。同年，省审计厅根据省政府颁发的《福建省金融机构收缴罚款办法》规定，下发《福建省审计厅关于全面实行由金融机构收缴审计罚款的通知》，要求全省审计罚款全面实行由金融机构收缴的制度；提出各级审计机关以方便被审计单位缴纳罚款为原则，在辖区范围内确定收缴的银行网点，并与被确定的银行签订收缴罚款协议，报上一级审计机关和同级政府财政部门备案。当年，省审计厅与兴业银行签订收缴罚款协议，由兴业银行及省内所属网点代理收缴省属单位的审计罚款。同年，省审计厅根据省人大常委会《福建省权力机关、行政机关规范性文件管理办法》的规定和省政府办公厅的部署，印发《福建省审计厅机关规范性文件管理规定》，并对省审计厅1984年成立以来至1995年底制定的93件具有普遍约束力的规范性文件进行清理分类，继续有效的文件22件；废止执行的文件64件；需要修订的文件4件；不属于省审计厅牵头清理，应由主办部门清理的文件3件。

1997年3月，省审计厅制定《审计质量检查暂行办法》，明确了按照国家法律、法规、规章及审计工作规范的规定和要求，对地市审计机关、省属各内部审计机构和审计人员开展审计工作情况进行检查。检查内容包括：履行法定职责、建立和执行内部控制制度、审计项目完成质量及效果等。地市审计局也重新制定了或修订有关质量控制制度。厦门、莆田和三明市审计局制定了审计执法过错追究制度；龙岩、莆田市审计局重新修订和细化审计复核制度；龙岩市审计局制定了《审计质量考核奖惩暂行办法》。4月，印发《福建省审计厅关于贯彻执行〈中国审计规范〉若干意见的通知》，要求严格按照各个规范的具体标准，规范审计行为。并针对各地在贯彻执行《中国审计规范》中遇到的问题，提出7点具体意见，对审计通知书、审计方案、审计报告、延伸审计、离任审计、审计复核、审计业务文书不明确之处予以补充，停止执行《福建省审计项目质量管理办法（试行）》及其相配套的五个专业规范，规定各级审计机关不再出台新的配套办法或规定。同年，还制定了《福建省审计厅机关计算机应用管理规定》和《福建省审计厅计算机中心机房管理制度》。

1998年，省审计厅制定《审计组长岗位职责》，明确审计组长的工作任务和责任，并修订《福建省审计厅机关计算机应用管理规定》。

1999年，制定了《福建省审计厅机关计算机信息系统保密管理暂行规定》，要求对连接互联网的电脑严格实行专机专线上网。

2000年3月，省审计厅制定了《福建省县级以下党政领导干部任期经济责任审计操作规程（试行）》和《福建省国有企业及国有控股企业领导人员任期经济责任审计操作规程（试行）》。5月，制定了《重点建设项目跟踪审计办法（试行）》，加强对重点建设项目审计监督，为政府提供重点建设项目有关动态信息。6月，制定了《福建省审计厅审计执法责任制度（试行）》和《福建省审计厅审计执法过错责任追究制度》。7月，制定了《福建省审计厅定密工作实施办法（试行）》。10月，把《重大审计事项审理制度》修改为《审计业务审理会议制度》。同年，还制定了《福建省审计厅关于审计听证会的组织规定》《关于启用审计通知书副本的通知》《关于变更审计通知书内容的通知》和《被审计单位承诺书》等各项审计执法的配套制度，完善内部控制和管理制度。

2001年2月，对《福建省审计厅审计执法责任制（试行）》进行修改和补充后印发全厅，于4月1日执行；并对《福建省审计执法过错责任追究制度（试行）》进行修改和补充后，于7月1日起执行。3月，根据审计署印发的32种审计业务文书文头格式，印发了《福建省审计厅关于印发审计业务文书内容规范格式的通知》，并增设《解除暂时封存账册资料通知书》格式及内容规范，供全省审计机关执行。7月，制定《福建省审计厅兼职保密员工作职责》《福建省审计厅关于在干部调动和退休时做好个人保管的公务文件材料移交工作的通知》。10月，制定《福建省审计厅委托审计项目管理办法（试行）》《福建省审计信息化建设五年规划》。同年，还制定了《福建省审计厅计算机使用管理规定》《福建省审计厅计算机网络安全管理办法》《电教室管理规章》。并根据省委办公厅、省政府办公厅和省政府法制办的部署，对机关现行的地方性法规、规章和其他政策措施进行清理。

2002年，制定了《福建省审计厅数据加密通信网络使用管理实施细则（试行）》《笔记本电脑使用与保养注意事项》《设备管理规定》和《资料管理规定》等。

2003 年 1 月，制定了《福建省审计厅审计业务会议规则》。2 月，修订了《福建省审计厅密码电报管理规定》。5 月，制定了《福建省审计厅厅机关后续审计工作的暂行规定》。9月，制定了《福建省审计信息考核办法》。同年，省审计厅还制定了《关于审计组在外地审计期间执行廉政纪律的补充规定》和《福建省审计厅审计项目考评办法（试行）》，考评办法将审计项目质量优劣与审计人员工作绩效挂钩，考评结果作为年度公务员考核的主要依据之一。12 月，制定了《福建省关于贯彻落实〈审计署 2003—2007 年审计工作发展规划〉》的实施意见。

2004 年 4 月，围绕审计署《审计机关审计项目质量控制办法（试行）》的贯彻实施，制定了《福建省审计厅审计项目质量检查工作规则》。根据审计署《国家审计基本准则》及《审计机关审计项目质量控制办法（试行）》的规定，修订了《福建省审计厅审计业务会议规则》，强调对年度安排的所有审计项目均要召开小型审理会，明确审计业务会议是指厅机关召开的小型审计业务会议以及重大审计业务会议，并具体规定两种会议的组成人员、审议事项范围。

2005 年 3 月，制定了《福建省审计厅审计日记编写规则（试行）》《福建省审计厅审计报告编写规则（试行）》《福建省审计厅审计组组长责任制度（试行）》《全省优秀审计项目评选办法》和《福建省审计厅专项审计调查项目复核工作规则（试行）》。再次修订了《福建省审计厅审计执法岗位责任制度》和《福建省审计厅审计执法过错责任追究制度》。6 月，为适应审计工作发展变化，重新修订了《福建省审计厅审计业务会议规则》。8 月，重新修订了《福建省审计统计工作考核办法》。9 月，制定《福建省审计厅授权设区市审计局审计项目管理办法》。11 月，制定《全省优秀审计项目评选办法》。12 月，制定《福建省审计厅专项审计调查项目复核工作规则》，重新修订了《福建省审计厅审计项目考评办法（试行）》。同年，还修订了《中心机房管理制度》，制定了《中心机房管理规章》《保密委员会工作规则》，编印了《福建省审计厅保密工作手册》。

第三节　质量控制

一、复核工作

1996 年，各级审计机关相继开展审计复核工作。省审计厅法规处负责审计项目复核工作。9 个地市审计局也都设立复核机构，县市区审计局配备专人复核。

1996—1997 年，省审计厅法规处从事复核工作 3 人，1998 年增至 4 人，设置审计复核表电脑模板，初步实现复核记录从手工到电脑操作的转变。1999 年 10 月，厅法规处复核人员增至 7 人，并设置《审计复核情况表》，试行复核工作台账制度，为定期或不定期汇总、分析信息打下基础。

2000年前，省审计厅对审计项目实施全过程复核。从审计方案的制定、实施，到审计意见和决定的草拟均进行复核。重点复核：执行审计项目计划是否符合法定程序；审计方案制定、实施和调整情况是否符合规范要求；审计查证是否到位，审计记录是否清楚、完整；对审计查证的问题定性是否准确，引用法律法规规定是否正确，审计处理处罚意见是否适当；审计评价意见是否客观、恰当；审计业务文书应用和内容是否规范；文字表述是否准确、通顺、简练；文书结构是否严谨。

2000年后，省审计厅贯彻执行"三级复核"（审计组长、业务处长、法制处三级复核）制度，在坚持专职机构和人员复核的同时，规范了审计组长和审计组所在业务部门负责人复核程序，将复核责任关口前移，重点强化业务部门负责人的审核责任。根据审计准则的要求，省审计厅设置审核意见表，具体列出25个审核要点，涉及审计程序及执法责任制、审计实施方案及实施情况、审计工作底稿及审计证据、审计报告四个方面，由业务部门负责人在审核后填写，连同复核材料一并报送复核机构，要求复核机构人员从审计质量大局出发，相对独立地搞清审计事实，提高复核质量。设置《审计复核情况简报》电脑模板，定期编制复核简报，反映审计工作中存在的质量问题和过错行为；试行按审计项目建立复核台账，定期总结复核工作，对普遍性、倾向性问题进行归类、分析，提出整改意见和措施。同时，加强对市县审计机关复核工作业务指导，帮助解决复核中遇到的困难和问题。

二、重大审计事项审理

1996年，省审计厅成立审计事项审理委员会，厅长陈丽群任主任委员，分管法制工作的副厅长任副主任委员。审理范围：（1）省财政预算执行审计和地、市财政预算执行及决算审计；（2）国有金融机构非法拆借资金，搞计划外基建、炒房地产、股票、擅自投资等重大事项；（3）税务部门越权减免税收，使国家遭受重大损失的事项；（4）违纪金额在百万元以上的和应上缴财政金额在30万元以上的，审计与被审计意见不一致的违纪事项；（5）严重损失浪费、损失金额在50万元以上，或金额不足50万元，但情节严重的事项；（6）集体和个人贪污贿赂案件；（7）根据审计法第41条至第47条规定需要采取审计措施或进行审计处罚的违纪单位与个人；（8）根据审计法第41条至第47条规定需要移送有关部门进行党纪、政纪处分和司法处理的事项；（9）中央、省级重点建设项目审计事项；（10）境外审计事项；（11）省审计厅复议的事项和行政诉讼事项；（12）省政府、审计署交办的重大审计事项；（13）厅分管领导认为需要提交审理的审计事项。

2000年10月，省审计厅修改审计业务审理会议制度。厅长冯声康任审计业务审理会议主任委员，分管法制工作的副厅长任副主任委员。审理范围调整为：（1）省委省政府、审计署交办的且社会影响较大的审计事项；（2）厅局级领导干部任期经济责任审计结果报告；（3）对设区市政府财政决算审计，需要调整决算，或对政府的违规行为做出处罚，且罚款金额在20万元以上的；（4）审计报告提出的处理、处罚意见所涉及的法律、法规规定不明确，与被审计单位争议较大，且收缴金额在 50 万元以上或罚款金额在 20 万元以上的；
（5）审计报告提出的处理、处罚意见和建议，涉及追究处级以上领导干部的行政责任、党纪责任或刑事责任的；（6）受理复议的事项和行政诉讼事项；（7）复核机构对审计报告的复核意见与业务处有较大异议的；（8）厅领导认为需要提交审计业务审理会议审定的审计事项。

1996—2005 年，省审计厅共对 418 个重大审计事项实施了审理。

三、审计项目质量检查

1998 年，省审计厅对 8 个地市（除厦门外）审计机关和厅机关部分业务处审计项目进行检查，抽查本级预算执行情况审计项目 173 个、审计调查项目 82 个。

1999 年初，对厅机关 7 个业务处 14 个审计项目进行检查，每个处抽查 2 个。11 月，对 9 个地市审计机关 1998 年度本级预算执行情况和其他财政财务收支审计项目质量及执法情况的 103 个审计项目进行检查。检查结果表明，各地市审计局进一步加强对审计人员业务和规范的培训，提高审计人员的质量意识和业务素质；基本纠正了无审计文书送达回证、未按规定提前送达审计通知书、审计组未对被审计单位反馈意见进行说明、超过法定期限下达审计决定书和审计意见书、无后续审计以及复核制度不健全等问题。

2000 年 1 月，省审计厅对厅机关 1999 年度 27 个审计项目进行检查。每个业务处抽查 3 个。检查结果表明，被抽查的项目均较好地履行审计法定职能，发挥审计监督作用；但也发现有的项目在审计准备、审计实施、审计报告以及后续审计等环节存在质量问题。为此，省审计厅制定《福建省审计厅关于厅机关审计质量问题的整改意见》。

2001 年 2 月，对 9 个设区市审计局和厅机关业务处执行国家审计准则情况进行检查。检查结果表明，各单位在贯彻落实国家审计准则，规范审计行为，增强审计质量意识和法制观念，提升全员审计执法水平上取得新的进展。同时在一定范围内通报检查结果并提出整改意见。自当年起，省审计厅印发优秀审计项目评选办法、标准、条件，连续 5 年在全省审计机关开展评选活动，鼓励争创优秀审计项目。设区市审计局选送参评审计项目，组织所辖县市区审计局开展优秀审计项目评选活动。

2003 年开始，每年对 1/3 的设区市审计局开展审计项目质量检查，以检查审计档案的方式进行。检查组将检查发现的问题向审计局领导及中层干部反馈，并结合审计准则进行讲评。

2005 年，对 2003—2004 年度的审计项目和审计调查项目进行评审，评选出的厅机关优秀审计项目在阅览室展示，由各处室领导带队或指派人员观摩并进行讨论。

四、审计质量年活动

2001 年 3 月，省审计厅印发《关于开展"审计质量年"活动的实施意见》，从当年开始，每年均在全省审计系统开展"审计质量年"活动。各级审计机关成立以主要领导为组长的审计质量年活动领导小组，开展审计质量管理研讨活动；"以案说法"的形式组织审计准则学习和培训；完善审计质量管理、控制制度，落实审计执法责任制度；强化审计复核工作；开展争创审计项目"精品"活动；开展国家审计准则、审计规范执行情况检查及领导下基层调研等一系列活动。

2005年3月，根据审计署部署，省审计厅在总结前4年全省开展"审计质量年"活动经验的基础上，结合保持共产党员先进性教育活动，决定在全省审计系统开展新一轮的"审计质量年"活动，印发《省审计厅关于树立严谨细致工作作风深入开展审计质量年活动的实施意见》。"审计质量年"活动的中心内容是：把"严谨细致、强化责任、提高质量"的要求贯穿于审计工作全过程，落实到审计工作各个具体环节，确保审计成果的质量和水平，发挥好审计监督的职能作用，维护国家和人民群众的根本利益。省审计厅通过全面贯彻执行审计项目质量控制办法，推行审计日记制度，强化审计组长责任，实行审计报告审理制度，健全完善审计复核制度，建立完善审计质量检查监督制度，完善全省优秀审计项目评选和厅机关审计项目考评办法等举措，加强质量管理。

第四节　审计举报处理

2001年8月，福建省审计厅审计举报中心对外挂牌。

同年，根据群众举报和审计署、省人大常委会的转办，省审计厅对7个单位的被举报事项进行专项审计调查，调查发现群众反映的问题大部分属实，对2个单位乱收费、免税商品购销环节暗箱操作、销售收入在资金管理上坐收坐支、收入不入账等违纪违规问题，按照审计程序，依法进行处理处罚。

2002年，根据群众举报，省审计厅对2个单位的被举报事项进行专项审计调查，对1个被举报单位私设"小金库"、偷漏税款、账外经营、大额现金支付、公款私存等违纪违规问题，按照审计程序，依法进行处理。

2003年，根据省委副书记黄瑞霖批示，省审计厅对被举报事项进行专项审计调查，发现被举报单位私设"小金库"，任意支用文史基金用于在职人员人寿保险、发放福利、个人购房、装修借款等问题，省审计厅将审计调查结果报送省委督查办，有关专题分析被省政府办公厅《政讯专报》刊载。

2004年，根据群众举报和审计署办公厅交办，省审计厅对11个单位的被举报事项进行专项审计调查，发现3个被举报单位存在合资、转让过程中资产价值评估不合理、部分设备漏评估；违规发放奖金、违规为职工办理商业保险、以集资名义发放职工福利；集中留利款未按规定纳入财政专户管理以及下属企业隐瞒利润、代垫职工个调税等违纪违规问题。省审计厅按照审计程序，分别对2个单位的主管部门下达审计建议书，对1个单位下达审计意见书，要求整改。同年，省审计厅还对一村民反映的土地征用补偿金被截留问题进行调查，核实了群众反映的问题，及时向举报人反馈，澄清事实，稳定了群众情绪，消除群体上访的苗头。

2005 年，根据群众举报，省审计厅对 18 个单位被举报事项进行审计调查。审计调查发现：有 8 个单位被举报事项与事实不符，审计及时澄清了有关问题。有 10 个被举报单位部分收费收入未使用正式发票且未按规定上缴财务；利用行政职能借用企业名义申请获取财政补贴资金，并在企业中列支出国费用、评审支出等费用；军煤补贴专款结余未上缴；虚报职工人数，骗取工资总额；隐瞒收入等违纪违规问题。被举报单位对审计调查发现的问题进行整改，并对有关部门和个人给予通报批评。

同年，根据群众举报，省审计厅对一家集团公司被举报事项进行核实，重点调查该集团公司下属的投资公司及证券公司，并延伸以前年度会计资料及事务所审计报告等，澄清了有关问题。

至 2005 年，审计举报中心受理各类信访举报 1097 件，并对 39 件举报进行核查。

表 10—1　　　　**2001—2005 年福建省审计厅审计举报处理情况统计表**

单位：个，万元

年度	审计调查单位数	审计单位数	查出违规行为金额	应上缴财政金额
2001	7	2	460.07	106.19
2002	2	1	153.92	35.71
2003	1	1	109.69	
2004	11	3	2516.00	
2005	18			
合计	39	7	3239.68	141.90

注：该表为审计举报中心对举报事项进行调查后，依照审计程序进行处理处罚的数额。

第十一章　业务管理

第一节　政府审计业务管理

一、年度项目计划管理

（一）计划编制

1996年至2000年7月，省审计厅年度项目计划由综合审计处管理。2000年7月综合审计处取消，年度项目计划由办公室管理。1996—2005年，省审计厅贯彻"全面审计、突出重点"的方针，围绕经济工作中心和审计工作发展规划，确定审计目标和重点制订年度项目计划。确定审计对象从单项零散的"颗粒型"向行业（或系统）的"链条型"转变；安排审计项目实行财政财务收支的真实合法审计与效益审计并重，审计与专项审计调查并重；组织方式方面，加大审计人力资源整合力度；安排行业审计采用"一竿子插到底"的方式；审计调查项目采用"点面结合"的方法。

年度项目计划制订的原则：一是坚持量力而行，统筹协调，合理均衡地安排任务，并通过采取多种方式联合内部审计、聘用社会审计力量，缓解审计资源不足；二是所有审计项目必须纳入审计项目计划，由办公室统一归口管理，各业务处不得在审计项目计划之外，自行向设区市审计机关部署任务；三是凡属批办、交办的审计事项由分管厅领导批示有关部门办理。相关业务处应提出具体组织实施方案送综合部门，调整列入年度项目计划；四是群众来信、来访和举报事项，由举报中心进行审核，需要审计机关予以查处的重大事项，经分管厅领导审定后，调整审计项目计划；五是审计项目计划经确定必须确保完成，一般不做大的调整，如确需调整，有关处室要说明调整项目原因，经分管厅领导签署意见，9月中旬前交办公室统一汇总后，提交厅长办公会议审定。

年度项目计划制订的主要步骤如下。

（1）每年年初，厅办公室负责牵头，组织、编制审计项目计划，厅审计工作协调领导小组、业务处和省审计科研所参与编制工作。

（2）厅办公室负责收集宏观政策信息，省委、省人大常委会、省政府对审计工作的要求，掌握省级财政资金分配总体情况和资料，人大代表、政协委员对审计工作的建议和议案等。利用审计对象管理数据库资料和省审计科研所审计项目计划立项调研成果，掌握基本情况和审计频度，召开审计项目论证会征求意见，9 月底提出次年项目计划安排的总体思路和初步意见。厅审计工作协调领导小组、业务处，根据上述总体思路和初步意见组织调研，并向审计署相关业务司了解审计项目安排情况，于 10 月底填报审计项目立项建议表。厅经济责任处负责与省委组织部、省国资委联系沟通，于 11 月底前确定次年领导干部经济责任审计项目名单。

（3）厅办公室 11 月份汇总意见建议，提出项目计划初步建议，提交厅长办公会议研究，形成审计项目计划（讨论稿），提交全省审计项目计划座谈会讨论。厅办公室根据讨论结果，进一步调整修改审计项目计划。

（4）次年年初，厅办公室根据全国审计工作会议精神，对审计项目计划（讨论稿）进行调整，经厅长办公会议研究后，向省政府领导汇报。根据省政府领导意见进行修改，经厅长办公会议审定后，提交全省审计工作会议讨论。

（5）厅办公室综合平衡全省审计工作会议讨论意见，根据审计署统一组织的项目和授权项目、经济责任审计项目等工作量，再次调整年度审计项目计划，经厅务会议和厅长办公会议审定后，正式下发执行，并报省政府和审计署备案。授权审计项目按照《福建省审计厅授权审计项目管理办法》执行。

（6）省政府交办的临时任务，由办公室提出调整项目计划意见，落实完成交办任务的责任单位，并提交厅长办公会议审定。

1996 年，省审计厅按照抓好本级财政审计，继续深化其他各项审计，维护经济秩序的指导思想，编制年度项目计划。全省统一组织的项目有：财政收支审计、农业审计、金融审计、国有企业审计、固定资产投资审计、行政事业审计、外资运用审计，以及对外债借、用、还，消费基金增长情况，涉外税制改革等进行专项审计调查。省审计厅计划审计项目98 个。

1997 年，根据省经济工作的重点，社会关注的焦点以及经济运行中的热点，深化本级预算执行情况审计及其他各项审计工作，对预算单位银行开户情况进行审计监督。全省统一组织的项目有：预算执行情况审计、财政决算审计、金融审计、农业资金审计、国有企业审计、固定资产投资审计、行政事业审计、外资运用审计。省审计厅计划审计项目 81 个。

1998 年，继续从账户入手，深化本级预算执行审计和其他各项审计工作，检查和分析资金使用状况。全省统一组织的项目有：预算执行情况审计、财政决算审计、金融审计、行政事业审计、企业审计、固定资产投资审计、农业资金审计，以及对 17 个世行、亚行等国外贷援款项目和 179 个项目（单位）2000 年前还本付息的部分国外贷款项目偿债基金的筹集、管理情况进行审计调查。省审计厅计划审计项目 205 个。

1999 年，以打假治乱为重点，以揭露和反映财政财务收支中不真实、不合法、不规范以及损失浪费、舞弊和腐败等问题为目标，编制年度项目计划。全省统一组织的项目有：

财政收支审计、农业与环保专项资金审计、固定资产投资项目审计、行政事业专项资金审计、社会保障资金审计、金融机构财务收支审计和企业财务收支审计。省审计厅还安排审计省水产厅、省外经贸委、省人事厅、省物委、省文化厅、省广电厅、省电视台、省电台、省财政厅所属的产权交易中心和信息中心、省政府希望工程领导小组办公室1998年度财务收支情况以及福州地区地税系统1998年度税务事业费收支情况。省审计厅计划审计项目211个。

2000年，以真实性为基础，以打假治乱为重点，突出对重点领域、重点部门和重点资金进行审计监督，加大对重大违法违纪问题和经济案件的查处力度。全省统一组织的项目有：预算执行情况审计、财政决算审计、农业与资源环保专项资金审计、国家建设项目审计、行政事业和社会保障资金审计、金融审计、企业财务收支审计、任期经济责任审计，以及政府预算外资金、旅游事业发展资金、外经贸委系统统筹调控资金、周转金的审计与审计调查。省审计厅计划审计项目158个。

2001年，加大对重点领域、重点部门、重点资金的监督力度，查处重大违法违纪问题和经济案件。全省统一组织的项目有：财政收支审计、固定资产投资审计、金融审计、企业审计、经济责任审计、行政事业审计、社会保障资金审计和普教经费、财政支农资金、三峡移民资金审计调查，并对会计师事务所执业质量进行检查。省审计厅计划审计项目161个。

2002年，以"实行财政财务收支真实合法性与效益审计并重，审计与专项审计调查并重"的思路，制订审计项目计划。全省统一组织的项目有：财政收支审计、行政事业审计、固定资产投资审计、金融审计、企业审计、经济责任审计和三峡库区外迁移民安置资金、农业综合开发资金、企业职工基本养老保险基金、彩票发行资金专项审计，以及气象行业审计或审计调查、社会审计组织业务质量检查。省审计厅计划审计项目97个。

2003年，按照"有所为，有所不为"的原则，突出审计重点，提高审计立项的宏观性和审计资源配置的统筹性。全省统一组织的项目有：财政收支审计、固定资产投资审计、企业审计、金融审计、经济责任审计、农业综合开发资金审计和署定公安交警部门财务收支审计、土地专项资金审计、国外贷援款项目审计，森林生态效益补助资金、省级机关事业单位养老保险基金管理和使用情况、彩票资金、住房公积金、政府采购专项审计和署定政府外债管理体制专题审计调查，结合企业审计检查会计师事务所执业质量，运用计算机审计软件对4个单位进行审计，并对4家医院省级卫生事业费管理使用及效益情况进行审计。省审计厅计划审计项目98个。

2004年，以"强化预算执行审计，促进提高预算执行质量；强化对权力的制约和监督，促进提高政府部门依法行政和规范管理；强化财政财务收支审计，促进提高资金的使用效益；强化审计基础工作力度，促进审计工作水平提高"为思路，制订年度项目计划。全省统一组织的项目有：财政收支审计、经济责任审计、固定资产投资审计、行政事业审计、金融审计、企业审计和署定国外贷援款项目审计、资产管理公司审计，政府采购、福利彩票资金、住房公积金专项审计，征地拆迁补偿资金、救助捐赠资金、药品和医疗设备采购、省教育厅直属单位预算外资金审计调查。省审计厅计划审计项目 65 个。

2005 年，继续把经济建设中的重点领域、重点部门和重点资金，以及领导关注、群众关心的经济问题作为审计工作的重点。预算执行审计由收支审计并重向以支出审计为主转变，预算支出向所属二、三级用款单位和对下转移支付资金的使用情况为主转变。全省统一组织的项目有：财政收支审计、固定资产投资审计、行政事业审计、金融审计、企业审计、经济责任审计、农业综合开发资金审计、效益审计和署定国外贷援款项目审计、中国农业银行福建省分行审计，政府采购、彩票资金、住房公积金专项审计，城市失业保险基金、救助捐赠资金审计调查。省审计厅计划审计项目 82 个。

（二）计划实施

1996—2005 年，省审计厅每年检查审计项目执行情况，主要方式有以下几点。

（1）实行署定、省定项目计划执行情况按月反馈制度。地市审计局、专业处按月向综合部门反馈署定、省定项目进度执行情况，并向审计署反馈署定项目计划完成进度，向厅领导反馈审计项目计划执行情况。

（2）下级审计机关报告制度。每年分别于 1 月、4 月、7 月、10 月四次向上级审计机关书面报告审计项目计划执行情况。

（3）通过统计工作了解和检查计划执行情况，定期公布计划完成进度。

（4）不定期对地市审计机关审计项目计划执行情况进行检查，重点了解署、省定项目完成进度及质量。

（5）通过各业务处提交的审计通知书、审计项目实施方案及审计综合报告的会稿，随时掌握计划执行进度，了解审计方案是否符合项目计划要求，掌握审计工作成果、成效。

（6）建立厅审计业务务虚会议制度，完善业务处业务工作报告制度。

（7）规定有关人员对业务处送来的审计通知书即时会稿，审计方案、审计综合报告三天会稿等制度，并按实际执行情况逐一登记备案。

（8）为确保完成项目任务的时效性，厅办公室、效能办对项目进展情况进行日常检查，通过编制审计项目计划执行进度情况表，跟踪掌握计划进度执行情况。

全省审计机关每年均完成署定、省定年度审计项目计划。

二、统计与分析

（一）审计统计报表制度和统计台账

1998 年，省审计厅设计新的审计统计台账和审计结果表，台账由主审人员按审计查出的主要问题、审计决定处理处罚、责令自行纠正、移送处理、建议有关部门处理的内容分类填写，由审计统计部门分析汇总编制报表。

1999 年，为了与审计署新的报表内容相吻合，省审计厅在全省推广应用审计情况补充报表；健全审计统计台账，统一台账格式内容。

2001 年，省审计厅健全和落实审计统计台账责任制，规范统计口径，要求统计报表的各项指标特别是涉及违规和处理方面的指标，必须依据现行《审计决定书》《审计报告》等审计法律文书所确定的内容填列。

2004 年，《海峡都市报》报道福建省审计 4 年来查出违规金额 183 亿元，省审计厅组织对 1.6 万多个被审计单位（项目）的违规金额的主要审计统计指标分类汇总，分解 183 亿元违规金额的构成，证明统计数据真实准确、可靠。在应用审计署统计软件的基础上，省审计厅与中软公司共同进行审计统计软件个性化开发，增加两个功能：每个台账中的统计指标数据增设填写来源；每个台账增加《审计决定书》和《审计报告》等审计文书。同年，根据审计署办公厅关于开展审计统计工作专题调研的通知精神，省审计厅组织调研小组赴各设区市审计局及所属县审计局开展调研。

2005 年，针对统计报表指标体系不适应审计工作发展需要的现状，省审计厅组织调研组与审计署人员一同到部分市、县审计机关进行调研，对报表指标的设计向审计署提出改进意见和建议。

（二）统计分析与考核评比

1. 统计分析

1996—2005 年，全省审计机关统计分析的主要做法有：（1）每季度下达审计统计分析要点给各设区市审计机关及省厅各业务处；（2）从报送的台账、审计情况汇报会、审计业务审理会、重大审计事项审理会等方面收集资料，动态跟踪；（3）注重素材的时效性和典型性。将审计项目与经济工作重点结合，抓热点、焦点问题进行分析，从体制、机制上提出统计分析的意见和建议。

省审计厅每年上报省政府的《审计情况统计分析》，引起省领导重视并做了批示，主要有以下内容。

1997 年 2 月，代省长贺国强在《福建省审计厅关于 1996 年度审计情况统计分析报告》上批示：对审计发现的问题，要在综合分析基础上，研究提出防范措施。同年 8 月，省长贺国强在《福建省审计厅 1997 年上半年审计情况统计分析报告》上批示：全省审计战线的同志们围绕经济建设和改革开放，积极履行审计监督职责，工作是富有成效的；要求再接再厉，坚持"依法审计、客观公正、实事求是、宽严适度"，着眼于帮促，出色地完成各项审计工作，为福建省新一轮创业做出积极贡献。

1999 年 2 月，贺国强在《福建省审计厅 1998 年度审计统计分析报告》上批示：依法认真做好审计工作是整顿经济秩序，加强财政金融工作，保持经济持续快速稳定发展和加强企业领导班子建设，搞好反腐倡廉的一项重要工作。在今后的工作中要进一步加大审计工作力度，加强审计队伍建设，各方面都要支持审计工作。

2000 年，省长习近平在《福建省审计厅关于 2000 年上半年审计统计分析报告》上批示：要抓紧已审计案件的查证处理，严格执法。副省长黄小晶批示：继续强化审计统计分析工作，有关内容应分送各分管副省长及地市、部门领导，并及时采取措施。

2001 年，习近平在《福建省审计厅关于 2001 年上半年审计情况统计分析报告》和《福建省审计厅关于 2001 年审计情况统计分析报告》上批示：有关部门要认真整改，省审计厅要动态监督。黄小晶批示：审计查出的问题分别交有关市县、部门、单位限期整改并反馈。

2002 年，习近平在《福建省审计厅关于 2002 年上半年审计情况统计分析的报告》上批示：上半年全省审计工作在各级审计机关努力下，取得了明显成绩，值得表扬。审计中揭示的问题，应引起各级各部门领导的高度重视，发生问题的地方、部门和单位，要及时采取有效措施纠正违规行为，审计、纪检、监察要加强这方面的监督。

2003 年 2 月，副省长黄小晶在《福建省审计厅关于 2002 年审计情况统计分析的报告》上批示：这些有质量的审计成果报告，应当得到应用，采取必要的措施，如"通报"、"通知主管部门"或其他形式，既让企业得到整改，又可举一反三有效地利用审计成果。

2004 年 9 月，黄小晶在《福建省审计厅关于 2004 年上半年审计情况统计分析的报告》上批示：凡审计出的问题，被审计单位应及时予以纠正，今后不得重犯。要求省审计厅注意追踪调查落实，并向省政府及时汇总报告。

2. 考核评比

审计统计考核内容有：审计统计数字的真实性、报送的及时性、分析的逻辑性以及统计台账记载的经常性。

1996 年 5 月，省审计厅修订《福建省审计统计工作考核办法》，对全省审计统计工作进行检查、考核和评比。

1997 年，省审计厅在全省开展优秀统计分析评选活动。7 篇优秀统计分析入选报送审计署参加全国评选。

1998 年，根据省政府关于开展统计执法大检查的通知要求，省审计厅对全省九地市及省厅各专业处统计工作质量进行检查，加强审计统计数据的真实性复核工作。省审计厅布置各地市审计局在每年 11 月份组织抽查部分县审计局（抽查面达 30%）及本级业务科室的审计统计工作质量。

2001 年 8 月，省审计厅在各级审计机关自查自纠的基础上，对全省审计统计工作质量进行检查。并印发《福建省审计厅办公室关于进一步抓好审计统计工作的通知》，要求各级审计机关领导重视审计统计工作，为统计人员创造良好的工作环境。

2004 年 11 月，省审计厅采取全面检查和重点抽查相结合的方法，对全省 9 个设区市审计局及部分县审计局和省厅业务处统计工作质量进行检查，针对发现的问题提出整改意见和建议，并通报检查结果。

表 11—1

1996—2005 年福建省审计机关审计情况统计表

年度	审计查出主要问题情况					审计处理情况								
	审计单位数（个）	违规金额（万元）	管理不规范金额（万元）	损失浪费费金额（万元）	国有资产流失金额（万元）	审计决定处理处罚				应自行纠正金额（万元）	促进增收节支金额（万元）	移送处理		已缴财政金额（万元）
						应缴财政金额（万元）	应减少财政拨款或补贴金额（万元）	应归还原渠道资金额（万元）	应调账处理金额（万元）			移送司法机关（件）	移送纪检监察部门（件）	
1996	5783	217068			12525	38608	9514	54597			955	17		20645
1997	6809	231290			6105	49150	8568	40129			1423	15		26468
1998	4736	623481				35730	16016	23537		503826	2212	18		44221
1999	4676	805059				52908	10680	24609		638185	2007	25		28282
2000	4386	906257				40354	9396	23327		715610	2876	43		33507
2001	3749	1422100				94395	3708	58510		98617	1326	45		44354
2002	4489	863082	620656	16674		70901	2181	53086	496829	930193		34	85	49281
2003	3705	459920	1135009	11618		71110	1051	14630	173510	1280375		19	84	46499
2004	3788	721902	1460062	17852		266744	7436	65133	209549	1499202		11	71	117802
2005	3397	458517	1103571	35348		139296	1408	45318	120253	1030586		14	72	53449
合计	45518	6708676				859196	69958	402876				241		464508

注：表中空白栏目系当年未设统计指标或指标变动所致，这些栏目数字不合计。

2005 年 8 月，省审计厅重新修订《福建省审计统计工作考核办法》，采取季度阶段性考评和年终总评的考核办法。

表 11－2　　　　**1996—2005 年福建省审计系统审计统计考核评比表**

名次 \ 年度	第一名		第二名		第三名	
	厅处室	地市	厅处室	地市	厅处室	地市
1996	投资处	泉州	外经处	莆田	金融处	福州 南平
1997	外经处	福州	投资处	三明	工交处	龙岩 泉州
1998	投资处	三明	行政事业处	福州	农林水处	厦门 宁德 泉州
1999	投资处	泉州	农林水处	厦门	金融处	宁德 三明 福州
2000	投资处	厦门	行政事业处	福州	财政处	宁德 龙岩
2001	农保处	厦门	金融处 投资处	泉州	行政事业处 社保处 财政处	漳州
2002	外经处	厦门	农保处 社保处	泉州	金融处 经贸处 文体广电处	漳州 福州
2003	金融处	三明 福州	农保处 投资处	龙岩 漳州	外经处 行政事业处 文体广电处 政法处	厦门 南平
2004	农保处	福州	社保处 行政事业处	三明 泉州	金融处 经济执法处 卫生社保处 工交商处	龙岩
2005	社保处 外经处	福州	农保处 投资处	厦门	财政处 经济责任处 农林水处 信息科技处	莆田 南平

三、报告及信息报送

1996—2005 年，省审计厅依照审计法和《福建省地方预算执行情况审计监督试行办法》的规定，向省政府报送省本级预算执行及其他财政财务收支的审计结果报告以及审计工作报告（代拟稿）；向省委省政府报送结果报告；行业审计向省政府报送审计综合报告；针对审计发现的某个共性问题进行分析研究，从机制上、体制上、制度上提出意见和建议，向省政府报送审计专题报告。同时还围绕预算执行审计、财政决算审计、固定资产投资审计、企业审计、经济责任审计、外资运用项目审计、效益审计等开展专题分析，向省政府报送审计统计分析报告；针对审计发现的问题向有关主管部门通报，要求进一步调查核实并按规定进行处理，促使问题得到整改；编报《审计要情专报》，向省长、协管审计工作的副省长报告；向省委办公厅《八闽快讯》、省政府办公厅《政讯专报》《今日要讯》报送审计信息。2005 年 6 月开始实施所有审计项目结束后向省政府报送审计专项报告。2003—2005 年，省审计厅报送的政务信息有 61 篇得到省领导的批示，发挥了审计信息为领导决策服务的作用。省审计厅连续多年获全省政府系统信息工作先进单位。审计署 2004 年度审计情况统计结果通报，福建审计对财政贡献列全国审计系统第 5 位，审计成果开发利用列第 8 位，其中审计工作报告、审计信息批示率达 55%，全国排名第 5 位。

四、文书保密

1996—2005 年，省审计厅根据福建省党政领导干部保密工作责任制要求，做到人防、物防、技防相结合，把保密工作与审计业务工作同研究、同部署、同检查，坚持"积极防范、突出重点"的方针，抓好机关保密要害部门、部位的界定和保密管理工作。在加强硬件设施建设的同时，制定了一系列保密制度，并促进保密制度措施的落实。开展保密法制宣传教育，增强干部职工的保密意识。

1999 年，厅机关保密委员会成立，副厅长梁亦秋任主任，办公室、法制处、人教处、机关党办、纪检监察室、财政处、外经处、政法处、信息科技处、机关事务处、科研所、培训中心、举报中心、计算机技术中心等单位负责人为成员。处室、单位设立兼职保密员，负责本处室、单位保密工作，并协助厅保密委做好厅机关保密工作。

2000 年，省审计厅制发《定密工作实施办法（试行）》，就定密范围、工作领导体系、承办人职责、工作程序及审核的内容等方面作出规定，促进定密工作规范化，提高定密工作的准确性和科学性。

2001 年，省审计厅制定《兼职保密员工作职责（试行）》，在每个处室、单位设立兼职保密员，要求兼职保密员配合协助厅保密委员会落实各项保密措施，确保处室、单位机要保密文件、资料安全。

2003 年，省审计厅被省委密码工作领导小组办公室评为全省密码工作先进单位。省审计厅创办的纪念《保密法》颁布 15 周年宣传教育专栏，被省保密局评为三等奖；省审计厅保密委被省委保密委办公室、省保密局评为全省"四五"保密法制宣传教育先进集体。

2005 年，省审计厅对 2003 年 12 月制发的《保密委员会工作规则》进行修订，对厅机关保密委员会主要职责、组成人员职责及领导制度、会议制度、督促检查制度做了规定，并对处室、单位保密工作进行督促、检查。

五、档案管理

全省审计机关档案室从抓档案基础设施建设和提高管理人员素质入手，建立健全了档案收集、整理、鉴定、立卷、移交、保管、借阅等工作制度。加快档案信息化建设，促进档案工作从纸质档案向电子和数字化档案发展。开发利用档案资料，服务审计工作，为党政部门查阅资料提供依据。

省审计厅综合档案室管理全厅档案工作，并提供档案服务。1996 年 2 月，厅档案室被省档案局定为省一级档案室。2005 年 10 月，省审计厅获得"福建省'四五'档案法制宣传教育先进单位"；12 月，省审计厅的 2002—2004 年文书档案、会计档案、审计档案通过档案整理质量检查，取得《福建省直单位档案质量合格证》。

（一）档案基础建设

1996—2005 年，省审计厅相继制定《厅机关文书档案立卷归档制度》《档案鉴定、销毁制度》《档案业务建设规范》《档案编号方法》《厅机关各部门兼职档案干部职责》《福建省审计厅关于印发〈福建省审计厅审计文件材料立卷归档办法〉（试行）的通知》《福建省审计厅机关档案工作业务建设规范》《福建省审计厅文件材料归档制度》《福建省审计厅档案鉴定销毁制度（修订稿)》《福建省审计厅档案利用制度》《福建省审计厅档案保密制度》等制度，并将档案工作列入审计综合业务考评范围，审计档案质量与评比奖励挂钩。

2000 年底，省审计厅综合档案室面积从 18 平方米扩增到 78 平方米，并按档案"三分开"（库房、阅档室、整理室分开）的达标要求，分设了库房、阅档室和工作间；档案装具也由箱装包捆、标准铁皮柜，改为 15 组密集架，共 48.50 立方米；库存文书、业务、声像、图片、基建、会计等各类档案 2100 卷。

2001 年以后，厅档案室硬件设施逐步完善，配备了电脑、除湿机、报警器、吸尘器、空气净化器等。

2004 年，省审计厅综合档案室对室藏 2000 年以后的审计档案进行扫描，形成电子文档。同年，建立审计对象管理数据库，以审计档案信息资源建设为核心，以扩大审计档案信息资源开发利用为目标，开展网上查询档案信息服务。

2005 年，省审计厅综合档案室按照年度、处室分类规则，对扫描的审计档案信息进行著录、标引；将用户划分为管理与查询两类，并授予不同权限，使管理层和操作层能根据各自权限，快捷地在审计对象管理数据库中查询或下载所需的档案资料。同年，省审计厅组织专职档案人员，参加专业学习和培训，并录用一名档案专业大学毕业生。

（二）档案开发利用

省审计厅综合档案室对所有库存档案均编制案卷目录、全引目录、专题文件汇编、全宗介绍等检索工具，为行政工作、审计业务研究、编纂大事记、《审计志》《福建审计年鉴》《福建审计二十年》、组织沿革，提供档案资料；为检察机关审理案件提供档案原始证据材料。省审计厅着力提高统计档案的利用率，要求审计组在审计之前，必须调阅以前年度的审计统计档案，作为审前调查的必要环节，审计统计档案为做好审前调查提供了翔实的历史资料。1996—2005 年，共查阅档案 4250 人次、10560 卷次。

第二节　内部审计业务管理

1996 年，省审计厅先后 4 次召开各行业、系统内部审计机构负责人座谈会，就福建省内部审计机构设置、现状、职能及存在问题进行座谈讨论。会上，省审计厅提出加强管理的指导性意见，指导内部审计机构开展工作。省审计厅通过邀请内部审计机构负责人参加全省审计工作会议的方式，使他们及时掌握、领会年度审计工作的指导性意见、精神，以结合单位实际开展工作。省审计厅通过参加有关厅局的行业内部审计工作会议，检查了解工作情况和工作质量，帮助解决工作中遇到的实际问题，改进内部审计工作。并依据审计法及有关规定，指导各部门（单位）内部审计机构订立规章制度。1996—1998 年，兴业银行制定了《福建兴业银行内部审计工作规定》；省劳动厅制定了《福建省劳动厅内部审计工作暂行规定》；福建省船舶工业公司制定了《福建省船舶工业公司内部审计工作规范》。有些部门和企事业单位为了适应工作的需要，制定了《财务收支审计办法》《经济效益审计办法》《基建工程预决算审计办法》《经济合同审计办法》等并向配套化发展，编制本行业、本部门财务收支审计、经济责任审计、效益审计等业务操作规范，逐步统一了审计通知书、审计报告、审计工作底稿等审计文书和底稿。同时，省审计厅将内部审计机构的审计项目计划纳入审计机关年度项目计划统筹安排，利用内部审计成果，支持内部审计机构开展工作。此外，还利用《福建内审通讯》刊物，宣传党和国家有关内部审计工作的方针和政策，传递国内外内部审计工作信息，推广、交流内部审计工作先进经验和工作成果。通过《福建审计》《审计简讯》等刊物宣传内部审计。利用各种场合向各级领导宣传内部审计的作用，针对内部审计存在的问题，提出建议。

1997 年，根据审计署《审计机关指导监督内部审计业务的规定》和《审计机关审计统计工作的规定》，省审计厅向各地市审计局、省属内部审计机构、驻闽中央属内部审计机构印发《福建省审计厅关于加强内部审计统计工作的通知》。1 月，省审计厅在各地市、省直、中央属单位内部审计机构开展评选 1994—1996 年度全省审计系统先进集体和先进工作者活动。有 6 个单位被授予 1994—1996 年度"福建省审计系统先进集体"称号；有 5 人被授予

1994—1996年度"福建省审计系统先进工作者"称号。4月，根据《审计署关于做好全国内部审计暨先进表彰会议准备工作的通知》要求，省审计厅推荐的兴业银行审计室被评为全国内部审计工作先进单位；福建省烟草公司审计处何剑飞被评为全国内部审计工作先进个人。

2003年，开始执行《福建省审计厅关于进一步加强内部审计工作的意见》。当年，省审计厅印发了《福建省审计厅关于贯彻执行〈审计署关于内部审计工作的规定〉、〈内部审计基本准则〉、〈内部审计人员职业道德规范〉的通知》。

2005年，省审计厅通过省内部审计协会独立或与金融、教育等行业系统联合举办了8期培训班。省内部审计协会领导还多次参加部门、单位内部审计工作会议，宣讲《内部审计基本准则》。

第三节　社会审计业务管理

1997年11月，省注册会计师协会、省注册审计师协会实行联合，实行行业统一管理、统一执行标准、统一监督管理。1999年底，福建省社会审计全行业进行了"人事、财务、业务、名称"四个方面与原挂靠单位脱钩改制工作。至2000年初，脱钩改制工作基本完成，实行有限责任制，成为自主经营、自我约束、自担风险、自负盈亏的民营执业中介机构。

一、业务指导

1996年，在省审计厅支持下，省注册审计师协会组织16人次赴新加坡、泰国学习考察，学习其民间审计工作方法，提高福建省注册审计师执业水平；同时，还与福光基金会联合，选派25名注册审计师赴香港培训半个月。7月，为促进注册审计师在执业标准、工作规范以及行业管理与国际会计师公会接轨，省审计厅、省注册审计师协会与福光基金会联合举办为期5天的"注册审计师审计业务培训班"，21人参训。

1997年，各注册审计师协会与省审计干部培训中心分别在厦门、福州联合举办4期"中国注册会计师独立审计准则"培训班，聘请厦门大学教授授课，全省551名注册会计师参训。省注册审计师协会不定期编辑、发送内部资料《社会审计简讯》，交流社会审计工作经验和信息，至10月，共出刊28期。

1998年，省注册审计师协会选派8人组成社会审计学习考察团，赴德国、荷兰考察注册会计师协会管理体制、社会审计执业环境等，交流总结合作经验并确认进一步合作的具体项目。

2000年，各类会计、审计事务所与部门脱钩改制完成，省注册会计师协会每年组织的注册会计师业务培训，作为注册会计师执业年检的依据之一。

二、检查整顿

1997 年，省审计厅组织召开 3 次清理整顿工作会议，提出贯彻执行意见，成立清理整顿工作小组，部署全省审计系统注册会计师和审计师事务所清理整顿工作。

1998 年初，省审计厅下发《福建省审计师事务所、福建省华审资产评估事务所财务管理规定》，对两所提取各种基金的额度、交纳税金、事务所必须达到的最低利润率、员工工资、津贴、奖金等有关财务问题做具体、明确的规定。

同年，省审计厅在全省组织开展注册会计师行业第一阶段自查自纠工作，如期向中国注册会计师协会上报第一阶段自查工作小结和汇总表。省审计厅、省财政厅联合成立福建省注册会计师行业清理整顿工作协调小组，从会计师事务所和审计师事务所各抽调 30 名注册会计师，并由两厅各抽 6 人组成联络小组，将 70 多人分成 12 个检查小组分赴各地实施第二阶段注册会计师行业清理整顿工作。实地检查 164 家事务所，送达检查 66 家事务所，逐个审查 1233 名注册会计师的执业资格；抽查审计、验资报告 4932 份，抽查面 6.90%。针对检查发现的问题，省审计厅、省财政厅联合提出处理整顿意见。当年，省注册会计师协会新批 205 名注册会计师，待批注册会计师 79 名（包括转所），省内不合格的审计师事务所由 90 家减少到 43 家。省注册会计师协会还根据财政部《违反注册会计师法处罚暂行办法》，对违反注册会计师法的行为实施处罚。

1999 年，省注册会计师协会印发《关于事务所联合、合并、更名、停办等事宜办理程序和审批的暂行办法》。同年，省审计厅开始对 20 家（含 2 家具有证券相关业务许可证）社会审计组织的审计业务质量进行检查。对检查中发现的各家事务所在执业中未严格遵守《注册会计师法》和《独立审计准则》等行业规范，未能恪守独立、客观、公正的原则，导致审计业务质量不高，影响审计、验资报告的真实性、合法性，误导政府有关管理部门、股东或社会公众、证券监管机构等，影响国家和有关各方的利益，不利于维护正常的经济秩序等问题，提出整改建议。

2000 年，省审计厅对 20 家社会审计组织的审计业务质量进行检查。

2001 年，福建省注册会计师协会结合注册会计师年检工作开展全行业清理普查工作，对 14 家条件不具备的会计师事务所责令限期整改，对兼职、超龄等 216 名注册会计师进行清理，取缔 10 多处非法设立的分支机构，规范注册会计师行业执业秩序。同年，省注册会计师协会从业内聘请 17 名经验丰富、执业水平较高的注册会计师担任兼职监管员。根据审计法和审计署《审计机关监督社会审计组织审计业务质量的暂行规定》的规定，省审计厅对部分会计师事务所 2000 年度的审计业务质量进行检查，重点检查验资业务和评估业务的质量。全省共检查 14 家会计师事务所，检查发现的主要问题有：验资依据不充分、未按规定程序进行验资、违反规定进行验资、没有如实反映出资情况和评估依据不充分。审计在检查报告中提出了改进建议和整改要求。

2002 年，全省开始执行省注册会计师协会印发的《福建省注册会计师协会完善服务工作意见》。省审计厅继续对部分会计师事务所 2001 年度的审计业务质量进行检查，重点对验资业务和审计业务的质量进行检查。全省共检查 17 家会计师事务所，检查发现各会计师事务所在验资业务和审计业务中存在的主要问题有：不能真实反映企业的损益情况、重要事项未查深查透以及重要信息未披露或披露不实等，检查报告提出了改进建议和整改要求。当年，省审计厅向省政府报送了《关于我省部分社会审计组织审计业务质量检查情况的报告》，反映社会审计组织业务质量方面存在的主要问题，并分析问题产生的原因，提出了加强管理、提高业务质量的 4 条建议。副省长黄小晶在报告上批示，省政府办公厅将报告批转省财政厅，要求将处理情况向省政府报告。省财政厅注册会计师协会根据省领导批示，将有关情况向全省各会计师事务所进行通报，并对 8 家会计师事务所发出了限期整改的通知。省财政厅专题向省政府报送《关于我省注册会计师行业监管工作情况的报告》。随后，省政府向省直各部门、各市、县政府发出了《福建省人民政府关于加强注册会计师行业监管的通知》。

2004 年，全省开始实施省注册会计师协会印发的《福建省注册会计师协会诚信档案管理操作规程》，执行中国注册会计师协会颁发的《会计师事务所执业质量检查制度（试行）》。省注册会计师协会开始按照每年抽查不低于 20％的比例开展重点检查，通过对少数违纪违规注册会计师、会计师事务所的惩戒，维护市场秩序和绝大多数会员的利益。

同年，省审计厅对福建安信有限责任会计师事务所、福建武夷有限责任会计师事务所和厦门东友会计师事务所有限公司当年的审计业务质量进行检查，并结合审计调查会计师事务所执业环境、发展中存在的问题。检查发现上述事务所部分审计报告严重不实、确认事项的证据不充分等问题。

2005 年，省审计厅对泉州众和有限责任会计师事务所和厦门天华会计师事务所有限公司 2004 年度的审计业务质量进行检查。检查发现的主要问题有：审计行为不规范、该抽查的未抽查、该验算的未验算、该取证的未取证，在未经抽查、核实的情况下就对审计事项予以确认。针对存在的问题，审计在检查报告中提出了改进建议和整改要求。省审计厅根据 2004 年和 2005 年的检查情况，将 3 家会计师事务所存在的质量问题向全省各会计师事务所发出通报，并移送省财政厅处理。同年，省注册会计师协会与省财政厅监督局联合开展注册会计师执业质量检查，加大对严重扰乱行业执业秩序、影响行业形象的会计师事务所和注册会计师的处罚力度。为加强联合监管，提高监管效率，省注册会计师协会与省审计厅、财政部驻福建专员办、中国证监会福建监管局、省资产评估协会协商，建立了协调监管工作机制，并决定：凡列入其中一个监管部门检查范围的，其他监管部门当年不再检查。省注册会计师协会依据财政部颁发的《会计师事务所审批和监督暂行办法》，建立会员诚信档案，记录会计师事务所和注册会计师在执业中的不良行为。

第十二章　科研与信息化建设

第一节　科　研

一、调研与学术交流

1996 年 8 月，省审计学会召开全省预算执行审计工作规范化研讨会。会议对预算执行审计的特点、工作方案、组织实施、原则及内容等进行研讨，收到论文 31 篇。10 月，省审计学会课题组负责人参加在珠海市召开的三省四特区（广东、福建、海南、深圳、珠海、汕头、厦门）审计理论研讨会，提交论文《审计工作规范化建设初探》在会上交流。12 月，省审计学会举办中青年审计理论研讨会。与会代表围绕两个报告（"审计结果报告"、"审计工作报告"）的撰写原则、内容、框架模式及注意事项进行交流，会议收到论文 25 篇，并在《福建审计》1996 年增刊上予以介绍。同年，省审计厅组织人员开展"如何发挥审计监督职能，为国企改革发展服务"的课题研究，研究论文《发挥审计监督作用，更好地为国有企业改革发展服务》，提出了拓宽企业审计内容，包括开展清产核资、产权界定、产权变动、资产评估审计，该文刊登在《福建审计》1996 年第 5 期上。同年，根据省委省政府关于推进和加快福建省两个（经济体制和经济增长方式）根本性转变、适应建立社会主义市场经济体制的要求，由省审计厅科研与法制部门、厦门和南平市审计局、厦门大学、省轻工厅内部审计机构组成研究小组，撰写了《建立科学的审计监督体系，更好地为推进两个转变服务》的调研报告，被收入省委政研室编写的《经济体制与增长方式转变研究》调研文集，并在《福建审计》1996 年第 6 期上发表。同年，省审计厅、省审计学会组织地市审计局、审计学会开展本级预算执行情况审计实务研究，内容涉及预算执行审计的组织工作、审计程序、工作方案的制定，以及具体实施、延伸审计、与其他专业审计结合等方面，各地市共提交论文 31 篇。同年，省审计厅成立以厅长陈丽群为组长的领导小组，抽调人员组成写作班子，完成《审计工作底稿编制准则（征求意见稿）》报送审计署。

1997 年 6 月，中国审计学会在厦门召开"中国环境审计研讨会"。省审计学会与厦门市审计学会提交《环境审计思考》《环境审计初探》《论环境审计的对象、内容、方法与目标》研究论文并在会上研讨。根据审计署关于开展预算单位银行账户审计研究的要求，省审计厅成立由厅科研、业务部门，福州、厦门市审计局，人行、农行福建省分行有关人员参加的课题组。课题组到龙岩、三明市等地调研，撰写了《预算单位银行账户审计初探》论文。文章阐明银行账户审计的目标、内容和方法，并借鉴国外经验，提出对策、建议。该文在《福建审计》1997年第5期上发表，被收入审计署主编的《预算单位银行账户审计理论与实践》一书，并在张家界审计署举办的"账户入手，下审一级"研讨会上交流。另外，还有《预算单位银行账户审计的难点和对策》《预算单位银行账户审计探讨》两篇论文。10月，省审计厅组织全省审计机关开展审计风险研究，共收到论文40多篇，部分论文在《福建审计》上发表。省审计厅课题组撰写的《审计风险控制调查与思考》论文，从政府审计及其审计风险的特点出发，阐述审计风险带来的后果和审计风险控制的目标和原则，提出风险控制的重点、方法、对策及建议，该文在《福建审计》1997年第6期上发表，并在海南召开的三省四特区审计研讨会上交流。省审计学会派人参加中国审计学会在桂林举办的"审计在两个转变中的地位与作用"研讨会，并提交论文交流。11月，省审计厅与省审计学会在闽侯联合召开审计风险研讨会，地市审计局长、省审计厅处室负责人、中青年论文作者代表和有关高校教师参加。与会代表对审计风险的定义、认识、控制及规避风险的技术方法进行研讨。12月，省内部审计协会与人行福建省分行在福州联合举办金融内部稽核（审计）交流会，来自全省各专业银行和非银行金融机构稽核（审计）部门负责人及有关专家学者近百人参加，与会人员交流了金融稽核（审计）工作经验，探讨稽核（审计）工作在防范金融风险、加强内控制度等方面的作用及方法。同年，省审计厅组织课题组撰写的论文《审计工作规范化建设初探》提交三省四特区审计理论研讨会上交流。省内部审计协会组织学习考察团，赴澳大利亚、新西兰学习、考察，了解借鉴西方发达国家内部审计的理论和方法。

1998年10月，省审计厅与省审计学会在罗源联合召开"企业真实性审计"研讨会，会议收到研究论文、调查报告21篇。与会代表就企业审计指导思想，会计资料失真的表现形式、手段、目的及其危害，真实、合法、效益三者之间的关系，真实性审计的目标、内容和难点等方面进行研讨。11月，省审计学会派人参加审计署科研所在厦门召开的"全国企业真实性审计"研讨会，提交《对国有企业真实性审计的几点思考》论文并在会上交流；同年，开展财政资金效益审计的目标、评价标准的特征、原则和主要内容的研究，撰写的论文《对效益审计标准的几点思考》在《审计研究》1998年第4期上发表，并在南京中国审计学会举办的"效益审计"研讨会上交流。同年，根据审计署深化企业审计的要求和"抓大、打假、扭亏、提高"的企业审计工作思路，省审计厅组织地市审计学会和有关院校开展企业审计研究。省审计厅课题组撰写的《对国有企业真实性审计工作的几点思考》论文，在厦门召开的全国企业真实性审计研讨会上交流。各地市课题组也对真实性审计工作的内容、要求、技术方法、难点、对策、处理方式、结果报告等进行探讨，提交论文、研究报告近50篇。

1999年，围绕审计署制定的《国有企业财务审计准则（试行）》和《企业财务审计指南》，省审计厅组织课题组参与福州第二化工集团有限公司真实性审计，撰写的《国有企业财务收支真实性的思考》论文在《福建审计》1999 年第 2 期上发表。同年，开展企业集团组建过程、产权关系、管理体制、经营方式、会计核算五个方面特征的研究，并以此为出发点，探讨国企改革组建企业集团的试点和培育发展阶段的审计重点、难点以及合并报表审计、关联方交易审计信息的披露等问题，撰写的《企业集团审计初探》论文在《福建审计》1999 年第 5 期上发表。

2000 年 5 月，省审计学会派人参加中国审计学会在安徽太平市召开的"改进和完善国家审计监督领导体制"课题协作会，会议就课题研究情况，确定课题合作研究方式、完成时间等进行讨论。9 月，省内部审计协会组织福建中旅集团、省纺织化纤集团有限公司、福建永安火电厂等内部审计机构人员参加中国内部审计协会在常州召开的"全国购销比价审计理论"研讨暨现场经验交流会。10 月，省内部审计协会组织省轻纺工业总公司、省电力有限公司内部审计机构人员参加中国内部审计协会在黄山召开的经济责任审计理论研讨会。12 月，省内部审计协会选派兴业银行内部审计机构人员参加中国内部审计协会在北京召开的风险审计理论研讨会。同年，省审计学会在福州召开"改进和完善国家审计监督领导体制"研讨会，会议收到论文 25 篇，各地审计学会参会人员围绕新时期改进和完善审计领导体制主题展开讨论。

2001 年，省审计厅组织人员开展"外国审计研究"活动，研究成果《德国审计动向》从审计独立性、审前准备、企业审计重点、风险导向审计、现代审计方法、防治经济犯罪、内部审计 7 个方面介绍德国审计最新发展动向，该文在《中国审计年鉴》（2003 卷）做了简介。同年，省审计学会开展审计质量管理课题研究，拟出 19 个子课题，作为设区市审计学会参考选题，研究内容主要涉及审前准备、审计技术方法、审计质量管理、审计工作规范化、信息化等方面。各设区市审计学会通过调研，共提交审计质量管理研究论文 60 多篇。省审计厅课题组撰写的《加强审计质量管理若干问题探讨》论文指出，提高审计工作质量必须根据法定的审计程序和审计工作全过程的实际，抓住影响审计质量的计划决策、审计实施、审计执法、人力资源、审计效果 5 个关键环节进行重点控制。12 月，省审计厅科研部门根据审计署经济责任审计科研课题，撰写了《建立党政领导干部任期经济责任审计评价指标体系的前提、方法和内容》论文。文章在分析经济责任审计特点基础上，将党政领导干部任期经济责任审计的几种类型进行区分，提出建立经济责任审计方法和评价指标具体内容。论文被收入时代经济出版社出版的《纪念审计机关成立二十周年》论文集，主要内容载入《中国审计年鉴》（2003 卷），并在中国审计学会第四届理事会经济责任审计课题研讨会上交流。省审计学会撰写的《经济责任审计的实施、效果及若干问题探讨》研究论文，提交全国经济责任审计理论研讨会交流。

2002 年 6 月，省审计厅在厦门召开全省深化经济责任审计研讨会，研讨内容涉及经济责任界定、评价指标、审计文书规范等方面，收到论文 20 篇，与会人员就经济责任审计的内容、评价、文书规范等问题进行研讨；省审计厅科研部门综合研讨会上提出的思路与观点，撰写《全省深化经济责任审计研讨会会议综述》论文刊登在《福建审计》2002年第3期。同年，省审计厅科研部门根据审计署要求，对2001年研究成果《建立党政领导干部任期经济责任审计评价指标体系的前提、方法和内容》一文进行修改。

2003年，省审计厅开展如何发挥国家审计在权力制约和监督方面的作用研究，撰写《观念更新与体制创新：国家审计实现公共权力制约和监督的根本保证》一文，阐述了实现公共权力制约和监督的根本在于有效转变"对事不对人"的审计观念，提出建立立法型的国家审计体制的观点。该文被编入审计署主编的《纪念审计机关成立二十周年论文集》，并在全国审计理论研讨会上交流。同年，省审计厅和9个设区市审计局共同承担审计署"政府审计20年发展基本经验的研究与总结"课题研究。省审计厅课题组完成的《求索　创新　奋进——福建审计发展20年之基本经验》，从分析审计原则、思路、管理等方面入手，总结福建审计发展20年的基本经验，该文在全国审计理论研讨会上交流；设区市审计局提交的4篇论文相继在《审计理论与实践》等刊物上发表。同年，省审计厅课题组撰写的《深化领导干部任期经济责任审计工作有关问题的思考》论文，探析了经济责任审计规范化问题，该文在《福建审计》2003年第4期上发表。同年，为了推动内部审计工作，省审计学会制定《福建省内部审计协会会员联谊活动实施意见》，将团体会员分成五个片区，以协作片为单位不定期开展内部审计业务交流和学术研讨，总结、推广内部审计工作经验。

2004年，省审计厅组织科研部门和设区市审计局开展审计机关文化建设研究，课题组完成研究论文《论审计机关人本理念创新——加强审计机关文化建设思考》，从新的需求与现实的差距；树立正确的审计价值理念，塑造良好的精神风貌；创新管理机制，促进审计干部全面发展三个方面论述审计机关文化建设工作，论文在全国审计理论研讨会上交流。根据中国审计学会部署，省审计学会会员单位开展效益审计研究，完成论文14篇。其中研究论文《非审计服务与效益审计互动关系研究》在全国审计理论研讨会上交流。同年，省审计厅科研部门开展财政支农专项资金审计课题研究，撰写了《福建省财政支农资金审计调研报告》。报告反映财政支农专项资金的总体情况，剖析近年来福建省财政支农资金投入、使用及管理中存在的主要问题，提出建立健全财政支农专项资金的管理责任追究制度、加大财政支农力度、加快农业基础设施和农村公益设施建设等建议。

2005年，省审计厅、省审计学会围绕福建省各级审计机关试行审计署发布的《审计机关审计重要性与审计风险评价准则》《审计机关分析性复核准则》《审计机关内部控制测评准则》《审计机关审计抽样准则》《审计机关审计事项评价准则》和《审计机关审计项目质量控制办法（试行）》过程中存在的问题开展调研。9月20—23日，省审计学会在平潭召开"《国家审计准则》实务"研讨会，设区市审计学会领导、学会中青年研究组代表参加了会议，会议收到论文16篇。与会代表围绕试行审计准则过程中存在的问题及改进措施进行研讨与交流。省审计厅围绕审计准则主题组织召开3场处室业务骨干参加的研讨会，并到福州、厦门等 10 多个市、县审计局召开 10 多场座谈会，研究成果《谈如何理解审计重要性准则的有关规定》在《福建审计》2005 年第 4 期上发表。省审计厅和 9 个设区市审计局共同承担"《审计机关审计项目质量控制办法》（审计署 6 号令）执行的难点与对策"的课题研究，共提交 30 多篇研究论文。其中《推行审计组长负责制必须解决的四个问题》论文在全国审计理论研讨会上交流。同年，省审计厅科研部门开展"2006 年审计项目计划立项重点"调研。课题组撰写《2006 年审计项目计划立项重点建议》，为制订 2006 年全省审计计划提供了参考。

二、优秀审计论文评选

1997 年，福建省审计学会开展全省 1995—1997 年度优秀审计论文评选活动。成立由省审计厅、部分地市审计局的高级审计师，厦门大学和福州大学的教授等 12 人组成的评选委员会。评委从参评的 97 篇论文中评选出全省优秀审计科研论文 39 篇，其中，一等奖 3 篇、二等奖 7 篇、三等奖 14 篇和鼓励奖 15 篇。一等奖 3 篇论文被推荐参加全国优秀审计科研论文评选。

1998 年，省审计学会推荐论文参评中国审计学会开展的"全国优秀审计论文"评选活动，省审计学会课题组撰写的《关于环境审计的思考》论文获一等奖，三明、厦门、宁德审计学会提交的 3 篇论文获三等奖。

1999 年，省审计学会向审计署科研所选送 3 篇论文参加全国优秀审计科研论文评选，其中《企业集团审计初探》和《试论审计项目风险和目标管理控制》2 篇论文获三等奖。

2001 年，省审计厅组织科研人员撰写的《德国审计动向》论文获全国审计科研优秀论文三等奖；省审计厅科研部门撰写的《建立党政领导干部任期经济责任审计评价指标体系的前提、方法和内容》论文获 2001 年度全国审计科研课题三等奖；省审计厅课题组撰写的《加强审计质量管理若干问题探讨》论文获 2001 年度福建省审计质量年研讨活动优秀论文。

2004 年，福建省电力有限公司内部审计机构向中国内部审计协会提交的《现代企业风险管理》论文获全国优秀审计论文一等奖；省内其他内部审计机构提交的 6 篇论文获优秀论文三等奖。

2005 年，省审计学会根据《福建省优秀审计论文评选办法》，开展 2001—2005 年优秀审计论文评选活动。成立由审计机关高级审计师、厦门大学和福州大学专家、教授组成的评委会。评委会从 151 篇参评论文中评出 52 篇优秀审计论文，给予表彰和奖励。其中特等奖 2 篇、一等奖 10 篇、二等奖 15 篇、三等奖 25 篇。

三、科研项目管理

1996 年，省审计学会制定地市审计学会"九五"期间审计理论研究规划。各地市审计学会按照省审计学会提出的意见，结合本地区实际确定"九五"期间学会课题研究规划。

福州、南平市审计学会建立审计理论研究成果的评比、奖励制度；泉州市、龙岩地区将学会工作列为审计机关的年度业务考核内容。

1997年初，省审计学会制定并执行《省审计学会研究项目管理办法》，明确学会研究项目的管理目标，规定学会从研究项目的确定、组织协调到成果的提交、评价、交流、推广等一系列工作环节的管理办法。

2001年起，每年年初省审计学会根据审计署、省审计厅工作总体要求和部署，联系审计理论与实务的难点、热点问题，筛选、确定本年研究项目重点；同时，根据各设区市审计学会的研究力量，对研究项目进行分工部署、跟踪管理。

2004年6月，省审计学会在福州召开全省审计科研工作会议。会议讨论通过《福建省审计科研课题管理办法》、《福建省审计科研成果评选和奖励办法》及《〈福建审计〉编审工作制度》。

2005年9月，全省审计科研工作会议在平潭召开。会议分析总结了全省审计科研与宣传工作情况，部署福建省审计科研与宣传工作任务。会议强调审计科研工作要结合厅机关中心工作开展，做到"三个符合"、"四个围绕"，即：符合国情、省情和市情，符合审计的发展实际，符合省市审计机关科研力量的实际；围绕为审计机关制订年度审计计划服务，围绕为提高审计质量服务，围绕为审计新技术的推广应用服务，围绕为加强审计干部队伍建设提高队伍整体素质服务。

第二节　书　刊

一、《福建审计》

《福建审计》是由福建省审计厅和福建省审计学会联合主办的审计综合性刊物，为内部发行双月刊。每期48个版面，9万字。主要内容是宣传、介绍本省审计理论研究成果、推广审计工作经验做法、探索审计技术方法。

1996年，《福建审计》每期发行1万份。栏目为："专题"、"理论探索"、"财政审计"、"现代企业审计"、"问题探讨"、"审计热点透视"、"工作研究"、"内部审计"、"审计案例"、"审计自身建设"、"简讯"、"审计艺苑"、"财经广场"、"社会审计园地"。

1997年，《福建审计》改为大16开版面。栏目调整为常设栏目和辅助栏目两类。常设栏目8个："专题"、"理论探索"、"行业审计"、"财经广场"、"法制天地"、"调查与思考"、"社会审计天地"、"内部审计"；辅助栏目8个："热点透视"、"审计自身建设"、"学习与借鉴"、"编读往来"、"学会园地"、"中青年理论园地"、"审计艺苑"、"知识窗"。编辑部聘请省内审计及相关学科领域的专家、学者为特约撰稿人，并建立地市一级通讯员网络，形成一支相对稳定的作者队伍。

1997—2000 年，《福建审计》根据审计工作中心和宣传重点，不定期设置了"地市专版"、"审计风险大家谈"、"审计十五年"、"审计情征文"、"审计史话"、"现代企业审计"、"经济责任审计"、"审计法颁布五周年"、"计算机审计"、"学习'三个代表'"等专题性栏目。每期常设栏目力求稳定，并根据来稿情况灵活设置辅助栏目。

2001 年，《福建审计》增设了"审计质量年活动"、"年鉴文稿选登"栏目，报道全省开展审计质量年活动情况，选登审计年鉴优秀文稿。

2002 年，《福建审计》推出了"专家论坛"、"WTO 与审计"、"CPA 之页"、"休闲园"等栏目，发表高校教授和行业专家撰写的有关中国会计准则国际化发展、"安然事件"（曾经排名美国第七大企业的"安然"，由于安达信会计师事务所虚饰其财务报表等，于 2001 年 12 月 2 日向法院申请破产保护）的剖析等文稿；探讨中国加入世界贸易组织对国家审计的审计目标、依据、范围等方面的影响及其对策分析；"休闲园"栏目增强刊物的趣味性、可读性。

2003 年，《福建审计》重新核定登记为内部资料，改为季刊，免费赠阅。内容侧重于报道本省审计系统内的审计工作动态、各时期工作会议精神和上级指导意见，传递一线审计信息，探讨审计实务和工作经验。同年，编辑部与京、津、辽三市（省）合办《审计理论与实践》，完成《审计理论与实践》（1—12 期）编辑出版任务。年末，《审计理论与实践》停办。

2004 年，第 1 期以"庆祝福建审计成立 20 周年"专刊形式出版，通过"领航前进"、"岁月感怀"等系列栏目，展现福建审计 20 年的历程和风貌。

2005 年，调整办刊思路、栏目设置和组稿方向，突出实务探讨，内容以国家审计为重，适量兼顾内部审计、社会审计最新动态。"简讯"栏目增加报道各地报送的信息；"调查与思考"栏目加大反映审计发现的问题和建议的分量；开设"先进性教育"专栏，配合厅机关和全省审计系统开展共产党员保持先进性教育活动；结合审计质量年活动，出版《2005年审计质量控制专辑》。

二、《审计资料》

《审计资料》是审计机关内部参考资料，由省审计科研所编辑、发送，每期发送量为300 份。主要服务对象是本省审计系统各级领导、审计机关和审计科研人员，并与全国各个审计科研机构交流。《审计资料》的编辑方式为文摘式，收集、摘录反映经济、审计、财会等方面知识性、探索性文章，以专题的形式传递有关新的经济政策、宏观经济运行态势、金融形势、审计工作新动向等信息，介绍国内外财经界、审计界理论研究重要成果及国外经济、会计审计的新知识、新动态。资料主要来源于全国各大报刊，其中以经济类、审计类、财经会计类期刊为主，还有来自最新的经济类、审计类书籍。1999 年起，改不定期为每月一期，全年 12 期。

三、《中国审计史》（部分篇章）

2000 年，根据审计署《中国审计史》编办 2000 年工作部署，省审计厅负责组织编写《中国审计史·上卷》"五代宋元时期审计"和《中国审计史·下卷》"台湾地区现行审计制度"章节。

2002 年 4 月完成《中国审计史·上卷》（五代宋元）文稿，约 45000 字。内容主要介绍五代宋元时期审计状况：（1）审计机构的发展演变；（2）御史台和其他具有审计职能的机构；（3）与审计相关的法规制度；（4）宋代、元代审计活动。

省审计厅编写《中国审计史·下卷》"台湾地区现行审计制度"工作始于 2001 年，于下半年完成文稿约 23000 字。主要内容介绍 2000 年台湾地区现行审计制度状况：（1）"政府审计"部分介绍其"法律制度"、管理体制与机构设置、审计对象和业务范围、审计方式、审计程序、审计结果的处理、人事管理与培训制度；（2）"内部审计"部分介绍设在"政府机关"的内部审核、设在企业的内部稽核制度；（3）"民间审计"部分介绍其国际化与市场化程度、"会计师法"概要、台湾会计师执业准则。

四、《福建省志·审计志》

《福建省志·审计志》（简称《审计志》）是首轮《福建省志》的专业分志，也是福建省第一部审计专业志。《审计志》编纂工作始于 1991 年，1998 年 12 月通过省方志委审定，1999 年通过验收，2000 年 10 月付印出版。该书记载自民国至 1995 年福建审计的历史，记述当代福建审计工作发展历程，涵盖机构、实务、管理与科研三个部分的内容，约 40 万字。

五、《福建审计年鉴》（1996—2005）

1996—2005 年，由省审计厅组织编纂的《福建审计年鉴》两部共约 200 万字。《福建审计年鉴》（1996—2000 卷）于 2002 年 12 月出版发行，由三篇一附录构成，第一篇审计厅和第二篇地市审计局写国家审计，第三篇写内部审计与社会审计，"附录"择录部分文件。《福建审计年鉴》（2001—2005 卷）于 2010 年 5 月出版发行，基本保持《福建审计年鉴》（1996—2000 卷）的编纂体例及风格，以国家审计为主，涵盖内部审计，增加了"特载"部分。"特载"部分辑录了省领导对审计工作的指示以及省审计厅厅长对审计工作的指导讲话；"内部审计"部分介绍了 16 个内部审计机构的审计实务。

六、《福建审计二十年》

2003 年，省审计厅组织编纂《福建审计二十年》文献类图书。该书内容以国家审计为主体，分为图文宣传、正文和附录三大部分，共 80 万字。其中正文部分由"综合篇"、"业务篇"、"地市篇"三个篇目构成，分析和总结了福建审计发展 20 年的基本经验。

第三节 信息化建设

福建省审计机关计算机应用工作起步于 20 世纪 90 年代初。1996 年后，全省审计系统加大资金投入，信息化建设步伐明显加快。2001 年，省审计厅成立了计算机应用中心。2002 年，省审计厅政务信息网站被"数字福建"领导小组授予"全省政务信息网站建设先进单位"称号。

一、硬件建设

1997 年，省审计厅建立局域网系统，完成各处室的微机联网工作，设立计算机中心机房。中心机房配有一台 HP 服务器，IOM 网络布线，配备专门计算机网络管理人员。

1998 年，三次对各工作站的应用情况，软硬件的维护及计算机病毒等进行检查、清理，维护厅网络系统安全；建立厅内部网络邮件系统，实现各处之间文件交换网络化。

1999 年，实现省厅局域网与全省 9 地市的远程通信，在全省地市级开通省厅局域网的远程通信系统，编制远程通信系统操作指南，到各地市安装，实现省审计厅与各地市之间的信息互送；部分地市审计机关建立与县级审计局的远程通信，部分地市与县之间的数据交换也实现了网络化；完成省审计厅远程站与审计署的连接。

2000 年，在原有局域网规模的基础上，进行第二期网络建设，增加节点数目添置新服务器及相应网络设备。省审计厅与各地市审计局的远程通信网扩容，增加拨入通道数。厅中心机房网络设备采取以 Catalyst4006 作为中心交换机、以 Catalyst3548 作为边缘交换机、以 Catalyst2620 作为移动用户远程访问服务器的解决方案。CISC02620 路由器作为远程用户和移动用户的拨入服务器，配置一个 8 口的调制解调器网络模块和一组邮电中继线路，最多可供 8 个用户通过普通电话线同时拨号入网，CISC02620 路由器并具语音扩展功能，可通过增加语音模块，在数据网上实现语音通信功能。

2001 年，省审计厅大楼局域网开通运行，配备了 1 台思科 4006 交换机和 2 台思科 3546 交换机，局域网结点 80 多个。在计算机中心布设 1 条互联网线路，配备 1 台互联网专用机供全厅人员使用；建成多媒体电教室，配置 17 台电脑供学员学习。

2002 年，金审工程（福建）项目一期工程启动（2004 年通过省数字办立项）。省审计厅首批实现厅机关局域网和"数字福建"政务信息网的互联互通，实现与省委省政府和省直有关部门公文的电子传输；铺设了专用互联网线路，配备 6 台专用电脑，用于上互联网。厅局域网信息点扩充到 230 多个。完成各处室（单位）互联网宽带接入，并各配备 1 台互联网专用机。

2003 年，省审计厅建成双机热备系统，保障厅机关业务系统的持续运行。

2004 年，建成厅机关和派驻厅局审计处的 VPN 宽带联通、10 个派驻厅局审计处局域网建设。金审（一期）中运用省政务信息网的建设成果，在福州市建成审计业务虚拟专用网，完成省厅与厅派驻厅局审计处的网络连接，10个派驻厅局审计处、两个事业单位实现与厅机关局域网宽带互联。派驻厅局审计处建设了局域网，与审计城域网建设相配套，实现审计人员在厅内局域网与派驻厅外机构办公的一体化，包括10个派驻厅局审计处和外驻两个事业单位。省审计厅扩充电教室，可容纳80多个学员，并配置44台电脑、教师机及学员机，实现音、视、画、字的多媒体教学与交流。

2005年，为改善网络性能、提高数据传输速度和吞吐量，省审计厅配备4台华为3050交换机，2台华为3026交换机；利用"数字福建"网络平台，建成厅机关、全省9个设区市审计局、84个县市区审计局宽带互连互通的审计专网。可以通过审计专网，使用审计管理系统中的功能；也可依托审计专网，远程批阅文件和处理审计管理系统上的业务，实现远程办公。厅机房面积从40平方米扩大到100多平方米，分为配电房、主机房、操作间和网管工作室4部分，可满足系统7×24小时不间断运行的要求；配备4台DELL2850服务器，2台42U服务器机柜，分别用于DA系统、防病毒系统、DNS服务等。

二、软件应用与开发

1996年开始，省审计厅在已配置的微机上统一安装Windows 95操作系统、文字处理及表格处理等常用软件。1997年，开发网络版的审计文档管理系统，对公文信息中有保管价值的文件资料进行电子化规范管理和利用，统一维护归档，并提供专门的查询、统计，实现公文存档的无纸化。同年，省审计厅引进国家信息中心法规库。

1999年，厅机关安装、演示、试用了审计署驻南京特派员办事处开发的《审计数据采集与分析软件》。

2000年，开始使用《审计综合管理系统》，通过该系统建立审计对象数据库，进行审计统计数据的汇总等。举办了由设区市审计局及厅各业务处综合人员参加的培训班，内容为新版软件的使用方法及使用新通信设备传输报表的方法。各专业处利用新版软件对省厅管辖的审计对象进行调查。在审计署驻南京特派员办事处开发的《审计数据采集与分析软件》与网络版的《审计文档管理系统》的原有版本基础上又开发了该系统的WEB版，使其可在省厅主页上运行；并通过对各业务处审计文档资料的收集、格式转换、再编辑、排版、归档等项工作使各业务处均能方便快捷地从网络上查阅各类审计业务文档。还引进了审计署的"法规数据库"网络版，可在网上查询法规。

2001年，对办公自动化软件（OA）进行选型调研；引进审计署推荐的《统计管理软件》，在全省审计机关免费推广使用。

2002年，引进财政总预算审计软件。下半年，又引进金剑审计软件（行政事业版）。按照"数字福建"领导小组的部署，完成政务信息网网站建设。在省政务信息网网站的基础上建成厅局域网网站，给各处室设置了自行管理的专用网页。

2003 年，省审计厅通过招投标，部署榕基办公自动化系统（OA），引进《审计数据采集软件》，实现对银行、证券等部门审计时海量数据的快速分析汇总。实施"行政事业单位审计计算机辅助系统研究"项目，其目标是引进审计署推荐使用的《金剑审计软件》。建立与经济管理信息化、财会信息电子化发展形势相适应的审计信息化系统。

2004 年初，省审计厅邀请西安金剑公司的专业技术人员到有关处室进行为期一个月的软件跟踪服务，并到被审计单位指导操作。4 月，省审计厅办公自动化系统（OA）投入使用，厅各处室通过局域网和城域网进行网络办公和交流。省审计厅还通过建立有效的公文管理机制，实现公文流转中的收文、发文、督办文、公共信息的管理，为审计人员提供公文拟办、批办、承办、催办、督办、归档、查询、统计、打印等多项服务；同时，架构内部电子邮件系统，取消原有的 Imail－Foxmail 邮件系统，基本实现无纸化办公。5 月，省审计厅在永春县召开全省审计业务系统工作软件演示会，免费推广使用永春县审计局开发的《基层审计业务系统管理软件》。

2005 年，省审计厅引进审计署在全国审计机关推广应用的由中软公司开发的现场审计实施软件（AO），并对全厅人员进行集中培训。

三、数据库建设

2001 年，省审计厅组织开发审计法规数据库（单机版和网络版）和审计对象综合管理系统（网络版和单机版），在全省各级审计机关免费推广使用。

2003 年，随着审计法规数据库（单机版和网络版）应用需求的扩大，省审计厅在原有开发基础上对软件功能和性能予以完善，可供查阅的法规分别有：国家法律法规与部委规章库、福建省地方法规制度库、国家司法解释与裁判文书库、其他法律法规文件库及当年新增法律法规库。法规数据库每年更新两次，免费提供给市县审计机关使用。

2004 年，随着审计对象综合管理系统（网络版和单机版）应用需求的不断完善，省审计厅对该系统进行二次开发，实现省厅各业务处室对其所管辖的审计对象、每年审计项目计划、审计业务档案信息数据的管理，建设审计综合业务管理数据库，为编制审计项目计划提供科学的决策依据。省审计厅组织开发《举报信息管理系统》网络版并投入使用。该系统主要特性：建立比较先进的信息受理系统，具备对举报工作全流程的监督功能，举报业务办理"无纸化"、信息输出自动化，举报信息安全管理，完善的档案存储、使用管理功能。当年，省审计厅还着手开发审计干部信息管理系统。

2005 年，省审计厅审计干部信息管理系统投入使用。该系统可根据每个人员所在的岗位设置不同的访问权限，为了解人才信息及人才管理提供平台。

四、网络安全管理

1997 年，省审计厅机关开始执行《厅机关计算机应用管理规定》和《厅计算机中心机房管理制度》。

1999 年，为保障厅局域网的安全，开始执行《厅机关计算机信息系统保密管理暂行规定》，要求对连接互联网的电脑严格实行专机专线上网，实施日常管理。根据审计署和省政府的要求，省审计厅对计算机"2000 年"问题进行测试调查，避免了"千年虫"问题。

2001 年，厅机关局域网开通运行后，定期邀请省信息网络重点实验室测试中心对网络系统进行扫描，发现安全隐患及时修补、加固。同年，制定并执行《福建省审计厅计算机使用管理规定》、《福建省审计厅计算机网络安全管理办法》，要求厅机关人员签订《福建省审计厅计算机使用承诺书》，加强计算机信息系统安全保密管理。10 月，联系瑞星防病毒公司，在厅机关局域网安装瑞星网络版防病毒软件（试用版）。12 月，部署瑞星企业版防病毒软件（网络版），并指定专人定期对病毒库进行升级，遏制局域网病毒的传播。

2002 年，在厅局域网中安装东软 NetEye 防火墙，防范黑客入侵，并要求用互联网的电脑和线路与厅机关局域网完全物理隔离，指定专人负责管理。

2003 年，扩容 50 个客户端，为厅派出机构配备一套单机版瑞星杀毒软件；下发《计算机病毒预防手册》等资料，多次邀请瑞星公司人员对全厅人员进行防病毒知识培训。

2005 年，配备漏洞扫描系统（RJ-ITOP），用于对网络设备进行自动的安全漏洞检测和分析，通过模拟黑客攻击方法，探测网络设备中存在的弱点和漏洞，提醒安全管理员及时完善安全策略，降低安全风险。为及时分析和监测网络动态，查阅网络日志，实时监听网络设备的数据流量，自动发掘信息，主动阻断实施攻击的网络主机，在审计专网上部署海峡黑盾入侵检测系统（IDS）。鉴于全省审计系统业务专网覆盖省厅、派驻厅局审计处、市县审计机关等 120 多个节点，省审计厅与市县审计机关建立了审计 VPN 专网。由于省厅的 VPN 中心网关对可靠性、可用性及稳定性要求极高，省审计厅在中心机房部署双机热备中心网关（东软 NetEye 4032-FE4-V），消除单点故障，增强关键业务无中断运行能力，实现全省 VPN 审计专网的高可靠性、高可用性和高稳定性。并在机房设置门禁管理系统，规范人员进出。

第十三章　机构　队伍

福建省共设有 95 个县级以上政府审计机构。截至 2005 年底，全省审计机关及直属事业单位总人数 2018 名。

第一节　政府审计机构

一、省级审计机构

1996 年初，省审计厅内设办公室、综合审计处、法规体系管理处、人事教育处、财政审计处、金融审计处、行政事业审计处、工交商审计处、固定资产投资审计处、农林水审计处、外经贸审计处、中央属单位审计处和机关党委会、省纪委驻省审计厅纪检组和省监察厅驻省审计厅监察室（纪检组、监察室合署办公），下辖省审计科研所、省审计干部培训中心、省审计师事务所、省华审资产评估事务所（省华审联合审计事务所）4 个直属事业单位。省审计厅的主要职责有：研究制定全省性审计规章制度，确定全省审计工作重点，编制审计项目计划；依据审计法的规定，对本级审计管辖范围内的审计事项进行审计，对审计发现的宏观管理方面问题，向省政府和审计署报送审计或审计调查结果，并根据规定向有关部门和社会通报审计结果；领导、管理下级审计机关审计业务，协同设区市政府依照法定程序办理下一级审计机关负责人的任免事项；对审计署授权或临时授权的中央驻闽单位和项目的财务收支进行审计；指导、监督全省的内部审计工作；指导、监督、管理全省的社会审计工作；办理下一级审计机关审计事项的复议工作；按照审计署部署开展审计领域的国际交流活动；承办省政府交办的其他事项。

1997 年 1 月，省审计厅审计举报中心正式成立；2 月，省审计厅将工交商审计处分设为工交审计处和商贸审计处，工交审计处同时挂中央属单位审计处牌子；12 月，省审计师事务所和省华审资产评估事务所合并，实行两块牌子，一套人马，合署办公。

1999 年底，根据国家有关政策规定，省审计师事务所、省华审资产评估事务所进行脱钩改制，实行有限责任制，与省审计厅脱离行政隶属关系。

2000 年 7 月，根据《中共福建省委办公厅、省人民政府办公厅关于印发〈福建省审计厅职能配置、内设机构和人员编制规定〉的通知》，省审计厅调整内设机构为：办公室、法制处、经济责任审计处、财政审计处、金融审计处、行政事业审计处、经贸审计处（挂

"中央属单位审计处"牌子）、农业与资源环保审计处、社会保障审计处、固定资产投资审计处、外经贸审计处、人事教育处。省审计厅职能职责做了相应调整。增加了参与制定审计、财经方面地方性法规的职责，审计监督环境保护资金的职责，组织实施、指导协调全省审计机关对党政领导干部、国有企业及国有控股企业领导人员进行任期经济责任审计的职责，受理审计举报工作的职责；强化提出制定和完善有关政策法规、宏观调整措施建议的职责，检查、监督全省社会审计组织审计业务质量的职责，向省政府提交省级财政预算执行情况审计结果报告并受省政府委托向省人大常委会提出省级财政预算执行情况和其他财政收支审计工作报告的职责，督促检查审计决定的执行情况、被审计单位对意见和建议的整改情况以及组织全省审计机关检查审计决定落实情况的职责。同时，不再承担指导和管理社会审计的职能。调整后的省审计厅职能职责，进一步强化审计监督职能，拓展审计监督的职责范围，并对部分以往实际工作中存在但无明文确定的职责予以明确规定。9月，在省审计厅派驻的纪检组、监察室实行合署办公。福建省审计厅计算机应用技术中心成立，

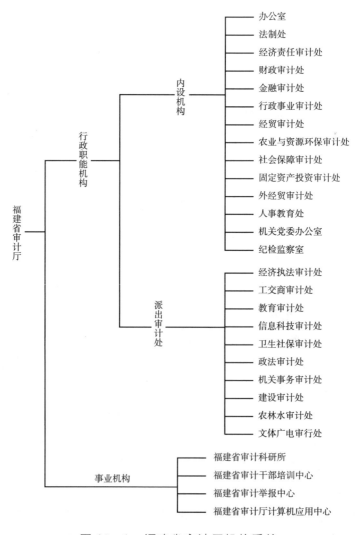

图 13-1　福建省审计厅机构系统

为省审计厅直属事业单位。12月，省审计厅设立经济执法审计处、工交商审计处、教育审计处、信息科技审计处、卫生社保审计处、政法审计处、机关事务审计处、建设审计处、农林水审计处、文体广电审计处10个派出审计处。至年底，省审计厅共辖省审计科研所、省审计干部培训中心、省审计厅审计举报中心和省审计厅计算机应用技术中心4个直属事业单位。全省审计机关共有2117人。

2004年4月，福建省审计厅计算机应用技术中心更名为福建省审计厅计算机应用中心。

表13-1　　　　　1996—2005年福建省审计厅副厅级以上人员名表

姓名	性别	职务	任职时间
陈丽群	女	厅　长	1995.6—2000.4
		巡视员	2000.4—2001.3
冯声康	男	厅　长	2000.4—2002.5
俞传尧	男	厅　长	2002.5—
黄水秀	男	副厅长	1996.5—1998.2
蔡松林	男	副厅长	1995.5—2005.7
梁亦秋	男	副厅长	1995.5—
庄表峰	男	副厅长	1994.11—1996.7
王光远	男	副厅长	2000.4—
黄朝江	男	厅纪检组长	1995.12—2000.3
		助理巡视员	2000.4—2001.4
陈课程	男	助理巡视员	1997.3—2005.6
江永森	男	总审计师	2004.7—
金　江	男	厅纪检组长	2005.6—
林秋美	男	副厅长	2005.8—

表13-2　1996—2005年福建省审计机关及直属事业单位职工基本情况统计表

单位：人

年度		1996	1997	1998	1999	2000	2001	2002	2003	2004	2005
全省总人数		2464	2673	2733	2328	2117	2076	2055	2030	2042	2018
性别	男	1713	1823	1838	1602	1491	1468	1451	1432	1436	1411
	女	751	850	895	726	626	608	604	598	606	607
人员分布	省厅	252	270	279	274	199	216	224	220	218	220
	设区市局	576	637	638	568	499	475	469	469	452	454
	县市区局	1636	1766	1816	1486	1419	1385	1362	1341	1372	1344

续表 13—2

年度		1996	1997	1998	1999	2000	2001	2002	2003	2004	2005
年龄结构	35 岁以下	1487	1677	1625	1208	926	706	557	475	459	387
	36～45 岁	505	548	661	696	747	877	1007	1049	1066	1096
	46～55 岁	355	346	359	353	370	399	395	416	420	419
	56～60 岁	111	101	87	69	74	94	96	90	97	116
	60 岁以上	6	1	1	2						
文化程度	博士					1	1	1	1	1	2
	硕士						6	10	14	14	14
	大学	226	283	313	318	329	353	398	454	486	640
	大专	995	1203	1295	1187	1078	1040	1071	1053	1035	978
	高中以下	1243	1187	1125	823	709	676	575	508	506	384
专业技术职称	初级	1138	1039	970	760	642	611	513	491	501	460
	中级	852	1101	1209	1187	1122	1103	1124	1090	1067	1025
	高级	30	33	28	31	39	57	49	86	109	146
	小计	2020	2173	2207	1978	1803	1771	1686	1667	1677	1631
政治面貌	中共党员	1116	1229	1296	1303	1347	1392	1404	1419	1418	1440
	共青团员	523	479	428	305	136	95	51	30	37	44
	小计	1639	1708	1724	1608	1483	1487	1455	1449	1455	1484

二、市县审计机构

1996 年，全省有 89 个地（市）县审计机构，即福州、厦门、漳州、泉州、三明、莆田、南平、龙岩、宁德 9 个地（市）审计局和 80 个县市区审计局。

1997 年 5 月，龙岩地区撤地设市，龙岩地区审计局更名为龙岩市审计局，原县级龙岩市审计局更名为新罗区审计局。

2000 年 11 月，宁德地区撤地设市，宁德地区审计局更名为宁德市审计局，原县级宁德市审计局更名为蕉城区审计局。

2005 年，全省有 94 个市县审计机构，即福州、厦门、漳州、泉州、三明、莆田、南平、龙岩、宁德 9 个设区市审计局和 85 个县市区审计局。

第二节　内部审计与社会审计机构

一、内部审计机构

从 1996 年起，省审计厅采取"给编制促组建，强外审促内审，抓主管促基层"等措施和途径，大力推进部门、单位、企业建立健全内部审计机构。至 2005 年，金融、电力、烟草、邮电等行业内部审计机构已形成较完整的组织网络，其他国有大中型企业、股份制企业也在建立现代企业制度过程中加快建立内部审计机构的步伐。经过数次政府机构改革、企业改制改组、内部审计机构整合等，内部审计机构数量有增有减，但结构更趋合理。

表 13-3　　　　　**1996—2005 年福建省内部审计机构基本情况统计表**

单位：个

年度	内部审计机构	
	总数	其中:专职机构
1996	1208	672
1997	1218	656
1998	1222	498
1999	922	477
2000	979	472
2001	787	331
2002	606	264
2003	401	191
2004	431	174
2005	410	169

二、社会审计机构

1996 年，福建省社会审计机构 110 家。

1997 年，福建省社会审计机构共有 86 家独立所，34 家分所。

1999 年，根据中共中央办公厅、国务院办公厅关于各类会计师事务所、审计师事务所一律与主管部门脱钩的要求，全省大部分会计师事务所、审计师事务所于年底完成脱钩改制工作，实行行业管理。

2000 年，全省会计师事务所、审计师事务所脱钩改制工作全部完成。

2001 年，福建省有 115 家会计师事务所，执业注册会计师 1351 人，非执业会员 1048 人。

2005 年，福建省有会计师事务所 142 家，执业注册会计师 1782 人。

第三节 社会团体

一、福建省审计学会

1996—2005 年，福建省审计学会主要业务是组织会员进行审计科学理论研究，开展审计学术交流活动，活跃学术思想，提高审计科学水平，指导、服务审计工作实践；宣传党和政府有关审计及经济工作的政策方针、法律、法规、制度，普及审计理论知识，出版审计刊物和丛书，交流信息和资料；加强与各省、市审计学会及相关学会的联系和学术交流，发展和增强同香港、澳门特别行政区及台湾地区的审计学术团体及审计工作者的友好往来，开展国际学术交流活动，研究和介绍国内外审计科研成果和工作经验；开展审计咨询服务和专业培训工作；开展审计科学优秀成果评奖活动，推广优秀研究成果，促进审计技术发展。

1998 年 10 月，省审计学会召开第四届会员代表大会，进行换届，选举产生第四届理事会，会长温海树。

2002 年 12 月，省审计学会第五届会员代表大会在福州召开，进行换届，选举产生第五届理事会，会长俞传尧。

二、福建省内部审计协会

1996 年 12 月，福建省内部审计协会成立。该协会是由内部审计机构、内部审计人员以及从事相关工作的单位和个人自愿结成的全省性社团组织；其基本职能有：服务、管理、宣传、交流。省审计厅是协会业务主管部门。选举产生第一届理事会，会长蔡松林，聘请副省长黄小晶、省人大常委会常委温海树为名誉会长。

2002 年 3 月，省内部审计协会换届，选举产生第二届理事会，会长梁亦秋。

2005 年 11 月，省内部审计协会换届，选举产生第三届理事会，会长蔡松林。

三、福建省注册会计师协会

1992 年 5 月，省审计厅成立福建省执业审计师协会，系福建省审计学会下属的二级分会。1993 年 5 月，经省民政厅正式批准更名为福建省注册审计师协会，是省审计厅管理指导的行业自律组织，属一级协会，会长高匡衡。

1995 年 12 月，福建省机构编制委员会同意设立福建省财政厅注册会计师协会，为省财政厅正处级事业单位。

1997 年 11 月，福建省注册会计师协会与福建省注册审计师协会实行联合，注册审计师更名为注册会计师，社会审计行业管理由联合后的福建省财政厅注册会计师协会负责。

1999 年 11 月，福建省财政厅注册会计师协会更名为福建省注册会计师协会。协会负责对全省注册会计师行业进行管理、监督和协调，为全省注册会计师行业发展提供专业技术支持与服务。审批和管理本会会员，办理注册会计师注册；组织对注册会计师的任职资格、注册会计师和会计师事务所的执业情况进行年度检查；编制行业自律管理规范，惩戒违反行业自律管理规范的行为；组织实施福建省注册会计师全国统一考试；组织和推动会员培训工作；组织业务交流，开展理论研究，提供技术支持；开展注册会计师行业宣传与对外交流；协调行业内、外部关系，支持会员依法执业，维护会员合法权益；办理法律、行政法规规定和国家机关委托或授权的其他有关工作。协会内设综合部、考试部、注册部、培训部、监管部、标准部、信息部，核定事业编制 20 名。上级主管部门是福建省财政厅和中国注册会计师协会，法人代表翁国雄。

2005 年 12 月，省注册会计师协会专职人员 14 人、正职领导 1 名、副职领导 2 名。1996—2005 年，省注册会计师协会会长陈荣凯。

第四节　队伍建设

一、干部教育

根据中央、省委关于培养干部的要求和部署以及审计署审计工作发展纲要，省审计厅于 1998 年和 2001 年先后制定《福建省审计干部教育培训规划》，确定教育培训工作的指导思想、总体目标、主要任务以及培训的方法、方式。福建省审计系统干部培训任务由省审计干部培训中心承担。2000 年省审计厅新的审计培训大楼建成并投入使用。

（一）业务培训

1996 年，省审计干部培训中心协助厅职能部门编制教育培训工作规划和计划，制订审计培训工作实施方案，编制经费预算、培训计划目标管理流程图和培训班指南，设计培训班质量评估系列表；当年举办处级领导干部理论知识、计算机基础知识、金融审计业务知识、土建水电工程预算审计知识、审计职称考前辅导等培训班 15 期，参训 1044 人次。

1997 年，省审计干部培训中心举办《中国审计规范》、《中国独立审计准则》、财政预算执行审计、土建路桥工程预算审计知识、审计职称考前辅导等培训班 15 期，培训审计干部 1242 人次。同年，省审计厅举办全省审计统计规范化培训班，参训 58 人次。

1998 年，省审计干部培训中心举办县局级领导干部审计理论知识、计算机应用技术、金融业务审计知识、路桥水电工程预算审计知识、审计普法知识、企业审计、粮食挂账审计等培训班 14 期，培训审计干部 1103 人次。同年，省审计厅举办了全省审计系统统计员培训班。

1999 年 11 月，省内部审计协会派员参加中国内部审计协会在厦门举办的内部审计高级培训班暨秘书长座谈会，与来自全国各地的协会秘书长交流经验。同年，省审计干部培训中心举办县局级领导干部审计理论知识、计算机应用技术、财政审计知识、外资审计知识、审计复核审理业务、基建项目审计知识等培训班 9 期，培训审计干部 902 人次。

2000 年 3 月，省内部审计协会秘书处人员参加中国内部审计学会和审计署培训中心组织的美国内部审计业务培训班，培训内容有：美国审计的组织体系概况、美国企业内部审计概况及发展趋势等。同年，省审计干部培训中心举办处级、县局级领导干部审计理论知识、计算机应用技术、土建水电路桥工程预算审计知识、国家审计准则等培训班 13 期，培训审计干部 930 人次。

2001 年，省审计干部培训中心建立健全师资网络：聘请审计系统领导和业务骨干讲授领导艺术和审计实务；聘请审计署、省委党校、省社科院、高校及兄弟省市审计机关有关专家教授担任授课老师；选派教学骨干参加审计署培训，参加审计实践，提高教学水平。根据培训目的和需求的不同采取灵活多样的方式，培训内容突出实用性。同年，省审计培训中心举办审计公文（文书）培训班、审计案例讲习班；与审计署培训中心联合举办经济责任审计研讨班；结合审计署组织的财经英语考试、计算机考试、全员资格考试、高级审计师考试，举办财经英语辅导班、计算机考前辅导班、全员资格考试考前辅导班和高级审计师考试考前辅导班。全年举办培训班 9 期，培训审计干部 767 人次。全省参考人员全部通过审计系统全员资格考试，平均 91.25 分；50％参考人员通过高级审计师考试。自 2001 年起，省审计厅每年均举办一期统计业务培训班，推广应用统计软件、学习统计报表指标解释、填报方法以及统计分析的撰写等。

2002 年 4 月和 8 月，省审计学会先后在海南和新疆举办两期"WTO 与中国审计"研修班。学会部分会员、设区市审计学会领导及一线审计人员共 80 多人参会。研修班讲授内容为"入世"后我国经济、会计、审计发展面临的机遇、挑战及战略选择等问题。2002—2003年，省审计干部培训中心举办处级领导干部和市县审计局长、固定资产投资审计、审计队伍建设、计算机应用技术骨干等培训班；与省内部审计协会联合举办内部审计准则培训班和内部审计人员岗位培训班。两年共举办培训班 19 期，培训审计干部 1094 人次。

2004 年，省审计干部培训中心举办计算机技术应用知识基础班、提高班、骨干班；与审计署培训中心合作举办经济效益审计培训班和审计项目质量控制培训班；与省内部审计协会联合举办内部审计准则培训班。全年举办培训班 10 期，培训审计干部 1000 人次。

2005 年，省审计干部培训中心举办市县审计局长任职培训班、计算机基础知识培训班；与审计署、省内部审计协会联合举办各类计划外培训班。全年举办培训班 11 期，培训审计干部 948 人次。

（二）学历教育

1995 年 9 月至 1998 年 7 月，省审计厅与福州大学成人教育学院联合举办审计会计专业大专班，来自全省审计系统的 21 名在职干部及待业青年参加学习，16 人取得大专学历。

2001年，省审计厅先后推荐11名中青年干部参加厦门大学、中央党校、省委党校、香港公开大学、英国赫瑞—瓦特大学的工商管理、经济管理、公共行政管理、政法、哲学等专业研究生班学习。

2002年初，省审计厅修订《福建省审计厅关于学历教育管理的暂行规定》。10月，省审计厅对192名处级及以下在职干部的学历、学位进行检查清理，规范学历、学位管理。

2004年，省审计厅委托集美大学成人教育学院，向全省审计系统招收会计专业（审计方向）专科起点函授本科学历班学员。

1996—2005年，全省审计机关有17人取得大专学历、218人取得本科学历、11人获硕士学位。截至2005年底，全省审计机关人员本科以上学历占32.5%，大专学历占48.5%；中级以上职称占58%。

二、职称评聘

福建省审计专业技术职称管理机构是福建省审计专业技术资格考试领导小组和福建省职称改革领导小组。前者负责全省审计专业技术资格考试的组织和实施；后者负责全省专业技术职称的考试、评审及聘任的管理工作。两个领导小组均下设办公室。

（一）审计专业技术资格考试

1998年，调整福建省审计专业技术资格考试领导小组主要成员，领导小组组长陈丽群，副组长陈芝如、蔡松林；2002年7月，再次调整领导小组主要成员，领导小组主任俞传尧，副主任汤昭平、蔡松林。

1996—2005年，全省报名参加审计专业技术资格考试3981人，实际参考2384人，参考率达59.88%。经国家人事部、审计署认定高级审计师237名，审计师652名，助理审计师、审计员187名。

（二）专业技术职称评审

1997年3月，省审计厅成立第三届高级审计专业技术资格评审委员会，负责全省本专业高级职务任职资格的考核评审工作，依据省人事厅《关于省审计专业技术职务经常化评聘工作的实施意见》开展评审。经省人事厅批准确认高级审计师15名。

1999年，省审计厅组织全省审计系统140多名专业技术人员参加由国家人事部、审计署联合组织的高级审计师考评结合的6个专业试点考试，有47人成绩合格。在此基础上，15名成绩合格人员经有关部门审核推荐参加最后阶段评审，经第四届福建省审计专业技术资格评审委员会评审后，报省人事厅批准确认高级审计师12名。

2002年，为加强高级审计师任职资格评审工作，福建省建立审计专业高级技术职务评委库。2002—2004年，评委会主任委员俞传尧，副主任委员蔡松林、梁亦秋、王光远。截至2005年底，评委库人选85名。

2005年，福建省建立审计专业高级审计师职务任职资格评审主任委员库，评委会主任委员俞传尧，副主任委员 1 名从高级审计师主任委员库中随机抽取。截至 2005 年底，主任委员库人选 13 名。

评委库和主任委员库人员实行滚动式管理，每年调整一次。

三、内部监督

省审计厅建立在厅党组统一领导下，主要领导亲自抓，纪检监察人员专职抓，机关处室、事业单位各负其责，廉政监察员配合，全体审计干部支持和参与的廉政建设领导机制和工作机制。2002 年全省审计机关实施审计公示制度，要求审计组进点实施审计时，应在被审计单位的醒目位置张贴《审计公示》，公布驻福建省审计厅纪检组的办公地点、电话号码等，便于被审计单位干部职工对该单位执行财经纪律方面的情况和对审计组执行审计纪律方面的反映和举报；实行外部监督与自我监督相结合，驻福建省审计厅纪检组印发并执行《关于征询审计人员执行审计纪律情况的函》、《福建省审计厅关于审计人员执行审计纪律情况征询表》、《福建省审计厅审计组执行审计纪律情况自报表》。2003 年省审计厅制定审计组在外地审计期间执行廉政纪律的补充规定，加强审计组在外地审计期间执行廉政纪律。1996—2005 年，驻省审计厅监察室共处理信访举报 202 件（次），其中反映厅机关问题的 69 件（次）。信访举报件均按照审计机关党风廉政建设分级责任制的规定办理，办结率为 100％。据统计，全省审计机关共有 35 人受到党纪国法的追究。

第十四章 专 记

第一节 内部审计选介

一、福建省煤炭工业（集团）有限责任公司内部审计

1996—2005 年，福建省煤炭工业（集团）有限责任公司（简称"福煤集团公司"）内部审计机构完成财务收支审计 1298 个、经济效益审计 536 个、经济责任审计 161 个、其他审计 1462 个；查出违规行为金额 3501 万元，促进增收节支 2356 万元。审计工作特点有以下几个方面。

（一）设立审计委员会

受董事会委托，审计委员会负责指导、协调、规划集团公司内部审计工作，向董事会报告工作。审计委员会下设秘书处，具体负责审计委员会的日常工作。秘书处与集团公司审计室合署办公。

（二）内部审计工作实行双重领导

福煤集团公司大部分的全资及控股企业均设立内部审计机构，实行以集团公司审计室和所在单位共同管理，所属单位内部审计人员的任免和调配须征求集团公司审计室的意见。内部审计人员在单位负责人领导下开展工作，审计业务接受福煤集团公司审计室指导。根据审计工作需要，所属单位内部审计人员接受福煤集团公司审计室统一调配和安排。

（三）审计考核目标任务完成情况

由福煤集团公司审计室牵头，相关部室配合，对集团公司全资和控股企业生产经营和财务预算目标任务完成情况进行审计考核。考核结果经集团公司领导班子会议审议后，由人力资源部兑现各单位经营班子成员的年度效益薪酬。

（四）参与资金风险控制

福煤集团公司审计室是福煤集团资金风险管理小组的成员单位，按照三级管理程序对权属企业提出的贷款、担保、抵押事项进行审核；对所属单位信用额度进行调整，为集团公司党政领导班子审议批准使用大额资金提供依据。

（五）开展财务预算管理专项审计

为配合集团公司推行全面财务预算管理，福煤集团公司审计室对下属企业财务预算管

理情况进行审计。主要审计企业财务预算管理体制、预算管理制度、预算程序、预算安排、收支预算以及对财务预算执行的监控、分析、考核、调整等。

（六）开展内部控制制度审计

审计室对集团所属的全资与控股企业内部控制制度执行情况进行审计，重点检查企业执行集团公司资金管理制度情况；企业承包、租赁、资产处置等重大经营事项与大额资金使用的内部决策、上报审批与控制管理情况。审计室将审计情况报告集团公司领导，并对企业经营管理存在的问题进行跟踪审计监督。

（七）紧贴福煤集团公司工作中心开展审计工作

根据需要调整工作重心，由单一的财务收支审计逐步过渡到经济效益审计、任期经济责任审计、内部控制制度审计。

二、福建省电力有限公司内部审计

1996—2005 年，福建省电力有限公司及所属单位内部审计机构完成经济责任审计 254 个、资产经营审计 124 个、预算审计 9 个、经济效益审计 39 个、内控制度审计 7 个、工程审计 3213 个、风险审计 3 个、专项管理审计 130 个、其他审计 232 个；工程签证审计 5069 份、合同签证审计 2043 份、其他签证审计 543 份；查出并纠正违规行为金额 12681 万元、促进增收节支 53755 万元。审计工作特点有以下几个方面。

（一）以组织建设为基础，健全审计体系

公司的内部审计工作始终坚持以加强组织建设为核心，健全审计组织网络体系。以省电力有限公司审计部为核心、各直管单位实行"机构独立设置、行政双重领导、资源统一调配、业务垂直管理、审计成果共享"的组织管理模式，基本具备"范围上全面涵盖、内容上全部涉及、形式上全程介入"的审计工作条件。在审计业务上，实践并探索管理审计、效益审计与风险审计；在项目安排上，引入风险评估机制，以风险为导向突出审计重点；在用人机制上，实行审计项目招标制、项目经理负责制；在质量控制上，先后制定了《福建省电力有限公司企业领导人员任期经济责任审计办法》、《福建省电力有限公司工程项目审计管理办法》、《福建省电力有限公司资产经营责任审计办法》、《福建省电力有限公司计算机审计操作标准》、《福建省电力有限公司内部控制审计操作标准》、《福建省电力有限公司专项审计操作标准》等审计质量标准体系，并编印各类审计专业操作手册，对审计质量进行全过程控制；在审计手段上，加大计算机辅助审计软硬件投入，相继开发了财务审计信息系统、营销审计信息系统等辅助审计软件，完善和丰富了审计部网页；在成果运用上，以确保审计成效为核心，强化跟踪考核及评估反馈机制。2003 年，省电力有限公司以审计管理体系为核心的管理创新成果《大型电力企业监控体系的构建》，获全国企业现代化创新成果一等奖。

（二）以业绩建设为核心，注重审计成效

省电力有限公司内部审计工作严格按照"三抓一创"（即抓计划、抓质量、抓信息、创精品）的工作思路，重点开展"四重一大"（即重大决策、重要事项、重要环节、重大风险、大额资金）审计监督，审计揭示管理制度在实施过程中存在的问题，实现查错、纠偏、堵漏、健全目标，进一步健全和优化内部控制制度，引导管理层重视内部控制；通过加强与业务部门的沟通，增进部门之间的理解，省电力有限公司系统各层面逐步意识到内部审计不仅是"查账先生"，也是企业管理的"营运医师"。

（三）以作风建设为保障，营造和谐审计环境

省电力有限公司审计部重视"自我约束"作风和"良性互动"建设。内部审计人员以各项规章制度和管理标准要求自己，落实责任制，确保各项工作有布置、有记录、有检查、有总结、有考核。从审计计划制订到审计结果报送，与相关职能部门沟通，针对审计过程中发现的问题，与业务部门探讨解决办法，共同撰写审计建议，通过"审计整改通知书"、"审计管理建议书"、"审计工作简报"等载体，为业务部门、基层单位提供服务。

（四）以能力建设为重点，提高人员素质

省电力有限公司审计部努力营造"没有效果地机械完成任务同样是不称职"的执业理念，组织审计人员参加各类业务学习，拓宽审计视野，完善知识结构，提高工作能力；以审前、审后培训为重点，倡导内部培训和交流培训，提高了"六大能力"，即审计理论研究能力、审计业务管理能力、审计项目策划能力、审计资源调配能力、审计问题分析能力、审计建议综合能力。福建省电力有限公司系统审计人员中，已有39人取得了注册会计师、国际注册内部审计师、注册造价师、注册监理师等执业资格。

三、福建省轻纺（控股）有限责任公司内部审计

1996—2005年，福建省轻纺（控股）有限责任公司及所属单位内部审计机构完成财务收支审计205个、经济效益审计99个、经济责任审计64个、专项资金审计6个、审计调查3个；查处违规行为金额86万元，促进增收节支418万元。审计工作特点有以下几个方面。

（一）围绕内部管理，开展财务收支审计

省轻纺（控股）有限责任公司内部审计人员通过对会计资料的审查，从中发现问题，分析原因，找出内部各项制度的漏洞，提出整改措施，帮助被审计单位健全制度，加强管理。

（二）围绕企业发展目标，开展经济效益审计

省轻纺（控股）有限责任公司内部审计将提高经济效益、保证资产安全作为审计工作的核心。通过经济效益审计，找出影响效益提高的主要问题，分析原因，抓住关键，提出建议和意见，进而促进加强管理，提高效益。

（三）围绕廉政建设，开展经济责任审计

省轻纺（控股）有限责任公司内部审计将对经营者离任时实施任期经济责任审计，转为对经营班子三年实施一次经济责任审计。通过对经营者任职期中审计，摸清家底，分清责任，发现问题，及时责令整改，保证国有资产保值增值；并为组织、人事等部门考核企业经营者的工作业绩、选聘优秀企业管理人才提供参考。

（四）围绕规范化建设，加强内控制度审核和评价

省轻纺（控股）有限责任公司内部审计重点审核和评价公司及所属单位内部控制的可行性、有效性。通过跟踪、调查、反馈，开展专项测试，及时修改、补充、完善内控制度，加强企业管理，为企业发展提供制度保障。

四、福建省冶金（控股）有限责任公司内部审计

1996—2005 年，福建省冶金（控股）有限责任公司内部审计机构完成财务收支审计 28 个、经济责任审计 11 个、对外投资专项审计 2 个、矿山职工安置费审计 2 个、后续审计 2 个、专项审计调查 2 个、其他审计 5 个；查出违规行为金额 642 万元，提出整改意见 149 条、审计建议 165 条。

福建省冶金（控股）有限责任公司审计处围绕公司年度中心工作，开展内部审计工作。先后制定了《内部审计工作暂行规定》、《全资、控股企业领导人任期经济责任审计暂行规定》、《内部审计工作暂行规定实施细则》、《关于进一步加强内部审计监督工作的意见》等内部审计监督规章制度。内部审计机构参与权属企业改制重组、关闭、清算及领导考核等工作，履行审计监督职能。在经常性审计中，注重发挥整体力量，与福建省三钢（集团）有限责任公司、福建省南平铝业有限公司、厦门钨业股份有限公司等权属企业内部审计机构开展联合审计；加强对权属企业工作的指导，组织内部审计人员业务学习和知识更新的培训，通过举办权属企业内部审计人员业务培训班、工作经验交流会，抽调内部审计人员参加互审、联审等途径，提高企业内部审计人员整体业务素质。

五、中国电信集团福建省电信有限公司内部审计

1996—2005 年，中国电信集团福建省电信有限公司各级内部审计机构完成财务收支审计 1117 个、经济责任审计 217 个、内控制度审计 29 个、专项审计调查 272 个、经济效益审计 61 个、工程项目审计 77269 个；查出违规行为金额 16421 万元，提出管理建议 7120 条，被采纳 6059 条；促进增收节支 145102 万元（含核减不合理工程费用 12.04 亿元）。审计工作特点有以下几个方面。

（一）紧贴企业中心工作，实践"五个转变"

中国电信集团福建省电信有限公司审计部围绕企业中心工作开展审计活动，发挥服务职能，从思想认识和工作方法上实践"五个转变"，即在思想方法上，由偏重财务会计信息

真实性等微观的思维方法转变为着眼企业全局的思维方法；在内部审计管理观念上，由查错纠弊为主转变为企业经济卫士为主；在内部审计职能上，由以监督为主逐步转变为监督评价并重；在审计层次上，由以事后财务收支审计为主逐步转变为以事中、事前的效益审计、管理审计为主；在审计技术方法上，由以手工和账表为主逐步转变为以计算机和信息网络为主。

（二）围绕风险管控和价值提升，开展管理审计

以风险管理为导向，开展内控评估工作。2004年，中国电信集团福建省电信有限公司建立内控流程及实施细则，以适应《萨班斯法案》的要求。内部审计部门组织全体员工围绕公司层面内部控制、内部控制设计有效性、内部控制执行有效性、IT内控设计及执行有效性等四方面开展自我评估工作，针对评估中发现的内控缺陷强化整改和跟踪落实，实现内控工作的闭环管理；以风险为导向，加大对关键风险点和关键环节的评估，对可能出现重大内控问题的领域进行重点评估，重点关注收入管理、资金管理、业务管理、工程管理等方面存在的风险，内控自我评估、外部独立评估中发现的重大问题，以及企业管理中的热点、难点问题；围绕影响企业价值提升的关键因素，开展专项审计和审计调查。内部审计部门参与企业的价值管理，围绕企业的主要价值提升点、经营管理的重点难点、领导关心和资本市场关注的问题开展审计和审计调查，揭示影响企业价值提升的突出问题和风险，提出审计意见和建议，帮助管理层分析影响企业价值提升的短板。

（三）深化传统项目审计，推进转型和创新

推进财务收支审计的转型。注重重点单位、重点对象、重点资金的财务收支审计，以财务报账制管理和内部控制评估为重点，强化对财产安全性和会计信息真实性以及重大经营决策效益性的监督检查，将财务收支审计与经济责任审计、内部控制评估等相结合；开展经济责任审计。探索任中审计与离任审计相结合，将经济责任审计由过去的事后查错纠弊转变为事前事中监督；深化建设项目审计。建设项目做到100％审计，完善复核制度，严把建设项目结、决算审计关。

（四）加强内部审计工作基础建设

中国电信集团福建省电信有限公司制发《福建省电信有限公司内部审计人员职业道德和工作纪律规定》、《福建省电信有限公司审计档案管理暂行办法》、《福建省电信有限公司工程造价审核质量控制管理办法》、《福建省电信公司所属企业领导人员任期经济责任审计办法》等内部审计规章制度，内容涉及机构职责、财务审计、工程审计、经济责任审计、专项审计调查、内控评估、职业道德建设等方面，促使审计工作有章可循，规范操作；倡导和鼓励内部审计人员学习业务，有12人取得CIA资格，占全省专职审计人员23.5％；有3篇论文获中国内部审计协会优秀论文三等奖。建立特邀审计员制度，先后从财务管理、工程建设、电信业务、信息技术、人力资源、法律等相关专业选拔人员，组成跨专业的特聘审计员队伍，采取交叉、联合审计。

六、兴业银行股份有限公司内部审计

1996—2005 年，兴业银行内部审计机构完成专项审计 205 个、经济责任审计 246 个、辅导审计 102 个、审计调查 67 个；提出整改建议 1920 条，被采纳 1728 条。

兴业银行内部审计机构审计工作重点逐步向非现场审计和内控评级转变；推进审计信息化建设，实行现场审计与日常监管相结合的审计工作体系；建立制度、人员、科技等方面保障机制，以审计项目审理和考核来保障现场审计的工作质量，以内部审计监管员制度来保障日常监管工作的落实，逐步实现对机构和业务的持续监管。

七、中国建设银行福建总审计室审计工作

1996—2005 年，中国建设银行福建总审计室完成经济责任审计项目 281 个、内部控制制度审计 116 个、专项审计 128 个、审计调查 29 个、其他审计 82 个、IT 审计 6 个；查出违规行为金额 92451 万元，提出整改建议 7350 条，被采纳 7224 条。审计工作特点有以下几个方面。

（一）质量管理

规范审计业务程序。审计项目的实施从组织流程、审前调查、现场测试、工作底稿的使用、记录情况到审计报告的形成、审计意见书的内容、档案资料的归档，整个业务流程遵循审计方案、准则，把握尺度，保证质量；建立审计项目质量负责制。审计项目经理或审计组长作为质量第一责任人，对项目审计进行全过程把关；建立审计督导制度。通过对审前准备、现场取证和审计报告等环节的督导，把好审计质量关；执行审计报告讨论、审核制度。审计报告初稿形成之前必须在审计组内讨论研究，审计报告须经审计组长、项目经理和总审计室领导逐级审核把关；实行重大审计项目汇报把关制度。总行系统审计项目和自选大型审计项目，现场审计结束后均要召开汇报会，汇报审计项目的组织情况、审计方案的执行情况及审计发现的问题等。统一对审计发现问题定性的口径；采取交叉审计模式。由总审计室统一调配人员，利用大交叉与小交叉相结合的办法，维护内部审计工作的独立性和权威；创新审计方式方法。在组织形式方面，总行系统审计项目总体审计方案下发后，总审计室成立审计项目组，项目组负责整个项目前期的非现场审计和具体实施方案的制订及后期的督导工作。此外，将福建省分行作为总行系统项目的审计对象，总审计室只派出一个审计组，按审计事项下设专业审计小组，抽查的二级分（支）行直接作为取证对象；在审计方式方面，各审计小组对重点审计事项进行联动查证、互补查证；在审计风险评估方面，利用非现场审计系统的风险评估模块对审计对象进行评估，根据评估结果确定查证对象；在审计方法方面，运用审计测试模块进行非现场审计测试，查找和筛选疑点进行审计分析，确定审计重点，并与被审计单位沟通。

（二）成果利用

建立"条块结合"的整改机制。定期对审计发现的主要问题进行分类，反馈给有关职能部门，建立被审行、二级行和省分行相关部门对审计发现问题整改工作的"一把手"负责制；建立约见座谈制度。定期、不定期与辖区行举行联席会议和座谈，通报审计发现的主要问题和共性问题，促进辖区各行之间对照检查、相互借鉴，防止类似问题发生；创办内部审计月刊，交流信息，共享审计成果。

（三）队伍建设

编制内部管理规章制度、审计操作规程、工资分配办法以及审计系统财务管理办法等，完善内部审计工作机制和激励机制；对内部审计人员进行专业分类，强调一专多能；完善内部审计考核办法，每年均对上年度的内部审计管理和审计工作质量进行考核，提升内部审计人员素质和审计工作质量。

八、福建省公安系统内部审计

1996—2005年，福建省各级公安机关内部审计机构完成财务收支审计335个、经济效益审计98个、经济责任审计157个、专项资金审计69个、审计调查21个；查出违规行为金额4953万元，促进增收节支2598万元。审计工作特点有以下几个方面。

（一）设立机构配备人员

省公安厅设立审计室，配备专职内部审计人员，挂靠厅纪委，与纪检监察室合署办公。公安内部审计以国家法律法规和公安经济法规规章为依据，在本级公安机关主要负责人的领导下开展内部审计工作，独立行使审计监督权，审计业务接受同级审计机关的指导和监督，以保证审计监督和评价行为的独立性。

（二）审计面广、保密性强

省公安系统内部审计范围包括公安机关、公安边防、消防和警卫部队。公安内部审计机构既对公安机关经济活动进行监督，又对公安现役部队的经济活动进行监督。公安内部审计机构对本部门（单位）的预（决）算、财务收支计划、装备物资分配计划等进行审计；对本部门（单位）的行政经费、公安业务费、科研经费、教育事业费、专项经费、基建经费、执法环节涉案财物、行政事业性收费和预算外资金的管理和使用情况进行审计；对领导干部进行经济责任审计。因公安经费涉及绝密、机密事项，公安内部审计具有保密特点。

（三）发挥优势，履行监督职能

省公安系统内部审计机构比政府审计、社会审计更熟悉内部情况，更了解本部门（单位）的经济活动和经营管理情况。公安内部审计利用这一优势，可以在较短时间内发现问题，将具有苗头性、倾向性的问题及时反馈给领导与有关部门，有针对性地加以纠正，把问题解决在萌芽状态，避免产生更大、更严重的违法违纪问题。

九、福建省劳动和社会保障厅内部审计

1996—2005 年，福建省劳动和社会保障厅内部审计机构完成财务收支审计 73 个；查出违规行为金额 268 万元。向厅领导和有关单位提出意见和建议 240 条。委托中介机构对 16 个厅属单位领导进行任期经济责任审计。审计工作特点有以下几个方面。

（一）健全机构

2000 年，省劳动和社会保障厅设立社会保险基金监督处，配备 4 名专职内部审计人员，负责内部审计工作，由厅长直接领导。开展审计工作时，规划财务处至少有 2 名人员配合参加，还抽调事业单位财务人员参加。各相关直属单位也设立了内部审计机构并配备内部审计人员。省社会劳动保险局、省机关事业社会保险局和省医疗保险管理中心也分别设立了内部审计机构。

（二）完善制度

2000 年 11 月，省劳动和社会保障厅建立厅直属企事业单位主要领导任期经济责任审计制度，规定单位主要领导离任时必须委托中介机构进行离任审计，审计结果作为考核评价干部的参考；为加强社保基金管理，2001 年 7 月制定《福建省社会保险基金内部审计暂行办法》、《福建省社会保险经办机构基金监督管理暂行办法》、《福建省社会保险基金行政监督办法实施细则》和《福建省社会保险基金监督举报工作实施细则》等制度。

（三）促进管理

省劳动和社会保障厅内部审计机构按照全面监督管理、突出重点的思路，坚持以大额项目开支为内部审计工作重点；对厅直属事业单位，侧重以财务收支审计为主，促进单位规范管理。检查的主要内容有：报销手续是否完善、是否按政府采购程序进行设备采购；审核、审批是否超越权限，资金是否超出使用范围；是否存在更换项目使用资金；是否挤占挪用资金；固定资产管理购买、登记、处置手续是否完备等。对社保基金，每年在全面检查的基础上，确定一个险种进行重点检查。2001 年，厅内部审计机构对省境外就业服务中心等 9 个单位进行财务收支审计；开展全省社会保险基金的全面清理和调查，配合省纪检监察、财政、地税等部门对社会保障四项资金进行检查。收回被挤占挪用基金 845.63 万元。2002 年，对省社会劳动保险局等 18 个单位进行财务收支审计；对省社会劳动保险局，省机关事业社会保险局，福州、厦门、泉州市本级及所辖各 3 个县（区）养老保险基金银行开户情况进行审计调查，调查涉及银行账户 56 个，银行存款金额 6.8 亿元。2003 年，对省职工教育和职业培训协会等 5 个协会学会和研究会以及省农村养老保险公司等 6 个单位进行财务收支审计；对全省医疗保险基金财务进行检查，重点抽查 8 个设区市本级和 15 个县（市、区）医保经办机构，检查面分别为 89％和 23％。当年收回欠费 990.54 万元，纠正违规支出 164.22 万元。2004 年，对省社会劳动保险局等 11 个单位进行财务收支审计；对全省失业保险基金进行检查，重点抽查 6 个设区市和所辖的 12 个县（市、区），提出规范管理

等审计意见建议6条。2005年，对省职工教育和职业培训协会等6个单位进行财务收支审计；对全省城镇企业职工基本养老保险基金进行检查，重点抽查4个设区市和所辖的4个县（市、区），提出意见建议45条。在检查工作中，内部审计人员采取一听二看三查四问的办法，即听取被检查单位自查情况汇报；实地察看经办机构场所、设施、制度上墙、岗位设置情况；抽查单位的台账、业务档案、财务凭证、报表等资料；对具体人员进行询问。针对审计和检查发现的问题，分析原因，提出加强管理的意见和建议。

十、福建省卫生厅内部审计

1996—2005年，省卫生厅及所属医疗卫生单位内部审计机构完成财务收支审计99个、经济效益审计41个、经济责任审计23个、专项资金审计3个、基建修缮（预）决算审计4545个、其他审计1061个、审计调查38个；查出违规行为金额167万元，促进增收节支6659万元。审计工作特点有以下几个方面。

（一）制度建设

省卫生厅内部审计机构围绕卫生工作中心和单位工作重点，完善、修订内部审计各项规章制度。2005年4月，省卫生厅内部审计工作小组制发《福建省卫生厅关于进一步加强内部审计工作的意见》。

（二）检查内控制度执行情况

省卫生厅内部审计机构建立定期和不定期现金盘点抽查制度，对收费岗位和现金出纳岗位常年进行抽查盘点；开展往来款项、财务报销原始凭证专项审计，从账户入手，加大监督力度，促进制度的执行和完善。

（三）突出重点，开展绩效审计

省卫生厅内部审计机构针对医疗卫生基建修缮项目逐年增多的现状，把基建修缮项目作为审计重点，加强对项目的事前、事中、事后经济活动的监督，防止高估冒算；参与单位经济合同的审计和政府采购招投标、议标工作。

（四）围绕社会热点安排审计项目

针对群众看病贵、看病难的热点问题，省卫生厅内部审计机构开展药品采购主渠道、病人医疗费用和药品处方的审计和审计调查。

（五）拓展审计领域，扩大审计覆盖面

省卫生厅内部审计机构开展询价比价审计、专案审计、重点学科项目审计、大型设备经济效益审计和专项审计调查等，并提出审计意见和建议。此外，还开展领导干部任期经济责任审计。

十一、福建省总工会内部审计

1996—2005年，福建省总工会内部审计机构完成省总工会本级经费预算执行情况审计6

个、财务（经费）收支审计128个、经济效益审计59个、经济责任审计14个、省级产业工会撤并清算审计8个、工程项目竣工决算审计36个（送审金额12413万元）；提出审计意见523条，已整改419条，整改率80.1％；纠正错账155笔、金额2878万元；查出欠解省总工会经费1445万元，已如数补解；核减工程款2126万元，核减率17.1％。审计工作特点有以下几个方面。

（一）组织建设

全省县以上工会经费审查委员会（简称"经审委"）组建率达100％；基层工会经费审查组织组建率达95％；省总工会直属企业工会经审委组建率达100％。形成了省、市、县（区）、基层经费审查组织网络。市、县（区）总工会和自管经费的省级产业（系统）工会经审委主任按同级工会副职级配备。福州、厦门、龙岩市总工会和省直机关工会配备了专职经审委主任；闽清、建瓯、武平、古田、屏南、周宁、寿宁、霞浦等8个县级总工会配备了专职经审委主任。9个设区市总工会均设立经审委办公室并配备了专职专业人员。全省县以上工会专职经费审查干部有57人，兼职经费审查干部有287人，共344人，其中，高级职称3人、中级职称71人、初级职称78人，有214人取得了内部审计岗位资格证书。

（二）制度体系

省总工会制定《福建省总工会经费审查委员参加审计实务实施办法》、《福建省总工会下审一级经费审查财务联审联查实施办法》、《福建省总工会审计结果集体谈话实施办法》、《福建省总工会审计意见整改督查实施办法》、《福建省总工会经费审查委员会议事规则》、《福建省总工会经费审查委员会常务委员会议事规则》等工作制度；修订《福建省总工会本级经费审查审计监督实施办法》、《福建省工会主席任期经济责任审计实施办法》和《福建省工会企事业单位法人代表任期经济责任审计实施办法》等审计监督制度，并建立审计结果集体谈话制度和审计意见整改督查制度，省总工会党组每年召开1～2次会议听取审计汇报，研究解决经审工作的实际问题，审计结果作为相关单位评先评优的依据，形成了较完善的审计工作制度体系。

（三）规范化建设

省总工会经审委按照全国总工会制定的《省级工会经费审查工作规范化建设标准》，制定了《设区市总工会经费审查工作规范化建设标准》，指导、督促设区市总工会经费审查工作的规范化建设。

（四）整合审计资源

省总工会经审委在下审一级时，整合审计资源，由省总工会经审委办公室和财务部联合组成审计组，对工会经费和财产进行全面审计；经济责任审计、基建审计和清算审计等审计面均达100％；省总工会经审委与福州用友政务软件公司联合开发"福建工会审计软件"（审易4·6），在设区市总工会和省级产业（系统）工会推广使用。

第二节　社会审计选介

一、福建省审计师事务所审计业务

福建省审计师事务所是省审计厅直属的实行有偿服务、自收自支、独立核算、依法纳税的独立法人事业单位。其主要业务范围为接受有关部门和单位委托，从事财务收支审计、离任审计、基建预决算审计、注册资本验证、年度决算验证、业务咨询和审计会计培训。1996—1999年，省审计师事务所从事会计报表审计678项、基建项目审计7262项、验资年检和咨询服务229项。1997年12月，省审计师事务所为增强实力扩大经营规模，与省华审资产评估事务所联合。1999年底，省审计师事务所与省审计厅脱离行政隶属关系，实行有限责任制，改为福建弘审有限责任会计师事务所。审计师事务所的业务随着福建省注册会计师协会、福建省注册审计师协会的联合和事务所的脱钩改制而终结。

二、福建省华审资产评估事务所、福建省华审联合审计事务所审计业务

福建省华审资产评估事务所为省审计厅直属的自收自支、独立核算、自负盈亏、依法纳税的独立法人事业单位。其主要业务范围为从事固定资产、流动资产、长期投资、无形资产、土地等单项资产及股份制以外的整体评估事务。1999年底与省审计厅脱离行政隶属关系，改为福建省华审资产评估有限责任公司，实行有限责任制。1996—1999年，福建省华审资产评估事务所从事资产评估业务1344项。

福建省华审联合审计事务所为省审计厅直属的自收自支、独立核算、自负盈亏、依法纳税的独立法人事业单位。其主要业务为资产评估、审计查证、注册资本验证、财会咨询及清产核资等。与省华审资产评估事务所实行两块牌子、一套人马、统一领导、合署办公。1997年12月，省华审联合审计事务所注销。

三、福建华兴会计师事务所审计业务

福建华兴会计师事务所成立于1993年，经财政部和中国证监会批准，该所获得执行证券、期货相关业务的执业资格。

1996年，福建华兴会计师事务所承接各类审计业务935项，其中年度审计业务599项。经过福建华兴会计师事务所辅导，福建中福、实达电脑、三木股份、运盛股份、永安林业等成功上市。

1997年，福建华兴会计师事务所承接各类审计业务894项，其中年度审计业务582项。经过福建华兴会计师事务所辅导，漳州双菱、福建三农、青山纸业、中国武夷等成功上市。

1998年，福建华兴会计师事务所承接业务778项，其中年度审计业务634项。经过福

建华兴会计师事务所辅导，福建南纸成功上市。

1999 年，福建华兴会计师事务所承接业务 1059 项，其中年度审计业务 867 项。经过福建华兴会计师事务所辅导，福日电子成功上市。

2000 年 3 月，经福建省财政厅批准，福建华兴会计师事务所获得承办国有大型企业年度会计报表审计资格；当年承接业务 901 项，其中年度审计业务 679 项。

2001 年 3 月，经中国人民银行和财政部批准，福建华兴会计师事务所获得从事金融相关审计业务的执业资格；当年承接业务 1163 项，其中年度审计业务 811 项。

2002 年，福建华兴会计师事务所承接业务 1013 项，其中年度审计业务 870 项。经过福建华兴会计师事务所辅导，宏智科技和厦门钨业成功上市。

2003 年，福建华兴会计师事务所承接业务 663 项，其中年度审计业务 560 项。

2004 年，福建华兴会计师事务所承接业务 919 项，其中年度审计业务 712 项。

2005 年，福建华兴会计师事务所承接业务 977 项，其中年度审计业务 844 项。

附　录

一、大事年表

1996 年

1 月 19—21 日　全省审计工作会议在福州召开。会议要求全省审计机关团结进取，扎实工作，为"九五"时期审计工作开好局起好步。省长陈明义致贺信，副省长黄小晶到会讲话。

1 月　省审计厅被审计署评为全国审计系统"二五"普法宣传教育工作先进单位。

2 月 28 日　副省长张家坤、潘心城、黄小晶召集省外经贸厅、省财政厅、省经贸委、省国资局等部门领导人听取省审计厅关于中外合资合作经营企业审计情况汇报，研究解决合资企业存在的问题。

2 月 29 日　省审计厅决定从 1996 年起对建设项目（工程）竣工决算实行全面审计监督制度；对全省内部审计机构情况进行全面调查。

4 月 3 日　1995 年福建省审计专业技术资格考试结果通过国家人事部和审计署组织的检查验收，及格率列全国首位。

4 月 24 日　省审计厅聘请 5 位民主党派人士为第三届特约审计员。

5 月 4 日　省审计厅公布 622 名注册审计师转为执业注册会计师。

8 月 28 日　省编委批复同意成立省审计厅审计举报中心，为厅直属正处级事业单位。

10 月 28 日　省政府办公厅批转《福建省审计厅关于福建省国有土地使用权出让金审计的综合报告》。

12 月 10—11 日　福建省内部审计协会成立，蔡松林任会长。

12 月 13 日　由省审计厅组织实施的国家重点建设项目泉厦高速公路在建项目审计获审计署建设项目审计质量评比优秀奖，高尔夫球场审计调查质量得到审计署表扬。

1997 年

1 月 28 日　副省长黄小晶主持召开省政府专题会议，听取省审计厅厅长陈丽群关于全国审计工作会议精神及福建省贯彻意见的汇报。

1月29—30日 全省审计工作会议在福州召开。会议要求全省审计机关发挥审计职能，强化经济监督，为经济建设和社会发展做出新贡献。代省长贺国强、副省长黄小晶到会讲话。

2月14日 贺国强在省审计厅报送的审计情况统计分析报告上批示：对审计发现的问题，要在综合分析基础上，研究提出防范措施。

5月17日 省长贺国强在《福建省审计厅关于我省建设项目工程执法监察专项审计综合报告》上批示：要抓好重点建设工程审计，健全规章制度，克服铺张浪费。副省长王建双批示：应借这次审计发现的问题，要求省计委、省建委研究如何加强基建项目管理的有效措施，并下发各地市执行。要求审计、税务等部门加强监督管理。

6月7日 审计署副审计长刘鹤章一行4人来闽调研，听取省审计厅工作汇报，实地考察部分国有大中型企业。

6月17日 贺国强在《福建省审计厅关于省财政厅占用抵顶财政周转金借款的住宅问题的情况反映》上批示：要加强财务管理，依法进行审计监督，不断改进工作。对审计过程中需要协调、说明的问题，请各部门相互配合，互相支持，团结一致，推进我省经济建设和改革开放。

8月6日 贺国强、黄小晶到省审计厅看望审计干部，并对审计工作提出六点要求。

8月9日 贺国强在《福建省审计厅1997年第二季度审计统计分析报告》上批示：全省审计战线的同志们围绕经济建设和改革开放，积极履行审计监督职责，工作富有成效。要求再接再厉，坚持"依法审计、客观公正、实事求是、宽严适度"，着眼于帮促，出色地完成各项审计工作，为福建省新一轮创业做贡献。

9月8—23日 陈丽群率审计署代表团赴斯洛伐克参加东欧和独立国家联合体地区审计研讨会，并赴塞浦路斯考察。

11月8—13日 审计署副审计长金基鹏一行来闽调研。

11月21日 省注册会计师协会与省注册审计师协会进行了联合，注册审计师更名为注册会计师，社会审计行业管理由联合后的福建省财政厅注册会计师协会负责。

12月28日 省审计师事务所和省华审资产评估事务所在《福建日报》发表《福建省审计师事务所与福建省华审资产评估事务所联合》的公告，省华审联合审计事务所在《福建日报》上宣布注销。

12月，国家人事部、审计署批准南平市审计局、龙海市审计局为全国审计机关先进集体；批准龙岩市审计局吴雪华为全国审计机关先进工作者。

1998 年

1月5—6日 全省审计工作会议在福州召开。会议要求全省审计机关深入贯彻十五大精神，全面履行审计监督职责，在新一轮创业中发挥更大作用。

6月8日　省审计厅抽调全省各级审计机关和审计师事务所36人，组成12个审计小组与省财政厅联合开展全省注册会计师行业第二阶段的清理整顿工作，对全省230个会计师事务所、审计师事务所进行全面检查。

12月22日　三明市审计局卢维沙、南平市审计局刘震、厦门市审计局林素珍被审计署评为全国审计系统粮食清查审计先进个人。

1999 年

1月16日　省长贺国强在《福建省审计厅关于我省1998年救灾捐赠款物审计发现的问题》上批示：救灾款时效性强，绝对不能挪用、滞留。要求省财政厅、省民政厅共同研究，提出整改办法，确保救灾款能及时下拨到基层。

1月19—20日　全省审计工作会议在福州召开。会议要求全省审计机关振奋精神，开拓进取，创造性地做好跨世纪审计工作。副省长黄小晶到会讲话。

2月1日　贺国强在《福建省审计厅1998年审计统计分析报告》上批示：依法认真做好审计工作是整顿经济秩序，加强财政金融工作，保持经济持续快速稳定发展和加强企业领导班子建设，搞好反腐倡廉的一项重要工作。今后要进一步加大审计力度，加强审计队伍建设，各方面都要支持审计工作。

5月20日　副省长张家坤在省审计厅报送的《国外援贷款项目问题应引起重视》信息上批示，要求省财政厅、省计委、省外经贸委重视此项工作。

11月25日　代省长习近平在省审计厅报送的《全省千里海堤水闸除险加固二期工程建设项目审计情况》信息上批示：千里海堤水闸除险加固二期工程建设事关人民生命财产和生产建设的安全，有关地市和部门对审计发现的问题要严肃查处。要及时健全和完善项目招投标、工程监理、质量监督、财务管理等制度，确保工程质量和进度，使除险加固二期工程成为人民放心的优质工程。

11月25日　习近平在省审计厅报送的《我省国定贫困县扶贫资金审计情况》信息上批示：有关单位要严格执行中央和省关于扶贫资金的使用和管理规定，不得挤占挪用扶贫专项资金，被挤占挪用的要如数追回，未及时足额拨付的要想方设法拨付，未配套的要尽快落实，对违反财经纪律和规定的要追究有关人员的责任。

12月21日　根据省政府领导交办，省审计厅组织近70名审计人员，对福建九州商社有限公司本部及其30个全资子公司、控股公司——福建九州集团股份有限公司及其10个全资子公司共计42个单位至1999年6月底的资产负债损益进行就地审计。审计发现九州企业存在严重亏损和违法违纪问题，分别向省委、省政府和中央"4·20"专案组做了汇报。并经省长习近平、副省长黄小晶、贾锡太批准，向省纪委、省监察厅移送案件线索12件。

2000 年

2 月 22 日　全省审计工作会议在福州召开。会议要求全省审计机关认清形势，明确任务，努力推动审计事业的新发展。

3 月 16 日　省审计厅制发《福建省县级以下党政领导干部任期经济责任审计操作规程（试行）》和《福建省国有企业及国有控股企业领导人员任期经济责任审计操作规程（试行）》。

3 月　省委任命冯声康为省审计厅党组书记。4 月，省人大常委会任命冯声康为省审计厅厅长。

7 月 21 日　省委办公厅批复同意建立由省纪委、省监察厅、省委组织部、省人事厅、省审计厅组成的福建省经济责任审计联席会议制度。9 月 12 日，福建省经济责任审计联席会议在福州召开。

9 月 13 日　省审计厅成立计算机应用技术中心，为厅直属事业单位。

12 月 6 日　省委编办同意省审计厅设立 10 个派出审计处。28 日，省审计厅派出审计处举行挂牌仪式。

2001 年

2 月 2—3 日　全省审计工作会议在福州召开。会议要求全省审计机关认清形势，把握重点，努力开创新世纪审计工作新局面。省长习近平、副省长黄小晶到会看望与会代表并讲话。

4 月 19 日　审计署纪检组长王道成一行来闽调研"本级预算执行情况审计"工作。

6 月 12 日　省审计厅聘请 10 位民主党派人士为第四届特约审计员。

8 月 20 日　省审计厅审计举报中心正式对外挂牌。

10 月 15 日　省审计厅制发《福建省审计信息化建设五年规划》。

10 月 22 日至 11 月 5 日　省审计厅厅长冯声康赴韩国参加第 17 届最高审计机关国际组织大会。

11 月中旬　省审计厅计算机中心开发的《审计对象管理系统》、《审计法律法规检索系统》正式投入使用。

11 月底　省审计厅局域网与省政务信息网相连，以光纤接入"数字福建"主干道。12 月 20 日政务信息网福建省审计厅网站正式开通。

2002 年

1 月 31 日　省长习近平在《福建省审计厅关于 2001 年审计工作总结和 2002 年审计工作思路的报告》上批示：去年全省各级审计机关坚持以江总书记"三个代表"重要思想为指导，深入扎实地开展审计质量年活动，在整顿市场经济秩序、促进廉政建设、保障经济发展和社会稳定等方面发挥了重要作用。要求全省各级审计机关在新的一年里，按照报告中确定的指导思想和目标任务，扎实开展工作，进一步提高审计工作的水平和成效，为改革开放和现代化建设提供优质保障和服务。

1月　国家人事部、审计署批准漳州市审计局、安溪县审计局为全国审计机关先进集体；批准仙游县审计局林建仁、龙岩市新罗区审计局郭幼昧为全国审计机关先进工作者。

2月19日　省长习近平、副省长黄小晶等到省审计厅检查指导工作。并就如何做好审计工作提出五点意见。

2月28日至3月1日　全省审计工作会议暨先进集体和先进工作者表彰大会在福州召开，会议要求全省审计机关坚定信心，奋发有为，努力把审计工作提高到一个新的水平。会议授予9个单位为"1997—2000年度福建省审计机关先进集体"；授予40人为"1997—2000年度福建省审计机关先进工作者"。习近平致贺信，黄小晶到会讲话。

3月4—5日　省内部审计协会第一届常务理事会及第二次会员代表大会在福州召开，进行换届选举，选举梁亦秋为会长。会议授予22个单位为"1999—2001年度全省内部审计工作先进单位"；46人为"1999—2001年度全省内部审计先进工作者"。

4月1日　全省审计机关实行审计公示制度。

5月　省委任命俞传尧为省审计厅党组书记，省人大常委会任命俞传尧为省审计厅厅长。

7月15日　省审计厅引进审计署西安特派办开发的《金剑审计软件——行政事业版》，并在业务处试用。

8月28日　省审计厅与北京市、天津市、辽宁省合作编发《审计理论与实践》刊物签约仪式在天津举行，厅长俞传尧、副厅长王光远参加签约仪式。

9月3日　习近平在《福建省审计厅2002年上半年审计统计分析报告》上批示：上半年全省审计工作在各级审计机关努力下，取得了明显成绩，值得表扬。审计揭示的问题，应引起各级各部门领导的高度重视，发生问题的地方、部门和单位，要及时采取有效措施纠正违规行为，审计、纪检、监察要加强这方面的监督。

9月10日　省审计厅启动建设审计对象管理、审计法律法规、审计人事干部管理、举报信件管理四个数据库。

11月26日　代省长卢展工，副省长黄小晶、陈芸等来省审计厅调研，对审计工作提出六点要求。

12月4日　黄小晶主持召开省政府专题会议，研究福建省2003年审计工作安排，省审计厅领导参加会议。

12月24日　省审计学会第五次会员代表大会在福州召开，举行换届选举，选举俞传尧为会长。

12月30日　《福建审计年鉴》（1996—2000）出版发行。

2003 年

2 月 11 日 副省长黄小晶主持召开省政府专题会议，听取省审计厅厅长俞传尧关于全国审计工作会议精神和福建省贯彻意见以及 2001 年县级财政收支状况专项审计调查情况汇报，并就 2003 年全省审计工作安排提出五点要求。

2 月 19—21 日 全省审计工作会议在福州召开。会议要求全省审计机关认真学习贯彻十六大精神，努力推进新世纪新阶段审计工作。会上宣读省长卢展工致全省审计工作会议的贺信，黄小晶到会讲话。

6 月 9 日 福建省经济责任审计联席会议在福州召开。会议讨论通过《福建省经济责任审计工作联席会议制度》。

8 月 19 日 省委省政府授予省审计厅"福建省第八届（2000—2002 年度）文明单位"称号。

8 月 22 日 卢展工在政讯专报《全省预算执行情况审计发现的主要问题》信息上批示，要求涉及部门很好地研究审计发现的问题，并认真加以整改。

10 月 9 日 卢展工在《福建省审计厅关于顺昌县原县长王磊同志任期经济责任的审计结果报告》上批示：要求省委组织部分管市县领导和干部处领导分析这类情况，有利于提高对干部班子真实情况的考察。黄小晶批示：此件比较典型，打赤字预算但又没有享受多少转移支付，说有很严重的个人问题也不完全，但由此带来后任的负面影响很大。要求财政、组织部门领导阅处。

11 月 4 日 卢展工召开省政府专题会议，听取省审计厅关于福建省 36 个县（市）财政状况调查情况的汇报。

11 月 4—9 日 审计署纪检组长王道成来闽调研。参加在福州召开的《中国审计报》2003 年度改革与发展研讨会；到省审计厅听取全省审计工作汇报并讲话；到南平、厦门等地审计机关调研。

12 月 2 日 省政府办公厅批转《福建省审计厅关于进一步加强内部审计工作的意见》。

12 月 30 日 省审计厅制发《福建省关于贯彻落实〈审计署 2003 至 2007 年审计工作发展规划〉的实施意见》。

12 月 31 日 黄小晶主持召开省政府专题会议，听取省审计厅关于福州市土地出让金审计情况以及 2004 年审计项目安排计划的汇报，并做重要指示。

2004 年

2 月 12 日 黄小晶主持召开省政府专题会议，听取省审计厅厅长俞传尧关于全国审计工作会议精神和审计工作情况汇报，并就如何做好审计工作，从选准审计对象、增强审计手段、提高审计质量、既要坚持原则又要注意政策、认真听取被审计单位的合理意见以及加强审计干部队伍建设、做好干部轮岗及加强审计纪律管理等方面提出要求。

2月19—20日　全省审计工作会议暨庆祝福建审计成立二十周年纪念大会在福州召开。省委代书记、省长卢展工致贺信，黄小晶到会讲话。会议期间，福建电视台摄制的《昂首阔步一路歌——福建审计二十年》专题片在该台综合频道播出。

2月29日　审计署副审计长令狐安在《福建省审计厅关于福州市新店镇等四乡镇2001—2002年度征地补偿费审计调查的报告》上批示：这个报告触及目前一个带有全国性、全局性、长远性的重大问题，即对农民的失地补偿标准过低。土地是农民的基本养老保险，土地出让标准过低，解决不了失地农民的生活保障，后患无穷。我们讲'三个代表'、讲'五统筹'、讲'可持续发展'，关键在于落实。农民失去土地后的生活保障及出路如果解决好了，就是一个最重要的实践，这是关系到国家长治久安的大事。建议审计署农业司和福建省审计厅就此问题进行调研，协同社会保障部门向地方党委、政府提出整改建议。

4月8日　审计署副审计长董大胜到省审计厅调研指导工作。

7月13日　黄小晶主持召开省政府专题会议，听取省审计厅关于预算执行审计工作情况汇报。

8月12日　黄小晶主持召开省政府专题会议，听取省审计厅关于全国审计工作座谈会精神的汇报，探讨福建省审计信息化建设工作，会议要求依托"数字福建"网络，抓紧建设金审工程（福建）项目，着力推进计算机联网试点审计工作，并加强审计计算机人才的培养。

2005年

1月8—11日　审计署审计长李金华到龙岩、泉州等地及省审计厅调研。在省审计厅调研时，听取厅长俞传尧关于福建审计工作情况汇报，提出审计工作要"围绕中心、服务大局；依法审计、客观公正；全面审计，突出重点；严谨细致、确保质量"四点要求。

2月27—28日　全省审计工作会议在福州召开。会议要求全省审计机关严谨细致，强化责任，努力把审计工作提高到一个新水平。省长黄小晶、副省长陈芸到会并讲话。

3月17日　省审计厅党组研究决定聘请16位民主党派人士为省审计厅第五届特约审计员。

3月28日　审计署副审计长令狐安在福州与省审计厅机关各处室、各单位主要负责人和福州市及所属县（市、区）审计局部分领导座谈。

3月28日至4月3日　李金华到南平、三明等地调研，并分别与市（县）领导、审计局干部座谈。

4月1日　刘家义在龙岩市审计局听取龙岩市及部分县（市、区）审计局的工作汇报。

7月6日　省政府召开专题会议，听取省审计厅关于预算执行审计工作情况汇报。

9月15日　省政府召开第三十九次常务会议，听取省审计厅关于全国审计工作座谈会精神和福建省贯彻意见的汇报。黄小晶对做好审计工作提出五点要求。

11月27—28日 省内部审计协会第三次会员代表大会暨全省"双先"表彰大会在福州召开。选举产生省内部审计协会第三届理事会，选举蔡松林为会长。大会授予25个单位为"2002—2004年度全省内部审计先进单位"；50人为"2002—2004年度全省内部审计先进工作者"。

12月 国家人事部、审计署批准厦门市思明区审计局、莆田市审计局、沙县审计局为全国审计机关先进集体；批准福州市审计局潘丽珠为全国审计机关先进工作者。

二、表　彰

附表—1　　　　　　　　国家人事部、审计署联合表彰的
全国审计系统先进集体、先进工作者名表

年度	先进集体	先进个人	
		姓名	所在单位
1986	厦门市审计局	何玉彰	建阳县审计局
		林佑霖	闽侯县审计局
1990	厦门市审计局	苏德才	永春县审计局
1994	建瓯县审计局	蔡贤赞	永安市审计局
1997	南平市审计局	吴雪华	龙岩市审计局
	龙海市审计局		
2002	漳州市审计局	林建仁	仙游县审计局
	安溪县审计局	郭幼味	龙岩市新罗区审计局
2005	厦门市思明区审计局	潘丽珠	福州市审计局
	莆田市审计局		
	沙县审计局		

附表—2　　　　　　　　省人事厅、省审计厅联合表彰的
全省审计系统先进集体、先进工作者名表

年度	先进集体	先进个人	
		姓名	所在单位（机构）
1986	闽清县审计局	尤玉煦	福州市审计局
	闽侯县审计局	黄爱平	福州市审计局
	莆田市审计局	黄祥寿	闽清县审计局
	漳州市审计局	郑远志	永泰县审计局
	龙海县审计局	林英灯	连江县审计局
	龙岩市审计局	李冠松	长乐县审计局
	上杭县审计局	陈华云	福清县审计局
	宁德县审计局	李于丰	平潭县审计局
	沙县审计局	陈文养	厦门市审计局
	将乐县审计局	连　郁	厦门市审计局

续附表—2

年度	先进集体	先进个人	
		姓名	所在单位（机构）
	明溪县审计局	刘培源	同安县审计局
	建阳县审计局	刘友利	漳州市审计局
	南平市审计局	林宏江	漳州市审计局
	泉州市审计局	沈加寿	漳州市审计局
	永春县审计局	何兆盛	龙海县审计局
	省审计局商粮贸审计处	周秀华	漳浦县审计局
	省审计局工交审计处	吴 本	南靖县审计局
		曾俊钿	平和县审计局
		雷幸福	霞浦县审计局
		黄家键	古田县审计局
		李勇明	宁德地区审计局
		陈祥泽	屏南县审计局
		彭祖荣	宁德县审计局
		张永清	莆田市审计局
		林建国	莆田县审计局
		李芳州	三明市审计局
		蔡贤赞	永安县审计局
		孙以乙	明溪县审计局
		郑享朴	尤溪县审计局
		李剑云	沙县审计局
		张淑英	将乐县审计局
		黄先取	建宁县审计局
		郭生如	龙岩市审计局
		陈炎辉	龙岩地区审计局
		廖永荣	上杭县审计局
		丁思洪	长汀县审计局
		吴文贞	建瓯县审计局
		黄 政	松溪县审计局
		刘剑锋	光泽县审计局
		吴荣友	崇安县审计局
		程孟周	建阳地区审计局

续附表－2

年度	先进集体	先进个人	
		姓名	所在单位（机构）
		唐宝琳	顺昌县审计局
		张石梅	浦城县审计局
		杨其发	泉州市审计局
		曾焕枝	泉州市审计局
		林开富	安溪县审计局
		苏德才	永春县审计局
		黄立新	南安县审计局
		连丁辉	惠安县审计局
		许锦标	晋江县审计局
		林伯森	省审计局
		林其秋	省审计局
		林光新	省审计局
		林顺火	省审计局
		陈　忆	省审计局
		王金伙	省审计局
1993	三明市审计局	高振英	福州市审计机关
	漳州市审计局	詹金菊	福州市审计机关
	永安市审计局	林宝珍	福州市审计机关
	尤溪县审计局	丁元恩	福州市审计机关
	龙海县审计局	薛本忠	福州市审计机关
	诏安县审计局	林永忠	福州市审计机关
	龙岩地区审计局财金审计科	林英灯	福州市审计机关
	漳平市审计局	郑依凤	福州市审计机关
	厦门市审计局工交审计处	林敏鸿	福州市审计机关
	晋江市审计局	林朝辉	福州市审计机关
	惠安县审计局	吴少青	福州市内部审计机构
	仙游县审计局	杨为富	福州市社会审计组织
	福清市审计局	连选文	厦门市审计机关
	连江县审计局	卢晓东	厦门市审计机关
	宁德市审计局	陈鸿萍	厦门市审计机关
	古田县审计局	刘德懿	厦门市审计机关

续附表—2

年度	先进集体	先进个人	
		姓名	所在单位（机构）
	南平市审计局	陈火金	厦门市审计机关
	建瓯市审计局	陈培坤	厦门市内部审计机构
	省审计局法规审理处	黄清河	厦门市社会审计组织
	省审计局商粮贸审计处	刘友利	漳州市审计机关
	省审计局中央属单位审计处	杨英英	漳州市审计机关
	厦门联合发展有限公司稽核部	陈阿坤	漳州市审计机关
	省第六建筑工程公司审计科	陈章通	漳州市审计机关
	省供销社审计室	陈玉清	漳州市审计机关
	省煤田地质勘探公司审计科	李金安	漳州市审计机关
	宁化县审计师事务所	郭文正	漳州市审计机关
	厦门开元区审计师事务所	王劲松	漳州市审计机关
	南安县审计师事务所	陈木材	漳州市审计机关
	福安市审计师事务所	黎海东	漳州市内部审计机构
	南平地区审计师事务所	方连祥	漳州市社会审计组织
	省审计师事务所	黄种渥	泉州市审计机关
		黄屏礼	泉州市审计机关
		陈炳元	泉州市审计机关
		董申杨	泉州市审计机关
		林开富	泉州市审计机关
		郑永彬	泉州市审计机关
		蔡芳杨	泉州市审计机关
		李清景	泉州市审计机关
		杨其发	泉州市审计机关
		魏昭富	泉州市审计机关
		林振士	泉州市内部审计机构
		邱振美	泉州市社会审计组织
		刘庆镏	莆田市审计机关
		俞谕红	莆田市审计机关
		王祖荣	莆田市审计机关
		郑春洪	莆田市审计机关
		陈春华	莆田市社会审计组织

续附表－2

年度	先进集体	先进个人	
		姓名	所在单位（机构）
		林大生	三明市审计机关
		邓洪禄	三明市审计机关
		许忠展	三明市审计机关
		徐开谋	三明市审计机关
		刘人铮	三明市审计机关
		徐道桂	三明市审计机关
		陈锦松	三明市审计机关
		黄丽娜	三明市审计机关
		蔡贤赞	三明市审计机关
		陈列凤	三明市审计机关
		陈一水	三明市内部审计机构
		陈丽生	三明市社会审计组织
		张　巍	南平市审计机关
		陈成立	南平市审计机关
		赖兴胜	南平市审计机关
		王标林	南平市审计机关
		江日光	南平市审计机关
		宋凤英	南平市审计机关
		郑吉富	南平市审计机关
		薛命谆	南平市审计机关
		张铁民	南平市内部审计机构
		林大隆	南平市社会审计组织
		吴雪华	龙岩市审计机关
		王光明	龙岩市审计机关
		曹广训	龙岩市审计机关
		梁德基	龙岩市审计机关
		黄日清	龙岩市审计机关
		林绍金	龙岩市审计机关
		罗炳辉	龙岩市审计机关
		范长欣	龙岩市审计机关
		陈　忍	龙岩市内部审计机构

续附表—2

年度	先进集体	先进个人	
		姓名	所在单位（机构）
		张炜星	龙岩市社会审计组织
		林圣才	宁德地区审计机关
		林庆棋	宁德地区审计机关
		蔡梅菊	宁德地区审计机关
		陆际锦	宁德地区审计机关
		纪玉俤	宁德地区审计机关
		郑在长	宁德地区审计机关
		郭爱民	宁德地区审计机关
		陈盛亮	宁德地区审计机关
		黄家键	宁德地区审计机关
		陈良珠	宁德地区社会审计组织
		胡青青	省审计局
		廖荣圣	省审计局
		许克付	省审计局
		吴克昌	省审计局
		茅金焰	省审计局
		叶晓钢	省审计局
		王肖鸣	省审计局
		傅　明	省审计局
		李琴芳	省属内部审计机构
		汪祖铭	省属社会审计组织
1994—1996	连江县审计局	张樵泰	闽清县审计局
	福州市台江区审计局	林英灯	连江县审计局
	厦门市审计局行政事业审计处	郑　莎	福州市台江区审计局
	同安县审计局	王承昌	福清市审计局
	漳州市审计局	林碧娟	闽侯县审计局
	龙海市审计局	孙以乙	厦门市审计局
	漳浦县审计局	蔡水评	厦门市审计局
	南安市审计局	徐德品	厦门市鼓浪屿区审计局
	晋江市审计局	辜琦煌	厦门市开元区审计局
	三明市审计局财政金融审计科	蔡清淡	平和县审计局

续附表－2

年度	先进集体	先进个人	
		姓名	所在单位（机构）
	永安市审计局财金审计股	汤瑞福	云霄县审计局
	明溪县审计局综合财金基建审计股	朱永鑫	东山县审计局
	莆田市涵江区审计局	陈章通	南靖县审计局
	南平市审计局	沈宝发	诏安县审计局
	顺昌县审计局	潘俊君	漳州市芗城区审计局
	浦城县审计局	刘金钟	石狮市审计局
	龙岩市审计局	苏兴宗	安溪县审计局
	龙岩市新罗区审计局	董申扬	德化县审计局
	长汀县审计局	叶炯昭	永春县审计局
	古田县审计局	刘培红	惠安县审计局
	霞浦县审计局	黄永芳	泉州市鲤城区审计局
	省审计厅办公室	杨思棋	三明市审计局
	省审计厅外经贸审计处	徐道桂	沙县审计局
	省审计师事务所	林　威	宁化县审计局
	福建华审资产评估事务所	陈贻教	三明市梅列区审计局
	福州审计师事务所	邓洪禄	清流县审计局
	厦门审计财务咨询事务所	黄新华	大田县审计局
	漳州审计师事务所	陈萍华	莆田市审计局
	莆田市审计师事务所	林建国	莆田县审计局
	省邮电管理局审计处	陈华瑞	南平市审计局
	省交通厅审计处	张　巍	邵武市审计局
	福建兴业银行审计室	李书辉	建阳市审计局
	漳州糖厂审计处	黄学进	武夷山市审计局
	省第五建筑工程公司审计科	庄定良	光泽县审计局
	南平市汽车运输总公司审计科	张　雄	政和县审计局
		吴雪华	龙岩市审计局
		肖政周	武平县审计局
		张仰坤	上杭县审计局
		范长欣	漳平市审计局
		黄家键	古田县审计局
		林庆棋	霞浦县审计局

续附表—2

年度	先进集体	先进个人	
		姓名	所在单位（机构）
		缪雪海	福安市审计局
		李聪彬	屏南县审计局
		廖兰章	省审计厅
		林孝祥	省审计厅
		王成章	省审计厅
		张祖康	省审计厅
		潘　忠	省审计厅
		田　青	省审计科研所
		曾晓文	南平市基建审计事务所
		张凯祥	永定审计师事务所
		史秀治	泉州市鲤城区审计师事务所
		赵桂芳	宁德地区审计师事务所
		黄达平	明溪县审计师事务所
		陈祥铿	省粮食厅审计室
		李荣扭	省煤炭工业总公司审计室
		黄赞发	厦门市特贸有限公司审计部
		林丽玲	福州市市政工程公司审计科
		柯光第	莆田市汽车运输总公司审计科
1997—2000	莆田市审计局	何　振	福州市审计局
	龙岩市审计局	郑　莎	福州市台江区审计局
	厦门市同安区审计局	程依香	闽侯县审计局
	永安市审计局	张樵泰	闽清县审计局
	惠安县审计局	宋金秋	永泰县审计局
	平和县审计局	陈鸿萍	厦门市审计局
	建瓯市审计局	黄俊婷	厦门市审计局
	霞浦县审计局	洪月琴	厦门市开元区审计局
	省审计厅工交审计处	黄潮月	莆田市审计局
		陈文忠	莆田市审计局
		朱永恒	莆田市涵江区审计局
		曾向东	三明市审计局
		魏钦权	沙县审计局

续附表—2

年度	先进集体	先进个人	
		姓名	所在单位（机构）
		陈仕朝	将乐县审计局
		朱　静	泰宁县审计局
		李锦忠	泉州市审计局
		陈宝华	泉州市丰泽区审计局
		刘金钟	石狮市审计局
		徐荣贵	德化县审计局
		卢宗金	漳浦县审计局
		沈志坚	诏安县审计局
		陈清峰	长泰县审计局
		张林林	南靖县审计局
		杨清江	华安县审计局
		陈卷宝	南平市审计局
		卓　玲	邵武市审计局
		李书辉	建阳市审计局
		林　锋	浦城县审计局
		郑贵豪	龙岩市审计局
		黄腊芬	漳平市审计局
		张良昌	永定县审计局
		张才庆	上杭县审计局
		王梅凌	福安市审计局
		王孙明	福鼎市审计局
		黄家键	古田县审计局
		徐河北	屏南县审计局
		杨　隽	省审计厅
		陈雪金	省审计厅
		朱少洪	省审计厅
		郭长锋	省审计干部培训中心
2001—2004	福州市审计局	陈燕凌	福州市鼓楼区审计局
	福清市审计局	高红卫	平潭县审计局
	厦门市审计局行政事业审计处	李必祥	闽侯县审计局
	漳浦县审计局	林起核	厦门市审计局

续附表—2

年度	先进集体	先进个人	
		姓名	所在单位（机构）
	惠安县审计局	李春安	厦门市翔安区审计局
	南平市审计局	高振强	漳州市审计局
	龙岩市审计局	林其钦	诏安县审计局
	霞浦县审计局	张明山	平和县审计局
	省审计厅社会保障审计处	刘咏梅	泉州市审计局
	省审计厅经济执法审计处	林泗川	安溪县审计局
		陈东海	永春县审计局
		潘泉生	南安市审计局
		黄潮月	莆田市审计局
		朱永恒	莆田市涵江区审计局
		陈卷宝	南平市审计局
		高 松	南平市延平区审计局
		李书辉	建阳市审计局
		李光钦	三明市审计局
		俞彩云	三明市三元区审计局
		严 涛	永安市审计局
		陈成积	大田县审计局
		缪雪海	福安市审计局
		王孙明	福鼎市审计局
		余淑根	古田县审计局
		王思水	龙岩市审计局
		黄兰香	连城县审计局
		陈上立	漳平市审计局
		汪 峰	省审计厅
		黄炜红	省审计厅
		温炎生	省审计举报中心

三、重要文献选辑

（一）规程、规划

福建省县级以下党政领导干部
任期经济责任审计操作规程（试行）

第一章　总　则

第一条　为了规范县级以下党政领导干部任期经济责任审计工作，提高审计工作质量，防范审计风险，根据《中华人民共和国审计法》、《县级以下党政领导干部任期经济责任审计暂行规定》和《中国审计规范》等有关规定，制定本规程。

第二条　本规程规范开展县级以下党政领导干部任期经济责任审计操作过程中的审计程序和审计目标、内容、范围、方法，以及质量要求，对本规程未列明的其他审计程序和财政收支、财务收支审计的基本目标、内容、范围、方法以及质量要求，仍按《中国审计规范》的有关规定执行。今后法律、法规如有新的规定，从其规定。

第三条　本规程适用于福建省国家审计机关对县级以下党政领导干部任期经济责任审计。

第四条　国家审计机关实施领导干部任期经济责任审计，应当在通过对其所在部门、单位财政收支、财务收支的真实、合法、效益审计的基础上，以分清领导干部本人应负有的主管责任和直接责任为主要目的，依法做出独立、客观、全面、科学的评价。

评价应围绕审计职责范围，肯定绩效，揭示问题，突出重点；评价的事项应具有充分的审计证据和审计工作底稿记录的支持；评价采取共性与特性相兼顾的指标体系和定量与定性标准相结合的分析方法进行综合评价；评价采取具体事项写实为主，综合分析评价为辅的方式。

第二章　审计程序

第五条　审计立项。国家审计机关根据组织人事部门、纪检监察机关提出对领导干部任期经济责任审计的"委托建议书"进行立项，并列入年度工作计划（或调整年度工作计划）。

第六条　审计机关可结合年度审计项目计划安排的单位财政收支、财务收支审计，在审计的基础上，查清领导干部所在单位年度财政收支、财务收支计划完成情况，以及遵守国家财经法规情况等，分清领导干部对本部门、单位财政收支、财务收支中不真实、资金使用效益差，以及违反国家财经法规问题方面应负有的责任；查清领导干部个人在财政收支、财务收支中违反领导干部廉政规定和侵占国家资产等违法违纪的问题。审计工作结束后及时向有关部门通报情况，并建立审计台账，积累资料，化解任期经济责任审计的工作量。

第七条 审计方案编制前，必须做好审前调查，收集有关资料。审计方案应按规范要求，根据县以下的党政机关、审判和检察机关以及群众团体、事业单位的不同特点进行编制，根据不同情况有针对性地制定审计范围、内容、重点和责任考核指标及评价标准，提高审计质量。

第八条 审计机关应在实施审计三日前，向被审计领导干部所在部门、单位送达审计通知书，同时抄送被审计领导干部本人，并办理送达签证手续。任期经济责任审计通知书采用统一的文书格式，其主要内容包括：被审计单位名称、审计依据、范围、内容、时间和方式，需要追溯和延伸的审计事项，审计要求提供的有关资料与工作条件，审计组组长和成员。

第九条 审计组在送达审计通知书时，应一并告知被审计领导干部所在单位准备并按期提供如下资料：

（一）被审计领导干部任期期末财产清查、债权债务清理和任期内各年度财政收支、财务收支的报告、会计报表、会计凭证及相关资料；

（二）被审计领导干部任期内各年度工作计划及执行结果资料和工作总结；

（三）被审计领导干部任期内重大经济决策的相关资料及有关会议纪要、记录和说明等；

（四）被审计领导干部任期内经有关经济监督、管理部门检查后提出的检查报告、处理意见、处罚决定和执行情况，以及社会审计组织出具的审计报告；

（五）本部门、单位的规章制度，内部控制和内部机构设置、职责分工、人员状况以及财政财务隶属关系等基本资料；

（六）被审计领导干部任期前后有关经济遗留问题与未决民事纠纷、诉讼事项等有关具体资料；

（七）被审计领导干部个人使用公共资产、物品的移交清单及资料；

（八）领导干部任期内经济责任的工作目标、经济指标和考核方法与标准等资料；

（九）审计机关认为需要提供的其他资料。

第十条 要求被审计领导干部本人提出个人负有主管责任和直接责任的财政收支、财务收支的书面材料，并在审计工作开始时交审计组。其主要内容要求如下：

（一）任期内工作目标、经济指标的基本情况，包括所在部门、单位的法定职责、权限、责任、工作任务和工作程序，以及经济指标的制定依据、标准等；

（二）任期内的主要业绩与失误，包括工作目标和财政收支、财务收支指标的实现情况和完成实绩，采取相应的对策、措施和办法，重大经济事项决策和债权债务情况及其他问题；

（三）任期内本人应承担的经济责任，包括所在单位和本人存在的违反国家财经法律、法规、政策和党纪政纪的行为应负有的主管责任和直接责任，以及其他经济行为责任；

（四）本人对所在部门、单位的今后工作的建议，以及本人认为需要说明的有关责任问题。

第十一条　被审计单位及领导干部应对本规程第九、十条规定提供的情况、资料的真实性、完整性做出书面承诺，并依照《会计法》的规定承担责任。

第十二条　审计组进点后，应对被审计单位的内部控制制度的符合性进行测试，根据测试结果，及时调整审计方案所确定的范围、内容和重点。调整审计方案的程序仍按《审计方案的编制准则》的规定执行。

第十三条　对领导干部所在单位实施审计时，若涉及其所属管理的独立核算法人单位与领导干部任期经济责任相关的交易与会计事项，可根据情况需要，采取专项审计或审计调查的形式进行延伸与追溯。专项审计和审计调查按有关规定程序办理。

第十四条　乡（镇）党政领导干部的任期经济责任审计必须根据实际情况，按照财政、财务收支管理的要求，对重要的用款和缴款单位进行重点的审计调查。

对乡（镇）的党委书记与乡（镇）长同时开展任期经济责任审计，可以一次进点、同步实施，按两个审计项目的规定程序分别立项、发送通知书、出具审计报告，提交审计结果报告。

第十五条　实施领导干部任期经济责任审计应当通过对其所在部门、单位财政收支、财务收支的真实、合法、效益审计的基础上分清领导干部本人应负有的主管责任和直接责任，以及其他经济行为责任。

主管责任是指在工作职责范围内，领导干部因全面或集体决定的财政收支、财务收支及经济活动事项所必须承担的领导责任。

直接责任是指在工作职责范围内，领导干部因直接分管或个人决定的财政收支、财务收支及经济活动事项违反了国家有关法律、法规规定所必须承担的领导责任。

其他行为责任是指在非工作职责范围内，领导干部因个人行为违反了国家财经法律、法规、党纪、政纪和廉政规定所必须承担的责任。

第十六条　审计组向派出审计机关提交的任期经济责任审计报告，除按《国家审计机关审计报告编审准则》规定的内容和程序编写外，应当增加对被审计领导干部在任期内对单位经济活动所负有的主管责任、直接责任和其他行为责任的审计评价和审计处理、处罚意见及建议等内容。

第十七条　审计组向派出审计机关提交任期经济责任审计报告前，应将审计报告征求被审计领导干部所在单位和领导干部本人的意见。

被审计单位和领导干部自接到审计报告征求意见书之日起十日内将书面反馈意见连同审计报告一并送交审计组，逾期未提出书面意见的，视为无异议，审计组应做出书面说明。

审计组对被审计单位和领导干部本人反馈的有异议意见必须进行核实，并应做出审计工作底稿，认为有必要修改审计报告的，应在核实情况的基础上提出修改的书面说明。

第十八条　审计组将审计报告提交审计机关复核审定前，对需要举行听证的，应书面告知被审计单位和有关责任人的法定权利和义务；被审计单位和有关责任人提出要求听证的，应按听证程序的有关规定办理。

第十九条　审计机关审定审计报告后，对被审计单位与个人违反国家财经法规的行为，应在审计机关法定职权范围内做出审计处理，需要追究有关责任人党纪、政纪或刑事责任的，移送纪检、监察、司法机关处理。

第二十条　审计机关在审计任务完成后，应及时向本级人民政府提交领导干部任期经济责任审计的结果报告，并抄送同级组织、人事、纪检、监察和有关部门。

第二十一条　审计机关应当与组织、人事、纪检、监察等部门建立联席会议制度，定期或不定期交流通报领导干部任期经济责任审计的情况，研究解决审计中出现的情况和问题。

开展经济责任审计发现的重大问题和遇到的困难，应及时向党委、政府和上级审计机关汇报，取得党委、政府的支持帮助和上级审计机关的指导。

第三章　审计内容

第二十二条　对领导干部所在单位财政收支、财务收支审计的主要内容是：

（一）年度预算执行情况和决算，财务收支计划的执行情况和决算；

（二）预算外资金的收入、支出和管理情况；

（三）专项基金的管理和使用情况；

（四）国有资产的管理、使用及保值增值情况；

（五）财政收支、财务收支的内部控制制度及其执行情况；

（六）其他需要审计的事项。

依照以上主要内容并根据被审计领导干部所在单位的财政收支、财务收支的特点，结合《中国审计规范》的有关规定，确定具体的审计重点和事项。

第二十三条　在审计的基础上，分清领导干部对本单位财政收支、财务收支中不真实、不合法、资金使用效益差，以及违反国家法律、法规问题应负有责任，并查明以下内容：

（一）领导干部任期前所发生的重大经济事项和遗留的债权债务对本任期工作目标的实现与经济指标的完成产生的影响程度；

（二）任期内各项资产、负债变动的情况及其原因，期末（交接日）有问题的债权、债务情况；

（三）任期期末遗留的诉讼、索赔和经济担保等未决经济事项的情况；

（四）宏观经济政策的贯彻执行情况和遵守国家财经法规的情况，以及客观经济形势的变化对本部门、本单位的影响；

（五）具体违规违纪行为的原因、性质、产生的后果和纠正、补救措施，以及被审计领导干部对违纪行为的认识态度。

第二十四条　对被审计领导干部个人遵纪守法方面还应当检查以下内容：

（一）在财政收支、财务收支中有无侵占国家资产归为己有的行为；

（二）有无违反领导干部在公务活动中应遵守的廉政规定；

（三）有无其他违法违纪问题。

第二十五条　对乡（镇）党政领导干部任期经济责任审计要突出以下重点内容：

（一）预算收支编制的依据是否真实，预算分配是否符合量入为出、收支平衡和厉行节约、讲究效益的原则，有无因政企不分、权责不清或搞"达标"、讲"政绩"，盲目兴办企业或上项目搞形象工程，形成政府债务包袱，同时应核实乡镇政府债务实际规模；

（二）农业"四税"和乡镇基金的征管是否符合有关政策和规定，依率计征、依法减免，罚没收入和行政性收费是否按规定纳入预算管理、使用，有无搭车收费和"三乱"现象，加重农村组织和农民个人的负担，有无隐瞒、截留、挪用、坐支和违规设立"小金库"；

（三）行政经费、事业费和专项经费的支出是否符合预算安排的项目、范围、数额和时间进度的要求，有无擅自改变资金用途和挤占、挪用、铺张浪费等问题；

（四）乡（镇）自筹和统筹资金的收支是否实行"收支两条线"的管理办法，其支出有无用于发展乡镇经济、集体事业、公益事业等支援农业生产性支出，有无用于请客送礼和高消费等支出；

（五）基本建设项目的资金管理使用情况，与财政收支、财务收支关联的经济事项的情况，有无形成资产的流失和不良债务。

第四章　审计方法

第二十六条　任期经济责任审计除了运用财政收支、财务收支的一般审计方法外，应根据不同的审计内容和目的采取不同的审计方法。要将政府、委托机关所关心的和部门单位及社会群众反映的热点、焦点问题以及任期期末的债权债务的核实作为审计的重点内容；要将区分领导干部主管责任与直接责任的内容作为审计评价的重点。

第二十七条　任期经济责任审计要运用审计检查与部门、单位自查相结合的方法。审计前，应当要求被审计单位进行自查，在自查的基础上进行审计核实，提高工作效率。

第二十八条　任期经济责任审计要运用账面审查与账外调查相结合的方法。审计组应认真听取被审计部门、单位的情况介绍和审阅领导干部本人的书面材料，开展调查，召开必要的座谈会、领导干部述职报告会等，取得各方面的有关信息。

第二十九条　任期经济责任审计还要充分利用年度财政收支、财务收支的审计结果及台账，利用经核实的社会审计组织和内部审计机构的审计资料，并承担相关责任。

第五章　审计评价

第三十条　对审计事项真实性综合评价：

（一）被审计单位同时符合下列情况可视为会计资料真实地反映了任期财政收支、财务收支情况：

1. 会计报告的编制符合会计准则，会计账户设置符合所使用的会计制度；

2. 财务处理虽存在违规行为，但性质不严重，金额在审计金额的3％以下，并且接受审计建议做了调整；

3. 实施了必要的审计程序，会计报表、账簿、凭证和其他相关资料未发现缺漏、差误。

（二）被审计单位存在下列情况之一的，可视为会计资料基本真实地反映了任期财政收支、财务收支情况：

1. 会计报表个别重要事项的编制不符合会计准则和现行的财务会计管理规定；

2. 财务处理的违规金额在审计金额的10％以下；

3. 实施审计程序，会计报表、账簿、凭证和其他相关资料发现少量的缺漏，使审计范围受到局部限制。

（三）被审计单位存在下列情况之一，可视为会计资料不能真实地反映任期财政收支、财务收支情况：

1. 会计报表重要项目的编制不符合相关的会计准则和现行财会制度的规定；

2. 财务处理的违纪金额在审计金额的10％以上；

3. 伪造、变动或隐匿、谎报会计资料的行为，违反承诺提供虚假的经济事项情况和有关资料。

第三十一条 对审计事项合法性综合评价：

（一）未发现被审计部门、单位的财政收支、财务收支存在违法违规事实的，可认定为财政收支、财务收支符合财经法规的规定；

（二）发现被审计部门、单位对财政收支、财务收支违规数额较小，违规金额占审计金额的10％以下，且情节轻微，可认定为财政收支、财务收支基本符合财经法规的规定，但有一定的违规行为；

（三）发现被审计部门、单位存在下列情况之一的，可认定为财政收支、财务收支存在严重违反财经法规的行为：

1. 财政收支、财务收支违规数额较大，占审计金额10％以上；

2. 违反审计法规定，拒绝、拖延提供或无视承诺提供不真实会计资料和相关资料，阻碍审计检查行为；

3. 违反国家财经法规，截留转移国家和单位的收入，私设"小金库""账外账"；

4. 在经济活动中存在行贿受贿、走私贩私、贪污挪用或集体私分公款公物等性质严重的问题；

5. 违反《税收征管法》偷税数额在1万元以上且占应税额10％以上，或骗取国家退税款在1万元以上的严重问题；

6. 对以前审计处理处罚决定拒不执行。

第三十二条　对审计事项效绩综合评价，可采取以下两种标准：

（一）以任期内经济责任目标（主管部门下达的目标或者任期各年度计划目标）为标准，一般采取绝对数对比方法，应注意任期目标的合理性。

1. 实际完成的经济效绩指标高于任期目标的，可认定任期工作目标完成较好；

2. 实际完成主要效绩指标接近任期目标占任期目标的 95％以上，可认定任期工作目标基本完成；

3. 实际完成主要效绩指标只能达到任期目标的 95％以下，可认定任期目标未能完成。

（二）以前任实际水平或同期同部门单位平均水平为标准，一般采用相对数对比方法，应注意经济指标的可比性。

1. 实际完成的经济指标高于前任水平或同期同部门、单位平均水平的，可认定经济效益提高或较好；

2. 实际完成的经济指标与前任水平相近或同部门、单位平均水平相近的，可认定经济效益一般；

3. 实际完成的经济指标低于前任水平或低于同部门、单位平均水平的，可认定经济效益下降或较差。

第三十三条　对内部控制制度的综合评价：

（一）根据符合性测试的结果，同时符合下列情况的，可认定其内部控制制度健全有效：

1. 内部控制完备率在 95％以上；

2. 关键控制点没有遗漏；

3. 控制制度全部得以执行。

（二）发现下列情况之一的，可认定为内部控制制度基本健全有效：

1. 内部控制完备率为 90％～95％；

2. 关键控制点仅有个别遗漏；

3. 在某个时段或某个局部没有严格执行。

（三）发现下列情况之一的，可认定为内部控制基本无效：

1. 内部控制完备率在 90％以下；

2. 关键控制点有较多遗漏；

3. 控制制度没有严格执行；

4. 出现重大差误或舞弊，不能及时发现与纠正。

第三十四条　对审计事项真实性、合法性、效益性综合评价的同时，还应对存在的不真实、不合法、效益差的具体事项与问题进行具体评价。评价采用写实的表述方法，简要阐明事实和领导干部应负有的经济责任。

第三十五条　对被审计领导干部应负有的经济责任的分析、判断必须把握以下具体界线：

（一）工作失误与违法乱纪的界线；

（二）主观努力与客观条件的界线；

（三）延续发生与本任产生的界线；

（四）集体行为与个人行为的界线；

（五）长远目标与短期行为的界线；

（六）全面职责与分管职责的界线；

（七）决策失误与管理不力的界线；

（八）难于预测与明知故犯的界线。

第六章　审计结果报告

第三十六条　任期经济责任审计结果报告是审计机关在审定审计组的审计报告的基础上，向本级政府报告的审计业务文书。审计结果报告按审计业务文书的规定程序进行复核、审定、印发和送达。

第三十七条　任期经济责任审计结果报告的框架结构与内容要素如下：

（一）标题：包括被审计领导干部所在单位的名称，被审计领导干部的职务、姓名等内容；

（二）审计工作的基本情况：包括审计立项依据，审计方式、范围、工作过程等；

（三）被审计领导干部所在部门、单位任期的时间、职责范围及经济工作目标、财政财务收支基本情况：

1. 任期内财政预算执行情况及其结果或财务计划执行情况及其结果；

2. 任期内预算外资金的收支和管理情况；

3. 任期内专项基金的管理使用情况；

4. 任期内国有资产的管理使用情况及保值、增值情况；

5. 任期内债权债务的变动情况及其至交接日止的资产负债状况；

6. 任期内重大经济事项的决策和执行情况；

7. 内部控制制度的建立健全情况。

（四）审计发现的问题和领导干部本人应负有的责任：

1. 被审计领导干部所在单位财政收支、财务收支中不真实问题及其领导干部个人应负有的责任；

2. 被审计领导干部所在单位违反国家财经法规和政策方面的问题及其领导干部个人应负有的责任；

3. 被审计领导干部所在单位资金使用效益差、重大经济决策失误及其领导干部个人应负有的责任；

4. 被审计领导干部个人经济问题及其领导干部个人应负有的责任。

（五）审计综合评价的意见与建议：

1. 财政收支、财务收支真实性、合法性、效益性的综合评价意见；

2. 内部控制制度健全性、有效性的综合评价意见；

3. 领导干部个人遵守财经法纪情况的综合评价意见；

4. 审计对被审计领导干部所在单位改进工作方面的建议；

5. 审计对重大经济事项或遗留未决问题的反映或说明。

第七章　附　　则

第三十八条　福建省审计机关关于开展县级以上领导干部任期经济责任审计，可参照本规程执行。

第三十九条　本规程自发布之日起试行。

第四十条　本规程由福建省审计厅负责解释。

（省审计厅闽审法〔2000〕37 号文，2000 年 3 月 16 日印发。）

福建省国有企业及国有控股企业
领导人员任期经济责任审计操作规程（试行）

第一章　总　　则

第一条　为了规范我省国有企业及国有控股企业（以下简称企业）领导人员任期经济责任审计工作，提高审计工作质量，防范审计风险，根据《中华人民共和国审计法》、《国有企业及国有控股企业领导人员任期经济责任审计暂行规定》和《中国审计规范》等有关规定，制定本规程。

第二条　本规程仅阐明开展企业领导人员任期经济责任审计业务在实际操作过程中特殊的审计程序和应特别关注的审计内容、审计报告和审计结果报告内容等。本规程未阐明，而《中国审计规范》、《国有企业财务审计准则（试行）》已做明确规定的审计程序、审计内容、审计方法等，仍按正常企业财务收支审计的有关规定执行。规程提供的企业领导人员任期经济责任审计评价标准和方法，审计人员可根据审计项目的特点和要求选择采用。

第三条　本规程适用于福建省国家审计机关对企业领导人员任期经济责任审计。今后若有新的规程，从其新规程。

第四条　企业领导人员任期经济责任审计的对象是企业的法定代表人及其所在的企业。其审计范围是企业领导人员任职期间对其所在企业资产、负债、损益的真实性、合法性和效益性，以及有关经济活动应当负有的责任，包括主管责任和直接责任。在企业资产、负债、损益审计的基础上，查清企业领导人员在任职期间与企业资产、负债、损益目标责任制有关的各项经济指标的完成情况以及遵守国家财经法规情况，分清企业领导人员对本企业资产、负债、损益不真实、投资效益差，以及违反国家财经法规问题应负有的责任；查清企业领导人员有无侵占国家资产，违反与财务收支有关的廉政规定和其他违法违纪的问题。

第二章 审计程序

第五条 审计立项。企业领导人员任期经济责任审计应当由企业领导人员管理机关报本级人民政府批准，由人民政府下达审计指令。审计机关根据同级人民政府的审计指令立项，并列入年度审计工作计划或调整年度审计工作计划。

第六条 下达审计通知书。审计机关应在实施审计3日前，向被审计的企业领导人员所在企业送达审计通知书，同时抄送审计的企业领导人员本人，并办理送达签证手续。

第七条 收集有关资料。审计组在送达审计通知书时，应一并告知被审计的企业领导人员及其所在企业准备并限期提供如下资料：

（一）企业领导人员应当提交任期内完整的会计资料，并按照审计机关要求写出自己负有主管责任和直接责任的企业资产、负债、损益事项书面材料；

（二）企业领导人员任职期间年度工作总结；

（三）任职期间各年度经济工作计划及其执行结果资料；

（四）重大经济决策的相关材料及相关会议纪要；

（五）任职期末财产清查和债权债务清理资料；

（六）企业章程、有关内控制度及内部机构设置、职责分工资料；

（七）任期内有关经济监督部门、管理部门检查后提出的检查报告、处理意见以及社会审计组织的审计报告；

（八）任期内财务会计资料、相关业务资料及有关经济指标考核办法；

（九）任职前后有关经济遗留问题的材料；

（十）离任时公用物品移交清单；

（十一）审计组认为需要提供的其他资料。

第八条 推行双向承诺。企业领导人员任期经济责任审计实行审计组与被审计企业双向承诺制度。即审计组进驻被审计企业时，要以书面形式承诺廉政责任事项，同时要求被审计企业对所提供的会计资料的真实性、完整性、有无"账外账"、重大关联交易事项，以及未决诉讼事项等方面做出书面承诺并承担责任。

第九条 实施现场审计。审计组进点后，应对被审计部门、单位的内部控制制度进行符合性测试，借以评价内部控制制度的健全性、有效性；审计组可根据实际情况，以座谈、问卷调查等方式听取有关部门、有关人员对企业领导人员的意见和评价，了解和掌握企业领导人员在企业财务收支中有无侵占国家资财、违反领导干部廉政规定和其他违法违纪的问题。根据现场审计情况，及时调整审计方案所确定的范围、内容和重点。调整审计方案的程序仍按《审计方案的编制准则》的规定执行。

第十条 审计组向派出审计机关提交的任期经济责任的审计报告，除按《国家审计机关审计报告编审准则》规定的内容和程序编制外，应当增加对被审计企业领导人员应负有的主管责任、直接责任和其他行为责任的审计评价和审计处理、处罚意见及建议等内容。

第十一条　提交审计报告。审计报告报送审计机关前，应当征求被审计的企业领导人员所在企业及其本人的意见。审计组应对其提出的审计报告承担有关责任。

被审计企业和领导人员自接到审计报告征求意见稿之日起十日内将书面反馈意见连同审计报告一并送交审计组，逾期未提出书面意见的，视为无异议，但审计组应做出书面说明。

审计组对被审计企业和领导人员本人反馈的异议意见必须进行核实，并应做出审计工作底稿记录，确有必要修改审计报告的，应做出修改的书面说明。

第十二条　审计组将审计报告提交审计机关复核审定前，若按规定需要举行听证程序的，应书面告知被审计单位和有关责任人的法定权利和义务；被审计企业和有关责任人提出要求听证的，应按听证程序的有关规定办理。

第十三条　审计机关审定审计报告后，对被审计的企业领导人员所在企业违反财经法规的问题，认为需要依法给予处理、处罚的，应在法定职权范围内依据有关法律、法规、规章、制度、党纪、政纪做出审计决定或者向有关主管机关提出处理建议，同时对企业领导人员本人任期内的经济责任做出客观评价，向本级人民政府提交企业领导人员任期经济责任审计结果报告，并抄送企业领导人员管理机关及有关部门。

第三章　审计内容

第十四条　以企业的资产负债表和损益表为核心，审查资产、负债及所有者权益的真实性、合法性、效益性。审计的主要内容有：企业资产、负债、损益的真实性；国有资产的安全、完整和保值增值；企业对外投资和资产的处置情况；企业收益的分配；与上述经济活动有关的内部控制制度及其执行情况，其他需要审计的事项等。审计时必须按照国家审计署制定的《国有企业财务审计准则（试行）》的要求进行。

第十五条　企业领导人员任职期间与企业资产、负债、损益目标责任制有关的各项经济指标完成情况审计的主要内容：

（一）生产经营规模指标。如销售收入、产销率、贷款回收率等。

（二）效益指标。如利润、税金、利税增长率、人均创利税额、创汇增长率等。

（三）资产保值增值指标。如资产保值增值率或净资产增加额等。

（四）资产负债率指标。如资产负债率、速动比率等。

（五）职工收入指标。如职工平均工资额、职工收入增长幅度。

（六）社会贡献指标。如社会贡献率、社会积累率。

（七）企业发展潜力指标。如新产品开发率，长期投资收益率、固定资产新度系数等。

具体审查和评价哪些指标，要与企业领导人员任期目标结合起来，不同类型企业有不同的具体情况，应有所侧重。有些指标应注意接任时和离任时的比较。

第十六条　企业领导人员任职期间重大经营决策的科学性、有效性审计的主要内容：

（一）对项目决策科学性的审查，主要审查项目是否经过可行性论证，是否经过集体讨论研究，对亏损项目要进行全面的调查分析，确定项目是否为盲目决策的结果；

（二）对项目投资效果的审查与评价，应重点放在投资回收期和内含报酬率是否达到预期的目标，企业举债投入是否超过其承受能力，新扩建项目有无存在重复建设，是否将有限资金投放在关键项目上。

第十七条　企业领导人员任职期间国有资产保值增值审计的主要内容：

（一）审查有无违反规定，擅自进行国有资产评估、虚增国有资产的问题；

（二）有无人为转移、隐匿资产和不按程序擅自处置资产，造成国有资产流失的问题；

（三）有无管理不善，造成国有资产损失的问题。

第十八条　企业领导人员任职期间遵守国家财经法纪情况审计的主要内容：

（一）企业有无按照国家规定正确处理国家、企业和个人三者利益关系，有无截留应上缴国家收入的行为，有无私设"小金库""账外账"问题；

（二）有无偷漏、拖欠国家税收，对增值税发票的管理是否严格，有无倒卖、虚开增值税发票的问题；

（三）企业领导人员的工资、奖金及补贴等收入是否符合规定，有无以权谋私、损公肥私、弄虚作假等骗取经营成果或荣誉的行为；

（四）有无违反国家政策，搞不正当竞争和牟取非法利润的行为；

（五）有无将生产性资金用于搞非生产性建设，违规炒作股票的行为；

（六）有无用公款进行高消费、奢侈浪费等违反国家财经法纪的行为，招待费支出是否透明、公开，是否节俭、节约；

（七）企业领导人是否对所在企业的会计工作和会计资料的真实性、完整性负责，有无存在对依法履行职责、抵制违反《会计法》规定行为的会计人员实行打击报复的行为。

第四章　审计方法

第十九条　重点审计的方法。企业领导人员任期经济责任审计要注意抓住审计重点内容，要将职工群众反映的热点、焦点问题，政府及企业主管部门关心的问题作为审计的重点内容。

第二十条　企业自查与审计监督相结合的方法。审计前，应通知企业进行自查，自查内容主要包括企业执行财经法纪和财务收支情况、任期经济责任指标完成情况；资产、债权债务的清理，经济活动和经营管理等方面。审计组根据自查材料进行核实。

第二十一条　利用审计成果的方法。一是将企业领导人员任期经济责任审计内容纳入正常年度审计项目，在制订正常审计项目工作方案时必须考虑任期经济责任审计的内容要求，特别是主管责任和直接责任划分的问题，做到其审计成果在今后任期经济责任审计中能充分发挥作用；二是利用审计机关审计成果，减轻任期经济责任审计的工作量。对内审机构、社会审计组织的审计资料须经审计机关认定可信后方可作为审计基础资料加以利用。

第二十二条　采用听、看、查相结合的审计方法。审计组要认真听看被审计企业情况介绍和企业领导人员本人的书面材料等，对照有关财务资料进行认真查实。

第五章　审计评价

第二十三条　评价原则。企业领导人员任期经济责任审计评价应坚持实事求是，客观公正原则，并应遵循以下原则：

（一）责权结合的原则。从时间上分析，区分不同时期的责任，明确企业领导人员任期内应承担的经济责任；从责任人分析，区分不同人员的责任，明确企业领导人员由于自身决策失误、工作不力所应负的责任；从经营管理过程分析，区分不同环节的责任，明确决策失误和执行不力的不同责任；从责任的起因分析，区分主观和客观引起的责任。

（二）重要性原则。对重大责任要严格区分，并提出处理意见。责任是否重要，不但要从责任的性质区分是否重要，而且要从责任的大小区分是否重要。对重要的责任，在审计时要认真取证并在报告中做出客观评价。

第二十四条　企业领导人员任期经济责任审计评价方法：

（一）以任期目标为标准，实际完成的资产和效益类指标大于任期目标，可认定任期内工作任务完成较好；小于任期目标，可认定任期内职责履行不够，任期目标未能完成。费用类指标在排除生产销售增长、人员增长和其他增长因素后，小于任期目标，可认定任期内管理效果较好；大于任期目标，可认定任期内管理力度不大或内控制度不够健全。

（二）以前任实现水平为标准，资产保值增值率大于或等于100％，可认定任期内资产为增值或保值；小于100％可认定为减值。资本利润率、利税率、损益率等指标高于前任，可认定投资决策能力及经营能力优于前任；若上述各类指标排除不可比因素后仍低于前任，可认定投资决策能力及经营能力低于前任。费用类指标在排除不可比因素后高于前任，可认定管理能力不及前任或低于前任。

（三）以同行业先进企业为标准，可与前任的对比分析结果结合起来才能做出准确评价。若资本收益率高于同行业先进水平，可认定任期内投资带来的利润高，资本收益好；若低于同行业先进水平，但又高于前任实现水平，可认定任期内投资收益有好转，但尚未能发挥最好效益。利税率、资本增值率若高于同行业先进水平，可认定善于经营，成绩突出，达到或超过了同行业先进水平；若低于同行业先进水平，但又高于前任实现水平，可认定任期内做出了努力，经营情况有所好转，但与同行业先进水平相比还有差距，未能达到最好水平。费用率若低于同行业先进水平，可认定企业领导人员善于管理，若高于同行业先进水平，但低于前任水平，可认定任期内管理水平有所改善，但未能达到最好水平。其他指标依此类推。

第二十五条　对审计事项真实性的评价。企业会计报表的编制符合会计准则和财务会计法规；账务处理存在违规行为，但性质不严重，金额在审计金额的3％以下，并接受审计建议做了调整；实施了必要的审计程序，审计范围未受到限制，企业同时符合上述情况的，可视为会计资料真实地反映了财务收支情况。企业会计报表个别重要项目的编制不符合相关的会计准则和现行财务会计法规；账务处理的违规金额在审计金额 10% 以下；审计范围受到局部限制；企业存在上述情况之一的，可视为会计资料基本真实地反映了年度财务收支情况。企业会计报表重要项目的编制不符合会计准则和现行会计法规；账务处理的违规金额在审计金额 10% 以上；违反《审计法》规定，伪造、变动或隐匿、谎报会计资料等行为；企业存在上述情况之一的，可视为会计资料不能真实性地反映年度财务收支情况。

第二十六条　对审计事项合法性的评价。审计未发现企业财务存在违规事实的，可认定为财务收支符合财经法规的规定。发现企业财务收支违规数额较小，情节轻微，可认定为财务收支基本符合财经法规的规定，但有一定的违规行为。发现财务收支违规数额较大，占审计金额 10% 以上，违反《审计法》规定，拒绝、拖延提供有关资料，阻碍检查行为；截留、转移国家和单位的收入、私设"小金库""账外账"，违章经营等性质严重的问题；违反《国家税收征管法》的规定，偷税数额在一万元以上且占应纳税额 10% 以上，或骗取国家出口退税款在一万元以上等严重行为；对以前审计处理处罚决定拒不执行，企业存在上述情况之一的，可认定为财务收支存在严重违规行为。

第二十七条　对审计事项效益性的评价。企业资本收益率高于同期银行存款利率且各项指标高于同行业平均水平，可认定为经济效益较好。企业微利或主要是政策性盈利、政策性亏损但达到主管部门下达的指标等情况之一的，可认定为经济效益一般。企业经营性亏损、资不抵债、政策性亏损且未达到主管部门下达的指标，潜亏金额达到净资产 50% 以上等情况之一的，可认定为经济效益差。

第二十八条　对内部控制制度的评价。企业具备书面的各项管理制度且具备制约、控制功能，可视为内部控制制度健全；部分事项未制定管理制度或部分管理制度不具备制约、控制功能的，可视为内部控制制度部分健全；企业存在重要的事项都没有制定管理制度，主要的管理制度不具备制约控制功能，因缺乏管理制度或制度制约控制功能不完善造成财产损失等情况之一的，可视为内部控制制度不健全。企业各项制度未发现执行中存在偏差，可视为内部控制制度有效；企业存在主要管理制度执行中有偏差，数额较小且情节轻微的财产损失违规问题等情况之一的，可视为内部控制制度部分有效；企业存在主要管理制度未能执行、数额较大或情节严重的财产损失违规问题等情况之一的，可视为内部控制制度部分无效。

第二十九条　企业领导人员任期经济责任审计评价还可参考《国有资本金效绩评价规则》中的评价方法和标准，将定性评价法和定量评价法等结合起来，综合加以运用，并根据不同的审计对象和内容进行重点评价，评价的范围不能超出审计的范围。

第六章　审计结果报告

第三十条　任期经济责任审计结果报告是审计机关在审定审计组的审计报告的基础上，

向本级政府报告的审计业务文书。审计结果报告的文稿由审计组长代拟，并按审计业务文书的规定程序进行复核、审定、印发和送达。

第三十一条　企业领导人员任期经济责任审计报告内容除应按照《审计机关审计报告编审准则》的要求外，还应增加下列内容：

（一）分清企业领导人员任期内应负的主管责任和直接责任及其依据、证据等；

（二）审计评价内容部分除按《审计机关审计事项评价准则》要求外，还应增加对企业领导人员本人任期经济责任审计评价内容。

第三十二条　企业领导人员任期经济责任审计结果报告是审计机关将企业领导人员任期经济责任审计结果情况向下达审计指令的本级人民政府提交的报告，审计结果应综合、简练、完整、准确反映审计报告内容。其主要内容应包括以下几个方面：

（一）主要经济指标及财务收支完成情况；

（二）国有资产保值增值情况；

（三）企业内部控制制度情况及遵守财经纪律情况；

（四）审计发现问题及企业领导人员本人应负的责任，包括主管责任和直接责任；

（五）领导人员本人占用所在企业财产清理情况；

（六）综合评价与建议。

第七章　附　则

第三十三条　本规程自发布之日起试行。

第三十四条　本规程由福建省审计厅负责解释。

（省审计厅闽审法〔2000〕37号文，2000年3月16日印发。）

福建省审计信息化建设五年规划

随着21世纪信息时代的到来，科学技术迅猛发展，信息化已成为推动世界经济发展的主流。审计信息化建设也面临着这样的世界大环境，计算机审计的重要性日益得到体现。会计信息电子化和国民经济管理信息化的发展，要求审计机关的作业手段必须与之相适应。"如果不搞计算机审计，我们将失去审计资格。"李金华审计长精辟地概括了审计战线面临的严峻挑战，明确提出了以党的十五届五中全会精神为指导，坚持不懈地抓好"人、法、技"建设，提高审计人员的技术水平和审计手段的技术含量，推动审计机关的信息化建设。信息化建设不仅是方法、手段问题，更是审计系统一场深刻的革命。抓好审计信息化建设将是我们跨入新世纪时面临的重要任务。为此，根据审计署《审计信息化系统建设规划》，结合我省实际，制定今后五年我省审计信息化建设规划。

一、现状和目标任务

（一）我省审计信息化建设现状

几年来，我省各级审计机关按照审计署的总体部署，采取有力措施，积极推进审计系统信息化建设，加快计算机的普及应用。

1. 硬件配备具有一定规模

我省各级审计机关在经费困难的情况下，相继添置了一些计算机设备，为下一步信息化建设打下了基础。但计算机配备目前还无法满足审计工作的需要，从设备拥有量和人均拥有量来看还很不平衡。

2. 信息网络建设速度加快

这几年省厅和部分的设区市审计局已经建立起局域网，并开通了省厅和各设区市审计局之间公用电话（PSTN）远程拨号联网，通过联网各设区市审计局和省厅处室之间实现了电子邮件交换，初步实现了数据传输。同时省厅还开通了与审计署、省委、省政府的远程工作站。

3. 积极推进计算机技能培训与考试

这几年省厅先后多次组织全省审计干部参加审计署计算机考试，大部分参考人员通过了审计署计算机考试，通过培训与考试提高了审计人员的计算机应用水平。

4. 软件应用情况

目前在我省审计系统使用的软件主要有文字编辑排版软件和电子表格处理软件，统计报表汇总软件和审计项目计划管理软件，电子邮件系统和法规数据库等。

（二）审计信息化建设的总体目标

根据审计署制定的审计信息化系统建设规划，结合我省信息化建设的现状和发展趋势，本规划贯彻以下四个原则：全面和重点相结合、实用和超前相结合、引进和开发相结合、需要和可能相结合。通过规划的实施，以应用促发展，改进现有审计手段，防范电子化条件下的经济犯罪和会计信息失真问题；提高审计效率，降低审计风险，保证审计工作质量，更好地依法履行审计监督职责。

今后五年我省审计信息化建设的总体目标有：遵循以需求为导向，以应用促发展的原则，网络建设、信息资源建设与应用并重，建立与我省经济管理信息化、财会信息电子化发展形势相适应的审计信息化系统，用现代信息技术支持审计作业，规范审计行为，提高审计效率，降低审计风险，确保审计质量，强化审计监督。

（三）审计信息化建设的任务

1. 建立和完善省、市、县各级审计机关的内部局域网，形成与审计业务需要相适应的局域网规模和等级。同时依托我省"数字福建"工程，建成我省审计系统省、市、县三级网络互联体系，提高省厅与省委、省政府及审计署的网络互联的整体技术水平，在遵守审计程序的前提下，努力实现与有条件的审计对象内部网络的互联，逐步实现通过网络从审计对象的信息系统采集信息进行审计。基本建成安全、可靠、先进、高速的纵向和横向的审计网络平台。

2. 依托强大的网络平台，开发一批信息丰富、适用于审计业务的审计资源库，形成一定规模的审计资源库群。实现我省审计系统的办公自动化，形成以网络为核心的审计信息应用体系。引进和开发一批实用的计算机辅助审计软件，结合计算机审计队伍的培养，提高我省审计系统的审计水平、审计效率和审计质量，从而更好地履行审计监督职责。

3. 开展多形式、多渠道、多层次、经常性的计算机技术培训，改善现有审计人员的知识结构，培养一批既熟悉审计业务又熟悉计算机技术的计算机审计骨干，提高全省审计队伍的信息化水平。

二、总体规划

（一）信息化系统网络

审计信息化系统网络是以国家公共网平台为基础，以内部局域网为主体，以形成审计系统广域网为目的，以网络应用为核心，多种通信方式并存，跨平台、支持分布式处理的计算机广域网络。

1. 纵向上建立我省审计系统的省、市、县三级网络体系

厅机关局域网建设是厅信息化网络系统建设的主要内容。网络设计的基本原则是采用先进、合理的拓扑结构，达到充分满足多种审计业务需求，实现计算机系统的有效控制和网络资源的充分共享。在现有规模的基础上，根据业务发展需要，完善升级省厅机关的内部局域网系统，相应增加节点数目，保证现有及未来几年工作站联网的需求。增加网络提供的服务种类，并相应添置新服务器及配套网络设备，形成服务器端的应用合理分工，保证提供稳定高速的后台服务。结合内部高速以太网交换技术，构成一个以中心交换机为核心，多台服务器为基础，以百兆位为主，连接桌面共享节点的交换式主干网络。

增强网络安全性能。首先从硬件配置上保证服务器和网络设备的正常运行，不因意外故障引发停电等事故。服务器端引进网络冗余备份系统，实行重要数据网络实时备份，确保重要数据不因意外故障而丢失。在网络权限安全设计方面，除采用传统的防火墙技术和基于分布式计算机环境技术相结合的安全体系外，还采用相应的加密技术，严格管理用户权限及用户认证，使特定用户可访问其有权访问的信息，构筑一个安全交流的网络体系。采用网络防病毒软件构筑网络防病毒系统，阻止病毒通过网络进行传播，确保客户机和服务器的安全。

局域网采用 Clicnt/Server 结构与 Intranet 相结合的系统体系结构和分布式数据处理的运行模式；操作系统选用目前技术较成熟的 Windows 2000 Server 版，支持 TCP/IP、IPX/SPX、NETl 等通信协议，提供域名服务（DNS），文件传输服务（FTP），超文本传输协议（HTTP），电子邮件传输协议（SMTP），网络管理协议（SNMP）和其他应用系统服务；网络管理系统适用于多平台开放式的环境，支持分布集中管理模式。具有配置管理（权限和口令）、故障管理、性能管理、安全管理等多项功能。

设区市审计局在省厅的指导帮助下，根据各地的实际情况，建立本局的局域网系统。基本建成以集线器为核心，以十兆位为主的主干网络。有条件的市可参照省厅局域网的配

置，建立以交换机为核心，以百兆位为主的交换式网络，节点数目保证满足一般业务需求。各设区市审计局局域网前期采用公用电话网（PSTN）联入省厅中央网络，在条件成熟时利用政府统一建设的公共网络和平台逐步形成审计信息快速通道。

县级审计局在与设区市审计局联网的方式上可采用单台微机，通过公用电话网（PSTN）联入市局域网，实现常用信息资料的查询和传输。有条件的县级审计局可建立相应规模的、以集线器为核心、以十兆位为主的局域网。

2. 横向上抓住省政府实行"数字福建"的有利时机，将审计信息化系统网络建设纳入省政府信息主干道和公共平台

在遵守审计程序的前提下，努力实现与有条件的重点被审计单位的联网和远程从被审计单位采集信息，逐步开展远程计算机审计。

（二）应用业务软件

计算机审计子系统

1. 计算机审计业务综合管理系统

其主要业务流程应该与审计业务流程相匹配，是将审计对象管理、审计计划编制、审计进度跟踪、审计复核、审计工作底稿处理、审计结果汇总、审计档案归档、审计法规管理等审计业务流程紧密联系在一起，形成整个审计业务处理流程的计算机管理。应具有以下几个模块。

（1）审计对象管理模块。主要用于收集、管理、查询被审计单位基本情况、历年会计报表数据、财务指标、审计情况等信息。对长期未审计过或屡次审计都查出重大违纪的被审计单位数据应提供自动提醒或实现简易查询。

（2）审计计划编制模块。根据审计对象数据库和国家宏观经济政策、署定审计项目、我省经济状况以及领导临时交办的项目等资料，形成年度审计计划草案，经批准后生成年度审计计划表。

（3）审计项目进度跟踪模块。实现动态查询审计项目完成进度、审计人员去向、审计过程中已查实的重大违纪问题、完成年度审计计划情况及上年审计项目完成情况等信息。在软件上应具备远程录入、查询功能，可以及时了解单个审计项目进展情况及存在问题。

（4）审计决定执行跟踪模块。审计人员将被审计单位执行审计决定情况反馈函件的主要数据通过扫描或手工录入，与软件提供的审计决定数据进行对比，辅助审计人员形成意见并根据审计人员的指令向其他部门传输。

（5）审计档案管理软件。包括审计方案、审计项目作业计划、审计通知书、审计工作底稿、审计报告、审计意见、审计决定、被审计单位反馈情况等审计文书归档管理。

（6）审计工作底稿处理模块。其模块是作为审计综合业务管理软件和计算机辅助审计软件之间的数据接口和信息传输通道。通过计算机辅助审计软件在被审计单位提取的电子财务数据自动形成审计业务综合管理软件审计项目的工作底稿。在软件功能上实现远程录

入、传输、查询；底稿实行模板技术以便兼容不同行业会计制度，不同审计软件形成的审计工作底稿。

（7）审计结果汇总模块。按照审计署的统计表的要求，制作模板，自动生成统计表草稿。实现从该年度安排的审计项目的审计文书中自动提取审计查出违规数据和人工录入及校正功能。

2. 计算机辅助审计软件

这部分是计算机审计子系统的核心部分，主要功能有两个：一是对电子账目记录的数据进行辅助审计；二是对会计信息电子化系统进行审计。

（1）通用财务收支审计软件。主要针对已通过国家财政部会计电算化审定要求并按财政部规定要求提供会计软件数据接口的财务软件。通过财务软件提供的数据接口实现对财务报表、账簿、会计科目、存货抽查盘点、往来账跟踪、银行存款及现金对账等电子财务数据按照审计业务指南进行审计。

（2）行业业务审计软件。针对行业审计的不同特点专门开发的审计软件。用于有针对性地从被审计单位的大量电子化业务数据中筛选、统计抽查有用数据进行辅助审计。

3. 计算机审计支持子系统

（1）建立审计项目管理系统，从审计项目的审前调查开始，至审计终结，将审计对象管理、审计计划管理、审计复核处理、审计工作底稿处理、审计档案管理、审计法规管理等紧密联系、形成整个审计业务全过程管理的自动化。通过该系统，方便地储存、查询被审计单位基本信息、历年财务基本信息，历年对该单位审计情况；审计项目年度计划安排，实施进展情况；审计过程中所需查询的审计法规库等，减轻审计人员工作量。通过整理以往审计资料，搜集现有相关资料，积累今后审计资料等方式，借助网络数据共享技术、数据库管理技术，建立审计对象库、审计项目数据库、审计法规库、审计档案库等若干专业审计数据库，形成能为制订审计计划、审计业务操作、问题查处定性、出具审计意见、下达审计决定提供及时有效支持的数据库群。审计项目全过程计算机管理系统将推动审计技术手段由手工审计向计算机辅助审计方向发展，这对实现审计信息管理的智能化有重要意义。

（2）建立和完善审计办公自动化。引进适用的办公自动化系统软件，用电子行文方式代替手工行文方式，实现公文处理自动化，实现公文存储电子化，加快文件的传递、处理、归档、查找，提高公文传递时效和综合利用率；实现审计信息采集、传输、存储、处理的自动化，提高审计决策的科学性，减少盲目性；实现行政管理、财务管理、人事管理电算化，辅助审计人员更加有效地提高办公效率，减少重复劳动。解决机关内部各个处室之间办公信息的交流，实现公文流转的无纸化。审计人员在计算机上完成工作任务的接收，工作过程中的交流，报告的反馈等办公过程，使计算机成为不可缺少的办公用具。在实现办公电子信息交流的同时，相应提供公文档案管理系统，对电子化的公文信息中有保管价值的文件资料进行规范管理和利用，统一维护归档，并可按关键字、正文、日期、主办部门等信息进行专门的查询、统计，实现公文存档管理的无纸化。

（3）在外部因特网上，建立我省审计系统网站，提供公众信息服务。通过电子邮件、多媒体浏览、动态数据等功能，全方位、多层次介绍我省的审计工作。主要提供网上公众举报、网上新闻发布、机构和职能介绍、审计动态、政务公开、财经法规等信息，与审计署和其他省市的审计网站一起构成整体的审计网站群，更好地宣传审计事业。

（三）加强审计人员的计算机培训

改变现有审计人员的知识结构，建设一支高素质的、既熟悉审计业务又掌握计算机技术的计算机审计队伍，是审计信息化建设不可或缺的组成部分。加强审计人员的计算机培训是开展计算机审计工作的可靠保证，再先进的网络，功能再强大的审计软件，离开了审计人员的真正应用，也不能转化为推动审计工作的现实动力。

加强审计人员的计算机培训首先要提高思想认识，各级审计员应充分认识审计信息化建设的重要性和必要性，加快自身素质的提高。其次抓好审计干部的分层次培训工作，加强审计人员培训和技术开发。通过培训，提高现有人员的知识水平，切实解决计算机应用的瓶颈问题。坚持以骨干带全员，以重点带一般，以考试促培训，将普及培训、骨干培训和专家培训结合起来，使一大批有能力的审计人才尽快成长，并成为计算机应用和开发的骨干与专家。为此，根据我厅目前审计人员计算机应用水平现状，培训工作将分三个层次进行。

1. 对计算机基础操作技能进行全员培训

每年结合审计人员年度技能培训，相应举办计算机基础应用技能培训班，培训的内容主要是计算机及外部设备的日常操作，WINDOWS 操作系统的基本操作（包括文件的基本操作，局域网络基本联网操作等），日常防病毒软件的操作，电子邮件的收发操作，内部网站网页浏览，法规库的查询操作，OFFICE97 办公套件中 WORD 字处理软件的基本应用，EXCEL 电子表格软件的简单数据操作，建立简单的数据库等。使全体审计人员基本能够熟练使用计算机进行日常办公操作和辅助审计，减轻部分审计业务的工作量，提高机关工作效率。同时要以考试促培训，结合审计署统一组织的计算机知识水平考试，将审计干部掌握计算机操作技能的熟练情况纳入公务员年度考核范畴等措施，提高审计人员学习计算机知识的积极性和紧迫感，使熟练掌握计算机基本操作技能成为审计人员上岗的必备条件。

2. 在审计干部中培训一批计算机应用骨干

经过近几年的努力，各业务部门均有人通过了计算机基础知识达标考试，成为计算机应用能力较高的审计人员，可将这些审计人员组成局计算机审计骨干小组，对小组成员进行较高层次的计算机强化培训。培训内容主要是高级网络知识，微软 EXCEL 电子表格软件的高级应用（包括 EXCEL 本身丰富的计算、函数、条件等功能，要求能对表格中采集的数据进行筛选、统计、汇总等操作），会计电算化知识等。重点培训我省引进和开发的一些计算机辅助审计软件的应用，以及数据库的开发、应用等，提高其在审计一线解决计算机技术问题的能力。这些人员通过强化培训后，使他们成为既精通审计业务又精通计算机技术的复合型人才。这些人才除了能熟练掌握计算机的各种基本操作，还能根据审计业务的需要，自行应用、设计简单软件解决遇到的审计问题。以点带面促进本处室计算机应用水平的提高。

3. 积极挖掘人才

选拔有较丰富审计实践经验和较扎实理论基础的，并掌握一种以上计算机语言，且具有较全面计算机技术知识的人员参加审计署的信息化专家培训，培养 2～3 名我省信息化审计专家。信息化审计专家水平培训采取结合应用项目建设开发与国际机构合作等方式进行，即将请进来送出去相结合，境内境外培训相结合，使之成为审计系统带领信息化建设和软件研制开发推广的专家级人才。同时也可积极引进人才，从审计系统之外引进计算机技术方面具有优势、经过短期培训能胜任信息化审计工作、能对解决信息化审计的重点问题发挥作用的人员，多渠道培养我省的信息化审计专家。

三、实施步骤

（一）第一阶段（2001—2002 年）

省厅硬件设备达到人均一机，并逐步更新换代，不断完善本厅局域网。设区市审计局全部建立本局局域网，20％以上县级审计局亦建立本局局域网。依托我省"数字福建"工程，所有设区市审计局、15％以上县级审计局实现同省厅的广域网联结。其余县级审计局通过公用电话网（PSTN）实现同设区市审计局的文件传输。省、市、县三级网络结构基本形成。依托政府统一建设的公共网络和平台，初步实现有条件的、重点被审计的单位的网络互联，初步解决从这些单位采集审计数据的问题。省厅办公自动化系统进入成熟应用阶段，网络应用内容较丰富，审计项目计划管理基本实现电子化，初步建立起审计数据库集群，审计信息管理实现网络化、自动化。市审计局的办公自动化系统投入运行并实现同省厅系统的文件传输。有针对性地引进适合我省实际情况的计算机辅助审计软件，在财政、金融、外资、企业等审计领域开始应用计算机审计并取得一定成效。实现在有条件的区市审计局、县级审计局试点运行计算机辅助审计软件，探索辅助审计的路子和方法。开展计算机技术基础知识全员培训，加快审计人员会计电算化系统、办公自动化系统和网络应用系统的知识更新和岗位培训。采取送出去、请进来相结合的方式，多层次、多形式开展岗位培训，使 80％的审计人员熟练掌握计算机基本操作技能。继续强化骨干培训和计算机软件应用推广培训，使 20％的审计人员成为我省计算机应用骨干力量，以点带面推动全省审计人员计算机应用水平的提高。

（二）第二阶段（2003—2005 年）

80％以上县级审计局基本建立本局局域网，并根据我省"数字福建"工程在各地的具体实施情况，60％以上实现与省厅、设区市审计局局域网的广域网联结，基本实现省、市、县审计局的三级网络体系。进一步加强与有条件的重点被审计的单位的网络互联，进行会计财务电子资料报送制度的试点。初步实现审计人员通过网络从被审计对象的网络应用系统采集审计数据进行审计。实现全省审计系统办公自动化，形成以省厅中心机房为核心，市审计局局域网为骨干，辐射全省各县市的审计信息交换传输系统。审计信息数据库群达到一定规模，并继续规范化，扩大覆盖面。普及推广辅助审计软件工具，实现审计项目业务流程的智能化管理；在前期工作的基础上，进一步加大计算机辅助审计软件推广应用力度，对前期应用的计算机辅助审计软件（模块）进行开发完善和部分集成，使其在全省范围逐步推广应用。在总结第一阶段计算机审计经验的基础上，使各审计领域全面开展计算机审计并取得一定成效。通过全员培训，配合考试，使全体审计人员熟练掌握计算机基本操作技能。30％～40％的审计人员精通计算机辅助审计，熟练应用和开发小型工具型或功能部分型计算机辅助审计软件并独立开展计算机审计工作，使之成为我省计算机审计业务的骨干力量。配合审计署专家培训计划，培养出2～3名我省信息化审计专家。

四、保障措施

为保障审计信息化建设顺利实施，首先必须加强领导。先进生产力的发展要求集中体现在现代科技的发展上，而现代科技最前沿、发展最快的是信息技术。审计工作如果跟不上信息时代步伐，就会被时代淘汰。因此各级领导要从实践"三个代表"的高度来认识审计信息化建设的重要意义，制订措施，狠抓落实。为此省厅设立信息化建设领导小组，统一指导和协调我省审计信息化建设；全面负责审计信息化建设和运行、组织工作；对重大的技术、管理、业务规范和部门关系协调等进行决策。领导小组办公机构作为省厅计算机技术应用中心。区市审计局也应建立相应机构，县级审计局应建立信息化建设研讨小组，从组织上为信息化建设提供有力保障。

为保证审计信息化建设各项工作落到实处，我们还必须加强管理制度建设。在硬件、软件、网络等各方面建立相应的管理制度，主要包含以下内容："计算机系统的购置与领用管理"、"计算机系统的安装、调试、升级与维护管理"、"计算机软件的管理"、"计算机系统的网络管理"、"计算机安全管理"等。通过制度的建立明确职责、有章可循，同时促进审计人员加快自身建设，形成良好的学习氛围。

为保证审计信息化建设，必须加大经费投入。信息化建设离不开资金的保证，各级审计机关应遵循实用和超前相结合原则，积极拓宽经费投入的渠道，加快计算机硬件配备和软件的应用。省厅信息化建设经费以财政支持为主，同时利用我省建设"数字福建"的有利时机，争取多渠道筹集经费。市、县审计局信息化建设经费以当地财政支持为主，省厅根据财力情况及各地实际适当给予补助。

为保证"审计信息化建设五年规划"的可操作性，应相应制定详细的阶段实施方案，包含资金预算方案，使工作和经费落到实处。

各级审计机关应适当开展计算机审计的应用研究和理论研究，为计算机审计软件的开发提供理论基础。同时加强与全国兄弟省市在计算机审计方面经验的交流，取长补短，共同进步。

（省审计厅闽审计〔2001〕154 号文，2001 年 10 月 15 日印发。）

福建省审计厅关于贯彻落实《审计署 2003—2007 年审计工作发展规划》的实施意见

根据《审计署 2003—2007 年审计工作发展规划》提出的今后五年审计工作的指导思想、总体目标和主要任务等精神，结合我省实际，提出本实施意见。

一、总体要求

（一）以邓小平理论和"三个代表"重要思想为指导，贯彻十六大精神

认真履行宪法和法律赋予的职责，促进民主法制建设，强化对权力的制约和监督，为建设三条战略通道、项目带动战略、推动县域经济发展和为更好地实现广大人民群众的根本利益服务。

（二）坚持依法审计，规范审计行为，努力提高审计质量

积极争取地方立法，完善审计法制建设，加大审计宣传力度，努力改善我省的审计执法环境，有效地发挥审计监督的职能作用。

（三）创新审计内容和审计方式

一是坚持"两个并重"，即实行财政财务收支的真实合法审计与效益审计并重，逐年加大效益审计分量，实行审计与专项审计调查并重，逐步提高专项审计调查的比重；二是实现"两个转变"，即本级预算执行审计实现由收支审计并重向以支出审计为主转变，在支出审计方面，实现由主要审计省级预算支出向审计所属二、三级用款单位和对下转移支付资金的使用情况为主转变。

（四）以科学管理、整合审计资源

以建立审计质量控制体系和积极采用先进的审计技术方法等基础工作为重点，并针对当前的薄弱环节，切实加以改进和完善。以审计项目为龙头带动审计工作向法制化、规范化、科学化方向发展。

二、确定审计重点，改进方式方法，探索效益审计的路子

（一）财政审计

1. 预算执行审计

以规范预算管理和财政分配秩序、提高财政资金使用效益、促进财政体制改革为目标，改进审计方式方法，以省级预算执行审计和对下转移支付专项资金审计为重点，监督预算执行的质量，揭露在资金分配和管理使用中违法违规和不规范行为，以及资金使用效益低的问题，从制度和机制上提出完善预算管理的意见和建议，进一步提高预算执行质量和依法理财水平。

在审计对象上，每年应重点审计管理财政资金较多的、有预算内外专项资金和基金再次分配权的单位。对于资金量少的、没有资金再次分配权的行政事业单位开展财政财务收支审计工作。继续对多年未审计的单位进行审计，以达到全面审计、消除盲区的目的。

在审计重点上，围绕预算执行的质量开展预算收入、支出、结余和管理的审计，揭露在资金分配和管理使用中不规范行为、资金使用效益低的问题，从制度和机制上提出完善预算管理的意见和建议。

收入审计方面，审计非税性收入、综合预算的状况、"收支两条线"制度的执行情况和财政性收入监管情况。

支出审计方面，一是实现由主要审计省本级支出向省本级支出和补助下级支出审计并重转变，加大对省级重点专项补助资金使用效益的审计调查以及政府、社会普遍关注问题的审计调查力度；二是继续加强对省级预算主管部门结余结转资金真实性情况、大额资金转存以及银行账户开设情况审计，摸清家底，分析原因，针对存在问题提出意见和建议；三是对照结算方案检查省、市财政之间有关补助项目的合规性，核实省对设区市结算补助是否合规，有无存在操作不规范、政策透明度不高，随意性大，资金分配不公正、不合理的问题。

预算资金管理方面，一是审查存款的安全性、真实性，是否存在违规转存等问题。从银行账户入手，重点核实年底存款的账实相符性，大额资金转存情况；二是审查用财政性资金形成的账外资产情况，包括股票、债券、借款、利息、固定资产等；三是大额支出情况和政府采购制度执行情况，内部控制的健全性和有效性；四是对公用经费开支情况进行分析，为制订科学合理的预算定额提供参考依据。

2. 财政决算审计

继续搞好对设区的市政府决算审计，每年审计2～3个市财政决算，审计重点是执行财政经济政策、坚持收支平衡情况，突出对省级专项资金的跟踪审计调查，集中反映有关专项资金的使用效益及其存在的问题，促进整改，规范行为，有效提高依法理财水平。

3. 重点专项资金审计和审计调查

（1）重点建设项目资金审计。重点审计建设项目资金管理、使用及效益情况，检查重点建设项目（含国债项目）落实项目法人责任制、项目资本金制、建设监理制、合同管理制和竣工验收制度的情况，查处损失浪费和严重违法违纪问题，每年选择1～2个省重点建设项目开展效益审计。同时，做好城市和农村的征地拆迁补偿资金审计或审计调查，揭露侵害群众利益的问题。

（2）社会保障资金审计。根据福建省人民代表大会常务委员会《关于加强社会保障工作监督的决定》的要求，每年对各项社会保障资金，包括财政预算安排的企业职工基本养老补助、国有企业下岗职工基本生活保障资金，国有企业关闭、破产和再就业补助资金，以及各项社会保障基金财政专户进行审计。重点检查社会保障政策执行情况和各级社会保障资金的筹集、分配、使用、管理、保值增值、专户核算等主要环节进行监督，促进社会保障制度的健全与完善和社会保障资金的规范、有效、安全和完整，为社会安定和稳定大局服务。同时，每年选择社会保障资金中的一个专项资金，开展全省性的审计或审计调查。

（3）农业和环境审计。以促进国家农业环境经济政策的贯彻落实，实现以经济、社会、生态效益平衡为目标，每年将根据工作重点和形势发展的要求，具体安排对农业、环保、资源重点资金的审计和审计调查。

一是加强对农业专项资金审计，促进农业资金分配实现法定增长，提高农业资金使用效益；促进国家对"三农"多予、少取、放活的农业发展政策和农业经济结构调整目标的实现。

二是加强环保专项资金审计，重点审计排污费征收和环保专项资金的使用效益，审计调查国家环境保护政策的贯彻落实；促进提高环保资金使用效益，促进清洁生产和生活、改善生态环境和实现我省建立生态省的目标。

三是重点加强对国土资源专项资金审计，重点突出国有土地使用权有偿出让资金审计、国有矿产资源专项资金及农用地转用征地补偿费的审计调查，促进规范国有土地出让和矿产资源市场秩序，维护农民的合法权益，保障我省土地占补平衡，提高土地专项资金使用效益。

（4）彩票审计。以促进福利、体育彩票发行行为的规范，保障彩票资金的安全完整为目标，重点对彩票发行收支以及彩票资金筹集、分配、管理和使用情况进行审计。

（5）住房公积金审计。以促进管好用好住房公积金为目标，对住房公积金管理使用情况进行审计。分析审计发现问题的产生原因，并提出建议，促进住房公积金规范使用，建立、完善相关的政策和管理制度。

以上是每年必审的专项资金项目，其他专项资金项目的审计将根据政府经济工作的重点和形势的变化进行安排。

（6）省垂直管理单位行业审计。从2004年起，组织全省审计力量，陆续对全省药品监督、质量技术监督、工商管理、交警系统以及税务系统经费等进行行业审计。通过审计，揭露其系统性全局性的问题，提出加强管理的意见和建议。

（二）金融审计

围绕"风险、效益、管理"的目标，每年将选择对地方性银行和非银行金融机构进行审计，坚持以真实性为基础，重点检查信贷资产质量、盈亏的真实性、制度的有效性、经营的合规性等，并通过对中介机构审计结果的再监督调查信贷资产质量，以促进银行完善内控机制，从而加强管理，规范经营，防范和化解金融风险。同时，要加大对信托投资公司等非银行金融机构的委托贷款、中央再贷款使用管理情况的审计和审计调查力度，剖析信贷资产质量，提出审计意见和建议。

（三）企业审计

根据"摸家底、揭隐患、促发展"的思路，探索授权经营企业审计监督模式，为政府企业改革总体目标服务。每年对5~6家省属国有企业进行全面审计或审计调查。以真实性审计为基础，以资产质量审计为重点，从企业的对外投资、往来账户、库存等资产质量方面，通过对中介机构审计结果的再监督调查资产质量，揭露资产不实、经营成果弄虚作假问题，揭示企业发展中带有普遍性、规律性和违纪违规等问题，防止国有资产、股权和收益的流失，掌握国有企业的基本财务状况、资产质量和发展态势，促进企业财务管理、提高经济效益、提升企业竞争力。

企业审计由分管厅领导负责组织和协调工作。

（四）经济责任审计

从加强对领导干部权力的制约和监督、促进廉政建设出发，继续坚持"积极稳妥、量力而行、提高质量、防范风险"的原则，加强协调指导，全面推进县以下党政领导干部和国有企业及国有控股企业领导人员经济责任审计，扩大县以上党政领导干部经济责任审计覆盖面，深化经济责任审计工作，并推动部门单位开展经济责任审计。

1. 逐步实现规范化和制度化

一是加强法规建设，促进规范，使任期经济责任审计逐步纳入法制化轨道；二是规范审计内容，审计重点集中在真实性审计、经济方面的方针政策执行情况，执行决策程序和个人廉洁自律问题等四个方面；三是建立评价体系和经济责任审计操作指南，提高对直接责任人员评价的科学性。

2. 建立正常的审计机制

将安排经济责任审计项目纳入法制规章的范畴，实行离任与任中经济责任审计相结合，并以任中审计为主，规定已任一定年限的领导干部，原则上都要接受经济责任审计。

3. 扩大审计范围、优化审计方式

在做好县以下党政领导和国有企业领导人员任期经济责任审计的同时，扩大对县以上党政领导任期经济责任审计范围，并扩大到设区市党政领导干部的经济责任审计，研究对县市区党政领导干部任期经济责任审计的组织方式，优化省厅直接审计、委托审计及组织设区的市审计局审计的方式。

4. 探索经济责任审计与财政审计、企业审计以及其他财政财务收支审计相结合的审计路子，注重做好经济责任审计台账工作

此外，要做好审计举报工作。主要是提高审计信访举报受理查证效率。一是提高审计信访举报受理效率，力争在2007年底前做到电话、传真网络举报24小时自动受理，举报业务办理"无纸化"，实现举报业务办理全过程计算机监控，切实提高信访举报受理效率和保密性。二是扩大查证范围，加大查处力度，推动举报件初查、筛选重大违纪线索工作的开展，以提高审计查证的针对性。三是强化对下业务指导，促进基层审计举报工作的开展，使全省审计信访举报工作走上健康发展轨道。

三、切实抓好三项基础管理工作

（一）加强计划管理，整合审计资源

1. 加强立项管理

一是明确立项依据。每年根据全国审计工作会议、全省经济工作会议的要求，根据"量力而行"和"有所为有所不为"的原则，突出重点审计内容和项目，并利用审计对象数据库中的有关资料进行安排，提高审计项目立项的科学、合理和前瞻性。通过建立省厅实施项目、省厅统一组织项目、全省上下联动项目、地市组织实施省厅汇总项目审计等项目计划体系，指导各级审计机关提高审计项目立项的科学性。

二是规范编制程序。坚持"两下两上"的计划编制原则，每年10月初由办公室提出次年审计内容的意图和重点审计项目计划初稿，经厅长办公会议审议后，发给各处室征求意见，各处室结合计划初稿并及时了解审计署对口业务司次年署定项目安排情况，提出更具体的审计项目；11月中旬办公室集中各处室项目计划意见，经平衡后报厅长办公会议审议；11月底办公室将审议后的计划报省政府、省人大及相关部门、设区市审计局征求意见；次年1月份，办公室根据全省经济工作会议精神和全国审计工作会议后审计署下达的年度审计项目计划，结合省政府、省人大及相关部门、设区市审计局反馈的意见，形成审计项目计划（草案）的讨论稿，经厅领导再次研究议定后，提交全省审计工作会议讨论，有关业务处要形成统一组织项目的工作方案（讨论稿），一并提交全省审计工作会议讨论；3月份正式下发执行。

2. 加强对编制审计工作方案工作的管理

为确保审计立项意图的实现，必须加强对编制审计工作方案工作的管理，财政审计、企业审计和经济责任审计工作方案由相关业务处撰写，提交厅长办公会议审定；其他项目的审计工作方案由分管厅领导审定；各个项目的审计实施方案由分管厅领导审定。

3. 整合审计资源，建立规范的人力资源整合运行机制，将计划管理、审计成本控制与人力资源整合有机结合起来

一是采取分阶段、集中力量和统一部署、统一组织、统一实施的措施，完成"同级审"、经济责任审计、署定项目、省定项目和交办任务的办法，并通过计划体系的实施整合全省各级审计机关力量，加强系统内的协调配合，提高审计工作效果、效率。

二是在确定审计项目时，明确项目分管厅领导、牵头处室、组长（或主审）、审计人员责任分工，导入审计成本理念，细化计划内容，逐步建立健全测算工作量的制度。

4. 充分利用审计成果，进一步发挥审计成果功效

一是每个项目都要撰写具有一定价值和分量的审计信息，每个署定、省定项目都要提交专题分析报告。

二是着手试行审计结果公告工作。2004年先选择部分社会普遍关注的专项资金审计成果，试行对外公告；2005年力争做到省级预算执行审计工作报告对外公告；以后逐年扩大

对外公告的范围。

（二）加强法制建设，强化审计质量管理，规范审计行为

1. 积极促进有关地方审计法规、规章的制定工作

一是完成《福建省审计监督条例》等法规立法调研和起草工作；二是围绕财政预算制度改革和深化预算执行情况审计，修订《福建省地方预算执行情况审计暂行办法》；三是认真贯彻省政府批转的《关于加强内部审计工作的意见》，做好对内部审计工作的指导和监督。

2. 认真执行审计准则，深入贯彻执行审计署关于审计项目质量控制的精神，并围绕建立审计责任机制和检查机制

制定《福建省审计质量控制暂行办法》，试行审计组长（或主审）资格制，健全权责利相对称的审计组长负责制，完善审计质量责任奖惩制度，以健全审计质量控制体系，切实提高审计质量和水平。

（三）积极推广先进的审计技术方法，提高审计信息化水平

1. 加快信息化建设步伐

2004 年年底前建成审计人事信息管理系统（单机版）、审计对象管理数据库、财经法规查询系统、举报案件信息管理系统（单机版）数据库和共享作业平台。2004 年起要逐步建成依托政府公共网的我省审计系统宽带专用网。同时，实施"金审工程"福建配套项目，加大我省信息化建设力度。

2. 积极推行计算机辅助审计，提高对这项工作重要性、紧迫性的认识，逐步实现对财政、金融等重点部门及重要骨干企业的计算机审计

2004 年选择两个会计电算化运用程度较高的单位实行计算机辅助审计并要取得实质性突破，探索计算机审计的实践经验，加以推广应用，通过以点带面促进提高计算机辅助审计的水平。对开展计算机辅助审计的处室在审计结束后要分别形成一个计算机辅助审计案例，并不定期地开展演示、交流和推广。在近三年内要通过调查研究和实践，制订推广运用计算机辅助审计的管理办法，提高审计效率和控制审计风险。

3. 大力推广和完善审计抽样、内控测评、风险评估等审计方法，积极研究探索适合我省审计工作的先进方法，不断提高审计工作的管理水平、效率和质量

四、完善与审计业务工作相配套的各项管理和保障工作

（一）深化干部人事制度改革，加强教育培训和科研工作

1. 进一步深化干部人事制度改革

坚持并完善民主推荐、任前公示、竞争上岗、交流轮岗、试用期等制度，坚持用好的作风选人、选作风好的人，努力形成好的用人导向，建立并完善科学的业绩考核评价体系，逐步形成干部能上能下的机制。

2. 建设职业教育体系

认真贯彻执行党的十六届三中全会精神，紧密围绕审计工作中心，以全面提高干部素

质、创建学习型机关为目标，大力加强教育培训工作，加快教育培训工作改革步伐，积极探索建立与审计队伍职业化体系相衔接的教育培训体系，强化审计干部计算机审计技能培训，以及专业知识、法律知识、经济改革的学习研讨和交流，进一步提高审计干部的计算机应用知识水平、增强宏观意识和创新意识。

3. 围绕厅机关工作中心，加强审计科研工作，强化理论与实践的结合，增强审计科研工作的实用性、指导性和前瞻性

一是改进审计科研组织形式，实行科研人员与业务人员、理论研究与政策研究、科研与调研相结合；二是根据厅机关年度工作安排，有重点地选择年度科研和调研任务；三是建立健全科研工作考核和激励机制，成立课题评审委员会，试行审计研究课题招投标和评审制度，以调动科研工作积极性，扩大科研成果的推广应用。

（二）机关党的建设工作

要深入学习贯彻"三个代表"重要思想和党的十六大精神，围绕审计工作的中心任务开展党建工作，继续开展新一轮创建党建工作先进单位活动，全面加强党的思想组织作风和制度建设，充分发挥党支部的战斗堡垒作用和共产党员的先锋模范作用，为促进和保障审计工作的顺利完成提供有力的政治思想和组织保证。

（三）党风廉政建设工作

党风廉政建设和反腐败工作坚持与时俱进，紧贴审计实际，继续突出"外抓审计纪律，内抓机关管理"的工作重点，以制度创新为突破口，建立和完善防范机制，坚持和完善审计公示制度、回访制度，狠抓工作落实，努力取得党风廉政建设新的实际成果。

（省审计厅闽审办〔2004〕2号文，2003年12月30日印发）

（二）全省审计工作会议主题报告

认清形势　明确任务
努力推动审计事业的新发展
——厅长陈丽群在全省审计工作会议上的讲话（摘要）
（2000年2月23日）

一、1999年全省审计工作的主要成果

1999年，全省各级审计机关共审计4676个单位，查出违规违纪金额80.5亿元，应核减财政拨款或补贴金额1.06亿元，应上缴财政5.29亿元，已上缴财政2.83亿元，向司法机关和纪检监察部门移送案件及案件线索90件，完成审计专项调查554项，提交各类审计工作报告及审计信息5011篇，在维护经济秩序，加强廉政建设，促进依法行政，保障我省国民经济健康发展方面发挥了积极作用。

（一）本级预算执行审计不断深化

1999年是开展本级预算执行审计的第四年，各级审计机关从依法规范预算分配秩序和促进政府部门依法行政的高度，进一步强化了预算执行审计，全省共对906个财政、地税、国库及其他预算执行单位开展了审计，查出违纪违规金额20.42亿元，其中决定处理处罚4.03亿元，指明要求纠正16.39亿元，应上缴财政2.45亿元，应减少财政支出金额1961万元，应增加财政节余金额9536万元。全省审计机关均向本级政府提交了审计结果报告，并受政府委托，向同级人大常委会提交了审计工作报告。从总体上看，1999年的预算执行审计广度和深度明显增强，审计重点更加突出，两个报告的质量比往年有了新的提高，提出的加强预算管理的意见和建议更具有针对性，为各级政府和人大加强预算管理和监督发挥了重要作用。省级预算执行审计工作，得到省人大、省政府的高度重视和充分肯定。省政府召开专题会议，研究审计结果报告，责成有关部门针对存在的问题认真整改。省九届人大常委会第14次会议认为，审计部门依法履行职责，并要求审计部门跟踪监督被审计单位对有关问题的整改情况，以适当方式向人大常委会或财经委报告。各地市人大、政府非常重视本级预算执行审计工作，支持审计机关加大审计执法力度。

全省还对144个市、县、乡级财政决算实施了审计，查出违规违纪行为金额3.73亿元，发现了收入支出、结余结转不真实，政府负债严重等突出问题，为各级政府掌握当地财政真实性情况提供了服务。

（二）专项资金审计成效明显

1. 组织全省有关地市审计机关对8个国定贫困县和4个省定贫困县1997年至1999年6月扶贫资金的分配、管理和使用情况进行了审计，查出挤占挪用财政扶贫资金等违规违纪问题金额1.06亿元。审计发现，一些地方配套资金不足、资金拨付不及时问题较普遍，扶贫贷款不到位、擅自改变贷款投向等问题也比较严重。审计结果得到省领导的重视，习近平省长在省厅报送的信息上进行了批示。

2. 对省财政厅、省水电厅及福州等5地市1998—1999年1季度水利建设资金管理和使用情况进行了审计，发现1.8亿元水利建设资金被滞留、闲置，未及时拨付到位，影响工程进度等问题。同时，对23个县市区海堤水闸除险加固二期工程项目的建设情况进行了审计。

3. 各级审计机关普遍开展了建设项目全过程审计。全省共对740个建设项目自筹基建资金进行了审计，查出资金不落实3656万元，资金来源不正当161万元；对148个建设项目进行了开工前审计，并继续开展重点建设项目动态跟踪审计调查和竣工决算审计，全省共核减工程结算金额5519万元；还对6个中央直属储备粮库建设项目进行了审计，查出项目前期工作滞后，建设资金到位不及时，招投标工作不规范以及损失浪费等问题。审计报告和信息引起各级政府领导的重视，多次得到省领导的批示。

4. 对全省186个县以上法院和检察院1997—1998年财务收支进行了审计。审计情况表明，各级法院和检察院注重加强财务管理的同时，在执行"收支两条线"规定和执收执罚方面还存在一些普遍性的问题。审计查出乱收费、乱罚款，隐瞒转移收入，私设"小金库"，拖欠截留应缴预算收入和财政专户收入，以及挤占挪用等违法违纪金额 1.8 亿元。同时，还在全省范围内对 1562 个行政事业单位开展了审计或审计调查，查出违纪行为金额 8.64 亿元，对规范各级行政机关财务收支行为，促进依法行政，做出了积极贡献。

5. 全省各级审计机关对 93 家社会劳动保险机构 1998 年度养老保险基金征收支付和管理情况进行了审计，查出违纪违规金额 1.1 亿元；对 43 个县级彩票发行机构进行了赈灾福利彩票的专项审计，查出违规违纪金额 267 万元。对 8 个地市和 37 个有关县市区 1998 年度农业综合开发财政资金进行了专项审计，查出违纪金额 1137 万元。对全省 83 家公路车辆通行费情况进行了审计和审计调查，发现了公路通行费管理体制不顺，影响征管工作，各征管所扩大免征范围，造成费源流失，有的甚至挪用、侵占专项资金等问题。还对全省 24 个城市 1998 年度排污费的征收管理和使用情况进行了审计调查。针对审计查出的问题，分别依法进行了处理，为促进专项资金的合理有效使用，保障各项事业健康发展发挥了重要作用。

（三）银行、外资审计进一步加强

全省统一组织对中国工商银行福建省分行系统 100 个分支机构及兴业银行 57 个分支机构 1998 年度资产负债损益情况进行了审计，分别查出财务收支方面违纪金额 6653 万元和 8500 万元。审计结果表明，省工商银行和省兴业银行在深化金融改革，强化内部管理，努力改善资产质量，防范和化解金融风险方面做了大量工作，取得较好成绩，但违规经营和账外资产问题仍然存在，全省工商银行系统违规经营形成账外资产 1811 万元。会计核算不实，虚增或虚减资产、负债、损益和利润的现象比较普遍，私设"小金库"现象还比较严重。同时发现银行违规账外经营问题等案件线索 3 件。结合对工商银行系统和兴业银行系统的审计，全省还开展了银行信贷资产质量审计调查，并对不良贷款形成的主要原因进行了分析，提出了降低不良贷款率的合理建议，对促进金融机构规范管理，依法经营，改善金融资产质量发挥了应有作用。

1999 年是国外贷援款项目审计实行"内外合一"审计报告的第一年，我省各级审计机关坚持"对内监督，对外公正"的原则，开展了国外贷援款项目审计，加大了审计处理和揭露的力度。全省共审计 13 个国外贷援款项目，查出了虚列项目工程支出、违规变卖贷款物资、挪用项目资金等问题，出具报告 137 份。省厅出具的 13 份报告中，有保留意见的报告占 7 份。各级政府重视审计查出的问题，省政府办公厅就审计反映问题，专门下文有关市县政府，责令限期整改，并取得较好效果，提高了审计机关的信誉和权威，维护了我省利用外资信誉。

（四）企业审计进一步改进

1999 年，国有企业财务收支审计在 1998 年审计试点的基础上，按照深化审计的要求，以审计企业会计核算真实性为基础，全省审计机关开展了旅游企业、股份制企业审计和企业年度财务收支审计，共审计709户企业，查出违规金额15.98亿元。各级审计机关按照"三准则一指南"的要求，注意改进审计方法，既注重审计对象的典型性、代表性，也注意从内控制度审查入手，结合必要的盘点及票据清查等操作手法，揭露企业盈亏真实性。在审计评价方面，既把重点放在对重要经济技术指标和关键数据的剖析上，也注重向关联企业或单位延伸，力求在重要方面审深审透。此外，还结合企业审计开展了对社会审计组织业务质量的检查，促进了社会审计组织公正执业，提高工作质量。

（五）经济责任审计取得新的进展

1999年5月，中办、国办关于经济责任审计两个暂行规定下发后，省厅及时转发了审计署关于贯彻实施两个暂行规定的通知，召开地市局长座谈会进行部署安排，并开展调查研究，总结各地经验，起草制订我省的贯彻实施办法。各地县审计机关在认真总结经验的基础上，根据本地实际，抓紧制订或修订地方性法规或行政规章，重视加强与有关部门的联系协调，同时，大胆探索，认真实践，积极稳妥地开展经济责任审计工作。全省共完成1203名领导干部任期经济责任审计，其中厅级9名、处级34名、科级995名、其他65名，企业领导人员100名，共查出违规金额13.22亿元，为加强干部管理和监督发挥了重要作用。

此外，各级审计机关高度重视党委、政府及有关部门交办、协办的审计事项，积极认真办理，及时报告办理结果，全省共完成党政交办事项1301件，得到各级党政领导的好评，较好地服务了党政中心工作。

（六）干部队伍素质明显提高

一年来，各级审计机关认真贯彻朱总理"从严治理审计队伍"的指示，以"三讲"教育为契机，下大力气抓好机关全面建设，广大审计干部的政治、业务素质得到明显提高。

一是案件意识明显增强。广大审计人员认真贯彻总理指示精神，全面审计，突出重点，注意发现大案要案线索，在各项审计中，发现的违法犯罪案件或案件线索明显增多。全省共向司法机关移送案件25起，向纪检监察机关移送案件线索65件，建议追究有关人员责任82人，建议给予行政处分4人，协助有关部门查处案件71起。

二是宏观意识明显增强。各级审计机关和广大审计人员自觉围绕经济工作中心，服务党政宏观决策，注意搞好审计成果的开发利用。全省共向各级党委政府提交审计报告和信息5011篇，被各级领导批示和上级机关采用2577篇，建议纠正地方部门不当规定68条。

三是法律意识明显增强。由过去单纯注重对违法违规问题的处理处罚逐步转变到从维护法律尊严的高度，加强审计监督。在1999年本级预算执行审计中，省厅从预算法的高度，揭露省级预算管理中存在的问题，促进被审计单位依法行政，加强管理，完善法制，从而推动依法治省工作的开展。

四是学习的意识明显增强。广大审计人员在积极参加审计机关统一组织的各类培训的同时，自觉搞好个人自学，不断改善知识结构，提高业务素质。目前，审计干部的学历水平较以往有了较大提高，自觉运用先进的审计技术与手段从事审计工作的紧迫感明显增强。

1999 年全省审计工作取得较好成绩的同时，也存在一些薄弱环节，一是审计法规建设还要加强，有些法规规范尚未及时制定或完善，有的法规还没得到认真贯彻落实，导致有些审计行为不规范，存在一定的随意性；二是审计项目计划执行进度不平衡，项目实施没有完全达到进度要求；三是审计效率不高，计算机辅助审计开展不好；四是审计人员业务素质还须进一步提高。

二、2000 年审计工作的主要任务

2000 年审计工作的指导思想是，以党的十五大精神为指导，认真贯彻中央、省经济工作会议和全国审计工作会议精神，围绕全省经济工作中心和各项改革任务，全面落实审计法和审计工作二十字方针，坚持以真实性为基础，以打假治乱为重点，进一步集中力量，突出对重点领域、重点部门和重点资金的审计监督，加大对重大违法违纪问题和经济案件的查处力度，讲究实效，扩大影响，进一步提高审计质量和效率，在维护财经秩序，加强和改进管理，提高资金使用效益，促进廉政建设，推进依法治国，保障国民经济持续快速健康发展等方面发挥更大作用，为实现我省跨世纪发展目标做出应有贡献。

（一）改进审计方法，深化预算执行审计

2000 年的预算执行审计要继续坚持"先看预算，后审执行"的原则，按照"上下联动，左右一体"的方法，以真实性为基础，从银行账户入手，加大审计力度，注意发现大案要案线索，努力提高两个报告质量，力争取得新的突破。

2000 年，要继续对下级政府 1999 年度财政决算进行审计，省厅将对福州、泉州两市1999 年度财政决算进行审计，同时，将组织全省对 1999 年度财政决算真实性及下级财政负债情况开展审计调查，并开展行政性收费专项审计调查。

（二）抓住重点资金，搞好专项审计

根据审计署授权，对福泉高速公路建设项目的预算执行和竣工决算进行审计，对横南铁路及 6 个中央直属储备粮库开展竣工决算审计。同时，各级审计机关还要努力完成省定的建设项目的审计任务。根据审计署的部署，2000 年，全省将统一组织对省工商行政管理系统的财务收支审计，并对福州、厦门两市环保部门 1998、1999 年排污费的征收、管理和使用情况进行审计。另外，省厅还将统一组织对 1999 年度养老保险基金征收、支付和管理情况进行审计，组织对 83 个人事部门管理的社保机构和 91 个民政部门管理的社保机构社保基金进行审计。

（三）防范金融风险，加强金融审计

省厅将统一组织全省对省华兴信托投资公司及福州等七地市财政信托投资公司 1999 年度资产负债损益情况开展审计。同时，继续开展国外贷援款项目审计，及时如实反映项目执行中存在的问题，并结合审计，对各级政府和项目单位的偿债能力开展审计调查。

（四）围绕三年脱困目标，继续搞好企业审计

全省将组织对50家重点企业、6家医药生产或流通企业及3家医院、部分外贸企业和境外企业开展审计，并根据省政府要求，组织对福建武夷集团和省建工集团进行审计。各地在完成署省定项目的同时，在力量许可的情况下，可以结合当地实际和领导交办的，适当安排其他企业的审计。通过审计企业财务收支的真实性，摸清企业家底，检查企业资产质量，确保企业会计信息真实、可靠，防止企业改制过程中出现新的国有资产流失或逃废银行债务问题，以及私设"小金库"、营私舞弊等行为，为深化国有企业改革，促进加强内部管理，提高经济效益，实现三年脱困目标服务。

（五）从讲政治高度认真搞好经济责任审计

各级审计机关必须认真学习和深刻领会十五届四中全会精神，从讲政治的高度增强贯彻执行中办、国办两个暂行规定的自觉性，扎扎实实地搞好经济责任审计工作。要积极主动地向当地党委政府请示汇报，妥善解决好经济责任审计中遇到的困难和问题，在党委政府的领导和支持下，尽快建立必要的工作联系制度，正确处理好与有关部门的工作关系，严格把握政策界限，既要依法履行审计职责，又要做到不越权、不越位。要集中力量，突出重点，着重抓好对"一把手"的任期经济责任审计。

此外，2000年还要继续开展社会审计组织执业质量的检查，认真完成党政领导交办的审计事项和有关部门提出的协办事项。

三、关于做好2000年审计工作的几点要求

（一）全面领会和贯彻总理指示，加大审计执法力度

1998年底，朱总理做出了审计机关要全面审计，突出重点，注重发现大案要案线索和执法必严、违法必究的重要指示。2000年，朱总理在听取审计署的工作汇报时，再次重申要继续坚持全面审计，突出重点，依法严肃查处重大违法违纪问题和经济案件，特别强调一定要集中力量，重点突破，一查到底，严肃处理，才能引起震动，取得比较好的效果。总理的上述指示具有重要的现实意义和极强的针对性。各级审计机关一定要统一思想，全面领会、坚决贯彻总理的指示精神，从维护法律尊严的高度加强审计监督，自觉增强案件意识，加大审计执法力度，进一步集中力量，加强对重点领域、重点部门和重点资金的审计监督，重点查处重大违法违纪问题和经济案件。

（二）认真落实习省长要求，圆满完成各项审计任务

习近平省长在省厅调研工作时，要求我省审计机关一定要坚决贯彻总理指示和全国审计工作会议精神，坚持全面审计，突出重点，加大力度，严格执法。要发挥审计的预见性作用，重要的是防微杜渐，防患于未然。审计部门要钻研法律法规，当好政府和省领导的法律顾问和参谋助手，特别是对财政金融等领域的工作，要向政府多提建议，增强政府的预见性。要严格执行总理指示，从严治理审计队伍。同意审计经费全部由政府财政保证的办法，先从省级开始，逐步向市县推开。地方各级政府要重视加强对审计工作的领导和支

持。习省长还肯定了 2000 年全省审计项目计划，并要求重点加强对地方非银行金融机构、境外企业和重点建设项目等领域的审计监督，认真搞好经济责任审计、行政性收费情况调查和政府负债情况调查，建立政府负债情况预警系统。

各地要把国务院和省领导指示精神贯彻落实到全年审计工作中去，科学安排年度工作，精心组织，圆满完成各项审计任务，为我省经济建设和社会发展做出更大贡献。

（三）巩固"三讲"教育成果，大力加强审计队伍建设

要巩固和发展"三讲"教育成果，进一步加强党员干部队伍建设和领导班子建设。要认真按照中央关于加强和改进思想政治工作若干意见的要求，切实加强审计队伍的政治建设。要加大干部培训力度，有重点地开展各种培训。要尽快在审计系统培养一批高素质的审计专家。

要坚决贯彻朱总理关于从严治理审计队伍，严格审计纪律的指示精神，以审计组廉政建设为重点，认真落实党风廉政建设责任制。省领导十分重视和支持这项工作，同意在省厅首先实行审计经费全部由政府财政负担的办法，以此推动地县审计机关这项工作的开展。实行这一办法以后，各级审计机关要严格执行审计署下发的审计人员"八不准"规定，不得与被审计单位发生任何经济福利关系。

（四）加强审计法制建设，促进审计工作规范化

各级审计机关重视审计法制建设，认真做好建立和完善审计法规体系，加强审计执法检查、审计行政复议和诉讼、审计法制宣传教育等各方面工作，教育广大审计人员自觉树立法制意识和风险意识，严格审计执法。认真执行中国审计规范，依法规范审计行为。省厅将于上半年开展整章建制工作，各地也要适时开展这项工作，把审计法制建设落到实处。

（五）加强审计技术基础建设，促进审计工作现代化

各级审计机关要从技术创新，实现审计工作现代化和加强审计技术基础建设的认识入手，把审计信息化系统建设特别是计算机审计的开发运用提上重要的议事日程，紧跟形势，制定目标，采取措施，狠抓落实，努力实现审计工作现代化，不断提高审计质量和效率，降低审计成本。还要重视审计档案管理，注重积累审计资料。同时，要重视和加强审计科研工作，用先进的理论和成功的经验指导审计实践。

严谨细致　强化责任
努力把审计工作提高到一个新水平
——厅长俞传尧在全省审计工作会议上的讲话（摘要）
（2005 年 2 月 27 日）

一、认真学习贯彻全国审计工作会议精神

（一）温家宝总理在听取审计工作汇报时讲话的主要精神

温总理首先充分肯定了去年审计工作。总理说，2004 年审计署和地方各级审计机关，

在预算执行审计、金融审计、专项审计和审计调查、国有及国有控股企业审计以及推进审计公告制度等方面都做了大量工作，取得了显著成绩，审计工作迈出了新的步伐。各部门和各单位对审计发现的问题，采取了积极措施，通过建章立制，堵塞漏洞，切实加强管理。这对于推进依法行政，维护国家和群众利益，促进廉政建设发挥了积极作用。

对今后一段时间的审计工作，总理从更高的层次提出了希望和要求。总理指出，2005年，审计工作面临的任务更为繁重。审计部门要认真贯彻党的十六大和十六届四中全会精神，切实履行宪法和法律赋予的神圣职责，积极探索和完善审计工作的方式、方法，健全规章制度，不断提高审计工作的质量和能力，使审计工作更好地为经济建设和社会发展服务，为党和政府工作的大局服务。总理提出了三条要求。

第一，坚持原则，依法审计。总理说，这是对审计工作的最基本要求。认真履行职责，不徇私情，是做好审计工作的根本。审计部门和审计工作者要以对国家和人民高度负责的精神，敢于坚持原则，敢于碰硬，不怕得罪人，坚决维护国家法律、法规和规章制度的权威性、严肃性，坚决查处各种违法乱纪行为。

第二，实事求是，注重效果。审计工作必须坚持实事求是，做到严谨细致、客观公正。对于审计查出的问题，要反复核对事实，允许被审计单位申诉，善于听取不同意见，对的就坚持，有出入的就据实修正。审计工作必须注重效果，推进体制改革和制度建设。现在发现的很多问题，固然和人有关，但是制度本身更带有根本性，比如权力过分集中，政企不分，财务管理混乱，缺乏监督制约等问题，虽然这些问题经过改革有所改进，但仍未从根本上解决。审计工作最重要的目的，就是通过审计，发现问题，纠正错误，改进工作，特别是通过深化改革和制度建设，提高政府部门依法行政水平和企业的经营管理水平。

第三，加强自身建设，改进审计手段。要加强审计机构和审计队伍的自身建设，严格遵守审计工作纪律和各项廉政规定，认真落实各项工作责任制，切实保证审计工作质量。要加强审计法制化、规范化和制度化建设。国务院已经确定，将修改审计法列入2005年的立法计划。这是加强审计工作的重要法制保障。保障审计工作的质量，保障审计工作的严肃性和权威性，根本靠什么？靠法制，靠制度，靠规范化的审计手段。因此，加强审计法制化、规范化和制度化建设，是审计部门自身建设的重要任务。我们这支审计队伍是好的，严格要求，廉洁自律，一丝不苟，严肃执法。随着审计工作的加强，审计队伍还会不断地发展和壮大。加强审计队伍的教育和管理，应该作为审计部门的一项重要工作。要加大金审工程的实施力度，提高审计管理的信息化水平和计算机辅助审计水平，使审计工作逐步实现由传统审计方式向现代审计方式的转变。

对于2005年的工作安排，总理说，原则上同意汇报中提出的关于今年审计工作的重点。一是继续加强对中央部门的预算执行审计，促进依法行政；二是加强对重大投资项目的审计，促进提高财政资金使用效益，完善投资管理体制；三是强化专项资金审计和审计调查，关注影响群众切身利益的突出问题，促进社会和谐稳定发展；四是深化金融和企业审计，揭露新形势下的经济犯罪和国有资产流失问题，促进国有资产保值增值；五是进一步规范和推进经济责任审计，促进领导干部依法履行职责。

总理最后说，新的一年，政府的各项工作任务非常繁重，如何保持经济的平稳较快发展，如何进一步推进改革开放、完善社会主义市场经济体制，如何推进建设和谐社会、保持社会稳定，这是今年工作中几项非常重大的任务。审计工作一定要和重大任务、中心工作紧密结合，更好地为党和政府工作的大局服务，促进各项工作的顺利健康发展。

(二) 李金华审计长报告主要内容

李金华审计长的报告说，2004 年，审计工作取得了明显成效，全国共审计 9.5 万个单位，查出各类违规问题金额 2636 亿元，经过处理，可增加财政收入 245 亿元，减少财政支出 8.8 亿元，已向纪检司法机关移送各类违法犯罪线索 1165 件。2004 年的审计工作较之往年，具有三个特点：一是进一步贯彻"二十字"方针，审计重点更加突出；二是积极推行审计结果公告制度，逐步把审计监督和群众监督、舆论监督结合起来，公开透明度强；三是审计发现问题的整改结果为历年最好，审计监督效果更加明显。

总的看，2004 年的审计工作之所以取得比较好的效果，主要有四个方面的原因：一是党中央、国务院全面推进依法治国、依法行政，整个社会的法治氛围进一步增强，为审计工作创造了良好的法治环境。二是国务院和地方各级党政领导对审计机关充分信任，对审计工作高度重视。三是贯彻五年发展规划，审计工作思路明确。四是各级审计机关坚持求真务实、开拓创新，较好地履行了法定职责。

李金华审计长在报告中对今年的审计工作提出了明确要求：一是围绕推进依法行政，继续加大对政府部门预算执行的审计力度，促进规范财政财务管理。二是围绕加强宏观调控，进一步加强重大投资项目审计，促进完善投资管理体制，提高投资效益。三是围绕防范金融风险，进一步加强对金融机构的资产负债损益审计，促进强化金融监管。四是围绕维护群众切身利益，强化专项资金审计和审计调查，促进社会和谐稳定发展。五是围绕深化经济体制改革，加强国有企业审计，促进建立现代企业制度。六是围绕加强和完善领导干部监督机制，进一步加强经济责任审计，促进依法履行职责。

李审计长最后强调，全面完成 2005 年审计任务，推动审计工作在新形势下加快发展，要着重抓好四个方面：一是全面贯彻科学发展观，牢固树立围绕中心、服务大局的指导思想。二是继续坚持"全面审计、突出重点"的方针，把"突出重点"贯彻到审计工作的全过程。三是坚持依法审计，积极推行审计结果公告制度。四是进一步加强"人、法、技"建设，为审计事业持续发展打下坚实基础。

会议由令狐安副审计长做了总结。他对如何贯彻落实会议精神提出了要求。一是要认真学习总理指示精神，充分认识树立严谨细致的工作作风、提高审计工作质量的重要意义。认真分析本地区本单位的审计工作情况，对照审计工作规范和审计质量控制 100 条，深入查找工作中在严谨细致、审计质量方面存在的问题，并从实际出发，通过采取措施，集中解决重点问题和带有普遍性的问题，切实改进工作。二是要认真组织开展"严谨细致，提高质量"年活动。这是署党组在认真分析当前审计工作情况的基础上提出的新要求。各地区、各单位一定要高度重视，认真抓好，保证效果，不走过场，不流于形式。三是要加强审计工作的规范化建设，把严谨细致贯彻到审计工作全过程，切实提高审计质量。

二、2004年我省审计工作主要成效

2004年，在省委、省政府和审计署的领导下，我省各级审计机关坚持以"三个代表"重要思想为指导，贯彻党的十六大，十六届三中、四中全会和全国审计工作会议精神，落实科学发展观，认真履行审计职责，继续坚持"全面审计、突出重点"和"两个并重"、"两个转变"的方针，围绕预算执行质量，强化预算执行审计，加大经济责任审计力度，促进政府部门依法行政和规范管理，提高资金使用效益，着重抓好审计质量控制和审计信息化建设，并取得了成果。审计工作在发挥维护国家财政经济秩序、促进廉政建设和保障国民经济健康发展等方面取得了新的成绩。我省各级审计机关共审计了3560个单位；查出违规金额70.05亿元，管理不规范金额141.92亿元，损失浪费金额1.79亿元。对审计查出问题做出处理处罚51.69亿元，其中：应上缴财政24.13亿元，已上缴财政11.75亿元；应减少财政补贴0.74亿元，已减少财政补贴0.05亿元；应归还原渠道资金6.06亿元，已归还原渠道资金1.31亿元；应调账处理金额20.76亿元，已调账8.2亿元；要求被审计单位自行纠正金额145.73亿元，已自行纠正24.38亿元；并向纪检司法机关移送各类违法犯罪线索74件，其中，福州、厦门、宁德移送各类违法犯罪线索分别超过10件。

（一）全面完成各项审计工作任务

1. 圆满完成预算执行审计任务

各级审计机关围绕预算执行质量，认真开展预算执行审计工作，在揭示问题和促进财政预算管理等方面都取得了新成效。各级人大、政府加大了支持整改的力度。省厅审计了11个预算主管部门，并对其管理的部分专项资金和有关二、三级单位进行了审计；组织全省审计机关对全省地税系统经费收支情况进行了审计。审计发现在预算收入、支出和管理方面存在影响预算执行质量的问题，针对审计发现的问题，撰写了三份专题报告专报省政府，提出加强预算管理的意见，得到了省政府的高度重视和肯定。如对省发改委的二级单位省经济信息中心进行审计，审计发现该单位为13名脱岗人员继续发放工资5.42万元，并对中心下属单位存在的违纪违法问题做出移送处理。黄省长对省厅报送关于省经济信息中心的专题报告做出了重要批示，要求有关部门要严肃处理。省人大常委会委员在审议工作报告时，也普遍认为预算执行审计每年都有提高和改进，在促进依法行政、提高理财水平方面发挥了积极作用。莆田市局认真总结连续两年开展"部门决算草案审签"的经验，通过抓本级带动县区审计局开展此项工作；宁德市局按照"突破盲区、关注特区、重视难区"的要求，在科学确立项目、完善审计方式方法和提高分析质量等方面进行了有益的探索和创新，并取得了成效；古田县局反映农业专项资金存在问题的信息得到了刘德章和陈芸副省长的批示；厦门市局向市政府提出了"管好用好部门单位结余资金，试编复式预算，控制政府债务"等建议，得到市政府的高度评价；漳州市人大对审计工作报告专门做出审议决定，要求市政府落实整改；三明市局进一步摸清了市、县两级财政综合预算的状况，市政府张健市长主持召开市长办公会议听取汇报，要求各位副市长召集相关部门，研究整改；晋江市政府根据该市人大常委会的审议意见，专门发文通报了审计发现的问题，提出了加强财政财务管理的要求；龙岩市局反映的影响资金使用效益的一些问题，引起市政府领导重视并做出重要批示，市财政局立即组织力量整改。

2. 注重社保资金审计

根据省人大《关于加强社会保障监督的决定》，省厅对省级社会保障资金进行审计，揭示了省级各项社会保障资金的筹集、管理、使用及安全方面存在的问题，查清了省级社会保障资金规模、收支结余情况以及管理现状，对审计发现的问题进行分析并提出建议，及时向省政府和省人大提交了专项报告。三明市局对城镇职工基本医疗保险基金等4种专项资金试行了效益审计；福州市局针对发现的深层次、带有倾向性的问题，提出了有关保值增值以及积极探讨社保基金"五保合一"的办法等建议。

3. 有效开展了全省国有土地出让金审计

全省整合力量对9个设区的市本级和17个县（市）2002—2003年国有土地出让金进行审计，发现在土地出让行为和出让金管理使用中存在违规减免缓征、欠缴出让金，违规出让划拨土地，违规协议出让，出让金流失，征收主体混乱，坐收坐支严重，以及违规使用出让金和收储资金，农民利益受到损害等问题。省政府高度重视审计发现的问题，责成有关部门采取措施，认真整改；有的设区市政府在审计期间采纳审计意见积极整改，如福州、泉州两市在审计期间收回欠缴出让金5亿元。出让金审计为规范我省土地市场，促进土地出让行为的进一步规范起到了重要的作用。

4. 继续积极稳妥地开展领导干部任期经济责任审计

各级审计机关以财政财务收支为主线，紧扣领导干部的任期经济责任，通过对财政财务收支及相关经济活动的真实、合法、效益性和遵守财经纪律情况的审计，查出财政财务收支及国有资产管理中存在的主要问题，并在审计中积极探索经济责任审计与预算执行情况审计、财务收支审计等相结合的审计模式；加强了经济责任审计的制度建设，充分发挥了联席会议的作用。2004年，省厅组织完成了13位县（市、区）长任期经济责任审计，发现了县（市、区）长存在依法理财观念不强，执行国家财政、经济政策不够到位，以及政府负债、财政赤字、挪用省级专项资金等问题，对此黄小晶省长做出"各县审计结果应让各市市长知道，以便协助整改"的重要批示。漳州市局查出应由领导干部负主管责任的违规金额6135万元，并将经济责任审计结果向市人大常委会做了汇报，得到了充分的肯定。安溪县把经济责任审计列为当年党政工作重点，安排了20多项审计任务。大部分市、县审计局建立了任中审计与离任审计相结合，并以任中审计为主的工作机制。三明市局任中审计占全年经济责任审计的 57%。福安市局对县政府成员单位全面实施经济责任审计，其中任中审计占 78%。龙岩市委、市政府为了将经济责任审计工作纳入制度化、规范化的轨道，重新颁发了经济责任审计暂行办法。莆田市局为完善健全审计机构，在全市公务人员编制紧缺的情况下，积极向市委、市政府汇报，经市编委批准，全市一县四区都成立了经济责任审计局或分局。

5. 专项审计和其他审计项目顺利完成

围绕地方党委、政府的工作重点和群众普遍关注的问题积极开展专项审计。省厅开展了对福州市、漳州市财政决算的审计；开展全省 16 个征地拆迁项目补偿费审计调查、6 个省属国有企业资产质量和对外投资的审计调查、全省工商系统审计工作；实施了重点建设项目审计，核减漳诏项目建设成本 4794 万元，对被挤占挪用的建设资金，黄省长要求漳州市政府要按规定上缴；开展了福利彩票公益金和住房公积金审计工作；完成了京福高速公路南平段 NA4 合同段高边坡等交办任务和举报件的审计，这些都取得了较好的效果。

厦门市局加强对"同发展，共富裕"项目经济效益等社会关注的热点问题的审计和调查；对 20 个部门公车使用及费用开支情况进行专项审计调查，此次调查引起了市领导重视，市五套班子秘书长、办公厅主任专门召开联席会议，提出了在全市范围内开展公车清理整顿、修改有关车辆管理制度等四点贯彻意见。南平市局以发展为第一要务，围绕市委市政府"突出工业、突破工业"以及为"三农"工作服务的工作思路，安排和部署审计工作，并开展农村税费改革等涉农的专项审计调查。龙岩市局逐步提高审计调查比例，开展对市直部分行政事业单位公有房地产占有和使用效益情况进行了审计调查，提出加快建立国有资产经营预算制度的建议。

6. 认真完成署定项目

省厅组织全省审计机关开展了国外贷援款项目审计，通过审计揭露了国外贷援款项目执行过程中存在的违反国家法规、贷款协议和内控制度不健全等问题，督促有关项目执行单位严格遵守项目协议。龙岩市局针对世行贷款项目物资采购存在问题逐级向上反映，黄小晶省长做了重要批示，市政府领导要求有关部门认真进行整改。省厅根据审计署年度项目计划的安排，配合审计署完成了对福建四大金融资产管理公司的审计，取得了成效，学到了经验。省厅参与的电力行业审计项目被评为全国优秀审计项目。

（二）"人、法、技"建设取得新进展

审计队伍建设进一步加强。根据以人为本的理念，省厅认真贯彻全国人才会议及审计署和全省人才工作会议精神，紧紧围绕干部人事工作重点，强化培训，提高人员素质，服务审计中心工作。2004 年共举办各类培训班 10 期，培训审计业务干部 1000 余人次，班次和培训人数均比上一年度翻了一番，特别是计算机骨干班和提高班收到良好的效果，获得一致的好评；还首次举办了赴国外培训班，开阔了视野；举办 55 期法规库软件应用培训班，省、市、县 95 个审计机关 1712 人次参加了培训，另有 500 人在就地安装注册法规库软件时也得到训练，从而使该软件在全省得到了迅速普及应用。组织全省审计机关先进事迹宣讲团，在9个设区市审计机关进行巡回宣讲活动，弘扬审计精神，讴歌审计事业，宣传和扩大了审计影响。

审计法制建设继续强化。各级审计机关高度重视审计法制建设，贯彻《审计项目质量控制办法》，落实责任制，加强审计复核和重大审计事项审理工作。省厅建立了责任机制和监督检查机制，规范审计项目质量检查与审计业务审理活动，继续开展全省优秀审计项目评选。省厅、各设区市和部分县、区审计局都开展了审计日记的试点工作，为2005年全面推广《审计项目质量控制办法》奠定了基础。将乐县局推行"审计项目限时办结制"，设置了21个环节，每个环节的责任人既相互衔接又相互制约，对提高工作效率起到了积极的作用；南安市局通过电视将防治"非典"专项资金审计结果向社会进行了公告；晋江市局通过广播电台将慈善资金审计结果向社会公告，促进了整改。

审计信息化建设步伐明显加快。金审工程福建配套项目（一期工程）已经实施，二期项目的前期工作已经展开。省厅提出的三大体系建设已取得实质性进展，四个数据库建设已基本完成，有效地提高工作效率。审计法规数据库建设已于2004年6月制作出新版本提交全省审计机关使用。审计项目管理数据库已投入使用，完成了2002年所有审计业务电子文档的录入工作。审计举报管理数据已具备对外24小时接收群众电话录音，进入举报管理的先进行列。审计人才数据库目前已进入调试阶段，预计2005年上半年投入运行。厅机关办公自动化系统得到推广，已完全取代了以前的邮件系统，提高了公文的流转效率和省厅信息化水平。审计辅助软件得到了推广应用，2004年在漳州召开的全省审计座谈会上，厦门市局、南平市局、永春县局及省厅金融处、农保处、文体广电处对运用计算机辅助审计首次进行了演示汇报。土地出让金审计项目，运用了农保处、金融处与计算机中心开发的实用性、针对性比较强的工具包软件，大大提高了审计效率。厦门市局运用数据库管理软件对部门预算编制的真实和合法性进行审计，抽查市财政局批复的实行工资统发的272个部门和单位的年度预算，发现共有56个部门、单位存在多报人数、超定额标准的现象，造成多列预算支出905万元。在全省县级审计机关推荐试用永春县审计局开发的现场审计作业软件，为普及计算机知识和应用审计管理系统软件做了积极的探索。开展了全省审计专用网建设试点，省厅圆满完成了厅内各处室单位和各派出处的VPN联网工作，实现了省厅远程宽带联网。省厅和各设区市的远程宽带联网也在积极组织试点，2004年11月份依托数字福建政务网，莆田市审计局第一个实现了与省厅的宽带连接，这标志着我省审计广域网建设迈出可喜的一步。

（三）党建和反腐倡廉工作取得新成效

各级审计机关按照"围绕审计抓党建，抓好党建促审计"的工作思路，加强和改善审计机关党的建设，涌现了一批先进单位和先进个人，审计队伍的政治业务素质有了新的提高。省厅继续围绕审计，服务发展，以争创第四轮党建工作先进单位和省级文明单位为目标，以创建"学习型机关"、"五个好"党支部和"四优"文明处室为重点，扎扎实实抓好各项工作的落实，取得了明显的效果。许多市、县审计机关都被当地党委、政府评为先进单位。省厅通过届中考核，继续保持"省级文明单位"荣誉称号；莆田市实现了市、县、区审计局全部获得"文明建设先进单位"的大好局面；惠安县局连续五年被县委、县政府评为"文明单位"。

反腐倡廉工作进一步加强。各级审计机关把廉政建设作为审计工作的生命线，以构筑思想道德和党纪国法"两道防线"为根本目的，坚持用先进典型引导人，用反面案例警示人，使审计人员的廉政意识不断提高；强化监督制约机制，进一步加大了规范和约束审计权力的力度，加强机关内部管理和监督，有效地防范了各种不良风气和腐败现象的发生，促进了审计工作的健康发展。各级审计机关建立健全各项廉政责任制度，落实一把手责任，坚持廉政工作与审计业务工作一起部署，一起落实，一起检查，收到了良好效果。

其他工作也都取得了可喜成绩。2004年，省厅举办隆重而简朴的庆祝我省审计机关成立二十周年纪念活动，拍摄《昂首阔步一路歌》电视专题片、出版《福建审计二十年》等活动都取得了令人满意的成效。各设区市也相继开展了纪念活动，南平市局拍摄了《启航》电视专题片。审计科研工作取得新进展，完成了"审计人才队伍建设"、"效益审计"等多项课题的研究工作；恢复福建审计学会中青年研究组。省厅进一步规范效能建设、督查工作程序和督查内容，围绕厅机关重要工作部署和年度工作计划以及领导批示、交办的事项，抓好贯彻落实工作，实事求是地做好每月督查事项落实情况的通报，促进了机关改进工作作风、提高效率。

2004年的审计工作突出体现了以下几个特点。

一是各级党政领导高度重视审计工作。各级党政领导对审计机关充分信任，十分支持和关注审计工作，为审计机关依法履行职责提供了强有力保障。省委、省政府领导多次听取审计工作汇报情况，对审计信息、报告、分析做出批示43件。福州、南平市委、市政府组织市直各委、办、局领导和县、区党政领导，听取了审计厅领导关于审计财经知识讲座，有关市主要领导要求各单位更加重视支持审计工作，自觉接受审计监督。平潭县人民政府召开常务会议讨论研究县电力公司对县审计局提起的行政复议，最终做出了维护审计决定的结论，引起了平潭县各部门各单位强烈反响，有力地维护了审计的权威性。在审计机关成立20周年庆典之际，省委、省政府领导和当地党委、政府领导都亲临祝贺，充分肯定了20年的成效，极大激发了广大审计干部的积极性和为审计事业奉献的精神。

二是树立全局观念和全省一盘棋的协作精神，加大了整合审计资源的力度。各级审计机关以大局为重，加大整合审计资源的力度，相互支持配合，如土地出让金审计整合了11个业务处和事业单位40多位同志，组织9个设区市局的力量；县（市、区）长任期经济责任审计工作，整合了11个业务处50多位同志并组织全省9个设区市局的力量，确保了审计任务的圆满完成，扩大了审计影响；地税系统经费和工商系统行业审计组织了全省审计机关实施审计；国外援贷款项目审计继续以"上下联合"方式展开，都取得了比较好的效果。

三是后续审计力度加大，审计决定执行情况历年最好。通过几年来各级领导的重视和审计环境的改善以及宣传力度的增强，审计决定的落实情况不断好转。省厅不断提高后续审计的及时性，对2004年"同级审"项目审计决定落实情况进行跟踪检查，绝大部分被审计单位都能认真执行审计做出的处理决定，采纳审计提出的整改意见和建议，已解缴各项资金1.89亿元，占应上缴各项财政资金的99％。莆田市局把审计时效、后续审计与绩效考评有机结合起来，加强与市委反腐办、市纪委、监察局和财政局的沟通联系，将2003年度审计决定执行不到位的6个单位，由市监察局下达"监察通知书"，直接通知有关欠缴单位上缴财政专户，从而实现了连续三年审计决定执行率达100％。宁德市局去年审计决定上缴财政是历来最多的一年。龙岩市局将审计处理结果跟踪落实纳入审计组长考核内容，并每月进行通报，还采取局领导带头进行回访，促进审计结果进一步落实，审计处理结果落实率97％，比以前年度有显著提高。

在看到取得成绩的同时，我们也要看到存在的差距，主要有：审计质量意识不够强、不到位，在2004年推荐出来的优秀项目评选中，就发现了许多审计基础工作存在薄弱环节；有些同志对计算机审计的紧迫性认识不够，不但计算机应用水平不高，而且对学习也不重视；少数同志对廉政建设认识模糊、盲目乐观，在管理监督方面还存在漏洞，一般的违纪违规问题仍时有发生，损害了审计形象。这些问题要在今后工作中认真研究解决。

三、2005年审计工作的指导思想和主要任务

2005年全省审计工作的总体要求是：以"三个代表"重要思想为指导，贯彻落实党的十六大、十六届三中、四中全会和全国审计工作会议精神，坚持科学发展观，围绕提高执政能力，认真履行审计职责，以《福建省审计厅关于贯彻落实〈审计署2003—2007年审计工作发展规划〉的实施意见》为行动指南，科学立项，加强管理，不断创新，全面推进各项审计工作，为实现省委提出的努力建设对外开放、协调发展、全面繁荣的海峡西岸经济区服务。

（一）确保全面完成署定项目

审计署授权我省组织对6个世亚行贷款项目和国外援款项目的130个项目执行单位进行审计和对福州、厦门的城市失业保险基金专项审计调查，世亚行贷款各设区市都有项目，城市失业保险基金主要是对福州、厦门进行审计调查。审计署驻广州特派办将对我省的高等级公路建设项目进行审计；驻南京特派办将对福州市的社会审计组织业务质量进行检查。审计署还将组织我省对中国农业银行福建省分行进行审计。各级审计机关在认真完成审计署布置的审计任务的同时，要积极做好有关协调配合工作。

（二）突出重点，保质保量完成2005年审计任务

1.重点抓好财政审计

（1）继续搞好预算执行和决算审计。预算执行审计是审计机关的基本职责，是国家审

计的永恒主题。2005 年，预算执行审计仍然要继续贯彻"深化一级、强化二级"的方针，重点检查预算、决算编制的真实性和完整性。经过 9 年的"同级审"，一级预算单位的违规违纪问题已经得到有效遏制，但二、三级预算单位在管理上还存在着较多问题，加强对二、三级单位和专项资金的监督检查是预算执行审计向纵深发展的必然要求。2005 年，省级预算执行审计安排对财政厅、发改委、交通厅等 16 个部门进行审计，延伸部门所属的 38 个二、三级单位，并选择对城市失业保险基金、社会公用事业项目、耕地开发专项资金等 33 类专项资金进行延伸审计，每类资金延伸 10～20 个县、区。希望各级审计机关要积极支持、配合省厅完成任务。各级审计机关在强化本级支出审计的同时，要进一步加大对二、三级单位和专项资金的审计力度，深入揭露资金分配不规范，拨付不及时，使用不合规和脱离监督等方面的问题，继续推动预算执行审计工作向纵深发展。

省厅还将对龙岩市、泉州市进行财政决算审计，促进整改，规范管理和有效提高依法理财水平。

（2）强化投资审计力度。投资审计是审计署提出的今后审计工作的一个重点内容。随着我省建设海峡西岸经济区战略的实施，各级政府对基础设施投入的力度不断增强，投资审计任务将越来越重，投资审计的作用将十分明显，直接可以为政府节省投资，提高投资效益。我们要克服审计任务重和审计力量不足的矛盾，可以借鉴泉州、宁德、南平市局的做法，成立专司投资项目审计的机构，探索投资审计的新路子，加大投资审计力度，积极开展对财政投资项目的竣工决算和结算审计工作，同时在实践中积极探索效益审计的路子。2005 年，省厅将对水口水电站枢纽工程、罗长高速公路、福宁高速公路以及罗宁高速公路尾工工程进行竣工决算审计；开展南平纸厂技改项目效益审计，将此项目作为独立的审计类型编制完整的效益审计方案，争取为今后总结经验、推广效益审计工作打下基础。各级审计机关要结合本地实际，按照各级政府的要求，积极做好固定资产投资审计工作。

（3）继续开展行业审计。根据省厅的五年规划，今后每年都要对全省垂直管理的 5 大行业安排一个行业进行审计。2005 年，组织对全省质量技术监督局系统进行审计，反映垂直管理后质量技术监督局系统的现状和存在的问题。省质量技术监督局和垂直管理的泉州市局由省厅直接审计，其余授权各设区市开展审计。

此外，2005 年省厅还安排农业综合开发资金专项审计，对除厦门市外的 8 个设区市的 45 个县、区，授权各级审计机关开展审计。通过审计，了解资金的管理使用情况，满足财政部的抽查工作，促进农业综合开发项目的顺利验收。

2. 积极拓展金融审计

金融审计重点是防范金融风险，防止国有资产流失，促进规范金融监管。省厅将完成对兴业证券的审计调查，对兴业银行济南分行的审计；对世行贷款红壤二期进行效益审计，该项目涉及三明、漳州、宁德、龙岩、南平 5 个地区。各级审计机关也要积极加强对本地的商业银行、信用社等地方金融机构的审计监督，不断探索地方金融审计的新路子。

3. 加强企业审计

企业审计要围绕深化国有企业改革，以资产质量审计为重点，揭露对外投资、关联交易等方面资产不实和经营成果弄虚作假问题。要抓住企业改组、改制过程中企业资产变动、股权变动等情况，加强审计监督，揭示、纠正决策失误，管理不善，导致国有资产流失的问题，严肃查处内外勾结，弄虚作假，侵占国有资产的行为，促进建立现代企业制度。同时探索企业审计与企业领导干部经济责任审计、审计调查相结合的模式。2005年，省厅将对省轻纺、煤炭、船舶、汽车、电子信息（集团）、中旅集团等9家授权经营的国有企业进行审计调查。各地也要结合实际，组织安排好本地区的企业审计工作。

4. 深化经济责任审计

当前和今后一个时期，经济责任审计都将是各级审计机关的一项主要工作，我们要继续贯彻落实去年召开的全国经济责任审计工作会议精神，认真总结经验，进一步研究改进和深化具体措施，在规范和提高上下功夫，在探索中稳步推进。2005年，省厅将召开专题会，具体研究经济责任审计工作。受省委组织部委托，省厅今年将组织完成对16位县（市、区）长和8位厅局长的经济责任审计。省厅直接审计7位县（市、区）长和8位厅局长，9个设区市局各交叉完成一位县（市、区）长的审计任务，要求分别由一位局领导担任审计组长，省厅将派出联络员协调工作。此项工作除省厅的个别处室外，统一要求5月中旬起开展审计，6月底实施结束，7月上旬务必全面完成。各地要确保审计力量的安排，高质量完成省委组织部交办的审计任务。

四、严谨细致，强化责任，努力把审计工作提高到一个新水平

2005年，省厅党组决定在全省审计系统开展以"严谨细致、强化责任、提高质量"为主题的审计质量年活动，以进一步提升审计质量为突破口，带动面上的工作，努力把审计工作提高到一个新水平。

（一）以开展保持共产党员先进性教育活动为契机，进一步提高共产党员素质，加强依法审计能力的建设

开展保持共产党员先进性教育活动，是党的十六大做出的重大部署，是实现全面建设小康社会和推进海峡西岸经济区的战略需要。各级审计机关党组织、全体共产党员和广大审计干部要严格按照省委的统一部署，以饱满的政治热情和认真负责的态度，着眼于推动工作，促进发展，积极参加保持共产党员先进性教育活动，进一步增强责任感、紧迫感，提高共产党员政治、业务素质，提高依法审计的能力。全省审计系统的共产党员、领导干部要在审计质量年活动中起表率作用，带头落实责任，带头转变工作作风，切实提高审计工作质量。

（二）认真贯彻"严谨细致，强化责任，提高质量"年实施意见

近几年，随着新的形势发展，审计结果公告制度的逐步实行，对审计质量提出了新的更高的要求。李金华审计长在报告中指出，审计事实必须做到100%准确，不能有任何"疏

漏和不当"。从这几年在对全省优秀项目评选、设区市审计项目质量检查和省厅审计项目考评情况反映，部分审计项目仍然存在一些不容忽视的问题。这些问题都是实实在在的审计风险，一旦风险成为现实，将对审计机关的工作威信造成极大的影响。所以，我们一定要树立严谨细致的工作作风、提高审计质量，这对于推动审计事业的发展至关重要。省厅提出的实施意见主要是围绕着"以审计项目为基本管理单元，以落实个人责任为前提，以更高的要求，更具体的措施，更强的责任来构筑审计质量"这一主线。各级审计机关要切实重视这项工作，一把手要亲自抓，并确保抓好、抓实，不流于形式，不走过场，要取得实实在在的成效。开展这项活动的主要措施。

1. 全面推行审计日记制度

审计日记是审计过程活动的真实记录，是分清审计责任，防范审计风险所必不可少的记载，而且还是解脱或追究责任的重要依据。今年，对省厅统一组织的审计项目和省厅审计项目全面推行审计日记制度，将审计日记列入厅机关审计人员年度绩效考核的基础资料。各级审计机关都要加大审计日记的推行力度，促进树立严谨细致工作作风，深究细查，揭露问题，提高审计人员的案件意识；培养审计人员职业敏感性和专业判断能力，进一步提高审计干部的业务水平。

2. 强化审计组长责任

审计责任的落实是审计项目质量控制的核心，没有责任就没有质量。要解决审计质量不高的问题，主要是解决审计组长责任的落实。必须建立权责利对称的审计组长责任制，突出审计组长在审计现场作业的管理与控制责任，以充分发挥审计组长的作用，切实加强审计项目质量实施过程的控制。要以审计组长责任制的落实，带动审计人员对所分派任务工作质量第一环节责任的落实，带动全员责任制的落实。省厅已经初步研究拟定了《审计组长责任制》，将正式印发供各地参考。

3. 严格实行审计报告审理制度，健全和完善审计复核制度，实行单项审计项目综合报告制度

要进一步完善审计报告审核、审理程序，完善制衡有效的审计风险防范机制和审计内控制度，严格实行三级复核制度或交叉复核办法；着手研究制订审计公告规范管理办法，统一公告格式，适应审计公告规范化需要，这是提升审计质量的有效措施。省厅从 2005 年起，对每项审计项目完成后，都要按审计公告的程序、形式和内容要求，实行单项审计项目综合报告制度，为全面实行审计结果公告打好基础；并要坚持所有审计项目经过小型审理会或重大业务审理会研究讨论，以确保审计事实确切、定性准确、客观公正、依法得到处理。省厅和各设区市审计局都要逐步推行审计结果公告，积极探索审计结果公告的具体形式和方法，促使审计结果公告走上规范化、制度化的轨道。

4. 健全完善审计质量检查监督

随着审计成果的公开化和人们法治意识的日益增强，社会各界对审计质量提出了更高

的要求。但是，目前有的审计机关质量控制的监督机制还不健全，因此，为确保质量，各级审计机关应按照审计项目质量控制办法的要求，修订审计执法责任制度和过错责任追究制度，并要做到方便操作，明确责任评估与追究，严肃调查质量事故责任。

5. 完善全省优秀审计项目评选办法

加强检查、考核，强化质量监督，继续将贯彻国家审计准则和各项质量管理与控制制度的执行情况作为审计项目评选和考评的主要内容，促进"严谨细致、强化责任、提高质量"年的活动落实到具体的人和事，并制定相应的奖惩措施，促进各项制度的落实，促进工作创新，促进提高审计成效。

6. 建立健全审计工作情况报告制度

从 2005 年开始，各设区市审计局在每季度终后 7 日内，要及时向省厅报送审计工作综合情况；厅机关各业务处、各派出审计处在每半年终后 5 日内，向省厅办公室报送工作情况，重要情况要随时上报；各单位必须在每年的 11 月底以前，上报全年审计工作综合情况。报告的主要内容包括：审计项目进展情况、主要做法、经验和成果以及工作中存在的问题和建议，队伍建设、廉政建设、审计工作中的好经验好做法，以及各级党政领导对审计工作的重要指示等情况。

（三）加强审计信息化建设，提高审计队伍综合素质和能力

一要落实"金审工程（福建）项目一期项目"的实施、监理和验收，围绕审计工作加强计算机辅助审计，加强电子政务建设，抓紧做好"金审工程（福建）项目二期工程"的申请和立项工作。2005 年，我们要在数字福建的平台上，实施"福建省审计系统专用网"建设，为实现审计系统的电子数据交换、资源共享提供快速通道保障。2005 年，先完成政务网节点已到达的市、县、区审计局联入审计专用网。项目建设经费由省厅补助和市、县自筹解决，设区市局的建设费用自筹解决。对财政转移支付的困难县，省厅对每县补助 2 万～3 万元，其他各县补助 0.5 万元。对政务网节点未到达的审计局，在调查核实的基础上列入第二批考虑。二要强力推进计算机审计。凡是全省统一组织的审计项目，省厅和具备相应条件的设区市审计局，都要运用计算机审计软件开展审计，省厅将在下月连续举办两期推广应用审计署审计现场实施软件（AO 系统）培训班，积极推广现代审计技术方法。在年内组织一次全省性的计算机审计与管理运用的演示交流。三要加大培训力度，提高审计队伍综合素质。努力造就一支以高级审计师为骨干，掌握计算机技术，业务精通、作风优良的审计专业队伍。审计科研工作应围绕质量年活动的要求，组织中青年审计人员开展专题研讨，从理论上提高认识，创新思路。围绕加强审计科学立项、审计质量控制、审计调查与效益审计的结合、审计日记的编写等方面进行研讨，注重科研成果对审计实务的指导作用。

（四）切实加强廉政、效能建设

一是加强组织领导，积极构建审计机关廉政工作体系。2005 年是贯彻落实中央颁布的《建立健全教育、制度、监督并重的惩治和预防腐败体系实施纲要》（以下简称《实施纲

要》）和审计署颁发的《关于建立健全审计机关廉政工作体系的指导意见》（以下简称《指导意见》）的第一年，各级审计机关要把构建审计机关廉政工作体系作为完善社会主义市场经济体制下审计制度的重要内容，列入重要议事日程，制订具体措施，抓好贯彻落实。纪检监察部门要积极协助党的组织和行政领导班子努力构建审计机关廉政工作体系，省厅将在适当时机组织对落实《实施纲要》和《指导意见》的检查。二是继续突出"外抓审计纪律、内抓机关管理"，促进各项制度的落实。要进一步完善审计公示制度，审计组要严格执行《关于审计组廉政责任规定》、廉政纪律情况报告、审计回访、检查通报等管理监督措施。要严格执行机关内部的各项规章制度和办事规则，实行政务公开。三是做好信访举报和查办案件工作。要认真处理群众来信来访，支持和保护领导干部敢抓敢管和审计人员履行审计监督职责的积极性。要认真研究分析审计系统发生违纪违法案件的特点和规律，改进工作方式和方法，做到警钟长鸣，教育好审计干部。四是突出关键环节，从源头上预防和治理腐败现象。五是落实党风廉政建设责任制，加强纪检监察干部队伍建设。各级领导干部要带头执行党风廉政建设责任制，纪检监察部门要加强纪检业务培训，熟悉本职业务和审计机关的相关工作，不断提高纪检监察工作能力。

开展机关效能建设是实现依法行政，确保政令畅通，深化党风廉政建设的具体要求。各级审计机关要围绕审计工作中心，从完成任务、劳动纪律、工作作风等环节上加强督查督办力度，通过抓效能建设，严格机关管理，健全监督机制，增强为审计事业服务的意识，塑造审计机关良好形象，建立办事高效、运转协调、行为规范、团结和谐的审计机关。

三、机构改革工作总结报告（摘要）

在福建省审计厅机构改革工作总结大会上的讲话（摘要）

冯声康

（2000 年 12 月 11 日）

一、机构改革的主要成果

省级党政机构改革是一项事关全局的重大改革举措，是省委、省政府确定 2000 年必须完成的一项重要工作。在全厅干部职工的共同努力下，我厅顺利完成了机构改革工作，并取得了以下主要成果。

（一）审计监督职能进一步加强

机构改革后，审计厅新增了组织开展、指导协调对党政领导干部、国有企业及国有控股企业领导人员的任期经济责任审计、审计监督社会保障资金和环境保护资金两项职能；强化了审计监督省级预算执行情况和其他财政收支，审计监督地方商业银行、非银行金融机构的资产负债损益情况，审计监督国家建设项目概（预）算执行情况和竣工决算，对社会审计组织业务工作质量检查监督等四项职能，不再承担指导和管理社会审计的职能。由此看来，我们审计的职能进一步强化，责任进一步加大，审计厅所面临的工作任务更加光荣而艰巨。

（二）调整后的处室与审计署基本对口

根据审计职能和调整后我厅的主要职责，同时考虑与审计署对口衔接，我厅"三定"规定对机关原内设处室进行了调整。将综合审计处与办公室合并，成立新的办公室。将工交商审计处（实际分工交审计处和商贸审计处运作）与中央属单位审计处合并，成立经贸审计处（同时挂"中央属单位审计处"牌子）。增设了社会保障审计处和经济责任审计处。经济责任审计处与省纪委、省委组织部、省监察厅、省人事厅、省审计厅五部门组成的福建省经济责任审计工作联席会议办公室合署办公。将部分处室进行更名，法规体系管理处更名为法制处，农林水审计处更名为农业与资源环保审计处。同时，根据新的处室设置情况，对部分职能处室的主要职责做了调整。并根据有关规定，继续设置机关党委。省纪委、省监察厅继续在我厅派驻纪检组、派驻监察室。机构改革后，我厅机关内设处室共 14 个。并增设计算机技术应用中心，为厅直属事业单位，承担原综合审计处负责的信息自动化建设任务。调整后的机关内设处室与审计署基本对口，职责更加明晰，有利于工作的开展。考虑到审计涉及面广、任务重的实际，为了加强审计监督职能，参照审计署在部分国务院部门设立派出审计局的做法，省委机构编制委员会批准我厅在部分省直部门设立 10 个派出审计处，负责所辖范围内的省直部门及其所属单位的日常审计监督工作，有利于今后审计覆盖面扩大和审计工作的拓展。

（三）切实核定审计厅人员编制

根据精减、统一、效能的机构改革原则，在这次"三定"中，我厅机关行政编制和机关事业编制核定为 94 名，加上军队转业干部专项行政编制 2 名，合计 96 名，比厅机关原行政编制 139 名减少 43 名，精减幅度为 30.94％。考虑到审计工作任务重的实际，省编委核定我厅派出审计处机关事业编制 50 名，以适应强化审计监督的需要。

（四）选拔任用了一批优秀的年轻干部

培养、选拔、任用优秀的年轻干部是我们审计事业继往开来的重要保证。按照干部"四化"方针、《党政领导干部选拔任用工作暂行条例》和中央、省委的要求，在这次干部调整配备中，党组重视选拔年轻干部，共选拔任用了 16 名 40 岁以下的年轻干部，其中 35 岁以下的 2 名。机构改革后，我厅处级领导干部队伍的平均年龄为 43 岁，比机构改革前平均年龄 46 岁降低 3 岁。在干部选拔任用中，引入竞争机制，在这次提任和转任的 23 名处级领导干部中，通过竞争上岗选任的有 12 名，占 52.2％；女干部有 7 名，占 30.4％。

（五）干部队伍结构发生了较大变化

通过定编定岗、人员分流，干部队伍的结构趋向合理。从政治面貌结构看，在厅机关定岗的 136 名干部中，中共党员 109 名，占 80.1％，基本上各处室都有三位以上中共党员。从性别结构看，男同志 84 名，女同志 52 名，男女比例为 1.6∶1。从文化素质结构看，大学本科学历以上 68 人，占 50.0%；大专学历 57 人，占 41.9%；中专学历 11 人，占 8.1%。从职称结构看，获高级专业技术职务任职资格的 8 人，占 5.9%；获中级专业技术职务任职资格的 114 人，占 83.82%。审计一线人员占厅机关人员的 69.72%。

（六）较大范围地推行了干部轮岗

结合这次机构改革，我厅对机关工作人员实行了大范围的轮岗，全厅轮岗面为 63.83%。其中，处长、副处长（含新提任的处领导）轮岗面为 72.50%；调研员、助理调研员轮岗面为 50%；处以下工作人员轮岗面为 62.35%。根据省编委会议精神，在这次机构改革中，我厅接收了原机械厅、贸易厅和省政府稽查特派办的 14 名同志到我厅工作。其中，1 人提任处长，1 人转任副处长，1 人提任副处长。此外，在机构改革中，原 22 名事业编制在机关工作的人员中，有 4 名回举报中心工作，16 位同志仍在机关帮助工作，2 位同志转计算机中心工作。厅机关有 3 位同志分流到厅属单位工作，3 位同志离岗待退，同意 2 位同志提前退休的要求。

总体看，通过机构改革，审计职能得到了增强，处室设置得到调整，审计力量得到加强，人员结构得到优化，为今后的工作打下了良好的基础。

二、机构改革的主要做法

机构改革是一项系统工作。从 2000 年 4 月 16 日召开全厅机构改革动员大会为启动的标志，我厅机构改革经动员部署、调查研究、制订方案、准备实施、实施"三定"规定、进行工作总结等主要阶段，历时 8 个月。其中，相对集中实施"三定"规定的时间为一个半月。现在回顾起来，主要做法有以下几方面。

（一）确立了机构改革的指导思想

这次机构改革开始时，正值我们厅领导班子调整。新班子刚到位，情况不熟悉。老领导陈丽群、黄朝江同志热情地介绍情况，及时给予帮助、指导。新班子成员在一起沟通情况，集思广益。有关职能处室及时提供基本资料，使我们很快了解情况，形成"三定"思路，特别是确立了机构改革的指导思想，即：坚持以邓小平理论为指导，贯彻党的十五大关于机构改革的方针原则，按照有利于依法履行审计职责，有利于充分发挥审计职能作用的要求，参照审计署的做法，调整机构设置，理顺职能关系，优化人员结构，增强机关活力，形成结构合理、管理科学、工作高效的领导体制和运行机制。这一指导思想的确立，成为我们做好机构改革工作的前提和基础，成为我们制定"三定"规定的出发点和落脚点，在机构改革全过程中发挥了重要的作用。

（二）认真做好"三定"规定的制定工作

"三定"是机构改革的中心内容，是取得实质性成效的关键所在。厅党组高度重视，着力抓了以下几个环节的工作。

1. 深入细致地调查研究和分析论证

从 4 月初至 4 月下旬，我们按照省委、省政府省级党政机关机构改革动员大会精神和有关文件的要求，根据宪法、审计法和有关法律法规赋予审计机关的职能、职责以及党的十五大关于加强执法监督的精神，结合近年来审计机关职能不断增强、职责范围不断扩大的实际情况，对我厅现有和今后将要强化和改变的职能、职责以及现有的内设机构及其职责、人员编制与工作量的矛盾、人员现状与工作要求的矛盾等进行了认真的分析研究。同时，积极与审计署以及广东、江西、浙江、山东、黑龙江等二十余个省市区审计厅联系，了解信息动态，并结合厅领导带领四个调研组到兄弟省学习取经，把机构改革情况作为学习的重要内容之一；还派人前往审计署以及先期完成机构改革工作的黑龙江等省审计厅，了解他们机构改革"三定"工作的有关情况，学习他们的成功经验，取得了大量宝贵的第一手资料。在此基础上，经过反复分析研究，提出了我厅"三定"的初步设想，为切实制定"三定"规定打下了扎实的基础。

2. 积极做好沟通协调工作

厅领导利用参加省有关会议等各种场合，宣传审计、扩大影响，取得支持。采取请进来、走出去相结合的办法，积极做好与省委编办等有关部门的事前沟通和事后协调工作。多次与省委编办领导、有关业务处进行沟通，介绍审计机构的主要职能、职责，所承担的主要工作任务，省委、省政府对审计厅的要求，审计厅内设机构、人员编制现状，审计署和兄弟省审计机关机构改革的情况等，并汇报我厅"三定"设想，还以书面报告的形式，向省委编办提交了《福建省审计厅关于"三定"工作的意见和说明》的专题报告，使职能部门了解我们的情况，支持我们搞好"三定"。在沟通协调的过程中，许多同志从今后能够依法履行职责，做好审计工作的角度，出主意、想办法，人教处从中联络信息、传递资料、汇报情况、修改文稿、督促催办等做了大量扎实细致的工作。

3. 提出切合实际的"三定"方案

在深入调研、分析论证的基础上，经广泛征求厅内各处室、单位意见，我厅提出并上报了《福建省审计厅职能配置、内设机构和人员编制规定》、《福建省审计厅关于设立派出审计机构的报告》以及《关于福建省审计厅"三定"规定的说明》、《福建省审计厅关于设立派出审计机构的具体意见》等配套补充说明文件。同时，结合我厅实际工作需要，并考虑到今后审计工作的发展趋势，提出了《福建省审计厅关于成立福建省审计厅计算机应用技术中心的报告》上报省委编办，由于报告切实、理由充分，我厅的方案与意见基本上被省领导、省委编办认可，习近平省长、黄小晶副省长还在我厅关于设立派出审计机构的报告上做了重要批示。经省有关部门研究，我厅的三份方案和报告先后予以原则通过。

（三）认真做好实施"三定"规定的各项准备工作

此次机构改革，由于我厅设立派出审计机构事宜需省委机构编制委员会另行个案研究，无法与机关内部"三定"规定同步确定，为保证机构改革工作的整体性、一致性，使机关内设机构与派出机构"三定"同步实施，因此，我厅实施"三定"规定的准备时间长，实施时间推后。

这次机构改革是改革开放以来机构变化较大、人员调整较多的一次，且任务重、要求高、难度大，必须统筹安排、充分准备、精心实施，需要全厅干部职工的正确对待和主动参与。我们在准备阶段，认真组织学习和领会"三个代表"重要思想，抓住关键环节和重点、难点问题，做过细的思想政治工作，把全厅干部职工的思想和行动统一到党中央、国务院和省委、省政府关于机构改革的部署上来。一是召开机构改革动员大会，传达省委、省政府有关机构改革的方案和文件精神，对我厅机构改革工作进行了动员部署。让干部职工了解机构改革，理解并积极参与和支持机构改革。二是组织全厅干部职工学习领会省委、省政府和有关部门编制的机构改革工作的方针、政策、制度、规定等有关文件精神、全厅机构改革动员大会精神，引导大家从机构改革是深入贯彻十五大精神，建立和完善社会主义市场经济体制的重要举措上来正确认识搞好机构改革的重要性。三是做好深入细致的思想政治工作。厅领导班子成员分工与全厅处级干部和在厅机关工作的科及科以下干部谈心，了解和掌握干部职工的思想动态，有的放矢地做好工作。四是组织并进行机关工作人员和厅属事业单位处级干部定岗、分流意愿情况摸底，请大家填报定岗志愿、分流意愿调查表，摸清干部的意愿，为实施"三定"规定做好准备。五是组织全厅干部开展民主推荐工作，推荐总审计师及各处室领导职务人选，为厅党组选拔任用领导干部打下一定的基础。六是组织三个考察组按照统一的考察方案，对全厅处级干部和厅机关任主任科员职务三年以上的干部以及拟选调到我厅工作的原机械厅、贸易厅和省政府稽查特派办人员进行考察，为厅党组选拔任用和选调干部提供依据。七是按照省委、省政府机构改革精神和有关文件要求，结合我厅实际情况，在认真研究分析并广泛征求意见的基础上，数易其稿，先后制定了《福建省审计厅机关人员定编定岗实施方案》（闽审人〔2000〕187号）、《福建省审计厅机关部分处级领导职位竞争上岗实施方案》（闽审人〔2000〕211号）等实施"三定"规定的文件以及相应的配套措施和工作程序。

由于各项准备工作比较充分，竞争上岗、选拔任用处级干部、处以下工作人员双向选择等具体工作得以迅速、顺利地进行。

（四）结合实际，制定政策，保证机构改革的平稳实施

根据省委、省政府有关机构改革的政策措施，厅党组制定了一些符合我厅实际的政策措施，促进了机构改革的顺利开展。

一是根据有关文件精神，发出干部考察工作的预告，制订干部考察方案，印发《中共福建省审计厅党组关于试行处级领导干部任前公示的通知》（闽审〔2000〕24号），为选拔任用干部完善了监督机制。

二是根据省委、省政府《关于福建省人民政府机关人员定编定岗实施办法》（闽委办〔2000〕36号）的精神，提出竞争上岗的职位数不低于全厅处级领导职位数的20％，对参加竞争上岗人员的资格和条件做出明确规定，同时明确在年度考核和民主评议党员中连续两年（1998、1999年度）被评为优秀的人员，可以放宽报名参加竞争上岗的规定年限。

　　三是根据省人事厅《关于在新一轮机构改革中做好省级政府机关公务员职位分类工作若干问题的通知》（闽人发〔2000〕213号）精神，对拟任非领导职务人员的任职资格进行确认。对具有单科大专学历的干部，按政策规定可以选任处级非领导职务。

　　四是研究提出选拔任用处级干部的9条原则和处以下工作人员双向选择的7条原则，提出一般在一个职位上工作五年的、因工作需要的、需要通过交流丰富经验、提高水平的，要进行交流，干部交流的面要在50%左右。

　　五是对从部分省直单位选调人员的条件做出明确规定。

　　（五）精心组织实施竞争上岗和双向选择工作

　　处级干部竞争上岗和处以下干部双向选择是优化干部队伍结构的重要方法，是机构改革中人员定岗的关键环节。为了在竞争上岗和双向选择上取得预期效果，我们坚持按照省委、省政府《关于机关人员定编定岗实施办法》（闽委办〔2000〕36号）、《关于机关人员分流安排实施办法》（闽委办〔2000〕37号）文件提出的基本要求和《福建省审计厅职能配置、内设机构和人员编制规定》（闽委办〔2000〕102号），结合我厅实际，经过反复研究，制定了《福建省审计厅机关人员定编定岗实施方案》（闽审人〔2000〕187号）、制定并经省人事厅批准印发了《福建省审计厅机关部分处级领导职位竞争上岗实施方案的通知》（闽审人〔2000〕211号），明确了竞争上岗和双向选择的程序、方法和要求。

　　1. 认真进行处级干部竞争上岗工作

　　处级干部的竞争上岗是以邓小平理论和党的十五大精神为指导，按照江泽民同志关于建立高素质干部队伍讲话的要求，以《党政领导干部选拔任用工作暂行条例》和《国家公务员暂行条例》为依据，认真贯彻执行干部队伍革命化、年轻化、知识化、专业化的方针，坚持党管干部和民主集中制原则，坚持公开、平等、竞争、择优的原则，按照省委、省政府关于定编定岗的有关要求，结合我厅实际情况，厅党组研究确立12个处级领导职位（其中正处级4名）实行竞争上岗，占处级领导职位总数的25.5%。

　　在省纪委、省委组织部、省人事厅、省委党校、福州大学等有关单位的支持下，11月17日开始厅机关部分处级领导职位竞争上岗实施工作。经过个人报名，组织审查资格、调整志愿、党组研究确定，有33位同志参加竞争上岗。竞争上岗全过程遵循公开、公平、公正的原则，得到全厅干部职工的普遍关注和重视，大家积极参与，反响热烈，效果良好。

　　2. 慎重选拔任用和调整配备处级干部

　　竞争上岗工作结束后，厅党组根据民主推荐处级领导干部、干部考察工作情况，结合工作需要，选拔任用、调整配备了一批处级领导职务和处级非领导职务人员，共有56名同志确定为厅机关各处室的领导职务或处级非领导职务人选。对拟提拔使用的处级领导职务和处级非领导职务转任处级领导职务人员，按《中共福建省审计厅党组关于试行处级领导干部任前公示的通知》（闽审党〔2000〕24号），全部进行了任前公示。并根据公示情况，慎重研究确定了处级干部的任职。

3. 做好处以下干部双向选择工作

厅机关人员定编定岗工作的指导思想是，坚持干部"四化"方针，注重德才兼备，保留工作骨干，优化人员结构，发挥个人专长，提高行政效率，建设一支精干、廉洁、高效、让人民满意的高素质、专业化的公务员队伍，以适应审计工作跨世纪发展的需要。厅机关人员定编定岗的基本要求有：工作需要、群众参与、综合考评、组织决定。根据原则和要求，我厅于12月4日召开动员部署会，对处以下干部双向选择工作进行部署，公布了各处室人员编制数。经过个人填报定岗志愿，各处室选择拟定岗人员，党组研究调整，确定了处以下干部的定岗，并对分流人员进行了妥善安置。

三、机构改革的几点体会

（一）党组重视是做好机构改革工作的关键

厅党组对机构改革工作十分重视，把它作为审计厅2000年的重大工作来抓。厅领导班子成员不但思想重视、精力集中，而且密切配合、齐心协力，老领导温海树、陈丽群、黄朝江等同志及时给予指导、帮助。从调查研究、分析论证、征求意见、与省委编办沟通协调、撰写动员讲话稿到拟制"三定"规定意见和工作实施方案、组织实施竞争上岗、双向选择等重大工作以及确定每个工作的细微环节，厅党组都逐一认真仔细地听取汇报，了解情况，研究讨论，慎重决策。并及时召集有关职能部门工作人员商讨机构改革工作有关事宜，听取工作汇报，及时提出意见。每当工作中遇到重大环节或棘手问题，厅党组都及时召开会议，研究工作，商讨对策，制订措施。

（二）深入细致的思想政治工作是做好机构改革工作的思想保证

厅党组十分重视做好机构改革中干部职工的思想政治工作，引导大家正确认识机构改革的重大意义，正确对待机构改革与个人利益的矛盾与冲突，努力提高广大干部职工的思想认识，使大家以一种积极、平稳的心态参与机构改革。我们主要从以下几方面做好思想政治工作：一是进行广泛的宣传动员。在机构改革的每一阶段，都召开一次全厅干部职工参加的动员大会，进行思想动员，先后召开了机构改革动员大会，实施"三定"规定动员大会，竞争上岗工作动员大会和开展双向选择工作动员大会等4次全厅规模的动员大会。通过多次动员大会，使广大干部对机构改革工作过程有了比较全面、正确的认识。二是组织干部学习讨论省委、省政府机构改革工作的文件和我厅制定的实施方案，明确机构改革的目的、意义、内容、程序、办法以及相应的政策、规定，使大家心中有数，知道该做什么，怎样去做。学习讨论中，要求大家谈对机构改革的认识、想法、意见和建议，并向有关职能处室提交学习讨论情况的书面汇报材料，防止学习讨论搞形式、走过场。三是找干部谈心，通过谈心活动，了解干部的思想状况，解开了部分干部的思想顾虑，使大家能轻松愉快地投入到机构改革中去。

（三）坚持原则，按章办事是做好机构改革的制度保证

在机构改革工作中，我们坚决贯彻执行省委、省政府关于机构改革工作的方针、政策、

原则，坚决贯彻执行党的干部路线、方针、政策。坚持党管干部和民主集中制原则，凡是干部的选拔任用、调整配备、定岗分流等事项，都由厅党组集体讨论决定。坚持德才兼备、任人唯贤的原则，对政治素质好、业务能力强、群众评价高、勤政廉政、业务突出特别是埋头苦干、一贯表现好的同志予以重用，有的破格提拔；对组织领导能力和工作能力较弱、群众意见较大，不适宜担任处级领导职务的，转为处级非领导职务。坚持走群众路线，注重公开、公平、公正，采取不同方式让群众参与和监督机构改革工作，如组织厅机关干部和厅属事业单位领导民主推荐总审计师、各处领导干部人选，发布干部考核预告，公布举报电话；对报名参加竞争上岗的人员进行资格审查并公示；组织厅机关干部参加竞争上岗面试旁听并对竞争上岗者进行民主测评，民主测评的分数在竞争上岗者的总成绩中占30％；对竞争上岗者的考试成绩进行公布；对拟提拔担任处级领导职务的人员进行公示；对群众反映的个别人员的有关情况进行认真的调查核实，并及时将调查结果进行反馈等。由于坚持原则，按章办事，增强了工作的透明度，取得了群众的信赖和支持，使竞争上岗、人员定岗分流等各项工作顺利地进行，群众较为满意。

（四）充分准备、周密部署、精心实施，是做好机构改革工作的基本条件

我厅机构改革工作经过长时间充分的准备，除了制订具体的实施方案外，还制订了详细工作步骤、程序、内容、每一阶段的时间安排等操作性工作计划，对各项工作进行了周密的部署，因而在组织实施竞争上岗、处级干部定岗、处以下干部双向选择等具体工作，能够按照事先的部署安排，有条不紊、顺利地完成各项工作任务。保证了机构改革的顺利实施。

（五）要始终坚持"两手抓、两手硬"

这是小平同志提出的需要一以贯之的方针。从机构改革看，不仅要抓好"三定"方案的制订和实施工作，而且要加强思想政治工作，使干部职工以平稳的心态投入改革。在人员配备、定岗中不仅要考虑业务结构，而且要考虑党务结构；在全局工作中，在抓好审计的同时，要切实加强党建、廉政建设工作，为机构改革营造良好的环境。只有"两手抓"，机构改革才能顺利推进；只有"两手抓"，我们的事业才能整体推进。

四、机构改革的后续工作

（一）认真总结机构改革工作。机构改革是集体智慧的结晶，今天的总结是初步的，今后还要进一步做好总结、上报省有关部门。在做好总结的同时，还要做好印章启用，文号规范等配套工作。

（二）结合搬迁办公楼，定岗人员按新的处室和岗位，12月18日正式到位。但有关工作的衔接需要一段时间，初步考虑春节前基本完成。

（三）从现在开始，陆续安排由分管厅领导主持，新老处室有关同志和办公室一位负责同志参加，召开工作交接会，认真地交接工作，保持工作的连续性。

（四）定岗人员到位后，各处室要按其主要职责、到位人员等情况进行职位设置工作，

编制职位分类说明书。具体工作办法，请人教处提出实施意见布置执行。

（五）办公室负责、人教处配合，及时联系，做好准备，召开10个派出审计处驻在部门办公室主任会议，通报情况，取得支持，为派出审计处进驻驻在部门打下扎实的基础。派出审计处进驻驻在部门前先在厅旧办公楼8、9两层过渡。

（六）办公室牵头，人教处、党办、监察室、法制处配合，制订派出审计处管理办法，报厅长办公会议审定后实施。

编　后　记

　　《福建省志·审计志（1996—2005）》经过3年编纂，几易其稿，最终形成约39万字的志书。

　　本志书编纂工作始于2010年8月。由省审计厅承担资料收集和撰稿任务。当年，聘请退休人员组成编写组。编写组按照省审计厅领导意见拟定志书纲目，报送省方志委批准。编纂初期，制发《福建省审计厅关于〈续修福建省志·审计志〉福建省注册会计师协会撰稿有关事项的通知》，要求省注册会计师协会按照文稿分工的纲目和要求供稿。此间，省方志委省志辅导处调研员刘祖陞从业务上给予指导。编写组从《福建审计年鉴（1996—2005）》中获取素材，到厅有关部门收集统计数字及档案资料。2012年7月，写出初稿，报省方志委征求意见后，对初稿文字进行压缩、精练。9月，召开评稿会，请省方志委吕秋心、林位芳、曾永志到会指导。会后，编写组根据修改意见，对整体布局、篇目设置进行了调整、修改，形成评审稿。2013年1月，省审计厅办公室制发《关于〈福建省志·审计志（1996—2005）〉评审稿征求修改意见的通知》，编写组将印制的50份评审稿发给厅领导、厅各处室、厅属事业单位、省内部审计协会以及省方志委，广泛征求意见。3月，根据评审的反馈意见、建议，编写组再次对志稿进行修改，重点理顺交叉重复记述问题，形成送审稿。8月，分志编委会召开会议，全面审查送审稿，编写组按照编委会审稿组所提的意见对志稿再做整理和补充，于2013年9月形成验收稿，报省方志委验收。

　　在本志书同读者见面之际，谨向指导、帮助本志书编纂的省审计厅、省方志委，以及支持与协助编写组收集资料、评审志稿的有关部门、单位的所有人员表示衷心的感谢！

《福建省志·审计志（1996—2005）》编纂委员会

2013年9月